Karl-Heinrich Bieritz

Zeichen setzen

Praktische Theologie heute

Herausgegeben von

Gottfried Bitter
Peter Cornehl
Ottmar Fuchs
Albert Gerhards
Henning Schröer
Klaus Wegenast

Band 22

Karl-Heinrich Bieritz

Zeichen setzen

Beiträge
zu
Gottesdienst und Predigt

Verlag W. Kohlhammer
Stuttgart Berlin Köln

Die Deutsche Bibliothek - CIP-Einheitsaufnahme

Bieritz, Karl-Heinrich:
Zeichen setzen : Beiträge zu Gottesdienst und Predigt /
Karl-Heinrich Bieritz. - Stuttgart ; Berlin ; Köln :
Kohlhammer, 1995
(Praktische Theologie heute ; Bd. 22)
ISBN 3-17-013911-8
NE: GT

Gedruckt mit Unterstützung der
Lutherischen Liturgischen Konferenz Deutschlands

Alle Rechte vorbehalten
© 1995 W. Kohlhammer GmbH
Stuttgart Berlin Köln
Verlagsort: Stuttgart
Umschlag: Data Images
audiovisuelle Kommunikation GmbH
Gesamtherstellung:
W. Kohlhammer Druckerei GmbH + Co. Stuttgart
Printed in Germany

Inhalt

Orte der Erstveröffentlichung / Quellennachweis. 6
Die Praxis der Zeichen. Zur Einführung. 7

Zeichenprozesse

Chancen einer ökumenischen Liturgik. 29
Zeichen der Eröffnung 42
Struktur. Überlegungen zu den Implikationen eines Begriffs im Blick auf
künftige Funktionen liturgischer Bücher 61
Daß das Wort im Schwang gehe. Lutherischer Gottesdienst als Überlieferungs-
und Zeichenprozeß 82
Gottesdienst als >offenes Kunstwerk<? Zur Dramaturgie des Gottesdienstes. . . . 107

Redeweisen

Verbum facit fidem. Homiletische Anmerkungen zu einer Lutherpredigt 123
Die Predigt im Gottesdienst 137
Predigt-Kunst? Poesie als Predigt-Hilfe 159

Lebensstile

Ein Haus in der Zeit. Kirchenjahr und weltliches Jahr. 177
Gottesdienst als Institution und Prozeß 188
Gegengifte. Kirchliche Kasualpraxis in der Risikogesellschaft 203
Eucharistie und Lebensstil 218
Namenregister. 235

Orte der Erstveröffentlichung / Quellennachweis

Chancen einer ökumenischen Liturgik.
In: Zeitschrift für Katholische Theologie 100 (1978) 470-483; auch in: Theologisches Jahrbuch (Leipzig) 1980, 412-425.

Zeichen der Eröffnung.
In: Rainer Volp (Hg.), Zeichen. Semiotik in Theologie und Gottesdienst, 195-221.
© Matthias-Grünewald-Verlag, Mainz, und Chr. Kaiser Verlag, München, 1982.

Struktur. Überlegungen zu den Implikationen eines Begriffs im Blick auf künftige Funktionen liturgischer Bücher.
In: Jahrbuch für Liturgik und Hymnologie 23 (1979) 32-52.
© Lutherisches Verlagshaus, Hannover.

Daß das Wort im Schwang gehe. Lutherischer Gottesdienst als Überlieferungs- und Zeichenprozeß.
In der vorliegenden Fassung noch nicht veröffentlicht; der Beitrag basiert auf den Aufsätzen *Daß das Wort im Schwang gehe. Reformatorischer Gottesdienst als Überlieferungs- und Zeichenprozeß.* In: Jahrbuch für Liturgik und Hymnologie 29 (1985) 90-104; *Lutherischer Gottesdienst als Überlieferungs- und Zeichenprozeß.* In: Loccumer Protokolle 24 (1983) 172-195; auch in: Liturgisches Jahrbuch 34 (1984) 3-20.

Gottesdienst als >offenes Kunstwerk<? Zur Dramaturgie des Gottesdienstes.
In: Pastoraltheologie 75 (1986) 358-373.

Verbum facit fidem. Homiletische Anmerkungen zu einer Lutherpredigt.
In: Theologische Literaturzeitung 109 (1984) 481-494.

Die Predigt im Gottesdienst.
In: Handbuch der Praktischen Theologie 3 (1983) 112-134.
© Handbuch der Praktischen Theologie. Band 3. Gütersloher Verlagshaus. Gütersloh, 1983.

Predigt-Kunst? Poesie als Predigt-Hilfe.
In: Pastoraltheologie 78 (1989) 228-246; auch in: Hofgeismarer Protokolle 261 (1989) 101-128.

Ein Haus in der Zeit. Kirchenjahr und weltliches Jahr.
In: Zeitschrift für Gottesdienst und Predigt 9 (1991) Heft 2, 26-32.

Gottesdienst als Institution und Prozeß.
In: Zeitschrift für Gottesdienst und Predigt 2 (1984) Heft 2, 2-11.

Gegengifte. Kirchliche Kasualpraxis in der Risikogesellschaft.
In: Die Zeichen der Zeit 46 (1992) Heft 1, 3-10.

Eucharistie und Lebensstil.
In: Liturgisches Jahrbuch 43 (1993) 163-181.
© Liturgisches Jahrbuch. Band 43. Aschendorff Verlag. Münster, 1993.

Die Praxis der Zeichen
Zur Einführung

I. SEITENWECHSEL

Der Weg vom 17. in das 21. Jahrhundert war nicht weit. Oben am Philosophenweg, auf dem Alten Friedhof, thronte die Friedenskirche. Um halb zehn begann hier der Gottesdienst. Säuerlicher, protestantisch-sparsamer Barock umgab den Besucher, orgelte und sang sich ihm in die Ohren, fiel ihm in die Augen, wenn der Vorhang sich teilte und auf der Kanzel über dem Altar die schwarze Büste des Predigers sich zeigte, flankiert von den Gestalten der Apostelfürsten, gekrönt vom Auge Gottes und vom Tetragramm, das der Student der Theologie gerade zu entziffern gelernt hatte. Doch der Weg vom 17., 18. in das 21. Jahrhundert war nicht weit. Man mußte nur die Straße überqueren und ein paar Schritte hinabsteigen. Drüben duckte sich die Katholische Pfarrkirche St. Johannes ins Tal, und um elf hielt man hier eine Heilige Messe für Langschläfer und Nachzügler, die es nicht mehr zum Hochamt um neun geschafft hatten. Mit Zittern und Zagen, noch gänzlich ungeübt im Umgang mit Weihwasser und Kniebeugen, im Bewußtsein, ein Sakrileg zu begehen, schlich sich der Student in den fremden Tempel - und in ein unvertrautes, noch nicht erschienenes Jahrhundert. Ein Spiel von Farben, Formen, Bewegungen, Klängen, Gerüchen empfing den ungebetenen Gast, nahm ihn auf wie ein Schiff von einem fernen Stern, fesselte und verwirrte ihn, erschuf vor seinen Sinnen eine neue, rätselhafte, unentdeckte Welt. Alles schien hier aus einer fremden Zukunft zu kommen: Form und Farbe der Gewänder, die geheimnisvoll gleitenden Bewegungen der Akteure, die metallischen Klänge des gregorianischen Chorals, die kantillierten liturgischen Signale, die Weihrauch-Nebelbänke, das vorkonziliare Latein, die funktionale, geschmeidige Einrichtung des Raums. Und wenn das Scheppern der Schellen die Gemeinde zur Wandlung auf die Knie zwang, umfing den Besucher nicht der Schrecken des Vergangenen, sondern des Zukünftigen.

Dies ist die Geschichte einer Bekehrung. Daß sie nicht im Schoße der römisch-katholischen Kirche endete, hat seine Gründe. Gründe hat aber auch die Bekehrung selbst. Sie zu entschlüsseln, bieten sich vielfältige Instrumentarien und Modelle an. Ob es gelingt, mit ihrer Hilfe den Kern des Vorgangs zu erreichen, steht dahin. Die These lautet: Bei Bekehrungen dieser Art geht es um einen Wechsel, einen Austausch dessen, was seit einiger Zeit ebenso anspruchsvoll wie vage *Spiritualität*[1] genannt wird. *Spiritualität* aber ist, so werden wir belehrt, ein Aspekt des Lebens selbst.[2] Sie kann beschrieben werden als »das in Anbetung und Verantwortung je und je unter den Bedingungen des Lebens gestaltete und sich betätigende Gottvertrauen.«[3] Wandlungen der *Spiritualität* schließen somit Veränderungen im Lebensgefühl, im Lebensstil, in den Lebensverhältnissen ein.

---

[1] Ein Begriff »ursprünglich altkirchlichen und mönchstheologischen« Ursprungs, »der der Kirche entwendet wurde und New-Age-infiziert wieder in sie zurückkam«: M. Seitz, Gottesdienst und Frömmigkeit. In: H.-Chr. Schmidt-Lauber/K.-H. Bieritz (Hg.), Handbuch der Liturgik. Liturgiewissenschaft in Theologie und Praxis der Kirche. Leipzig/Göttingen 1995, 596-612, hier 611.
[2] Vgl. Ch. Jones/G. Wainwright/E. Yarnold (Hg.), The Study of Spirituality. London 1986, XXVI: »What then is spirituality ...? It is by no means to be confused with theology, which is chiefly an elaboration of concepts. It is a life. All human existence has a spiritual aspect ...«
[3] M. Seitz (s. Anm. 1) 611.

Sie berühren alle Bezüge, in denen ein Mensch sein Wesen hat, bis in die »schwer beschreibbare Erfahrung der Gottesbegegnung«[4] hinein. »Liturgische Spiritualität« - als eine je und je besondere, von anderen Gestalten unterscheidbare Weise, »Gott zu feiern« - ist zugleich Ursprung, Element und Ausdruck solch spiritueller Dimension eines Lebens. Sie ist »der in der Liturgie sich ausdrückende, in ihr entspringende, im Alltag als Lebenszeugnis anzutreffende und wieder auf sie zurückwirkende gestaltete Glaube.«[5]

Bekehrung ist möglich. Offenbar auch die Bekehrung zu einer fremden, nicht im ererbten, zugewiesenen Milieu erworbenen »liturgischen Spiritualität«. Ein Mensch ist nicht zeitlebens festgelegt auf die erlernten Weisen, »Gott zu feiern« - oder auch auf die ebenso erlernten Verhaltensformen, die es ihm erlauben und gebieten, dem »wilden Tier«[6] lieber ganz aus dem Wege zu gehen. Gewiß: Rituelles Verhalten muß in der Regel »in einem langjährigen Sozialisationsprozeß angeeignet werden.«[7] Aber es kann einem auch widerfahren. Es kann sich augenscheinlich auch in der Begegnung aktuell und unvermittelt ›imponieren‹. »Wir wußten nicht, ob wir im Himmel waren, denn auf der Erde gibt es keinen solchen Anblick«, melden die Kiewer Gesandten ihrem Großfürsten Wladimir, nachdem sie an einem Gottesdienst in Byzanz teilgenommen haben. »Wir sind außerstande, darüber zu berichten, wir wissen nur, daß Gott wahrhaftig unter den Menschen weilt und daß ihr Gottesdienst besser ist als bei allen anderen Völkern.«[8]

Berichte über Bekehrungen solcher Art zeigen, daß sich der Überschritt, der Lebens- und Glaubens-Wandel, nicht an einzelnen Elementen der Lehre, des Ritus oder der religiösen Praxis festmachen und vergegenständlichen läßt. Werden solche Gründe benannt, handelt es sich häufig um nachträgliche Rationalisierungen. Der Weg vom 17. in das 21. Jahrhundert war nicht weit: Es ist die »Präsenz von Atmosphären«,[9] auf die damit angespielt wird, nicht die Präsenz dieser oder jener religiösen bzw. kulturellen Form. Wer sich in das fremde Raumschiff begibt, atmet eine andere Luft. Das ist nicht allein subjektives Gefühl, das in der Psychodynamik des Eindringlings gründet und von den darin wirksamen psychischen Mechanismen Kunde gibt. Es kann in der Tat nur begriffen werden »als ganzheitlich umgreifende und durchdringende Atmosphäre, die

---

[4] R. Volp, Liturgik. Die Kunst, Gott zu feiern. Gütersloh. Bd. 1: Einführung und Geschichte. 1992; Bd. 2: Theorien und Gestaltung. 1994; hier I, 50.
[5] M. Seitz (s. Anm. 1) 602.
[6] M. Josuttis, Der Weg in das Leben. Eine Einführung in den Gottesdienst auf verhaltenswissenschaftlicher Grundlage. München 1991, 49: »Viele Kräfte in der Gesellschaft haben in der Tat ein Interesse daran, Göttliches wie ein gefährliches Tier ›in den Käfig des Sonntags‹ zu sperren. Und wer die Gesetze des Marktes als Arbeiter oder Beamter, als Manager, Unternehmer oder Arbeitsloser zu respektieren gelernt hat, der hat wenig Zeit, Kraft und Lust, das wilde Tier einigermaßen regelmäßig zu besichtigen. Die Bedrohung, die dieses Tier darstellt, wird von jenen, die den Gottesdienst meiden, vielleicht immer noch ernster genommen, als das bei denen der Fall ist, die unter dem Schutz eines volkskirchlichen Milieus oder eines frommen Bewußtseins die Gefährlichkeit des Heiligen für den Lebensvollzug kaum noch spüren.«
[7] Ebd. 50.
[8] Vgl. St. Wolle, Wladimir der Heilige. Rußlands erster christlicher Fürst. Berlin 1991, 138, der hier aus der Nestorchronik (*Povest' vremennych let*) zitiert.
[9] M. Josuttis (s. Anm. 6) 33; er folgt hier H. Schmitz, Der Gefühlsraum. System der Philosophie III/2. Bonn 1969, 100: »Die Gegebenheit eines solchen Gefühls, das als Atmosphäre alles jeweils Erlebte umgreift und doch nirgends untergebracht werden kann, läßt sich am ehesten mit den Worten ›es liegt etwas in der Luft‹ beschreiben; in kritischen, unheimlichen und gespannten Situationen drängen sich diese Worte unwillkürlich dem Erlebenden als angemessene Beschreibung des Gegebenen auf ...«.

überpersönlich und zugleich insofern trans- oder besser praeobjektiv ist, als sie sich in keinem umschriebenen Objekt ›unterbringen‹ läßt.«[10]

Es bleiben Fragen. Wenn dem so ist - wenn also liturgische Spiritualität ihre Entsprechung in einer liturgischen ›Atmosphäre‹ hat, die sich nur als Ganzheit erfahren und begreifen läßt -, woher rührt dann der spezifische ›Geschmack‹, der die Luft hier und dort voneinander unterscheidet? Wie kommt er zustande, wie läßt er sich benennen, welche Formel liegt ihm zugrunde? Anders: Gibt es so etwas wie eine ›Idee‹, eine ›organisierende Mitte‹, auf die er sich zurückführen läßt? Eine Struktur in der Tiefe, die die Fülle der Zeichen und Vollzüge zu einem kohärenten ›Text‹ verbindet? Vielleicht gar ein »Ursymbol«,[11] das in jener ›Atmosphäre‹ Gestalt gewinnt, sich in ihr schmecken, sehen, hören, greifen läßt?

Ungeklärt bleibt auch, wie solche spezifischen ›Atmosphären‹ - wenn es sie denn gibt - sich bilden. In welchem Maße lassen sie sich erzeugen, beeinflussen, verändern? Oder handelt es sich um »Organismen« - um »geprägte Form, die lebend sich entwickelt«[12] und die letztlich ihren eigenen Gesetzen, ihrer Eigen-Art, ihrem eigenen Wesen folgt? Wie verhalten sie sich dann zu ihrer Umwelt - zu der Kultur, in der sie wurzeln, aus der sie hervorgehen, und zu den Kulturen, in die sie hineinwachsen, die ihnen Zeit- und Lebens-Räume bieten? Die Frage ist von erheblich praktischer Bedeutung; würde ihre Beantwortung doch zugleich darüber entscheiden, ob und auf welche Weise so etwas wie ›Liturgiereform‹ überhaupt möglich ist und was sie bewirkt.[13]

Ungeklärt ist auch die Frage, wie es denn zu einem solchen ›Seitenwechsel‹ kommen kann, wie er oben beschrieben wird. Studien mit sozialwissenschaftlichem Anspruch unterstreichen die nahezu exklusive, prägende Rolle, die Herkunft und Elternhaus im Vorgang der religiösen Sozialisation spielen.[14] Das darf man getrost auch auf die Prägung durch eine konkrete, meist konfessionell bestimmte liturgische Tradition und die ihr entsprechende Spiritualität beziehen. Vorstellbar scheint hier ein Ausbruch nur, wenn er personal - durch die Begegnung etwa mit einer bestimmenden Persönlichkeit - motiviert ist und sozial, zum Beispiel durch eine Gruppe Gleichgestimmter, gestützt und abgesichert wird. Wie nun, wenn beides sich nicht erkennen läßt? Manfred Seitz bemüht die Kategorie des »Rufes«, um vergleichbare lebensgeschichtliche Ereignisse zu erfassen, und sieht hier einen kompletten »Medienver-

---

[10] H. Schmitz (s. Anm. 9) 102; vgl. M. Josuttis (Anm. 6) 33.
[11] Vgl. den - bei aller Fragwürdigkeit faszinierenden - Versuch, die Morphologie einer Kultur, »die gesamte Formensprache ihrer Wirklichkeit, ihre Physiognomie im Unterschiede von der jeder anderen Kultur« aus einem in räumliche Kategorien gefaßten »Ursymbol« (Weg, Körper, Höhle, Ebene, unendlicher Raum usw.) abzuleiten: O. Spengler, Der Untergang des Abendlands. Umrisse einer Morphologie der Weltgeschichte. München (1923) [11]1993 (dtv sachbuch 30073), 226.
[12] Vgl. ebd. 35; O. Spengler zitiert hier Goethe.
[13] Vgl. A. Lorenzer, Das Konzil der Buchhalter. Die Zerstörung der Sinnlichkeit. Eine Religionskritik. Frankfurt/M. (1981) 1984 (Fischer Wissenschaft 7340), und seine Kritik an der Liturgiereform des II. Vatikanischen Konzils: »Die Ambition, in ein kulturell gewachsenes Kunstwerk einzugreifen durch Beschlußfassung einer Versammlung von Funktionären, ist entweder naiv oder größenwahnsinnig, vergleichbar nur jener Kulturverachtung, die sich im Erfinden von Kunstsprachen austobt« (192).
[14] Fremde Heimat Kirche. Ansichten ihrer Mitglieder. Studien- und Planungsgruppe der EKD. Erste Ergebnisse der dritten EKD-Umfrage zur Kirchenmitgliedschaft. [Hannover] 1993, 42f: »Die Fortführung bzw. die Erhaltung der Kirchenbeziehung ist kaum unabhängig von Familie und Elternhaus zu denken ... Eine Intensivierung der Kirchenbeziehung im Laufe der Biographie, die wesentlich von dem im Elternhaus vermittelten Kirchenverhältnis abweicht, scheint es nicht zu geben ...«

bund« von »vielfältigen, ganz persönlichen Sageweisen durch Eltern, Lehrer, Erlebnisse, Gespräche, Lektüre und Zuspruchsworte« hintergründig am Werke.[15] Aber auch für ihn ist die geschwisterliche, kommunitäre Gruppe Ausgangspunkt und Zielort solcher Konversion zu einer erneuerten Spiritualität.

Die praktische Bedeutung liegt auch hier auf der Hand. In welcher Weise sprechen die ›Atmosphäre‹ eines Gottesdienstes und die in ihr Gestalt gewordene liturgische Spiritualität für sich? Wer wünschte nicht, daß die Gesandten aus jener fremden Welt, die unmittelbar vor unseren Kirchentüren beginnt, nach dem Besuch einer Predigt, eines Gottesdienstes in den Ruf ausbrächen: »Wir wußten nicht, ob wir im Himmel waren!« Doch wagt wohl kaum einer noch, solch überzeugende, überwältigende Wirkungen von den liturgischen Veranstaltungen irgendeiner der christlichen Kirchen hierzulande zu erwarten.

Daß die mangelhafte Akzeptanz von Gottesdiensten sich nicht allein durch liturgische Maßnahmen beheben läßt, gehört inzwischen zu den Gemeinplätzen des praktisch-theologischen Diskurses.[16] Dennoch könnte es sinnvoll sein, sich mit den Erfahrungen zu befassen, die die Existenz von »ergreifenden Atmosphären« bezeugen, die von solch unmittelbarer Evidenz sind, »daß sich der Betrachter ihrem Zeugnis bei eindringlicher Vertiefung nicht im Ernst entziehen kann, so wenig, wie dem Zugeständnis, daß Schall sich ereignet, wenn er sich oder andere sprechen hört.«[17] Es mag ja sein, daß die fehlende Überzeugungskraft gottesdienstlichen Handelns auf Störungen ›atmosphärischer‹ Art verweist,[18] die womöglich in einem sehr tiefreichenden Glaubwürdigkeitsverlust - und Glaubwürdigkeitsverzicht - der hier Handelnden gründen.

»Ein Gottesdienst«, schreibt Manfred Josuttis, »der nicht mehr den Anspruch erhebt, sein Vollzug sei in Inhalt und Form lebensnotwendig, muß nicht mehr vollzogen werden.«[19] In Inhalt *und* Form: Es gibt also auch die im jeweiligen *kairos* lebensnotwendige, lebensrettende *Form*. Das gilt wohl für die entscheidenden Augenblicke der individuellen, ekklesialen und gesellschaftlich-kulturellen Lebens-Geschichte in vergleichbarer Weise. Form *ist* hier Engagement.[20]

Begreift man *Form* in dem hier vorgestellten, umgreifend-atmosphärischen Sinne, liegt dies unmittelbar auf der Hand: Die Luft, die einer atmet, ist ohne Zweifel sein wichtigstes Lebens-Mittel. Dies zu vernachlässigen, gar zu vergleichgültigen, hieße, ihn schleichendem Sterben zu überliefern. Die erwähnten Störungen atmosphärischer Art

---

[15] M. Seitz (s. Anm. 1) 602.
[16] Schon W. Jetter, Symbol und Ritual. Anthropologische Elemente im Gottesdienst. Göttingen 1978, 212, hatte darauf hingewiesen, »daß die derzeitigen Schwierigkeiten mit dem Gottesdienst sich nicht alleine mit Gottesdienstreformen beheben lassen.«
[17] H. Schmitz, Das Göttliche und der Raum. System der Philosophie III/4. Bonn 1977, 3 und 213; vgl. M. Josuttis (s. Anm. 6) 33.
[18] Für A. Lorenzer (s. Anm. 13) 235 ist es gerade die weitgehende Tilgung »nicht-domestizierte[r] Sinnlichkeit«, verbunden mit einer Einengung jeglichen »Spielraum[s] der Phantasie«, der solchen Evidenzverlust bewirkt. Diese These wäre für den protestantischen Gottesdienst noch einmal zu überprüfen. Im übrigen führt auch Lorenzer den Begriff des »Gestisch-Atmosphärischen« ein, um die Wirkweise »sinnlich-symbolischer Interaktionsformen« zu verdeutlichen, und veranschaulicht dies am »Raumerlebnis« (ebd. 162).
[19] M. Josuttis, Die Erneuerte Agende und die agendarische Erneuerung. In: PTh 80 (1991) 504-516, hier 511.
[20] Vgl. U. Eco, Das offene Kunstwerk. Frankfurt/M. (1973) 1977 (suhrkamp taschenbuch wissenschaft 222), 237-292: »Form als Engagement«.

könnten damit zusammenhängen: Ausgerechnet »im Zeitalter der Lebensgefahr«[21] schrecken die Kirchen davor zurück, klar zu erkennen zu geben, auf welcher Seite sie mit ihren Gottesdiensten, ihrer Predigt stehen - auf der Seite des Todes oder der Seite des Lebens. Ein ›Seitenwechsel‹ ist auch hier fällig, soll die Luft in unseren Kirchen wieder zum Atmen taugen.

Die in diesem Band gesammelten Beiträge stehen nicht nur in einem biographischen Zusammenhang mit der eingangs geschilderten Erfahrung. Sie nehmen auch die darin beschlossenen Fragen auf. Sie bieten gewiß keine umfassenden, abschließenden Antworten an. Aber sie schlagen für einige Aspekte Lösungen vor. Sie laden dazu ein, das Gespräch anzunehmen und fortzuführen. Sie kommen darin überein, daß lebendige Liturgie die Erfahrung »einer Wirklichkeit letzter Güte und Klarheit«[22] eröffnet, die als eine *Kultur des Lebens* unter uns Gestalt gewinnen und gefeiert sein will.

II. WELTRÄUME

Der Wanderer, der den kurzen Weg von der Friedens- zur Johanneskirche zurücklegt, durchquert nicht nur etliche Jahrhunderte. Er durchschreitet zugleich drei »Welten«. Er bewegt sich in Zeit und Raum, atmet die Luft, die ihn umhüllt, schaut und spürt und greift die Gegenstände, die ihn umgeben, liefert sich Klängen aus, stimmt in sie ein. Das ist »Welt Eins« nach Karl R. Popper, die materielle Welt physisch-physikalischer Gegebenheiten - »die Welt von Gläsern, Instrumenten, Brillen, Personen, Tischen und so weiter.«[23] Indem sich der Wanderer jedoch in dieser Welt bewegt, »erlebt« er sie zugleich, nimmt er sie wahr; das ist Poppers »Welt Zwei«, »die Welt unserer Erlebnisse«,[24] die Welt der »bewußten Erfahrungen des Menschen, also Sinneswahrnehmungen, Erinnerungen, Vorstellungen oder Zukunftspläne.«[25] »Welt Drei« schließlich ist »die Welt der Produkte des menschlichen Geistes«, in deren Zentrum »die menschliche Sprache mit ihren besonderen Charakteristiken« steht, die Sprache, aus der »sich die menschliche Kultur entwickelt«.[26] Denn während der Wanderer »Welt Eins« wahrnimmt, gibt er den Dingen zugleich Namen, weist ihnen Bedeutungen und Funktionen zu, nimmt sie in Anspruch nach Maßgabe des semantischen Universums seiner Kultur. Kurz: Es geht in der Drei-Welten-Theorie Karl R. Poppers um die Unterscheidung von *Kosmos* (materieller Welt), *Psyche* (menschlichem Bewußtsein) und *Kultur* (als dem Gesamt menschlichen Wissens).

Christlicher Gottesdienst hat - als ein in Raum und Zeit wahrnehmbares Ereignis - teil an Poppers »Welt Eins«. Er ist an bestimmte, unterscheidbare Orte und Zeiten gebunden, an denen und in denen er Gestalt gewinnt. Diese Gestalt wiederum ist gegen-

---

[21] M. Josuttis, Der Kampf des Glaubens im Zeitalter der Lebensgefahr. München 1987.
[22] G. M. Martin, Ausverkauf oder armes Theater. Unser Kultus im Kontext gegenwärtiger Kultur. In: ZGDP 8 (1990) H. 6, 31-35, hier 35.
[23] K. R. Popper/K. Lorenz, Die Zukunft ist offen. Das Altenberger Gespräch. Mit den Texten des Wiener Popper-Symposiums. Hg. von F. Kreuzer. München/Zürich (1985) ⁵1993 (Serie Piper 340), 75. Vgl. auch K. R. Popper/J. C. Eccles, Das Ich und sein Gehirn. München/Zürich ⁵1981; H. Fischer, Theologische Anthropologie in interdisziplinärem Horizont. In: ThR 58 (1993) 1-70; K.-H. Bieritz, Anthropologische Grundlegung. In: H.-Chr. Schmidt-Lauber/K.-H. Bieritz (s. Anm. 1) 96-127, hier 98.
[24] K. R. Popper/K. Lorenz (s. Anm. 23) 75.
[25] H. Fischer (s. Anm. 23) 6.
[26] K. R. Popper/K. Lorenz (s. Anm. 23) 75.

ständlicher, sinnlicher Art. Sie läßt sich sehen und hören, schmecken, riechen und berühren, man kann mit ihr umgehen - in Bewegungen, Gebärden - und sie gestalten. Sie entstammt dem Stoff, aus dem diese Welt gebildet wurde und gebildet wird, den Elementen, aus denen sich das uns bekannte Universum aufbaut, und die die Alten zur Vierheit von Wasser und Erde, Feuer und Luft zusammenfaßten. Sie folgt den Gesetzen, die diesem Stoff innewohnen. Wer sich auf den Gottesdienst einläßt, bekommt es mit dem zu tun, was in der Umgangssprache ›Natur‹ - und neuerdings ›Umwelt‹ - genannt wird.

Zu dieser ›Natur‹ des Gottesdienstes gehört auch der Mensch in seiner Leiblichkeit: Er steht der ›Natur‹ und ihren Elementen nicht einfach gegenüber, sondern ist und bleibt in sie verwoben. Gerade in seiner Leiblichkeit ist er einer der Faktoren, die das gottesdienstliche Geschehen konstituieren - wie der Raum, wie die Zeit, wie die Elemente, in und mit denen hier gehandelt wird. Das gilt erst recht für die versammelte Leiblichkeit der Gemeinde, die als Gottesdienstgemeinde zum Träger religiöser, liturgischer, theologischer Bedeutungen wird.

Christlicher Gottesdienst hat ohne Zweifel teil auch an Poppers »Welt Zwei«, der »Welt psychischer Zustände unter Einschluß der Bewußtseinszustände«, wie es etwas umständlich heißt.[27] Raum, Zeit, Stoff und Leib werden hier nicht nur gestaltend in Anspruch genommen, sondern auch wahrgenommen und ausgelegt. Sie bilden so »das Gehäuse unseres Erlebens, das Spielfeld einer Selbstverwirklichung, die sich nicht mit dem rational-zweckmäßigen Benutzen der Gegenstände bescheiden kann, sondern die Gegenstände als Momente eines Szenariums der eigenen Erlebniswünsche nehmen will.«[28]

Was dem Wanderer hier und dort jeweils ›erscheint‹, hat etwas mit seiner Lebensgeschichte, seinen Lebensentwürfen zu tun - mit Erinnerungen und Hoffnungen, die in »psychischen Zuständen« ihren Ausdruck finden mögen. Unablässig damit beschäftigt, Widerfahrnisse in Erfahrungen zu verwandeln, »Welt Eins« einen Sinn abzuringen und zuzuschreiben, begegnet er in den Gottesdiensten, in denen er sich aufhält, jeweils einem Ensemble von Zeichen, die ihm ein bestimmtes Weltverständnis, ein bestimmtes Verständnis seiner selbst, nahelegen. Läßt er sich darauf ein, vermag dies seine »Seele zu ändern«, wie Popper selber sagt - was immer dies heißen mag.[29]

Christlicher Gottesdienst hat als »kulturelle Hervorbringung«[30] selbstverständlich teil auch an Poppers »Welt Drei«. Was für den Christenglauben insgesamt gilt, hat Geltung vor allem für jene Handlungsgestalt, in dem sich dieser Glaube im Medium symbolischer Kommunikation darstellt, bezeugt und vollzieht: »Es gibt kein Christentum jenseits irgendwelcher Kultursynthesen.«[31] Christlicher Gottesdienst war in seiner Geschichte stets Ausdruck und Mittel fortwährender *Inkulturation* des Evangeliums von Jesus Christus; und er war zugleich der Ort, an dem der *Widerspruch* des Evangeliums *gegen* alle kulturelle Verwirklichung eine auch *kulturell* wirksame Gestalt erhalten konnte. So gilt: Die »dritte Welt« Poppers ist der eigentliche Ort des Gottesdienstes -

---

[27] H. Fischer (s. Anm. 23) 15.
[28] A. Lorenzer (s. Anm. 13) 19.
[29] K. R. Popper/K. Lorenz (s. Anm. 23) 80.
[30] H. J. Helle, Art. Kultur. A. Soziologisch. In: WdC 700.
[31] K. Tanner, Art. Kultur. B. Systematisch. In: WdC 700-702, hier 701.

als der Ort, an dem Erfahrungen, Hoffnungen, Einsichten und Gewißheiten des Glaubens (religiöses »Wissen«[32]) im Medium symbolischer Kommunikation immer neu begründet und bekräftigt, dargestellt, ausgelegt und überliefert werden. Als ein in den »apriorischen Anschauungsformen« (Immanuel Kant) von Raum und Zeit wahrnehmbares Ereignis, gebunden an die Gegenständlichkeit der Schöpfung, ist er zugleich Teil der »ersten Welt«. Und nur über die »zweite Welt« des menschlichen Selbst-Bewußtseins - nie an ihm vorbei! - erlangt und behält er jene objektive Bedeutsamkeit, die ihm einen hervorragenden Platz in der »dritten Welt« sichert.[33]

Interessant und fruchtbar ist an dieser Theorie vor allem »die Idee der starken Wechselwirkung zwischen den drei Welten«[34] und die damit postulierte Unabhängigkeit und Eigenständigkeit des menschlichen Bewußtseins gegenüber der physischen wie der kulturellen Welt. Es gibt keine Wechselwirkung zwischen physischer und kultureller Welt, die nicht durch die psychische Verfaßtheit des Menschen - also durch sein Selbst-Bewußtsein, genauer: durch die hermeneutische, symbolisierende, interpretierende, kommunizierende, tradierende Tätigkeit selbst-bewußter menschlicher Subjekte - vermittelt wäre. Das Medium aber, in dem sich die hermeneutische, zwischen »erster« und »dritter Welt« vermittelnde Tätigkeit selbst-bewußter menschlicher Subjekte vollzieht, ist nach Karl R. Popper die Sprache. Durch sie setzt sich der Mensch in Beziehung zur physischen Welt, zu den Produkten seines eigenen Geistes (und damit auch zur Sprache als dem »Kern«[35] aller Kultur!), zu anderen Menschen, zu sich selbst und erfährt sich so als Person.[36] »Meine These ist,« sagt Popper, »daß unser menschlicher Geist sich nicht nur in Wechselwirkung mit dem Gehirn befindet, sondern in Wechselwirkung mit seinen Produkten - vor allem mit der Sprache. Indem wir sprechen lernen, lernen wir auch, unsere Seele zu ändern, wir lernen vor allem, daß wir ein Ich sind, dadurch, daß wir mit anderen Ichs sprechen.«[37]

Wir werden sehen, wo und auf welche Weise diese Bestimmung der Präzisierung und Ergänzung bedarf. Die hier vorgegebenen Unterscheidungen sind jedenfalls hilfreich, wenn es darum geht, christlichen Gottesdienst in seinen verschiedenen konfessionellen und spirituellen Verwirklichungen als Handlungs-, Erfahrungs- und Überlieferungsfeld zu erschließen.

III. COLLAGEN

Bei Lichte besehen, tragen sowohl der Gottesdienst in der Friedens- wie der in der Johanneskirche - und sie stehen hier nur exemplarisch für andere Veranstaltungen dieser Art - alle Züge einer *Collage* (*Collage* deshalb, weil hier sehr verschiedenartige

---

[32] Vgl. P. L. Berger, Zur Dialektik von Religion und Gesellschaft. Elemente einer soziologischen Theorie. Frankfurt/M. (1973) 1988, 21: »Auf Sprache als Fundament und Medium ruht das kognitive und normative Gebäude des ›Wissens‹ einer Gesellschaft. Durch das, was sie weiß, überlagert jede Gesellschaft die Erfahrung mit einer interpretativen Ordnung. Auf dem Weg über den Objektivierungsprozeß wird interpretativ geordnete Erfahrung ›objektives Wissen ... Zu einer Gesellschaft gehören heißt, Teilhaber an ihrem ›Wissen‹ zu sein und in diesem Sinne unter dem Dach ihres Nomos zu wohnen.«
[33] Vgl. K.-H. Bieritz (s. Anm. 23) 98.
[34] K. R. Popper/K. Lorenz (s. Anm. 23) 78.
[35] Ebd. 79.
[36] Vgl. K.-H. Bieritz (s. Anm. 23) 111.
[37] K. R. Popper/K. Lorenz (s. Anm. 23) 80.

Materialien aus verschiedenartigen Zeichensystemen verwertet werden). Verbale, akustische, visuelle, kinetische usw. Zitate aus ›Texten‹, die ihrem Ursprung nach unterschiedlichen kulturellen Zusammenhängen angehören, werden zu einem neuen, aktuellen ›Text‹ zusammengefügt. Das gilt - um nur Beispiele zu nennen - zweifelsfrei für die musikalischen Vollzüge: Zwischen dem von einer Schola reproduzierten gregorianischen Introitus und dem volkstümlich-gefühlvollen Lied, mit dem die Gemeinde die Feier beschließt, liegen Jahrhunderte. Das gilt für die liturgische Gewandung, die - gleich, ob sie nun auf die Gelehrtentracht des 16. Jahrhunderts oder die antike Festkleidung verweist - dem ›Ausschnitt‹ aus einem alten Text gleicht, der in in ein aktuelles Dokument eingeklebt (heute: hineinkopiert) wird. Das gilt erst recht für die Einrichtung des Raums, für die Fülle gegenständlicher, visueller Erscheinungen: Durch das neue Glasfenster mit seiner ungegenständlichen Ornamentik fällt das Licht auf die spätgotische Madonna im Seitenschiff.

Nun ist (besser: ›bedeutet‹) eine *Collage*, wie jedermann weiß, keineswegs nur die Summe der in ihr verwendeten Zitate. Die Zusammenfügung unterschiedlichster Wort-, Bild- und Klangfetzen ergibt durchaus einen neuen, originären Sinn. Besser: Sie lädt dazu ein, einen solchen Sinn zu suchen; und sie gibt solcher Suche bestimmte Pfade vor. Verbale und nichtverbale Signale - Glocken, Einzug, Gruß zu Beginn, Glocken, Auszug, Entlassung zum Schluß - markieren zusätzlich Anfang und Ende des Textes und damit die »Grenzen der Interpretation.«[38] So kommt es, daß sich in dem eingangs beschriebenen Fall die Zitate zu den Texten ›evangelischer Gottesdienst‹ bzw. ›katholische Messe‹ zusammenfügen, an die sich dann allerhand globale Bedeutungen und Mit-Bedeutungen theologischer wie kultureller Art (›barock‹; ›futuristisch‹) heften können.

Nicht so selbstverständlich ist die Erkenntnis, daß Zitate, in einen Text hineinkopiert, nicht nur ihren Sinn, sondern auch ihre Gestalt verändern können - ein Vorgang, der in der gelehrten Welt als Fälschung denunziert und streng geahndet wird, für unseren Zusammenhang aber unausweichlich erscheint: Anordnung und Einrichtung des Kirchenraums, Form und Farbe der Gewänder, liturgische Texte und Gesänge, Haltungen, Bewegungen und Gebärden mögen sich am ›altkirchlichen‹ oder ›reformatorischen‹ Vorbild orientieren und sich darum als Zitate präsentieren - sie werden dennoch überformt von den Intentionen, die sich heute und hier mit ihrer Reproduktion verbinden. Beispiel Musik und Gesang: Selbst eine ›historische‹ Aufführungspraxis folgt darin doch einer zeitgenössischen Mode, und man darf sicher sein, daß sie dies auch zu hören, zu sehen, zu spüren gibt.[39]

So stoßen wir wieder auf die Frage nach der ›organisierenden Mitte‹, die den hier erörterten Gebilden zugrundeliegt und von der offenbar auch solche Überformung der überlieferten Zeichengestalten ausgeht: Wie kommt es, daß bestimmte Verwirklichungen christlichen Gottesdienstes als womöglich gegensätzliche, aber doch jeweils kohärente, bedeutungsvolle ›Texte‹ gelesen werden können, in denen sich die Zitate zu einer globalen Bedeutung, einem Gesamt-Sinn verbinden? Und: Wie kommt es, daß in anderen Fällen solche Sinn-Erfahrung ausbleibt, die Veranstaltung sich auflöst in ein Nach- und Nebeneinander disparater, unzusammenhängender Zitate, denen die

---

[38] U. Eco, Die Grenzen der Interpretation. München/Wien 1992.
[39] Das gilt - um wiederum nur ein Beispiel zu nennen - natürlich auch für den gelegentlich unternommenen, gänzlich abstrusen Versuch, Luthers ›Deutsche Messe‹ heute werkgetreu ›aufzuführen‹.

›organisierende‹ Mitte fehlt? Kann das lediglich der subjektiven Befindlichkeit des Besuchers angelastet werden, dem es einmal gelingt, die einzelnen Elemente in einen solchen Sinn-Zusammenhang zu integrieren, und der ein andermal - aus welchen Ursachen auch immer - daran scheitert? Oder lassen sich hier auch Gründe ausmachen, die mit der Organisation kulturellen und religiösen »Wissens« - Poppers »Welt Drei« - zu tun haben?

Theologische Deutungen sind rasch bei der Hand, um die hier hypothetisch postulierte ›Mitte‹ zu benennen. Dabei kann man einmal Gottesdienst als »Wort-Antwort-Geschehen«, als »redende[s] Miteinander von Gott und Mensch« bestimmen[40] oder ihn als »Ritual der Bundeserneuerung« verstehen.[41] Oder man kann der Liturgiekonstitution des II. Vatikanischen Konzils folgen und das gottesdienstliche Tun der Kirche als »Vollzug des Priesteramtes Christi« beschreiben, das seine Mitte in der »Feier des Pascha-Mysteriums« findet.[42] Das sind nur Beispiele. Aber sie machen immerhin deutlich, daß die globale Deutung des Geschehens nicht im Belieben des einzelnen steht, sondern Teil des religiösen »Wissens« ist, an dem er partizipiert. Sie zeigen weiter, daß man solchen Text-Sinn wiederum nur mit Hilfe anderer Texte - Metaphern wie die vom »Wort-Antwort-Geschehen«, Kurzgeschichten wie die vom »Pascha-Mysterium« oder von der »Bundeserneuerung« - benennen kann, die den intendierten Sinn zu Wort-Symbolen verdichten und darum ihrerseits interpretationsbedürftig wie interpretationsfähig sind.

Die in diesem Band zusammengetragenen Aufsätze verzichten in der Regel darauf, die ›organisierende Mitte‹ christlicher Gottesdienste aus überlieferten theologischen Deutesystemen zu deduzieren. Sie gehen von der Überzeugung aus, daß sich der Sinn christlichen Gottesdienstes - als eines gesellschaftlichen und darum auch kulturellen Ereignisses - nicht für sich, abgesehen von den kulturellen Sinnwelten, in die er eingebettet ist, bestimmen läßt. Sie setzen damit voraus, daß die - hypothetisch vorstellbare - Reproduktion eines identischen liturgischen Programms in unterschiedlichen kulturellen Kontexten keineswegs einen identischen Sinn erzeugt und vermittelt. Sie machen Ernst damit, daß liturgisches Handeln Teil des in »Welt Drei« objektivierten Menscheitswissens ist. Das Wesen dieses Wissens jedoch ist Kommunikation.

Bleiben wir zunächst auf dieser Ebene und versuchen, den eingangs geschilderten Vorgang im Kontext der ›Zeichen der Zeit‹ zu lesen: Die liturgische *Collage*, zelebriert in der Friedenskirche zu Jena in der zweiten Hälfte der fünfziger Jahre, repräsentiert an ihrem Ort wohl die »umfassendste liturgische Restauration, die es in der Geschichte des evangelischen Gottesdienstes in Deutschland je gegeben hat.«[43] Der Kirchenkampf, in dem der Rückgriff auf das ›reformatorische Erbe‹ entscheidend zur Bewahrung kirchlicher Identität beigetragen hat, liegt erst wenige Jahre zurück. Die neue Agende, gerade

---

[40] O. Herlyn, Theologie der Gottesdienstgestaltung. Neukirchen-Vluyn 1988, 29, der damit dasjenige Gottesdienstverständnis benennt, das im evangelischen Bereich wohl die meiste Zustimmung findet.
[41] K.-F. Daiber/H. W. Dannowski/W. Lukatis/L. Ulrich, Gemeinden erleben ihre Gottesdienste. Erfahrungsberichte. Gütersloh 1978, 20; damit wird ein Gedanke von E. Lange, Chancen des Alltags. Überlegungen zur Funktion des christlichen Gottesdienstes in der Gegenwart. München 1984 (Edition Ernst Lange 4), 159ff, aufgenommen.
[42] Art. 6 und 7.
[43] P. Cornehl, Art. Gottesdienst VIII. Evangelischer Gottesdienst von der Reformation bis zur Gegenwart. In: TRE 14 (1985) 54-85, hier 77.

eingeführt, steht in dieser Tradition. Sie kann als Teil eines umfassenden Versuchs zur »Rekonstruktion einer einheitlichen, in sich geschlossenen kirchlichen Lebenswelt«[44] begriffen werden, die sich an vorindustriellen sozialen Mustern (zum Beispiel am Modell des ›ganzen Hauses‹[45]) ausrichtet.

Doch der Versuch scheitert schon in den Anfängen - nicht zuletzt deshalb, weil sich das ›Milieu‹,[46] in das der Gottesdienst situiert ist und das ihn trägt, gerade den weiterführenden und darin durchaus innovatorischen Impulsen der Agendenreform (zum Beispiel dem Ziel einer erneuerten ›evangelischen Messe‹) verweigert. So entsteht ein Gebilde, das zwar deutlich restaurative Züge trägt, dem aber eine darüber hinaus wirksame organisierende Mitte fehlt. Das ›Milieu‹ ist zwar an der Bewahrung bzw. Wiederherstellung religiöser und kultureller Formen interessiert, an denen es seine Identität festmachen kann; jener ›Gestaltungswille‹, wie er sich dann wenige Jahre später so beeindruckend in der nachkonziliaren Liturgiereform der katholischen Kirche durchsetzt, geht ihm jedoch gänzlich ab.

So kommt es, daß sich mit der liturgischen *Collage* in der Friedenskirche - und der Begriff gewinnt auf solchem Hintergrund einen differenzierten Sinn - Konnotationen wie ›barock‹, ›verstaubt‹, ›blutleer‹ verbinden können, die durchaus auf einen soziokulturellen Zusammenhang verweisen. Dies wird verstärkt durch den Eindruck einer gewissen ›Sterilität‹,[47] den dieser Gottesdienst vermittelt und der auf einen Sachverhalt aufmerksam macht, wie er - im Anschluß an Manfred Josuttis[48] - in den Beiträgen dieses Bandes vielfach entfaltet wird: Protestantischer Gottesdienst steht in einem ursprünglichen Bezug zu der von Norbert Elias beschriebenen Domestizierung, Rationalisierung und Psychologisierung sozialen Verhaltens und zwischenmenschlicher Kommunikation im »Prozeß der Zivilisation«.[49]

---

[44] Ebd. 77f: »Die Agenden waren ein wichtiger Faktor bei dem Versuch, noch einmal Kirche als ›gesellschaftliche Ordnungsmacht‹ (Marsch) wiederzuerrichten, um dem verunsicherten, politisch enttäuschten, durch Flucht oder wirtschaftlichen Zusammenbruch entwurzelten Menschen Dauer und Geborgenheit in unsicheren Zeiten zu verschaffen ... Was im Kirchenkampf ein notwendiger Abwehrakt zur Sicherung des eigenen Themas war, wurde nun zur Mauer um ein geistliches Reservat. Sprache und Liturgie wurden perfekt gegen jeden Einfluß der ›Welt‹ abgedichtet und dem gesellschaftlichen Wandel entnommen.«

[45] Vgl. K.-H. Bieritz/Chr. Kähler, Art. Haus III. In: TRE 14 (1985) 478-492.

[46] Dieses ›Milieu‹ umfaßt sowohl Pfarrer, Kirchenmusiker und andere Mitarbeiter wie die Persönlichkeiten, Gruppen und Schichten, die das Bild der Kirche - nach innen wie außen - prägen und die binnenkirchliche Kommunikation bestimmen. Obwohl im Blick auf die spätere bundesrepublikanische »Erlebnisgesellschaft« entworfen, scheint mir der von Gerhard Schulze aufgenommene und präzisierte Begriff des ›Milieus‹ durchaus hilfreich zu sein, um die hier gemeinte soziokulturelle Größe zu bezeichnen: Es präsentiert sich nämlich als »Konfiguration evidenter und signifikanter Zeichen, die Gegenstand gestaltbildender sozialer Wahrnehmung sind. An diesen Zeichenkonfigurationen orientieren sich die Menschen in ihren Beziehungen. Soziale Milieus entstehen - große Personengruppen mit ähnlichen subjektiven und situativen Merkmalen, die sich voneinander durch erhöhte Binnenkommunikation abheben ...«; G. Schulze, Die Erlebnisgesellschaft. Kultursoziologie der Gegenwart. Frankfurt/New York 1993, 23.

[47] P. Cornehl (s. Anm. 43) 78: »Die neue Einheitsliturgie klang ebenso affektfrei wie steril. Alles wurde auf die gehorsame Übernahme vorgegebener Autorität abgestellt. Einübung in die Tradition und Orthodoxie als Lebensstil waren gleichsam die Grundmuster gottesdienstlicher Sozialisation.«

[48] Vgl. z. B. M. Josuttis, Der Pfarrer ist anders. Aspekte einer zeitgenössischen Pastoraltheologie. München ²1983, 90f u. ö.

[49] N. Elias, Über den Prozeß der Zivilisation. Soziogenetische unde psychogenetische Untersuchungen. 2 Bde. Frankfurt/M. 1978 (suhrkamp taschenbuch wissenschaft 158/159).

Jetzt wird verständlich, warum die liturgische *Collage* in der katholischen Pfarrkirche, die ja ebenfalls mit Rückverweisen auf die Tradition arbeitet, so ganz andere, entgegengesetzte Konnotationen zu evozieren vermag: Die katholische Kirche insgesamt befindet sich, wenige Jahre vor dem Konzil, im Aufbruch. Die Liturgische Bewegung trägt erste Früchte: Karwochen- und Osternachtliturgie werden bereits nach neuer Ordnung gefeiert. Die Bewegung und die sie tragende Theologie formieren den katholischen Gottesdienst um eine neue Mitte. Juridische Kategorien werden durch heilsgeschichtliche Vorstellungen und Bilder (»Pascha-Mysterium«) abgelöst. Die *actuosa participatio* aller Gläubigen wird zu einer bestimmenden Idee. Die Vision eines erneuerten Gottesdienstes, in dem sich liturgische Spiritualität mit sozialem Engagement verbindet, zeigt sich am Horizont. Dieser Gottesdienst scheint zudem einem neuerlichen Wandel der Kommunikationsmodalitäten, wie er sich ankündigt, besser zu entsprechen als sein überverbalisiertes, verkopftes, bild- und leibfeindliches Gegenüber. Manche Zeichengestalten - zum Beispiel die Gewänder - wirken in diesem kulturellen Kontext überraschend modern, ja geradezu ›modisch‹.

»Welt Zwei« - das wahrnehmende, interpretierende, kommunizierende Selbst-Bewußtsein - ist in dem geschilderten Beispiel auf höchst dialektische Weise mit »Welt Drei« verbunden. Daß der Wanderer solch gegensätzliche Bedeutungen mit den jeweiligen ›Texten‹ assoziieren kann, hängt nicht nur mit seiner aktuellen Befindlichkeit - auch nicht nur mit der Geschichte und dem gegenwärtigen Zustand seiner psychischen Organisation - zusammen. Er folgt mit solcher Interpretation vielmehr den Strukturen des ihm zuhandenen gesellschaftlichen und kulturellen »Wissens«, das ihm die semantischen Oppositionen liefert, auf deren Achse er den Vorgang fassen kann: ›Verstaubt‹ und ›farblos‹ sind keine Eigenschaften dieses Gottesdienstes, sondern setzen diesen in ein *Verhältnis* zu anderen Elementen solchen »Wissens« und seinem lebenspraktischen Vollzug. Und dieses *Verhältnis* beschreibt eine soziale Erfahrung. Daß der Wanderer sich jedoch gerade für *diese* Lesart entscheidet, mag durchaus in seiner Lebens-Geschichte und seiner aktuellen Lebens-Lage gründen. Jede Interpretation trifft eine Wahl. Und diese Wahl hat etwas mit der Existenz von »Welt Zwei« - der lebensnotwendigen Fähigkeit, »unsere Seele zu ändern« und dennoch mit uns eins zu bleiben - zu tun.

IV. SCHULDGEFÜHLE

Der Wanderer, der den beschriebenen Weg geht, fühlt sich in doppelter Weise schuldig. Schuldig fühlt er sich gegenüber der Welt, die er verläßt, die er *verrät*, wenn er sich unter das Volk im fremden Tempel mischt, ihrem Gott huldigt, indem er vor der erhobenen Hostie in die Knie sinkt. Schuldig fühlt er sich aber auch vor diesem Gotte selbst, in dessen Heiligtum er eindringt und den er mit seiner ungewaschenen Gegenwart beleidigt.

Kaum einer Erklärung bedarf das Schuldgefühl, das er gegenüber seiner eigenen Gemeinschaft empfindet; hat er doch gerade erst gelernt, die Lehre vom Meßopfer als *monstrum impietatis* zu begreifen, in dem alle weiteren Verirrungen der römischen Kirche wurzeln;[50] und er hat gelernt, das Verhältnis evangelischen und katholischen Gottesdienstes auf den semantischen Achsen *beneficium Dei* versus *sacrificium homi-*

---

[50] Vgl. E. Hertzsch, Die Wirklichkeit der Kirche. Kompendium der Praktischen Theologie. Erster Teil: Die Liturgie. Halle 1956, 41.

nis, Glaube versus *Werk* zu bestimmen.[51] Endlich steht ihm die *Sprache* zur Verfügung, die es ihm erlaubt, seiner konfessionell-religiösen Identität eine bewußte, mitteilungs- und reflexionsfähige, begrifflich geordnete Gestalt zu geben. Und just in diesem Augenblick liefert er sich mit seinem Leib und allen Sinnen den fremden Riten aus: Verrat nicht nur an seinen theologischen Lehrern; Verrat auch an der Lebenswelt, aus der er kommt und die ihm - samt ihren Ordnungen und Werten - *Heimat* war und ist.

Nicht so leicht läßt sich das Schuldgefühl verstehen, das ihn befällt, wenn er am Weihwasserbecken vorbeischleicht, das den Eingang zum fremden Heiligtum bewacht. Ein Vorgang, der offenbar etwas mit der Verletzung eines *Tabus* zu tun hat: Eine verbotene Zone wird betreten, verbotene Dinge werden geschaut, verbotene Gegenstände werden berührt, verbotene Kräfte werden in Gebrauch genommen. Das ist freilich merkwürdig: Setzt es doch ein »Wissen« um die »gefährliche Kraft«[52] voraus, die den hier zelebrierten Vollzügen eignet. Wie aber kann der Eleve evangelischer Theologie in den Besitz dieses existentiellen »Wissens« gelangt sein?

Es ist kaum anzunehmen, daß er sich »solche Tabuvorstellung individuell geschaffen« hat. Eher schon legt sich die Vermutung nahe, daß es sich hier um den Ausdruck einer gleichsam kollektiven »Zwangskrankheit«[53] handelt: Mit *Tabus*, so belehrt uns Sigmund Freud, werden vornehmlich solche Tätigkeiten belegt, zu denen untergründig »eine starke Neigung« besteht; sie verweisen auf eine »ursprüngliche Lust, jenes Verbotene zu tun«.[54] Könnte es sein, daß hier etwas zum Vorschein kommt, das tief im kollektiven Unbewußten protestantischer Christlichkeit gärt: ein ambivalentes, begehrlich-furchtsames »Wissen« um jene faszinierend-gefährliche Kraft, wie sie den »sinnlich-unmittelbaren Symbolen«[55] des katholischen Kultus innewohnt, in denen die »vitale Basis von Religion«[56] noch sehr viel ungebrochener aufscheint als im eigenen Kultus - so daß von den Protestanten gelten würde, was Freud von den »Tabuvölkern« sagt: »Diese haben also zu ihren Tabuverboten eine *ambivalente Einstellung*; sie möchten im Unbewußten nichts lieber als sie übertreten, aber sie fürchten sich auch davor; sie fürchten sich gerade darum, weil sie es möchten, und die Furcht ist stärker als die Lust«[57] ? Es versteht sich von selbst, daß solche Einstellung, in welchen religiösen Symbolen und theologischen Mustern auch immer sie sich Ausdruck verschafft, etwas mit jener Domestizierung, Rationalisierung und Psychologisierung sozialen Verhaltens insgesamt zu tun haben muß, von der oben schon die Rede war.

---

[51] Ebd. 25ff, 32ff; vgl. auch V. Vajta, Die Theologie des Gottesdienstes bei Luther. Berlin 1958 (Lizenzausgabe), 43ff, 52, 6ff, 73ff u. ö.

[52] Einem *Tabu* liegt allemal die Vorstellung zugrunde, daß »gewissen Personen und Dingen eine gefährliche Kraft zu eigen ist, die sich durch Berührung mit dem so geladenen Objekt überträgt, fast wie eine Ansteckung ... ›Tabu‹ heißt aber alles, sowohl die Personen als auch die Örtlichkeiten, Gegenstände und die vorübergehenden Zustände, welche Träger oder Quelle dieser geheimnisvollen Eigenschaft sind«: S. Freud, Totem und Tabu. Einige Übereinstimmungen im Seelenleben der Wilden und der Neurotiker. In: S. Freud, Essays I. Auswahl 1890-1914. Hg. von D. Simon. Berlin ²1989 (Österreichische Bibliothek), 345f.

[53] Ebd. 350.

[54] Ebd. 356f.

[55] A. Lorenzer, Tiefenhermeneutische Kulturanalyse. In: Ders. (Hg.), Kultur-Analyse. Psychoanalytische Studien zur Kultur. Frankfurt/M. 1986 (Fischer Wissenschaft 7334), 11-98, hier 54ff.

[56] M. Josuttis (s. Anm. 6) 157.

[57] S. Freud (s. Anm. 52) 357.

Von Alfred Lorenzer,[58] dem eigenwilligen Kritiker der (nach-)konziliaren Liturgiereform der katholischen Kirche, lernen wir, daß »sinnlich-unmittelbare Symbole« - prä- und postverbale Gebärden, Handlungen, Rituale, Bilder, Kunst-, Bau- und Klangwerke, »Szenen« aller Art, aber auch literarische Texte, Dramen, die als solche »Szenen« betrachtet werden können - »›äußere‹, greifbare Repräsentanten« »sinnlich-symbolischer Interaktionsformen« sind,[59] deren Symbolwert aus der Verknüpfung zweier gänzlich verschiedener und dennoch strukturell gleichartiger »Szenen« erwächst.[60]

Wir lernen weiter, daß sich die »sinnlich-symbolischen Interaktionsformen« in ihrer sozialen Funktion sehr grundlegend von den »sprachsymbolischen Interaktionsformen« unterscheiden: Sie sind nicht nur »früher angelegt und tiefer verankert in der Persönlichkeitsbildung als die Sprachsymbole«; sie stehen nicht nur »für einen Bereich der Erfahrung, der niemals in Wörter gefaßt wird« ; sie eignen sich auch - und das ist ihre eigentliche soziale und kulturelle Leistung - in vorzüglicher Weise »als Repräsentanten normwidrigen, nicht normgerechten Verhaltens.«[61] Während nämlich Sprache - selbst dort, wo sie aufbegehrt, den kulturellen Normen widerspricht - an jenen kulturellen Konsens gebunden bleibt, dem sie sich verdankt und dem sie im unentrinnbaren Gefüge ihrer semantischen Oppositionen und syntaktischen Operationen, im Kosmos der von ihr kodierten »kulturellen Einheiten«[62] Ausdruck und Geltung verschafft, können mittels »sinnlich-symbolischer Interaktionsformen« auch »unbewußte Erlebniserwartungen, unbewußte Praxisfiguren gegen einen Zensor inszeniert werden«: »Dabei kann es um neue soziale Inhalte gehen, also neue Aktionsformen des Verhaltens, oder um neue Rezeptionsformen, neue Darstellungsformen des Erlebens, oder um das Wiederaufgreifen geschichtlich vergangener Erlebnisformen, deren Widerstandspotential gegen bestehende Verhältnisse zu reklamieren ist.«[63]

So eröffnen die »sinnlich-symbolischen Interaktionsformen« »das Feld einer nicht-reglementierten, weil nicht sprachlich durchsystematisierten Artikulation individueller und kollektiver Sehnsüchte«; eine Aussage, zu der Lorenzer bezeichnenderweise in seiner Analyse des katholischen Kultus gelangt.[64] Analog den Bildern eines Traumes können sich in solchen sinnlich-symbolischen Artikulationen »verpönte Lebensentwürfe«, »sozial unterdrückte Praxisentwürfe« zugleich bergen wie offenbaren; und ebenfalls in Entsprechung zu den Traumbildern sind sie »entweder Symbole der Freiheit oder Symptome des Zwangs«,[65] und dies unvermischt und ungetrennt, von bleibender, unaufhebbarer Ambivalenz. Die Rolle der Sprache im Vorgang der Konstituierung von »Welt Zwei« im Popperschen Kosmos wird dadurch nicht relativiert; sie wird aber ergänzt durch die »zentrale Bedeutung«, die den prä- und postverbalen »sinnlich-symbolischen Interaktionsformen ... für die Konstitution der Persönlichkeit, für die

---

[58] Vgl. Anm. 13.
[59] A. Lorenzer (s. Anm. 55) 60.
[60] Ebd. 55f. Lorenzer veranschaulicht den Zusammenhang an dem von S. Freud, Jenseits des Lustprinzips. In: S. Freud, Essays III. Auswahl 1920-1937. Hg. von D. Simon. Berlin ²1989 (Österreichische Bibliothek), 5-73, hier 13ff, berichteten »Garnrollenspiel«: Ein anderthalb Jahre altes Mädchen ›inszeniert‹ das Fortgehen und Wiederkommen der Mutter dadurch, daß es Gegenstände verschwinden und wiedererscheinen läßt.
[61] A. Lorenzer (s. Anm. 55) 59.
[62] U. Eco, Semiotik. Entwurf einer Theorie der Zeichen. München 1987 (Supplemente 5), 99f.
[63] A. Lorenzer (s. Anm. 55) 60.
[64] A. Lorenzer (s. Anm. 13) 286.
[65] A. Lorenzer (s. Anm. 55) 85.

Identitätsbildung« zukommt;⁶⁶ denn auch in ihnen gelangen die bestimmenden »Lebensentwürfe« zu einer mitteilungs- und überlieferungsfähigen Gestalt.

Nach diesem Exkurs legt sich eine lebensgeschichtliche Interpretation des eingangs beschriebenen ›Seitenwechsels‹ nahe, die das Wechselspiel von »Welt Zwei« und »Welt Drei« beispielhaft verdeutlicht: Der Vorgang könnte verstanden werden als unbewußter Protest gegen die forcierte *Versprachlichung* und die damit intendierte *Vereindeutigung* und *Begrenzung* der Spielräume religiöser Erfahrung; vielleicht aber auch als ebenso unbewußter Widerstand gegen das ›Milieu‹, für das die liturgisch-homiletische Inszenierung in der Friedenskirche steht. An »sinnlich-unmittelbaren Symbolen« ist auch dort kein Mangel; offenbar werden sie aber in diesem konkreten Falle eher als »Symptome des Zwangs« denn als »Symbole der Freiheit« rezipiert, in Gebrauch genommen bzw. abgewiesen.

Möglicher Hintergrund hierfür könnte die Erfahrung einer weitgehenden »Desymbolisierung« der dort präsentierten verbalen und nichtverbalen Zeichengestalten sein. Das heißt: Die »Symboleinheit« der liturgisch-homiletischen Figuren ist in Auflösung begriffen; die mit den sinnlich-unmittelbaren Einheiten, auch mit den »sprachlich-symbolischen Interaktionsformen« verbundenen Handlungs- und Praxisentwürfe unterliegen, weil und insoweit sie mit den »kollektiven Normen und Werten« des ›Milieus‹ kollidieren, der Verdrängung; zurück bleibt ein Wust von »desymbolisierten Sprachzeichen« - »besonders gut manipulierbar, weil sie von den Bindungen an die Praxisentwürfe entlastet sind«⁶⁷ - und ein Gottesdienst als »Sinnruine«.⁶⁸

Es gibt demnach Anzeichen für eine überindividuelle, exemplarische Bedeutung der hier geschilderten lebensgeschichtlichen Krise. Wenn - wie oben beschrieben - nicht nur ein Glaubwürdigkeitsverlust, sondern gar ein Glaubwürdigkeitsverzicht kirchlich-gottesdienstlichen Handelns konstatiert werden muß, über dem die ›organisierende Mitte‹ des Geschehens unkenntlich wird, dann ist verantwortlich dafür wohl nicht allein der von Lorenzer attackierte »Verbalismus« in Gestalt »der entsinnlichten Sprache eines reduzierten Bewußtseins, das den Einzelnen nicht freier, sondern besser manipulierbar macht.«⁶⁹ Es ist nicht das ›Wort‹, es ist auch nicht die Fülle der Worte, die solche Folgen zeitigt; es sind die freischwebenden, »desymbolisierten« Wörter und Zeichen, Rede- und Handlungsfiguren, denen jede Praxis abhanden gekommen ist und die nun alles und nichts besagen. Es ist das semantische Geräusch, das zum Beispiel sakramentale Aktionen - Taufe und Abendmahl - erzeugen, denen keine ekklesiale Realität mehr entspricht. Es ist das semantische Geräusch, das von Predigten ausgeht, die soziale Verwerfungen ideologisch überspielen. Es ist das semantische Geräusch, das ein Gottesdienst generiert, der sich - sei es nun mehr agendarisch oder mehr experimentell - als eine Art liturgisches *Disneyland* darbietet, als »Erlebnismarkt«, auf dem »Erlebnisangebot« und »Erlebnisnachfrage«⁷⁰ miteinander Hase und Igel spielen.

Die Beiträge dieses Bandes gehen in unterschiedlicher Weise auf diese Problematik ein. Sie insistieren darauf, daß dem christlichen Gottesdienst als einer kulturellen »Hervorbringung« eine kulturelle Praxis entsprechen muß. Sie fordern dazu auf, den

---

⁶⁶ A. Lorenzer (s. Anm. 13) 166.
⁶⁷ A. Lorenzer (s. Anm. 55) 53.
⁶⁸ A. Lorenzer (s. Anm. 13) 202.
⁶⁹ Ebd. 247.
⁷⁰ G. Schulze (s. Anm. 46) 421ff.

eschatologischen Widerspruch gegen alle Kultur, den dieser Gottesdienst in seiner ›Mitte‹ bewahrt - und der ihm wiederum seine ›Mitte‹ erhält -, kulturell zu markieren. Sie sehen in solcher Dialektik von Inkulturation und Konter-Kulturation in der gottesdienstlichen Kommunikation des Evangeliums ein wesentliches, die liturgische Entwicklung bestimmendes Prinzip.

IV. INSZENIERUNGEN

»Vor dem Konzil entfaltete sich am Altar die historisch gewachsene Choreografie eines sakralen Tanzes mit bedeutsamen (aber nicht rationalistisch durchsichtigen) Gesten, dem Sprechgesang der lateinischen Texte, der Intonation von Hymnen und Gesängen, auf die der Chor antwortete. Mit zum Spiel gehörten die mehrstufig hohen Leuchter vor den Altarblättern, eingebettet in Blumen, durchsetzt bisweilen mit Zierstücken aus dem Kirchenschatz. Das Geschehen am Altar war eine Einheit aus sakral verhülltem Text, Gesang, ritueller Gestik, Musik, Weihrauchdämpfen, festlichem Raum als einem ›Theater‹ in jenem vorzüglichen Sinne, der bis in die Antike zurückweist.«[71]

»Der Gottesdienst ist demnach, wie es der Titel des Buches behauptet, ›Der Weg in das Leben‹. Die einzelnen Etappen, die den liturgischen Vollzug strukturieren, sind Schritte einer Bewegung, die zur Begegnung mit dem Heiligen führt. Das menschliche Verhalten, das hier abläuft, kommt in der Vereinigung mit der Gottheit zum Ziel ... Der erste Akt des Gottesdienstes bereitet auf die Begegnung vor. Im zweiten Akt ist das lebenserneuernde Wort der Liebe zu hören. Auf dem Höhepunkt der Begegnung kommt es im Medium der Oralität zur körperlichen Vereinigung ...«[72]

Was wird hier eigentlich gespielt? Das ist die Frage, die auch Manfred Josuttis in diesem Zusammenhang beschäftigt. Religionsgeschichtlich, so stellt er fest, erfolgt im *Ritus* die »dramatische Vergegenwärtigung der Heilsgeschichte«, des *Mythos*.[73] Die göttliche Gründungstat, auf der der Bestand von Welt und Leben ruht und von der der *Mythos* erzählt,[74] wird im Kult dargestellt und nachvollzogen - sei es in Gestalt der »heiligen Hochzeit«, sei es in Gestalt des »heiligen Mordes«.[75] Im christlichen Gottesdienst ist dieses Verhältnis zwischen Ursprungsgeschichte und kultischer Repräsentation jedoch auf merkwürdige Weise gebrochen. Selbst dort, wo die Eucharistie im Mittelpunkt aller liturgischen Aktivitäten steht, wird mit solchem Spiel doch wieder nur auf ein anderes Spiel verwiesen: In Szene gesetzt wird das letzte Mahl Jesu; das aber stellt den Opfertod Jesu nicht unmittelbar, sondern auf eine sehr sublime, verschlüsselte Weise dar. Was im christlichen Gottesdienst gespielt wird, läßt sich so als *Zeichen* eines *Zeichens* (des Abendmahls Jesu) eines *Zeichens* (des Kreuzesopfers als des *Zeichens* der Versöhnung) begreifen. Zwar kennt christlicher Gottesdienst auch die »mimetische Darstellung« von Episoden der Heilsgeschichte[76] - in Gestalt von Christge-

---

[71] A. Lorenzer (s. Anm. 13) 191.
[72] M. Josuttis (s. Anm. 6) 162f.
[73] Ebd. 149.
[74] Vgl. dazu auch R. Schaeffler, Der Kultus als Weltauslegung. In: B. Fischer u. a., Kult in der säkularisierten Welt. Regensburg 9-62; K. Hübner, Die Wahrheit des Mythos. München 1985.
[75] M. Josuttis (s. Anm. 6) 149f.
[76] Ebd. 151.

burts-, Dreikönigs-, Passions-, Oster- und Fronleichnamsspielen -, doch behaupten all diese Inszenierungen keinen im strengen Sinne liturgischen Rang; allenfalls am Rande, nicht jedoch im Zentrum des gottesdienstlichen Geschehens greifen sie Raum.

Was wird hier eigentlich gespielt? Folgt man Alfred Lorenzer, so verwirklicht sich christlicher Gottesdienst - jedenfalls in seiner unverfälschten, überlieferten Gestalt - als heiliger Tanz. »Wo zwei Gruppen sich einander nähern, sich meiden, sich locken, sich bekämpfen, wo ein Vortänzer sich von dem Chor löst und nicht nur vortritt, sondern sich auch dem andern gegenüberstellt, wo der Rhythmus nicht mehr fragt, sondern auch Antwort erhält«:[77] Heiliger Tanz erweist sich als ein besonderer, symbolisch verfremdeter, poetisch verdichteter Weg, »die Heilsgeschichte mimetisch darzustellen«[78] - in der Brechung choreografischer Figuren, rhythmisch gebunden, in Bewegungen, die den Dialog der Worte substituieren, *Spiel* eines *Spiels* eines *Spiels* und darin in der Tat eucharistischer *Mimesis* verwandt.

Auch Manfred Josuttis, der sich für das Bild vom heiligen Weg - den »Weg in das Leben« - entscheidet,[79] ist von solcher Deutung nicht so weit entfernt: Ein Weg gewinnt in dem Maße Gestalt, als er beschritten wird. Im heiligen Bereich jedoch, bei Prozessionen, bei Wallfahrten, gerät solches Beschreiten, wird es authentisch vollzogen, zum heiligen Tanz. Selbst da, wo alle Bewegung erstirbt, wo Kirchenbänke die Körper fesseln, wo nur noch die Ohren Nahrung erhalten, wird noch getanzt: Klänge, Töne, Rhythmen wirbeln durch den Raum, erzeugen Resonanz, bringen die Trommelfelle und manchmal auch die Herzen zum Mit-Schwingen. Die Reformation habe, so sagt man, der Musik wegen ihrer Zugehörigkeit zu den *auricularia miracula* und der damit gegebenen Nähe zum Wort den Vorrang unter allen gottesdienstlichen Künsten zugewiesen;[80] doch will man nicht wahrhaben, daß man damit zugleich der gefährlichsten aller Künste Tor und Tür geöffnet hat. »Die Musik bildet ... die Grundlage dessen, was sich in dramatischer Gestalt je neu zu höchsten Aussagen verdichtet«:[81] Das heißt auch, daß Musik auf eine sehr subtile Weise *Mimesis* ist, vergegenwärtigende Darstellung und Nach-Spiel der Heilsgeschichte, Urgestalt und Grundform des *Rituals*, mit dem sie die Fähigkeit teilt, »die Zeit spielerisch und symbolisch zu verdoppeln«.[82]

Was wird hier eigentlich gespielt? Josuttis entdeckt Spuren von »heiliger Hochzeit« und »heiligem Mord« im Umfeld des eucharistischen Mahls, und Rainer Volp gibt zur Antwort: »Wie in jeder Tragödie sind Liebe und Tod im Spiel.«[83] Hinweise darauf, daß *les grands récits du salut*, die großen Erzählungen von den Taten Gottes, gipfelnd in der Erzählung von seinem Liebestod am Kreuz, bezogen sind auf *les petites histoires de la vie*, auf »das narrative Gewebe des Alltagslebens«:[84] Jeder darf das, was ihm an Leben, Lieben, Leiden, Sterben widerfährt, im Lichte dieser großen Sagen deuten. Mehr noch: Er darf sich in diese *grands récits* - erzählt, verkündet, ausgelegt, symbolver-

---

[77] G. van der Leeuw, Vom Heiligen in der Kunst. Gütersloh 1957, 88; vgl. R. Volp (s. Anm. 4) I, 102.
[78] R. Volp (s. Anm. 4) I, 100.
[79] M. Josuttis (s. Anm. 6) 162.
[80] Vgl. O. Söhngen, Theologische Grundlagen der Kirchenmusik. In: Leit. 4 (1961) 1-267, hier 78 u. ö.
[81] R. Volp (s. Anm. 4) I, 103.
[82] H.-G. Heimbrock, Gottesdienst: Spielraum des Lebens. Sozial- und kulturwissenschaftliche Analysen zum Ritual in praktisch-theologischem Interesse. Kampen/Weinheim 1993 (Theologie & Empirie 15), 72.
[83] R. Volp (s. Anm. 4) 100.
[84] Vgl. J. F. Lyotard, Le Postmoderne expliqué aux enfants. Paris 1988; dazu N. Bolz, Die Welt als Chaos und Simulation. München 1992, 104f.

dichtet dargestellt, nachgespielt, vorgetanzt im Gottesdienst - bergen, darf ihre großen Gewänder, ihre großen Worte, ihre großen Hoffnungen über die eigenen schmalen Schultern legen, so daß am Ende *les petites histoires de la vie* Teil dieser großen Sagen werden, von ihnen aufgenommen, aufgesogen werden von Ewigkeit zu Ewigkeit. Das heißt aber auch, daß die großen Worte die kleinen Geschichten brauchen - daß sie in ihnen immer neu zur Welt, zur Wirklichkeit, ins Leben kommen.

Was für jede Tragödie gilt, die von Liebe und Tod handelt, gilt auch von *les grands récits du salut*: Die gleiche Geschichte kann sehr unterschiedlich inszeniert werden. Die diversen konfessionellen und kulturellen Realisationen christlichen Gottesdienstes dürfen vielleicht als solche unterschiedlichen Inszenierungen der Heils-Geschichte begriffen werden. Daß derartige dramaturgische Entscheidungen sich bereits in den Schriften des Neuen Testaments ankündigen und vollziehen, wird uns von den Kundigen seit langem versichert. Ob der Christus hauptsächlich als Gesandter Gottes zu den Menschen darzustellen sei oder ob er auch als Vertreter der Menschheit vor Gott eine Rolle spielen dürfe, ist *eine* der Fragen, die - unterschiedlich beantwortet - auch zu unterschiedlichen liturgischen Realisationen führen.[85] Andere Entscheidungen betreffen die Frage, wie man denn die von dem Christus verkündete - und von ihm verbal wie nichtverbal auf höchst vielfältige Weise inszenierte - Nähe des Gottesreiches auf die liturgische Bühne bringen dürfe: Die Botschaft, die die Boten Wladimirs zurück nach Kiew bringen, gibt auf auf sehr unmittelbare Weise Kunde von einer bestimmten Aufführungspraxis. Sieht man genauer hin, scheint es jedoch nicht nur die Interpretation der *grands récits* zu sein, die die Aufführungen voneinander unterscheidet, sondern auch die Rolle, die *les petites histoires* in ihnen spielen dürfen - zum Beispiel, wieviel Himmel in ihnen gegenwärtig sein darf. Oder welche Bedeutung ihnen zukommt, wenn sie, eingebunden in das Geschick des Christus, vor Gott zur Aufführung gelangen.

Vermutlich hat auch die eingangs angesprochene *liturgische Spiritualität* etwas mit solch unterschiedlicher Aufführungs*praxis* zu tun. Man greift zu kurz, wenn man sie nur als Vorliebe für die eine oder andere religiös-kulturelle *Form* versteht. Ihren Ort und ihren Ursprung hat sie dort, wo die *Zeichen* zu ihrer *Praxis* finden und christliche *Praxis* sich unter den *Zeichen* des Gottesdienstes in Szene setzt. Es geht um den »erstrebte[n] oder praktizierte[n] oder erhoffte[n] Lebensstil als gestaltende Kraft der Liturgie.«[86] Und es geht - so muß man fortfahren - um die gestaltende, stilbildende, den Lebensvollzug prägende Wirkung, die von den gottesdienstlichen *Zeichen* ausgeht. Jeder ›Seitenwechsel‹ zeigt sich so zumindest als *Versuch*, dem Ausdruck zu geben, was der Poet im Angesicht des *Zeichens* in die Worte faßt: »... denn da ist keine Stelle, die dich nicht sieht. Du mußt dein Leben ändern.«[87]

V. SIMULATIONEN

Vierzig Jahre später sitzt der Wanderer vor dem Bildschirm, der sich ihm als Welt-Oberfläche präsentiert. Das 21. Jahrhundert zeigt sich am Ereignishorizont: Ein Knopfdruck genügt, um am Sonntagmorgen die liturgischen Seiten zu wechseln. Ein Knopf-

---

[85] Darin sieht jedenfalls W. Averbeck, Der Opfercharakter des Abendmahls in der neuen evangelischen Theologie. Paderborn 1966 (KKTS 19), 787-805, die entscheidende Differenz zwischen evangelischem und katholischem Gottesdienst begründet.
[86] M. Seitz (s. Anm. 1) 598.
[87] Rainer Maria Rilke, Archaischer Torso Apollos.

druck genügt, um gottesdienstliche Sequenzen nach Belieben zu speichern, zu mischen, zu reproduzieren. Hätte er die richtige Software, könnte er auf der Benutzeroberfläche seines Computers sogar virtuelle liturgische Realitäten erzeugen - Gottesdienste, die nie gefeiert wurden, elektronisch errechnet und graphisch umgesetzt von einem leistungsfähigen Programm. Digitalisierte Liturgie, die ihr Wesen in Datenkonfigurationen hat, die sich als Rasterpunkte auf dem *screen* seines Monitors realisieren. Ein Alptraum? »Die ›Erneuerte Agende‹ auf Diskette - eine gute Möglichkeit, mit der EA zu arbeiten«, liest er auf einem Prospekt der ›Gemeinsamen Arbeitsstelle für gottesdienstliche Fragen der Evangelischen Kirche in Deutschland‹.[88] Warum nicht unter *Windows*, denkt er, die *Grundformen* und *Blockvarianten* abrufbar als Graphikprogramm, ausgestattet mit dem entsprechenden *Sound*?

Mimesis wird hier ersetzt durch *Simulation*: »Die hybriden Wirklichkeiten auf den *screens* der Rechner ahmen nicht mehr nach: Realität ist nicht mehr hinter den Bildern, sondern allein in ihnen ... Unter Computerbedingungen heißt eine Sache verstehen: sie mit errechneten Bildern simulieren können.«[89] Man täusche sich nicht: Auch die Bilder, die ein Hochamt oder den Segen *urbi et orbi* ›übertragen‹, zeigen eine *errechnete*, *simulierte* Wirklichkeit. Der Raum, in dem das Ritual sich entfaltet, wird reduziert auf die zweidimensionale Fläche. Die Zeit, in der es sich vollzieht, wird durch die jederzeit mögliche Speicherung, Segmentierung, Wiederholung, Dehnung oder Beschleunigung des Vorgangs aufgehoben. Handlungen, die auf Beteiligung zielen, die in der *actuosa participatio* ihr Wesen haben - das eucharistische Mahl zum Beispiel -, werden zu *Comic strips* verkürzt.

Der enorme »Code-Verlust« auf der einen Seite, verbunden andererseits mit der Unterwerfung unter neuartige, dem liturgischen *Genre* fremde »filmische Codes«, hat eine Verkümmerung, ja, Verfälschung der an der Quelle kodierten Botschaften zur Folge: »Aufgrund der technischen Bedingungen des Mediums Fernsehen werden die Codes, die mit den menschlichen Nahsinnen (Berührungs-, Geschmacks- und Geruchssinn) zu erfassen sind, ausgefiltert. Aber auch solche kommunikativen Handlungen im Gottesdienst, an denen Codes der nahsinnlichen Wahrnehmung beteiligt sind, wie Raumerfahrung und Partizipation an Ritualen, verändern dadurch ihren Charakter: Zwar werden dem Rezipienten einer Fernsehsendung ›Gottesdienst‹ gezeigte Rituale noch als Informationen über Elemente des Gottesdienstes zugänglich bleiben, aber eben nicht mehr im Sinne einer Partizipation an der Handlung.«[90]

Dies allein wäre nicht schlimm; warum sollten nicht auch die *liturgischen Herbarien*, die auf solche Weise erzeugt und gespeichert werden,[91] von einem gewissen Nutzen sein? Zu befürchten ist freilich, daß die »Simulationskultur«,[92] wie sie darin siegreich in Erscheinung tritt, über kurz oder lang sich auch des Gottesdienstes als »eines

---

[88] So auf der 3. Umschlagseite der Mitteilungen 17/93 der *Gemeinsamen Arbeitsstelle*.
[89] N. Bolz (s. Anm. 84) 125.
[90] H. E. Thomé, Am Bildschirm: Die Botschaften des Christus-Reproduktion. In: W. Engemann/R. Volp (Hg.), Gib mir ein Zeichen. Zur Bedeutung der Semiotik für theologische Praxis- und Denkmodelle. Berlin/New York 1992 (APrTh 1), 113-122, hier 117.
[91] Für H. E. Thomé, ebd. 119, bleibt die Übertragung eines Gottesdienstes ein »vektorieller Index für das Ereignis selbst.«
[92] N. Bolz (s. Anm. 84) 131.

interpersonalen Ereignisses«[93] bemächtigen wird; und nicht erst die *Erneuerte Agende* mit ihren übereinander gestapelten *Benutzeroberflächen*[94] deutet darauf hin, daß solche Bemächtigung schon im Gange ist. Wenn »die Zweidimensionalität zum Realitätskriterium«[95] jeglicher Gottesdienstgestaltung - und damit unweigerlich zum Realitätskriterium auch der hier inszenierten *grands récits du salut* - wird, verändert sich die *Praxis der Zeichen* auf fundamentale Weise. Liturgische Rituale partizipieren dann an der unterhaltsamen Folgenlosigkeit von *Talkshows*, an der vorgetäuschten Dramatik eines *Videospiels* oder an der flächigen Multi-Media-Illusion eines *Clips*.

Da tröstet es, wenn Fachleute den Gottesdienst ›vor Ort‹ als eine »entscheidende personale Ergänzung einer massenmedial geprägten Kultur« beschreiben können: »Annäherung und Entfernung, Veränderung der Perspektive, Berührung und Empfindung, solche in Kategorien sinnlicher Wahrnehmung und Aktivität ausgedrückten menschlichen Handlungen sind genau das, was die elektronischen Medien dem Rezipienten nicht ermöglichen. Dort kann er sehen und hören, aber er kann nicht durch eigene Aktivität die Welt selbst erfahren.«[96] Was heißt das aber anderes, als daß christlicher Gottesdienst - wieder einmal - *gegenkulturelle* Züge gewinnt, indem er der *Praxis des Evangeliums* sinnlichen, an die »Kategorien des Erfahrens und Begreifens, ... der menschlichen Bewegung und Berührung«[97] gebundenen Ausdruck gibt? Es läßt sich vermuten, daß schon der eingangs geschilderte ›Seitenwechsel‹ hiermit einiges zu tun hat.

---

[93] H. E. Thomé (s. Anm. 90) 114.
[94] Vgl. Erneuerte Agende. Vorentwurf. Hannover/Bielefeld 1990: Wer das agendarische Programm startet, dem öffnen sich - gleichsam auf der DOS-Ebene - zunächst die *Grundformen* (31ff), mit denen er - trotz jederzeit aufrufbarer *readme*-Dateien (9ff u. ö.) - nur eingeschränkt zu arbeiten vermag. Vielleicht startet er gleich durch zu den *Liturgien* (49ff), die als »Ausformungsbeispiele der Grundformen« sich auch ohne weitere Bearbeitung reproduzieren lassen. Eine dritte Ebene erreicht er mit den *Varianten* (97ff), die ihm die Möglichkeit zu kreativer Textverarbeitung bieten. Die *Sonderformen* (125ff) konstituieren eine weitere Ebene. Auf allen Ebenen des Programms ist es möglich, die unter den dann folgenden *Verzeichnissen* (*Proprium*; *Texte*) gespeicherten Dateien aufzurufen und in das jeweils laufende Programm ›einzusperren‹ (vgl. dazu auch Chr. Bizer, Das evangelische Christentum und die Liturgie. Zum Kirchenverständnis des neuen Agendentwurfs. In: PTh 82 [1993] 148-159).
[95] N. Bolz (s. Anm. 84) 131.
[96] H. E. Thomé, Die Krise des ›Kulturmodells‹. Anmerkungen zu Umberto Ecos Kritik der Massenkultur. In: I. Möller (Hg.), Anstöße - Theologie im Schnittpunkt von Kunst, Kultur und Kommunikation. Darmstadt 1991 [FS Rainer Volp], 155-159, hier 158.
[97] Ebd. 159.

ZEICHENPROZESSE

Chancen einer ökumenischen Liturgik

I.

Im Jahre der Beendigung des Zweiten Vatikanischen Konzils bzw. in den Jahren unmittelbar danach erschienen einige bedeutsame Arbeiten katholischer Autoren zur Theologie und Geschichte des evangelischen Gottesdienstes.[1] Evangelische Liturgik - gelegentlich mit dem Gefühl belastet, von ihrer großen katholischen Schwester nicht ganz ernst genommen zu werden - nahm dies dankbar zur Kenntnis; sie revanchierte sich, indem sie ihrerseits den Gang der nachkonziliaren Liturgiereform aufmerksam, teilnehmend und lernbereit verfolgte.

Ökumenische Liturgik - auch im Sinne wechselseitiger, engagierter Einmischung in die Angelegenheiten des Partners - ist also kein bloßes Postulat mehr, sondern ein Prozeß, in den die Beteiligten bereits unwiderruflich verwickelt sind. Und doch ist m. E. ein deutlicher Rückstand im Vergleich zu anderen theologischen Disziplinen zu erkennen: Die gemeinsame Arbeit an gemeinsamen Problemen - in bibelwissenschaftlichen Fächern etwa eine Selbstverständlichkeit - bildet eher die Ausnahme; noch überwiegt die distanzierte, von konfessionskundlichem und kontroverstheologischem Interesse geleitete Kenntnisnahme und Auseinandersetzung. Natürlich geschieht solche Auseinandersetzung auch in der Absicht, Gemeinsamkeiten aufzudecken und zu vertiefen, Defizite der eigenen Tradition deutlicher zu erkennen, Lösungsangebote zu überprüfen und so einen - wenn möglich wechselseitigen - Lernprozeß in Gang zu setzen.[2] Doch drängt sich bei all dem immer wieder der Eindruck auf, hier werde - im

---

[1] Vgl. W. Averbeck, Der Opfercharakter des Abendmahls in der neueren evangelischen Theologie. Paderborn 1967 (KKTS 19); H. B. Meyer, Luther und die Messe. Eine liturgiewissenschaftliche Untersuchung über das Verhältnis Luthers zum Meßwesen des späten Mittelalters. Paderborn 1965 (KKTS 11); M. Seemann, Heilsgeschehen und Gottesdienst. Die Lehre Peter Brunners in katholischer Sicht. Mit einem Geleitwort von Peter Brunner. Paderborn 1966 (KKTS 16); dazu K. F. Müller, Der evangelisch-lutherische Gottesdienst im Lichte der katholischen Liturgieforschung. In: JLH 14 (1969) 103 - 113. Durchweg erfreulich ist auch die Berücksichtigung des evangelischen Gottesdienstes bei R. Berger, Kleines Liturgisches Wörterbuch. Freiburg/Br. 1969 (HerBü 339/340/341).

[2] Vgl. z. B. F. Steffensky, Glossolalie - Zeichen - Symbol. Bemerkungen zum Symbolgebrauch in christlichen Gottesdiensten. In: JLH 17 (1972) 80-91; J. Kleemann, Gottesdienstexperimente - eine ökumenische Problemanzeige. In: US 27 (1972) 188-199; D. Trautwein, Gottesdienst als Feld ökumenischer Realisierung. In: WPKG 63 (1974) 161-174. Ein solcher ›Lernprozeß‹ scheint gegenwärtig auf evangelischer Seite vor allem zu einer Neubewertung des eucharistischen Hochgebets zu führen; vgl. z. B. H. Goltzen, Gratias agere - Das Hochgebet im neuen Meßbuch. In: JLH 20 (1976) 1-43; O. Jordahn, Die ökumenische Bedeutung der Hochgebete in der erneuerten römischen Liturgie. In: US 31 (1976) 245-256; H.-Chr. Schmidt-Lauber, Das eucharistische Hochgebet in der römisch-katholischen Kirche heute. In: WPKG 66 (1977) 19-38. Auf katholischer Seite wird die Notwendigkeit eines solchen wechselseitigen Lernprozesses durch Aussagen des II. Vatikanischen Konzils begründet; vgl. z. B. das Dekret über den Ökumenismus ›Unitatis redintegratio‹ I 4: »Man darf auch nicht übergehen, daß alles, was von der Gnade des Heiligen Geistes in den Herzen der getrennten Brüder gewirkt wird, auch zu unserer eigenen Auferbauung beitragen kann.« II 9 empfiehlt ausdrücklich das Studium des »liturgischen Lebens« der »getrennten Brüder« und verspricht sich davon eine klarere Erkenntnis dessen, »was die wirkliche Situation der Kirche ist« (Zitate nach O. Müller [Hg.], Vaticanum secundum. II/1: Die dritte Konzilsperiode. Dokumente. Leipzig 1965, 159 und 163).

Bilde gesprochen - eben nicht gemeinsam an dem *einen* Haus christlichen Gottesdienstes, sondern letztlich an verschiedenen Häusern gebaut.

Wenn jedoch die theologische Rede von der *einen Kirche* einen Sinn haben soll, impliziert sie die Vorstellung von dem *einen Gottesdienst*, in dem diese Kirche - natürlich in der Vielfalt konkreter, geschichtlicher (regionaler, konfessioneller, kultureller usw.) Verwirklichungen - Gestalt gewinnt. So wenig sich also Ekklesiologie von ihrer *ökumenischen Verpflichtung* dispensieren kann, so wenig kann sich die Lehre vom Gottesdienst der Kirche auf partikulare Traditionen und Konzeptionen beschränken; *ökumenische Liturgik* erscheint somit nicht nur als ein praktisches, sondern im eigentlichen Sinne theologisches Postulat.

Ich will im folgenden versuchen, mögliche Gründe für diesen Rückstand der Liturgik, bezogen auf andere theologische Disziplinen, zu nennnen:

1. Liturgik ist als Teildisziplin theologischer Wissenschaft zugleich auf ein Feld kirchlicher Praxis bezogen, in dem die Identität der Kirchen offenbar in besonderer Weise auf dem Spiel steht. Sensibler noch als auf Vorgänge im Bereich bibelwissenschaftlicher Forschung oder systematisch-theologischer Reflexion reagieren die Kirchen auf Impulse, die ihre spezifische konfessionelle Identität im gottesdienstlichen Handlungsfeld in Frage stellen könnten. Das Mißtrauen gegenüber jedweder ›communicatio in sacris‹, das zumindest unterschwellig auch in den evangelischen Kirchen gegenwärtig ist, führt zur Errichtung bestimmter »systematischer Sperren«[3] vornehmlich in *der* theologischen Disziplin, die eben jene gottesdienstlichen Kommunikationsvorgänge zum Gegenstand hat.

2. Hinderlich für ökumenische Kooperation wirkt sich auch eine zu enge Definition des Gegenstandsbereiches der Liturgik aus: »Die zünftige Liturgiewissenschaft ist so sehr auf das offizielle kirchliche Selbstverständnis von Gottesdienst festgelegt, daß ihr für die meisten Probleme, die diesen Rahmen überschreiten, nicht einmal Kategorien zur Verfügung stehen.«[4] Die Beschränkung auf spezielle Phänomene gottesdienstlicher Kommunikation - also etwa auf die überlieferten, amtlich geordneten liturgischen Vollzüge in den einzelnen Kirchen - konnte zu der Annahme verleiten, ihr vermeintlich geringerer theologischer und praktischer Stellenwert im protestantischen Raum lasse eine Zusammenarbeit mit evangelischer Liturgik als wenig sinnvoll erscheinen. Die Situation verändert sich jedoch erheblich, ordnet man das Gesamtfeld des »darstellenden Handelns« der Kirche[5] der Liturgik als Gegenstand zu - ganz abgesehen davon, daß die Frage des ›Stellenwertes‹ liturgischer Vollzüge zuallererst von einer ökumenischen Liturgik neu zu verhandeln wäre.

3. Nicht nur Festlegungen auf einen zu engen Gegenstandsbereich, sondern auch Beschränkungen im Hinblick auf Ziele und Verfahren stehen einer ökumenischen Liturgik hindernd im Wege. Traditionelle Liturgik - und dies gilt für alle ihre konfessionellen Spielarten - versucht, kirchlichen Gottesdienst im Rückgang auf Schrift und Tradition theologisch zu begründen (normative Liturgik), seine Geschichte zu erhellen (historische Liturgik) und »von diesen Grundlagen her den Gottesdienst in seiner konkreten geschichtlichen Gestalt verständlich und geistlich vollziehbar zu

---

[3] P. Cornehl, Gottesdienst. In: F. Klostermann/R. Zerfaß (Hg.), Praktische Theologie heute. München/Mainz 1974, 449-463; hier 463.
[4] Ebd. 449.
[5] Ebd. 460-462 im Anschluß an F. D. Schleiermacher.

machen«[6] (praktisch-regulative bzw. Pastoralliturgik). In dieser Beschränkung auf historische, systematisch-theologische und hermeneutisch-seelsorgerliche Zielsetzungen und Verfahren kommt offenbar gegenwärtige Wirklichkeit als der allen konfessionellen Gottesdienstgestalten gemeinsame Kontext nur unzureichend in den Blick; daß heute *alle* Kirchen bei der Realisierung von Gottesdienst vor durchaus vergleichbaren Problemen stehen, und dies unabhängig vom jeweiligen dogmatischen und historischen Hintergrund, wird kaum deutlich genug erkannt.

4. Ökumenische Liturgik mag schließlich dadurch behindert werden, daß sich liturgiewissenschaftliche Arbeit in den einzelnen Konfessionen auch unter einem jeweils verschiedenen ›erkenntnisleitenden Interesse‹ vollziehen kann und vollzieht. Pauschal darf man sagen: Evangelische Liturgik der letzten Jahrzehnte verfolgte im wesentlichen bewahrende, restaurative Interessen; es ging und geht ihr weithin noch um die Sicherung, theologische Vertiefung, Vermittlung und vorsichtige Weiterentwicklung[7] jenes liturgischen Bestandes, wie er in der Agendenreform der fünfziger Jahre fixiert wurde. Katholische Liturgik - zur Auseinandersetzung mit der nachtridentinischen Entwicklung genötigt - war demgegenüber viel stärker von einem kritischen Interesse geleitet; sie stand vor der Aufgabe, die grundsätzliche »Veränderbarkeit der Liturgie«[8] nachweisen zu müssen, um so Reform überhaupt erst zu ermöglichen. Beide Ausprägungen von Liturgik stehen heute vor der Aufgabe, ihre jeweiligen ›erkenntnisleitenden Interessen‹ neu zu bestimmen; hier liegt eine wesentliche Chance für eine vom Ansatz her ökumenische Liturgik.

II.

Die genannten Schwierigkeiten machen verständlich, warum Liturgik - verglichen mit anderen theologischen Disziplinen - gegenwärtig noch einen erheblichen Nachholbedarf an ökumenischer Kooperation anzeigen muß. Dennoch gilt: Es gibt heute gute Chancen, zu einer ökumenischen Liturgik und im weiteren Gefolge zu wirklich gemeinsamer liturgischer Arbeit - über das Abfassen gelegentlicher ökumenischer Texte hinaus - zu kommen. Es ist fast schon banal, darauf hinzuweisen, daß die Liturgiereform nach dem Zweiten Vatikanischen Konzil zu einer beachtlichen Konvergenz gottesdienstlicher Theorie und Praxis zwischen den getrennten Kirchen geführt hat[9] und daß andererseits die Bereitschaft im protestantischen Raum wächst, sich ökumenischen Einflüssen zu öffnen.[10]

Andeutungen müssen genügen: Da ist zunächst die Akzentuierung des katabatischen, heilshaften Charakters christlichen Gottesdienstes durch die Liturgiekonstitution,

---

[6] R. Berger (s. Anm. 1) 272.
[7] Vgl. z. B. das ›Strukturpapier‹ der Lutherischen Liturgischen Konferenz Deutschlands: Versammelte Gemeinde. Struktur und Elemente des Gottesdienstes. Zur Reform des Gottesdienstes und der Agende. Hamburg 1974; dazu F. Schulz, Einheit und Vielfalt der Gottesdienste. In: WPKG 64 (1975) 457-473; A. Völker/O. Jordahn/B. Sandvik/J. Bergsma, Verständigung über den Gottesdienst? In: JLH 20 (1976) 135-144.
[8] P. Cornehl (s. Anm. 3) 452.
[9] Von »ökumenischen Konvergenzen« besonders im Blick auf das eucharistische Hochgebet spricht O. Jordahn (s. Anm. 2) 248-250.
[10] Vgl. z. B. V. Vajta/M. Seils/ P. S. M. Selby/J.-P. Jossua/H. Hoffmann, Gott und Gottesdienst. Frankfurt/M. 1973 (ÖkPer 4); G. Gassmann (Hg.), Um Amt und Herrenmahl. Dokumente zum evangelisch/römisch-katholischen Gespräch. Frankfurt/M. 1974 (ÖkDok 1).

die - hierin bis in den Wortlaut Lutherschem Sprachgebrauch kongruent - dialogische Kategorien verwendet, um liturgische Vorgänge theologisch zu erfassen;[11] da ist weiter die Betonung des gemeinschaftlichen Charakters der gottesdienstlichen Versammlung, die vom gesamten Volk Gottes unter tätiger Teilnahme aller seiner Glieder ›zelebriert‹, das heißt, getragen und gestaltet wird;[12] da ist das Drängen auf Deutlichkeit und Durchschaubarkeit liturgischer Vollzüge als wichtige Voraussetzung für einen sinnvollen Mitvollzug;[13] da ist der weitgehende Verzicht auf juridische Kategorien zur Erfassung gottesdienstlicher Wirklichkeit und ihre Ersetzung durch eine heilsgeschichtliche, biblischer Theologie verpflichtete Begrifflichkeit;[14] da ist schließlich der breite Raum, der dem ›Worte Gottes‹ in Gestalt von Schriftlesungen bzw. aktueller Verkündigung eingeräumt wird.[15]

Auf evangelischer Seite könnte man etwa - um die angedeuteten Konvergenzen zu belegen - auf Tendenzen im Bereich eucharistischer Praxis verweisen: Während den jahrzehntelangen Bemühungen bruderschaftlicher Kreise um eine Neubelebung der Abendmahlsfrömmigkeit und um eine altkirchlicher Tradition verpflichtete Gottesdienstgestaltung, die sich dann zum Teil auch in den Zielvorstellungen der Agendenreform niederschlugen, nur Teilerfolge beschieden waren - die ›evangelische Messe‹ als sonntäglicher Regelfall setzte sich nur in wenigen Gemeinden durch -, nimmt man jetzt nicht ganz ohne Erstaunen zur Kenntnis, welch wachsende Bedeutung dem Abendmahl gerade in den Versammlungen kleiner Gruppen, in Jugendgottesdiensten und anderen ›experimentellen‹ Veranstaltungen zukommt; offenbar fällt es hier mitunter auch leichter, einen Zugang zu ökumenischen Elementen - ich denke besonders an das eucharistische Hochgebet, aber auch an andere, dem Protestantismus fremde Gestaltungselemente wie Prozessionen, meditative Vollzüge und multimediale Aktionen - zu finden.[16]

Auf systematisch-theologischer Ebene macht sich im Zusammenhang der Debatte um eine »inklusive Christologie« (von Rudolf Bultmann bis Dorothee Sölle!)[17] ein neues Überdenken der eigentlich eucharistischen Dimension im Geschehen des Abendmahls notwendig. Im Hintergrund dieser Entwicklungen darf man - neben den Auswirkungen ökumenischer Gespräche und Begegnungen - ein wachsendes Gespür für die

---

[11] Konstitution über die heilige Liturgie ›Sacrosanctum Concilium‹ [= SC] Art. 33. Vgl. dazu E. J. Lengeling, Die erneuerte Ordnung der Eucharistiefeier. Kommentar der Dokumente zum Römischen Meßbuch. Leipzig 1971 [Lizenzausgabe], 118 u. ö.; ders., Die Lehre der Liturgiekonstitution vom Gottesdienst. In: W. Krawinkel (Hg.), Pastorale Liturgie. Vorlesungen, Predigten und Berichte vom Liturgischen Kongreß Berlin 1965. Leipzig 1965, 27-52.

[12] SC 10, 11, 14, 21, 26, 27, 28, 33, 41, 48 u. ö. Vgl dazu H. Schmidt, Die Konstitution über die heilige Liturgie. Text - Vorgeschichte - Kommentar. Freiburg/Br. 1965 (HerBü 218), 202 u. ö.

[13] SC 21, 34, 50 u. ö. Vgl. dazu E. J. Lengeling, Eucharistiefeier (s. Anm. 11) 125ff.

[14] SC 5, 6, 8, 16 u. ö. Vgl dazu H. Schmidt (s. Anm. 12) 149, 160, 163 u. ö.

[15] SC 7, 9, 24, 35, 51, 52, 56 u. ö.

[16] Vgl. H. Nitschke (Hg.), Abendmahl. Liturgische Texte, Gesamtentwürfe, Predigten, Feiern mit Kindern, besondere Gestaltungen, Besinnungen. Gütersloh 1977. Vgl. weiter R. Volp, Perspektiven der Liturgiewissenschaft. Forschungsergebnisse im Interesse eines erneuerten Gottesdienstes. In: JLH 18 (1973/74) 1-35, besonders 12-17; M. Kruse, Abendmahlspraxis im Wandel. In: EvTh 35 (1975) 481-487; J. Stalman, Erfahrungen mit neuen und revidierten Gottesdienstformen. In: Zur Theologie des Gottesdienstes. Hamburg 1976 (FuH 23), 57-70; A. Völker, Die Sprache des Abendmahls. Bemerkungen zu zeitgenössischen Gebeten. In: WPKG 66 (1977) 38-40.

[17] Vgl. U. Kühn, Art. Abendmahl IV: Das Abendmahlsgespräch in der ökumenischen Theologie der Gegenwart. In: TRE 1 (1977) 145-212, hier 171, 201.

Bedeutung analoger bzw. (was nicht unbedingt dasselbe ist) symbolischer Kommunikation im Vollzug der gottesdienstlichen Darstellung des christlichen Glaubens vermuten.[18]

Dieser Konvergenz liturgischer Theorie und Praxis entspricht freilich auf der anderen Seite ein Dilemma, von dem sowohl katholische wie evangelische Liturgik betroffen zu sein scheint: Die Fixierung auf bestimmte vorgegebene Phänomene, insbesondere auf die überlieferten Erscheinungsformen von Liturgie, hindert die Liturgik beider Konfessionen daran, den gegenwärtigen »Umbruch traditioneller Gottesdienstgewohnheiten«[19] in seiner vollen Bedeutung wahrzunehmen und das in dieser Situation aufbrechende Theoriebedürfnis kirchlicher Praxis angemessen zu befriedigen. Ein Beispiel aus dem Erfahrungs- und Lebensbereich des Autors soll dies verdeutlichen: Während im hier gegebenen Umfeld fast durchweg ein Schwund traditionellen gottesdienstlichen Lebens zu beobachten ist, scheinen sich in Kleingruppen, in Hauskreisen in Neubaugebieten ohne Gottesdienstraum und ohne gottesdienstliche Tradition sowie in anderen ›Subzonen‹ kirchlichen Lebens neue Formen gottesdienstlicher Kommunikation herauszubilden, die von den liturgischen Fachleuten nur am Rande beachtet werden - Kommunikationsformen, die aber gerade wegen der hier neu in Erscheinung tretenden Korrelation von gottesdienstlicher und allgemeiner, gegenwärtiger Kultur besondere Aufmerksamkeit verdienen.

Ökumenische Liturgik darf sich in solcher Situation keinesfalls auf die »museale Verwaltung eines ehrwürdigen Bestandes«[20] - sei es auch unter Einschluß jüngster Zugänge! - beschränken. Denn die erfreulichen Konvergenzen im Zuge der nachkonziliaren Liturgiereform, die wir registrieren konnten, werden offenbar begleitet von einer Konvergenz der Probleme und der sich aus solcher Problematik ergebenden, weithin unkontrollierten und nur unzureichend reflektierten Lösungsversuche.

III.

Daraus ergeben sich einige vordringliche Aufgaben für eine ökumenische Liturgik:
1. Am Anfang sollte eine gemeinsame Neudefinition ihres Gegenstandsbereiches, ihrer Ziele und ihrer Verfahren stehen. Um Engführungen zu vermeiden und die Gesamtwirklichkeit liturgischer und quasiliturgischer Kommunikationen zu erfassen, bietet sich ein dreifach gestufter Ansatz an:

Zum einen wird sich ökumenische Liturgik mit den darstellenden, sinnvermittelnden, beziehungsstiftenden und damit - in einem weiten Sinne - ›symbolischen‹ Aspekten kirchlicher Kommunikation überhaupt befassen und ihre Bedeutung für die Integration und Orientierung von Klein- und Großgruppen untersuchen müssen.[21] Dabei

---

[18] P. Cornehl (s. Anm. 3) registriert Anfang der siebziger Jahre »überall ein steigendes Interesse für lebendige Liturgie«: »Wir stehen in der gesamten Ökumene in einer Experimentierphase von beachtlichen Ausmaßen. Politische Gottesdienste, multimediale Experimente, Liturgische Nächte, Mahlfeiern in Gruppen, die Wiederentdeckung der Feste, des Spiels, der Meditation - all das signalisiert den Umbruch traditioneller Gottesdienstgewohnheiten ebenso, wie es neue Ausdrucksmöglichkeiten erschlossen hat« (449).
[19] Ebd. 449.
[20] Ebd. 450.
[21] Vgl. R. Volp (s. Anm. 16) 14, 22 u. ö.; E. Otto, Sigmund Mowinckels Bedeutung für die gegenwärtige Liturgiedebatte. Ein Beitrag zur Applikationsproblematik biblischer Überlieferung. In: JLH 19 (1975) 19-36; hier 28-32.

sprechen wir - einer Definition Peter Cornehls folgend, der sich seinerseits auf Schleiermachers Rede vom »darstellenden Handeln« bezieht - von symbolischer Kommunikation insbesondere dort, wo »es gelingt, Gedanken und Affekte, Erfahrungen und Erwartungen in sinnlich faßbare und erlebbare gemeinschaftliche Vollzüge umzusetzen und überzeugende Handlungsabläufe zu gestalten, die dem einzelnen Beteiligung ermöglichen, ohne ihn zu überwältigen.«[22]

Anders ausgedrückt: Wie kommt christlicher Glaube im Beziehungsgeflecht menschlicher Kommunikation und mit den Mitteln, derer sich solche Kommunikation bedient, zur Darstellung? Wie tritt hier das, was Christen »unbedingt angeht« - »ihre Begegnung mit Christus, ihre Betroffenheit von Gebot und Gnade, ihre Hoffnung«[23] - in Erscheinung, und zwar so, daß nicht nur Kenntnisnahme, Zustimmung oder Auseinandersetzung, sondern auch ganzheitlich Beteiligung, Nachvollzug, Identifikation möglich sind?[24] Zu welchen Strukturen verdichtet sich solche Kommunikation?[25] Welche Bedeutung kommt den grundlegenden Paradigmen des Handelns Gottes mit den Menschen (also etwa: Inkarnation) hierbei zu? Zum andern muß sich ökumenische Liturgik auch all jenen Phänomenen moderner Sakralerfahrung stellen, die zum Bei-

---

[22] P. Cornehl (s. Anm. 3) 460f; vgl. auch E. Otto (s. Anm. 21) 35f. »Symbolische Kommunikation« wird hier als ein komplexes Gefüge verbaler und nichtverbaler Kommunikationsvorgänge mit dem Ziele der Selbst- und Sinndarstellung (-vergewisserung, -annahme, -vermittlung, -bestätigung) verstanden, wobei philosophische, ästhetische, tiefenpsychologische, sozialpsychologische u. a. ›Symboltheorien‹ ineinanderfließen. Dies hat eine gewisse Unschärfe des Begriffs zur Folge. Von klärender Bedeutung erweist sich in diesem Zusammenhang jedoch die Theorie der »symbolischen Interaktion« G. H. Meads und seiner Schüler; vgl. Y. Spiegel, Der Gottesdienst unter dem Aspekt der symbolischen Interaktion. In: JLH 16 (1971) 105-118; K. Raiser, Identität und Sozialität. George Herbert Meads Theorie der Interaktion und ihre Bedeutung für die theologische Anthropologie. München/Mainz 1971 (GT.SW 4). Ein soziologischer Ansatz zur Erfassung der hier gemeinten Phänomene liegt vor bei H. J. Helle, Soziologie und Symbol. Ein Beitrag zur Handlungstheorie und zur Theorie des sozialen Wandels. Köln/Opladen 1969 (Beiträge zur soziologischen Forschung 4); ders., Symbol und Gottesdienst. In: H. G. Schmidt (Hg.), Zum Gottesdienst morgen. Wuppertal 1969, 24-32; ders., Symboltheorie und religiöse Praxis. In: J. Wössner (Hg.), Religion im Umbruch. Soziologische Beiträge zur Situation von Religion und Kirche in der gegenwärtigen Gesellschaft. Stuttgart 1972, 200-214.
[23] P. Cornehl (s. Anm. 3) 460.
[24] Vgl. H. J. Helle, Symboltheorie (s. Anm. 22) 203: »Das Symbol teilt den Inhalt oder die Bedeutung der Nachricht, die seinen Sinn ausmacht, nicht analytisch in einzelne Elemente zerlegt, sondern ganzheitlich als eine bildhafte Einheit mit.« Man kann den Begriff der symbolischen Kommunikation, wie ihn P. Cornel auf das liturgische (»darstellende«) Handeln der christlichen Gemeinde angewendet wissen möchte, aufschlüsseln und konkretisieren, indem man nacheinander nach dem Gegenstand, den Zielen und den Mitteln solcher Kommunikation fragt: Gottesdienst ist dann »symbolische Kommunikation« über die *Erfahrungen des Glaubens* (in den drei Dimensionen der *Erinnerung*, der *gegenwärtigen Erfahrung* und der *Hoffnung*) mit dem Ziel der *Expression* und der *Affirmation* dieser Erfahrungen mit den Mitteln *ganzheitlicher*, auch *affektiv-leiblicher* Dimensionen einschließender *Handlungsabläufe* (vgl. P. Cornehl [s. Anm. 3] 461-463).
[25] Vgl. P. Hünermann, Sakrament - Figur des Lebens. In: R. Schaeffler/P. Hünermann, Ankunft Gottes und Handeln des Menschen. Thesen über Kult und Sakrament. Freiburg/Br. 1977 (QD 77), 51-87, hier 55: »Jede gesellschaftliche Gruppe - das Wort hier im weitesten Sinne genommen - bedarf gewisser kommunikativer Handlungen ... In und durch ihren Vollzug entsteht und erhält sich die Gruppe.« Diese Feststellung schließt sich (auch wenn dies nicht ausdrücklich gesagt wird) an die von H. J. Helle (s. Anm. 22 und 24) vorgelegten Sinndeutungen religiöser Symbole an. Wenn P. Hünermann den so verstandenen Begriff der »kommunikativen Handlung« auf die Sakramente anwendet (64-84), so beschreibt er sie im Grunde als (freilich nicht ersetzbare und nicht austauschbare, 80) Medien im Vorgang »symbolischer Kommunikation« christlichen Glaubens.

spiel bei Heribert Mühlen unter der Chiffre der »Faszination durch das je und je Neue« erscheinen[26] - eine Faszination, die sich immer wieder zu komplexen säkularen Kulthandlungen verdichtet (z. B. in Technik, Kunst- und Kulturbetrieb, Medien, Sport, Politik); eine Faszination, die nach Mühlen in dem unentrinnbaren Verlangen nach Überwindung individueller Begrenztheit und Gewöhnlichkeit gründet; eine Faszination, die somit nicht nur anzeigt, »daß die Erfahrung des Sakralen unausrottbar eine Grunddimension der menschlichen Existenz ist«,[27] sondern auch inhaltlich auf jene »Entgrenzung« bezogen bleibt, wie sie in den Vollzügen symbolischer Kommunikation unter dem Evangelium zur Darstellung kommt und antizipierend erfaßbar wird.

Damit eng verbunden ergibt sich ein dritter möglicher Ansatz beim Phänomen der »allgemeinen Ritualität« des Menschen, von dem zum Beispiel Manfred Josuttis bei seinem Versuch, eine Theorie sakramentaler Kommunikation zu entwickeln, ausgeht: »Die Fähigkeit zur Ritualbildung und Ritualübung gehört zur Grundausstattung des Menschen«, der des Rituals insbesondere zur Stabilisierung seiner Identität in Krisensituationen, zur Kanalisierung von Emotionen, zur Entlastung von Originalitäts- und Entscheidungsdruck wie allgemein zur Sinndeutung seines Lebens bedarf.[28]

Mit der Feststellung, daß das Ritual kein speziell religiöses oder gar christliches Phänomen ist, sondern zu den Grundformen sozialen Verhaltens schlechthin gehört, schlagen wir den Bogen zu den bereits eingangs in den Gegenstandsbereich einer ökumenischen Liturgik eingeführten allgemeinen Bedingungen und Formen menschlicher Kommunikation, insbesondere in ihrer ›symbolischen‹, sinnstiftenden und sinnvergewissernden Dimension.

2. Ein solch umfassender Ansatz bei den Strukturen symbolischer, darstellender Kommunikation unter dem Evangelium macht freilich eine Neubestimmung des Stellenwertes historischer Liturgik notwendig. Im Rückgriff auf Begrifflichkeiten, wie sie in der Sprachwissenschaft eine Rolle spielen, wird man sagen können: Diachrone Liturgik, die nach der Entstehung und Entwicklung liturgischer Gestalten und Strukturen fragt, wird ergänzt durch eine synchrone Liturgik, die primär daran interessiert ist, wie vorfindliche liturgische Strukturen ›funktionieren‹ - das heißt, wie sich in ihnen symbolische Kommunikation unter dem Evangelium und unter den allgemeinen Bedingungen menschlicher Kommunikation vollzieht - wobei selbstverständlich auch strukturanaloge Vollzüge außerhalb der Kirchen mit in die Betrachtung einbezogen werden.[29] Ein vergleichbarer Ansatz liegt vor, wenn Rainer Volp unter Aufnahme von Kat-

---

[26] Vgl. H. Mühlen. Entsakralisierung. Ein epochales Schlagwort in seiner Bedeutung für die Zukunft der christlichen Kirchen. Paderborn 1971; ders., Sakralität und Amt zu Beginn einer neuen Epoche. In: ThJb(L) 1973, 401-412.

[27] H. Mühlen, Entskralisierung (s. Anm. 26) 7. Vgl. auch K. Richter, Riten und Symbole in der Industriekultur am Beispiel der Riten im Bereich des Sozialismus. In: Conc(D) 13 (1977) 108-113.

[28] Vgl. M. Josuttis, Vorläufige Erwägungen zu einer praktisch-theologischen Theorie der Sakramente. In: Diak. 7 (1976) 294-305, hier 299-305. Vgl. auch W. Jetter, Der Kasus und das Ritual. Amtshandlungen in der Volkskirche. In: WPKG 65 (1976) 208-223; P. M. Zulehner. Ritus und Liturgie. Religionssoziologische und pastoraltheologische Aspekte der religiösen Praxis. In: LJ 25 (1975) 47-67.

[29] Ökumenische Liturgik, die sich um eine Klärung des Verhältnisses von diachroner und synchroner Analyse bemüht, wird sich die in der Sprachwissenschaft inzwischen vorliegenden Verhältnisbestimmungen zunutze machen dürfen. Vgl. z. B. Th. Lewandowski. Linguistisches Wörterbuch I. Heidelberg ²1976 (UTB 200), 144-146; ders., Linguistisches Wörterbuch III. Heidelberg ²1976 (UTB 300), 775f: »Synchrone und diachrone Aspekte alternieren nicht, sondern verhalten sich zueinander komplementär; sie können kohärent wahrgenommen werden und erfassen den gleichen Objektbereich unter verschiede-

egorien der allgemeinen Zeichentheorie (Semiotik) eine »liturgische Syntaktik« fordert, die nach den Regeln und Strukturgesetzen gottesdienstlicher Vollzüge fragt.[30] Liturgische Makrostrukturen - also komplexe liturgische Vollzüge, Ordnungen, Formulare, Agenden bis hinauf zu den umfassenden ›Riten‹, in denen eine kirchliche Gemeinschaft ihre Identität darstellt - sind dabei genauso Gegenstand der Untersuchung wie die Mikrostrukturen des Gottesdienstes - Gebete, musikalische Elemente, einzelne Texte und Vollzüge.

Es liegt auf der Hand, daß ein solches synchrones Verfahren von besonderer Bedeutung für eine *ökumenische Liturgik* sein dürfte: Ähnlichkeiten in der Struktur - und damit oft überraschende funktionale Übereinstimmungen! - könnten dann nämlich auch dort nachgewiesen werden, wo offensichtlich ganz andere theologische und liturgiegeschichtliche Voraussetzungen vorliegen. So weist zum Beispiel Rainer Volp darauf hin, daß »die Einstellung gegenüber dem Kanon der römischen Messe im Protestantismus weithin auf die Predigt übertragen« wurde, der damit eine durchaus vergleichbare Funktion im ›Gesamttext‹ des Gottesdienstes zukam. Vielleicht ist dies ein etwas überzogenes Beispiel; aber Volp macht mit Recht darauf aufmerksam, daß die »Funktion eines liturgischen Elements innerhalb des Ganzen, und zwar einmal im Kontext einer Liturgie, zum anderen im Rahmen aller liturgischen Möglichkeiten einer Zeit«, im Vorgang einer strukturalen Analyse unbedingt zu berücksichtigen ist.[31]

3. Historische Liturgik als Erforschung und Darstellung der Geschichte des christlichen Gottesdienstes wird durch solche strukturanalytischen Verfahren nicht überflüssig. Sie wird sich jedoch viel stärker als bisher als *vergleichende* Liturgik (und zwar als *ökumenisch* vergleichende Liturgik!) etablieren müssen: Schon bei oberflächlicher Betrachtung wird deutlich, wie durchaus gleichartige Kommunikationsprobleme in verschiedenen Epochen der Liturgiegeschichte auftauchen und zu vergleichbaren Gefährdungen bzw. Lösungsversuchen führen.

Da ist zum Beispiel das Problem der Gottesdienstsprache, das ja bereits im Neuen Testament begegnet, das dann erneut beim Übergang von der griechischen zur lateinischen Liturgiesprache in Rom virulent wird, das dann später in der Reformationszeit für einen Teil der abendländischen Kirche wenigstens zeitweilig gelöst erscheint und das schließlich im Vollzug der Liturgiereform erneut einem Lösungsversuch unterzogen wird. Man hat nun freilich nicht den Eindruck, katholische Liturgik habe im Vollzug dieser Reform die jahrhundertelangen Erfahrungen mit muttersprachigen Gottesdiensten, wie sie in den Reformationskirchen vorliegen, ausreichend berücksichtigt; das gilt in besonderer Weise für den Gebrauch muttersprachiger Lesungen im Zusammenhang der Reform des Perikopensystems.[32]

---

nen Explanationsaspekten. Die diachrone Analyse setzt die synchrone voraus.« Vgl. auch H. Stammerjohann/H. Janssen, Handbuch der Linguistik. Allgemeine und angewandte Sprachwissenschaft. München 1975, 474-476; A. Stock, Umgang mit theologischen Texten. Zürich/Einsiedeln/Köln 1974, 28 (Verhältnis Synchronie - Diachronie), 29f (›Funktionieren‹ vorfindlicher Strukturen).
[30] Vgl. R. Volp (s. Anm. 16) 30-34; ders., Liturgie als soziales Verhalten. In: WPKG 64 (1975) 28-42; G. Schiwy [u. a.], Zeichen im Gottesdienst. Ein Arbeitsbuch. München 1976.
[31] R. Volp (s. Anm. 16) 33f.
[32] Es ist zu bezweifeln, ob die jetzige Regelung wirklich - wie es die Liturgiekonstitution (Art. 51) intendiert - den Gläubigen den »Tisch des Gotteswortes reicher bereitet«: Eine Überflutung mit Texten, die zu einem großen Teil gar nicht ›lektionabel‹, das heißt, beim bloßen Hören verständlich sind, hat - das lehrt eben jahrhundertelange Erfahrung mit muttersprachigen Gottesdiensten! - unweigerlich Verschleißerscheinungen, Funktionsverluste, Sinnentleerungen und insgesamt eine »Pseudoemotionalität«

Als weiteres Beispiel könnte auf die gegenläufig-komplementären, uniformierenden und partikularen Tendenzen verwiesen werden, wie sie quer durch die Liturgiegeschichte in allen ihren konfessionellen Spielarten nachweisbar sind.[33] Andeutungen müssen genügen, um auf die Aufgaben aufmerksam zu machen, wie sie hier vor einer vergleichenden ökumenischen Liturgik liegen.[34]

4. Gegenstand einer vergleichenden ökumenischen Liturgik müßte - im Anschluß hieran - auch ein Phänomen sein, das den reformatorischen Gottesdienst eigentlich von seinen Ursprüngen her belastet und das neuerdings auch katholische Liturgiker unter dem Stichwort ›Überverbalisierung‹ zunehmend zu ängstigen beginnt.[35] Gemeint ist das Ungleichgewicht von digitaler, vorwiegend sprachlich vermittelter Kommunikation und analoger Kommunikation, die mittels Zeichen geschieht, die eine wahrnehmbare Entsprechung (genauer: eine partielle »Merkmalsidentität«[36]) zum Bezeichneten aufweisen.[37]

Traditionell werden bestimmte Aspekte dieses Problems - besonders in lutherischer Theologie - unter dem Begriffspaar ›Wort und Sakrament‹ verhandelt. Wenn auch die Gegenüberstellung von ›Kirche des Wortes‹ und ›Kirche des Sakraments‹ in den Be-

---

von Sprache zur Folge, wie F. Steffensky (s. Anm. 2, 84) sehr richtig beobachtet hat. Das führt dazu, daß auch muttersprachige Lesetexte, Gebete usw. häufig gar nicht mehr in ihrem Inhalt und in ihrer eigentlichen liturgischen Funktion aufgefaßt, verstanden und nachvollzogen, sondern als eine Art ›anderes Latein‹ wahrgenommen und persolviert werden.

[33] Vgl. Ph. Harnoncourt, Gesamtkirchliche und teilkirchliche Liturgie. Studien zum liturgischen Heiligenkalender und zum Gesang im Gottesdienst unter besonderer Berücksichtigung des deutschen Sprachgebietes. Freiburg/ Basel/Wien 1974 (UPT 3); ders., Gesamtkirchliche und teilkirchliche Liturgie. In: ThJb(L) 1976, 447-467.

[34] Als ein weiteres Beispiel könnte das Problem der liturgischen Rollenverteilung bzw. Rollensummation (Konzentration verschiedener liturgischer Rollen auf den Zelebranten) genannt werden; hier gibt es ganz merkwürdige Parallelen zwischen den Strukturverschiebungen, wie sie sich im Zusammenhang mit der Herausbildung der Privatmesse vollzogen haben, und der Rollensummation in den Gottesdienstordnungen der altpreußischen Unionskirche des 19. Jahrhunderts.

[35] Vgl. die Attacke von H. Haas, In seinem Namen versammelt. Erlebnisberichte lebendiger Liturgie. Graz/ Wien/Köln und Göttingen 1972, 165, gegen das »Überhandnehmen des Verbalismus im Kultgeschehen«. E. J. Lengeling, Liturgie als Grundvollzug christlichen Lebens. In: B. Fischer [u. a.], Kult in der säkularisierten Welt. Regensburg 1974, 73-91, spricht von einer »Wortinflation«, die sich freilich in privaten Experimenten noch stärker durchsetze als in der offiziellen Liturgie (88). Vgl. auch R. Volp, Liturgie (s. Anm. 30) 29.

[36] R. Fleischer, Verständnisbedingungen religiöser Symbole am Beispiel von Taufritualen - ein semiotischer Versuch. Diss. Mainz 1984, 229-231.

[37] Die Begriffe werden verwendet im Anschluß an P. Watzlawick/J. H. Beavin/D. D. Jackson, Menschliche Kommunikation. Formen, Störungen, Paradoxien. Bern/Stuttgart/Wien [4]1974, 61ff. Dabei ist zu beachten, daß - neben Gebärden, Bewegungen, Berührungen, Gerüchen, visuellen und architektonischen Zeichen usw. - (1) auch alle paralinguistischen, sprachbegleitenden Phänomene (Tonfall, Sprachrhythmus, wenig artikulierte Laute usw.) Mittel analoger Kommunikation sind und (2) auch Worte, Sätze, Texte analog-metakommunikativ (etwa als ›Kontaktlaute‹) verwendet werden können. Davon zu unterscheiden ist jene ›Analogie‹, wie sie zwischen komplexen Sprachzusammenhängen (etwa biblischen Gleichnissen) und den von ihnen gemeinten Sachverhalten besteht. Vgl. J. Kleemann (s. Anm. 2) 191f; ders., Wiederholen als Verhalten. Beobachtungen, Fragen und Hypothesen zur Kommunikation in agendarischen und neuen Gottesdiensten. In: Y. Spiegel (Hg.), Erinnern, wiederholen, durcharbeiten. Zur Sozialpsychologie des Gottesdienstes. Stuttgart 1972, 34-87, besonders 57ff; U. Eco, Einführung in die Semiotik. München 1972 (UTB 105), 220ff; Ph. Harnoncourt, Liturgie als kommunikatives Geschehen. In: LJ 25 (1975) 5-27; G. Sporschill/J. Steiner, Kommunikation im Gottesdienst. In: LJ 22 (1972) 117-131.

reich einer Trivialtheologie gehören dürfte,[38] läßt sich doch insgesamt eine stärkere verbale Prägung des evangelischen Gottesdienstes - die freilich immer wieder umschlägt in einen pseudoemotionalen Umgang mit Sprache[39] - kaum leugnen.

Die These vom sakramentalen Charakter des Wortes und vom worthaften Charakter der Sakramente, wie sie gelegentlich als Lösung angeboten wird,[40] hilft - trotz der ehrwürdigen Tradition, auf die sie verweisen kann - praktisch kaum weiter und erweist sich auch angesichts der von uns aufgenommenen kommunikationswissenschaftlichen Kategorien als fragwürdig. Kommunikation aufgrund von Sprache und Kommunikation aufgrund von Zeichen mit Gleichniswert gehören sicher im Vorgang menschlicher Verständigung untrennbar zusammen, erfüllen aber sehr spezifische Funktionen: Während digitale Kommunikation vorwiegend auf der Inhaltsebene wirksam wird, zur Definition von Beziehungen jedoch nur unzureichend in der Lage ist, liegt die eigentliche Leistung analoger Kommunikation (nicht deckungsgleich mit dem an anderer Stelle eingeführten, komplexeren Begriff der symbolischen Kommunikation!)[41] auf der Beziehungsebene; sie gibt - vereinfacht ausgedrückt - an, wie die Botschaft ›gemeint‹ ist, wie sie vom Empfänger innerhalb des Gefüges von Beziehungen, in denen er lebt, auf eine unmittelbare Weise ›gelesen‹, ›realisiert‹ werden kann und soll.[42] Andererseits mangelt es analoger Kommunikation für sich genommen an Eindeutigkeit und Genauigkeit; schon von daher ist sie auf das deutende Wort angewiesen.[43]

In einer ökumenischen Liturgik, die sich solche Einsichten für eine Theorie gottesdienstlicher Kommunikation zunutze macht, wird sich womöglich ein neuer Zugang zu zahlreichen traditionellen Streitpunkten und Problemfeldern ergeben. Zu denken ist etwa an das Verhältnis von Wort und Zeichen im sakramentalen Vollzug; an den Streit um die Zahl der Sakramente sowie an die unter den genannten Gesichtspunkten in der Tat höchst fragwürdige »Unterscheidung von Sakramenten, Sakramentalien und Kasualhandlungen«;[44] an die Verwendung verschiedenartiger, scheinbar einander ausschließender Zeichen in den Gottesdiensten verschiedener Konfessionen (zum Beispiel in der liturgischen Kleidung und in der Gestaltung des Gottesdienstraumes); an Probleme, wie sie auftreten können, wenn Inhalts- und Beziehungsebene, ›Wort‹ und - nichtverbales - ›Zeichen‹ nicht miteinander übereinstimmen; an die ›Digitalisierung‹ (Ritualisierung!) ursprünglich analoger Vollzüge[45] und den damit womöglich verbundenen Funktionswandel oder Funktionsverlust, aber auch an den entgegengesetzten Vorgang einer ›Analogisierung‹ von Sprachhandlungen; weiter an das damit eng zusammenhängende, eingangs angesprochene Problem der ›Überverbalisierung‹ (bzw. - auch das ist möglich

---

[38] Vgl. W. Kasper, Wort und Sakrament. In: ThJb(L) 1976, 425-446; hier 425 (Nachdruck aus W. Kasper, Glaube und Geschichte. Mainz 1970, 285-310).

[39] Vgl. F. Steffensky (s. Anm. 2) 84: »Wie es eine Zeremonialisierung des Symbols gibt auf katholischer Seite, so eine Zeremonialisierung des Wortes auf evangelischer.« Vgl. auch R. Volp (s. Anm. 16) 30.

[40] Vgl. W. Kasper (s. Anm. 38) 442.

[41] ›Symbolische Kommunikation‹ in dem oben bestimmten Sinne stellt sich dar als ein komplexes Gefüge verbaler und nichtverbaler, digitaler und analoger Kommunikationsvorgänge, wobei freilich aufgrund der von uns in Anm. 24 getroffenen Aussagen über Gegenstand, Ziele und Mittel symbolischer Kommunikation analogen Kommunikationsvorgängen eine hervorragende Bedeutung zukommt.

[42] Vgl. P. Watzlawick u. a. (s. Anm. 37) 53ff.

[43] Vgl. ebd. 66ff, 96ff.

[44] M. Josuttis (s. Anm. 28) 295.

[45] Ebd. 298; vgl. P. Watzlawick u. a. (s. Anm. 37) 100ff.

- einer ›Überanalogisierung‹) des Gottesdienstes; schließlich auch an die von Manfred Josuttis aufgeworfene Frage nach der »kommunikativen Relevanz« sakramentaler Kommunikation heute.[46] Daß sich in diesem Zusammenhang auch wichtige Einsichten für die Bedeutung der Musik in gottesdienstlicher Kommunikation ergeben, sei nur am Rande angedeutet.[47]

5. Hieraus ergibt sich auch: Ökumenische Liturgik kann sich keineswegs als eine Funktion kirchlicher Dogmatik verstehen, sondern hat dieser gegenüber eine relative Eigenständigkeit zu behaupten, die durch die Rede von der ›Liturgie als gebetetem Dogma‹ und dem ›Dogma als gedachter Liturgie‹ nur unzureichend zum Ausdruck gebracht wird.[48] Hier erweisen sich die Überlegungen von Edmund Schlink zur Struktur der dogmatischen Aussage immer noch als hilfreich; er verweist nämlich auf die fortschreitende »Verschiebung der Struktur des Dogmas vom Bekenntnis zur Lehre«,[49] die schließlich im Westen zur Elimination des ursprünglich im Dogma mitgesetzten doxologischen Momentes führt. Aussagen, die in ursprünglichen Akten von Glaubenskommunikation ihren Sitz hatten, werden - so Schlink - in ihrer Tendenz verändert, wenn sie »aus dem ihnen eigentümlichen, gegenüber der Lehre ganz anders strukturierten Akt des Aussagens herausgenommen und in der Form des Lehrens vergegenständlicht werden.«[50]

So gilt, daß sich gottesdienstliche Kommunikation in Aussagestrukturen vollzieht, die sich keinesfalls mit den Strukturen dogmatischer Aussagen decken: Auf der Ebene gottesdienstlicher Kommunikation dominieren die doxologischen, narrativen und parabolischen Aussagestrukturen, auf die in gewisser Weise das zutrifft, was Romano Guardini über den »liturgischen Akt« ganz allgemein zu sagen weiß - sie werden »vom Ausübenden als religiöser Akt ›getan‹ und vom Anwohnenden in einem analogen Akt ›gelesen‹«;[51] denotative, diskursive, argumentative und andere Aussagemodi treten demgegenüber zurück.[52] Jeder Versuch, unter Gleichschaltung dieser unterschiedlichen

---

[46] Vgl. M. Josuttis (s. Anm. 28) 295; P. Hünermann (s. Anm. 25) 53.
[47] Vgl. Ph. Harnoncourt, Gesang und Musik als Elemente der Liturgie. In: ThJb(L) 1976, 515-530; er spricht von der »natürlichen und selbständigen Zeichenhaftigkeit der Musik« und beschreibt musikalische als im wesentlichen analoge Kommunikation: »Im Singen gebe ich nicht nur zu erkennen, was mich erfüllt, sondern ich vermag dasselbe auch im anderen zu wecken und so mit ihm zu teilen. Wir können sagen: Singen ist ansteckend, Singen reißt mit, Singen löst aus der Isolierung. Dies alles geschieht viel stärker durch Melodie, Rhythmus und Harmonie - als durch den im Singen ausgesprochenen Text« (527).
[48] Vgl. P. Cornehl (s. Anm. 3) 451.
[49] E. Schlink, Die Struktur der dogmatischen Aussage als ökumenisches Problem. In: Ders., Der kommende Christus und die kirchlichen Traditionen. Beiträge zum Gespräch zwischen den getrennten Kirchen. Göttingen 1961, 24-79; hier 38.
[50] Ebd. 43.
[51] R. Guardini, Der Kultakt und die gegenwärtige Aufgabe der liturgischen Bildung. Ein Brief. In: A. Hänggi (Hg.), Gottesdienst nach dem Konzil. Vorträge, Homilien und Podiumsgespräche des Dritten Deutschen Liturgischen Kongresses in Mainz. Mainz 1964, 18-23; hier 20.
[52] Vgl. D. Power, Zwei Ausdrücke des Glaubens - Gottesdienst und Theologie. In: Conc(D) 9 (1973) 137-141; er spricht von der Notwendigkeit einer »devotionalen oder symbolischen und einer theologischen Sprache« (141). Vgl. weiter J.-P. Manigne, Die Sprache des Gottesdienstes. Die Poetik des Glaubens in der Liturgie. In: Conc(D) 9 (1973) 104-110; J. Ladrière, Die Sprache des Gottesdienstes. Die Performativität der Liturgiesprache. In: Conc(D) 9 (1973) 110-117; L. Gilkey, Die Sprache des Gottesdienstes. Gott im Glauben ansprechen. In: Conc(D) 9 (1973) 118-125; P. Born, Sprache und Sprechen im Gottesdienst. In: LJ 25 (1975) 28-46.

Aussageebenen liturgische Texte und Vollzüge unmittelbar für dogmatische Aussagen in Anspruch zu nehmen, führt ebenso in die Irre wie der Versuch, dogmatische Bestimmungen direkt in liturgische Vollzüge einzuführen.

Es ist denkbar, daß in der Frage des Opfercharakters der Eucharistie eine solche Vermengung der Aussageebenen zu den bekannten interkonfessionellen Schwierigkeiten beigetragen hat. Hans-Joachim Schulz hat in einer neueren Untersuchung zum eucharistischen Hochgebet[53] gezeigt, wie in der alten Kirche das »zeichenhafte Sich-Hineingeben der Gesamtgemeinde in das Opfer Christi« eben in einem Akt analoger Kommunikation - nämlich in der »Hingabe des Eigenen« in Gestalt der Bereitstellung und Darbringung von Brot und Wein, als zeichenhafter und doch zugleich sehr realer Vollzug von Nachfolgegesinnung - erscheint, und gerade nicht in einem letztlich nur dogmatisch aufzuschlüsselnden ›Darbringen‹ der konsekrierten Elemente.[54] Mir scheint hier ein Problem auch der neuen Hochgebete zu liegen, dem sich eine ökumenische Liturgik in besonderer Weise zuzuwenden hätte; andererseits ist hier auch evangelische Gottesdiensttheologie zu grundlegendem Umdenken genötigt.

Ökumenische Liturgik steht hier vor der Aufgabe, (a) ein angemessenes Kategoriengerüst zur Erfassung und Beschreibung jener spezifisch-liturgischen Aussagemodi bereitzustellen; (b) einer dogmatischen Überfremdung liturgischer Vollzüge bzw. einer Vermischung der Aussageebenen entgegenzuwirken; (c) die damit gestellte Übersetzungsaufgabe - als Übersetzung von einem Aussagemodus in einen anderen - so in Angriff zu nehmen, daß schließlich Gemeinschaft im liturgischen Handeln auch bei fortbestehender Differenz der Darstellungsformen (›Riten‹) möglich wird.

6. Der Zusammenhang von Liturgie und Kultur, Liturgie und Gesellschaft stellt sich als ein weiteres wichtiges Thema ökumenischer Liturgik dar. Hier tut sich evangelische Liturgik besonders schwer; »systematische Sperren« - im Gefolge von dialektischer Theologie und Kirchenkampf errichtet - werden nur langsam abgebaut. Wenn es jedoch stimmt, was Herman Schmidt in diesem Zusammenhang entwickelt hat[55] - daß nämlich Liturgie und Kultur untrennbar miteinander verbunden sind, daß liturgische Gestaltung immer nur im Kontext einer bestimmten (vergangenen oder gegenwärtigen) Kultur erfolgen kann, daß Liturgie nicht nur - etwa nach dem Modell von ›Kern‹ und ›Schale‹ - gewisse kulturelle Elemente aufnimmt, sondern selber eine *kulturelle* Manifestation christlichen Glaubens *ist*, in Wahrheit also ein kulturelles Subsystem schafft, in dem Menschen ihren Glauben leben und feiern können[56] - wenn diese Prämissen stimmen, dann steht eine ökumenische Liturgik vor der Frage, wie denn eine solche ›Inkulturation‹ gottesdienstlicher Praxis heute erfolgen kann, erfolgen muß. Wie kann christlicher Gottesdienst in nichtabendländische Kulturen einwandern? Wie vermittelt er sich der säkularisierten Kultur des Westens? Welche kulturelle Gestalt kann Gottes-

---

[53] H.-J. Schulz, Ökumenische Glaubenseinheit aus eucharistischer Überlieferung. Paderborn 1976 (KKTS 34).
[54] Vgl. ebd. 21, 23, 44f, 49f, 54, 66f, 68, 70f u. ö.
[55] H. Schmidt in einem Vortrag »Kultur - religiöse Traditionen - Liturgien« auf der Tagung der Arbeitsgemeinschaft katholische Liturgikdozenten (AKL) vom 6. - 10. 9. 1976 in Heerlen/Niederlande. Vgl. weiter H. B. Meyer (Hg.), Gottesdienst in einem säkularisierten Zeitalter. Kassel 1971; B. Fischer u. a. (s. Anm. 35); K. Richter (s. Anm. 27); D. Power, Kulturelle Begegnung und religiöser Ausdruck. In: Conc(D) 13 (1977) 114-121.
[56] Vgl. F. Schupp, Glaube - Kultur - Symbol. Versuch einer kritischen Theorie sakramentaler Praxis. Düsseldorf 1974, 15, 17ff u. ö.

dienst in gesellschaftlichen Zusammenhängen gewinnen, in denen sich christliche Gemeinden - welcher Konfession auch immer - in der Rolle ›kognitiver Minderheiten‹ und damit in einer Diasporasituation vorfinden?

Ökumenische Liturgik steht hier vor Fragen, wie sie sich ganz ähnlich der Religionspädagogik stellen: Wie ist religiöse Sozialisation überhaupt möglich, wenn sie nicht mehr in eine gesamtgesellschaftlich abgesicherte religiös-christliche Kultur hinein erfolgen kann, wenn also - in der Terminologie der Wissenssoziologie ausgedrückt - die »symbolische Sinnwelt« christlichen Glaubens, wie sie in gottesdienstlicher Kommunikation ihre Darstellung findet, einem gesamtgesellschaftlichen Plausibilitätsschwund ausgesetzt ist?[57] Muß nicht Kirche in diesem Fall sich bewußt auch als Kultursystem, als eine Art ›Subkultur‹, *innerhalb* der säkularisierten, weithin entchristlichten Kultur solcher Gesellschaften verstehen und gestalten?[58] Bietet sich hier womöglich der Bereich gottesdienstlicher Kommunikation als ein Sozialisationsraum eigener Art an - als ein Raum, in dem der angezeigte Gegensatz »zugleich kulturimmanent, aber systemtranszendierend ausgetragen werden« kann?[59]

Es ist denkbar, daß sich aus all dem eine wichtige Einsicht ergibt: Gottesdienstprobleme sind nur begrenzt ›innerliturgisch‹ - das heißt, durch Veränderung der Kommunikationsstrukturen des Gottesdienstes selbst - lösbar; sie müssen im Zusammenhang gesamtgesellschaftlicher Funktionen von Kirche gesehen[60] und dementsprechend mittels »Veränderungen zweiter Ordnung«,[61] die den Gesamtkontext kirchlicher Kommunikation betreffen, angegangen werden. Anders gesagt: Liturgiereform läuft womöglich ins Leere und produziert Frustrationen am laufenden Band, wenn sie nicht im Rahmen einer umfassenden Neubestimmung des Verhältnisses von Kirche und Gesellschaft, Kirche und Kultur erfolgt. Hierauf zu drängen, könnte eine wichtige Aufgabe *ökumenischer Liturgik* sein.

---

[57] Vgl. P. L. Berger, Zur Dialektik von Religion und Gesellschaft. Elemente einer soziologischen Theorie. Frankfurt/M. 1973, 122ff u. ö.; P. Cornehl (s. Anm. 3) 460.

[58] Es läßt sich m. E. nachweisen, daß religiöse Minderheiten immer auch ihre eigene ›Subkultur‹ ausgebildet haben und daß religiöse Sozialisation in diesen Gruppen sich im Zusammenhang solcher kulturellen Subsysteme vollzog.

[59] Vgl. F. Schupp (s. Anm. 56) 25f.

[60] Vgl. R. Ruppert, Lebendige Liturgie - ein Lernprozeß der ganzen Gemeinde. Überlegungen zur Praxis der liturgischen Erwachsenenbildung. Frankfurt/M. 1975 (BPT.G), 16-19; K.-F. Daiber, Gottesdienstreform und Predigttheorie. In: JLH 18 (1973/74) 36-54, hier 47f, 49f; P. Cornehl, Öffentlicher Gottesdienst. Zum Strukturwandel der Liturgie. In: Ders./H.-E. Bahr (Hg.), Gottesdienst und Öffentlichkeit. Zur Theorie und Didaktik neuer Kommunikation. Hamburg 1970 (Konkretionen 8), 118-196.

[61] Vgl. P. Watzlawick/J. H. Weakland/R. Fisch, Lösungen. Zur Theorie und Praxis menschlichen Wandels. Bern/Stuttgart/Wien 1975, 99ff.

Zeichen der Eröffnung

Ziel der folgenden Skizze ist es, an einem relativ umgrenzten Spezialproblem liturgischer Gestaltung mit zugleich breitem liturgiehistorischen Hintergrund (der Frage der Eröffnung des Meßgottesdienstes) Möglichkeiten zu erproben, die sich aus einer semiotischen Betrachtungsweise für die Analyse und Praxis von Liturgie ergeben. Der Beitrag versteht sich als erster, noch tastender Versuch des Verfassers, das sich hier anbietende Instrumentarium in eine sinnvolle Beziehung zu den liturgiehistorischen und liturgietheologischen Verfahren zu setzen, die bisher sein Methodenrepertoire fast ausschließlich bestimmten.

I. Die Eingangspartitur der vorkonziliaren Messe

Im Zuge der nachkonziliaren Meßreform bereitete die Frage einer Neuordnung der die Messe eröffnenden Elemente (Gesänge, Gebete, Akklamationen und sonstigen Vollzüge) den an der Reformarbeit maßgeblich Beteiligten erhebliche und nur schwer lösbare Schwierigkeiten. Wir erinnern uns: In der Hochform (die nicht identisch war mit der Normalform!) der vorkonziliaren Meßfeier begann der Gottesdienst mit der fugenlosen Aneinanderreihung dreier Gesänge: Introitus, Kyrie und Gloria. Introitus und Kyrie überlagerten dabei das Stufengebet (das zusammen mit den sich anschließenden Orationen vom Zelebranten und seiner Assistenz vollzogen wurde), die Verehrung und Beräucherung des Altars sowie das stille Lesen der Texte von Introitus und Kyrie durch den Zelebranten; dieser kam für die Gemeinde hörbar erst zu Wort im Anstimmen des Gloria, im Gruß (*Dominus vobiscum*) und im darauf folgenden Tagesgebet (*oratio*). Durch die Art der musikalischen Kodierung ergaben sich bedeutsame Varianten: Das einstimmige Choralamt war eine Möglichkeit; eine zweite die mehrstimmige Ausführung aller drei Eröffnungsgesänge (mit der ganzen Fülle der sich hier bietenden stilistischen Möglichkeiten!); eine dritte die Koppelung der einstimmigen Introituspsalmodie mit einer mehrstimmigen Meßkomposition usw.[1] Gruß und Oration wurden vom Zelebranten kantilliert (eine Art musikalischer Kodierung, die in einem starken Kontrast stand zur Kodierung von Kyrie und Gloria z. B. in einer mehrstimmigen Meßkomposition).

Die Eröffnung eines solchen Hochamtes läßt sich in einer Art Partitur[2] - wie sie auf der folgenden Seite dargestellt wird - skizzieren. Ein Versuch, diese Partitur zu ›lesen‹, führt zu folgenden vorläufigen Ergebnissen:

---

[1] Vgl. J. Wagner, Reflexionen über Funktion und Stellenwert von Introitus, Kyrie und Gloria in der Meßfeier. In: LJ 17 (1967) 40-47. Bei der Aufführung der ›großen Messen‹ entfiel der Gesang des Introitus oft ganz (42).

[2] Vgl. Zeichen im Gottesdienst. Ein Arbeitsbuch von G. Schiwy, H. Geißner, H. Lindner, H. Michel, H. Muck, K. Pfitzner, R. Volp. München 1976, 78ff, 131ff. Im Vergleich zu den dort vorliegenden ausführlichen Partituren von Gottesdiensten kann der hier unternommene Versuch einer Schematisierung natürlich nur einen Bruchteil der tatsächlichen Zeichenprozesse festhalten.

Verbaler Kode I (offen)	Verbaler Kode II (verdeckt)	Musikalischer Kode	Visueller und kinetischer Kode	Verhalten der Gemeinde
[Introitus]		Meßpsalmodie oder mehrstimmige Vertonungen	[Einzug: normalerweise stark verkürzt]	Schauen
	Stufengebet und folgende Orationen		Gesten während des Stufengebets	Hören
	Segnung des Weihrauchs		Altarverehrung und Beräucherung	Bewegungen und Gesten (Kreuzeszeichen, Knien u. a.)
	Introitus		Bewegungen am Altar	
Kyrie	Kyrie	Weisen aus dem Kyriale, mehrstimmige Meßkompositionen		
Anstimmen des Gloria	Gloria			
Gruß			Gruß- und Gebetsgesten.	Verbal: Antwort auf Gruß
Oration		Kantillation		
			Gewänder! Geräte! Raum!	Amen nach Oration (falls nicht durch Chor oder Assistenz)

1. Das Nebeneinander zweier verbaler Kodes - eines ›offenen‹ und eines ›verdeckten‹ - sowie die Doppelung der verbalen Vollzüge (der Zelebrant muß die vom Chor gesungenen Texte für sich rezitieren!) kodiert seinerseits die besondere Stellung, die dem Zelebranten in diesem Geschehen zukommt. Es wird hierdurch angezeigt: Die Gültigkeit und Wirksamkeit der Handlung hängt allein an den verbalen und nichtverbalen Aktionen des Zelebranten. Und weiter: Für die Gültigkeit und Wirksamkeit dieses Geschehens ist ›Öffentlichkeit‹ (im Sinne von Offenlegung, Durchschaubarkeit, Überprüfbarkeit, Verständlichkeit usw.) nicht erforderlich; die Aktionen des Zelebranten sind ›offiziell‹, auch ohne ›öffentlich‹ zu sein.

2. Falsch wäre es nun, hieraus abzuleiten, die Gemeinde sei an diesem Geschehen nicht beteiligt. Unsere Partitur macht freilich deutlich, daß die Kommunikation zwischen dem Zelebranten (und seinem ›offiziellen‹ Reden und Tun) und der Gemeinde nicht primär auf verbalem Wege hergestellt wird, sondern über den visuellen bzw. kinetischen[3] und den musikalischen Kode verläuft: Die Gemeinde *schaut*, was am Altar geschieht, und partizipiert in solchem Schauen am Geschehen selbst. »Liturgischer Akt realisiert sich schon im Schauen. Dieses bedeutet nicht nur, daß der Gesichtssinn wahrnimmt, was da vorn im Chor vor sich geht, sondern ist in sich selbst lebendiger Mitvollzug«, schreibt Romano Guardini, und er veranschaulicht dies an einem eindrücklichen Erlebnis, das ihm während einer Karsamstagsliturgie im Dom zu Palermo wider-

---

[3] Wir formulieren den Begriff des »kinetischen Kode« im Anschluß an U. Eco, Einführung in die Semiotik. München 1972, 21f (»Kinesik«).

fuhr: »Das Blicken des Volkes war selber ein Tun; in ihm vollzog es die verschiedenen Vorgänge mit.«[4]

3. Die Gemeinde partizipiert am Geschehen auch über den kinetischen Kode: Das heißt, sie *vollzieht* bestimmte Gesten, Gebärden, Bewegungen usw. *nach* (Aufstehen, Kreuzzeichen, An-die-Brust-Schlagen, Kniebeugung u. a.). Dies bedeutet nicht, daß ihr nichtverbales Verhalten völlig mit dem entsprechenden Verhalten des Zelebranten synchronisiert sei (eine solche Synchronisierung wird erst - wie wir noch sehen werden - in bestimmten Formen der ›Gemeinschaftsmesse‹ angestrebt): Es gibt Verhaltensformen, die dem Zelebranten allein vorbehalten sind; der ›Text‹, den er mittels des kinetischen Kode formuliert, ist wesentlich komplizierter und vielschichtiger als die entsprechenden ›Texte‹ auf seiten der Gemeinde. Wichtig ist die Beobachtung, daß das entsprechende nichtverbale Verhalten der Gottesdienstbesucher so gut wie gar nicht durch verbale Signale ausgelöst wird; als Signale wirken einmal bestimmte akustische Zeichen (Klingel- bzw. Glockenzeichen, Orgelspiel); dann das visuell wahrnehmbare Verhalten des Zelebranten und seiner Assistenz (besonders der Assistenz!); nicht zu vergessen sind die Signale, die mittels des Raumkode gegeben werden (so wirkt z. B. das am Eingang aufgestellte Weihwasserbecken als auslösendes Signal für ein bestimmtes Verhalten).

4. Die Gemeinde partizipiert am Geschehen schließlich auch über den musikalischen Kode. Hier ist die eigentliche Funktion der drei Eröffnungsgesänge zu sehen: Sie dienen (auch dann, wenn - wie normalerweise im lateinischen Hochamt - die Gemeinde sich an ihrem Vollzug nicht beteiligt) der Kommunikation zwischen dem offiziellen, nichtöffentlichen Handeln des Zelebranten und dem Handeln der Gemeinde; sie ermöglichen Partizipation. Dies geschieht nun freilich wieder nicht primär auf verbalem Wege; das, was diese Gesänge an denotativer Bedeutung enthalten (was der ihnen zugrunde liegende Verbaltext also ›eigentlich‹ sagen will), ist von untergeordneter Bedeutung im Vergleich zu den Konnotationen, die sie auslösen (und den Ideologisationen, zu denen sich solche Konnotationen verdichten). Natürlich gehen in diese Konnotationen auch sehr allgemeine Denotate mit ein (vielleicht denkt der lateinkundige Hörer des Gloria u. a. auch an das Weihnachtsereignis, das in den ersten Zeilen anklingt); das Entscheidende dieser Gesänge besteht aber darin, daß sie ›offene‹ Zeichenkomplexe sind, die »eine Fülle individueller Konnotationen auszulösen« vermögen.[5] Unabhängig von den unterschiedlichen liturgischen Funktionen, die ihnen die Liturgiewissenschaft zuschreibt, besteht also eine wesentliche Leistung dieser Gesänge gerade darin, daß sie einerseits Identifikation mit dem liturgischen Prozeß im ganzen (und damit auch Partizipation am grundlegenden Handeln des Zelebranten) ermöglichen, andererseits den Gottesdienstteilnehmer nicht auf bestimmte ›Inhalte‹ (etwa den kerygmatischen Gehalt des Introitus oder auf im Gloria implizierte dogmatische Aussagen) festlegen.

5. Im Gesamttext des Gottesdienstes kommt den drei Eröffnungsgesängen die Funktion einer *Ouvertüre* zu. Dies hat u. a. Johannes Wagner[6] ganz klar gesehen; und

---

[4] R. Guardini in seinem berühmten Brief an J. Wagner anläßlich des Liturgischen Kongresses in Mainz; zitiert nach A. Hänggi (Hg.), Gottesdienst nach dem Konzil. Mainz 1964, 20.
[5] Vgl. Zeichen im Gottesdienst (s. Anm. 2) 75.
[6] J.Wagner (s. Anm. 1) 41f; er erblickt unter diesen Voraussetzungen in Introitus und Kyrie Dubletten, die zu einem einzigen Gesang zusammenwachsen könnten (42). Von einer »Ouvertüre« sprechen im Hinblick auf die Eröffnungsgesänge bzw. auf den Eröffnungsakt im ganzen auch A. Adam, Erneuerte

er beschreibt einleuchtend, wie etwa Introitus und Kyrie im Verlaufe der liturgiegeschichtlichen Entwicklung ihre ursprünglichen Funktionen einbüßen und immer mehr in diese Funktion einer gottesdienstlichen Ouvertüre hineinwachsen (wobei Wagner dem ›dritten Satz‹ dieser Ouvertüre, dem Gloria, noch stärker den Charakter eines in sich selbständigen »Festgesangs« zuweist).

Die Ouvertüre in drei Sätzen, die den liturgischen Prozeß eröffnet, muß nun freilich im Zusammenhang der anderen Vollzüge gelesen werden, die unsere Partitur für diesen Teil des Gottesdienstes ausweist; nur zusammen mit diesen Vollzügen kann die Ouvertüre jene Einstimmung leisten, die man von ihr verlangt, und den dann folgenden Kommunikationsprozeß zugleich ermöglichen, steuern und begrenzen.[7] Dabei ist es in gar keiner Weise gleichgültig, welche Zeichenelemente jeweils aus den zur Verfügung stehenden musikalisch-textlichen Paradigmen ausgewählt und zu dem Syntagma ›gottesdienstliche Ouvertüre‹ zusammengefügt werden: Wer z. B. aus dem Paradigma ›Introitusgesänge‹ einen gregorianischen Choral auswählt und ihn dann mit dem Kyrie und Gloria einer ›großen Messe‹ verbindet, kodiert natürlich eine ganz andere Botschaft (vielleicht sogar einen ganz anderen Sinn von Gottesdienst!)[8] als derjenige, der womöglich (was die syntaktischen Regeln eines lateinischen Hochamts freilich kaum zulassen) dem Paradigma möglicher Introitusgesänge ein strophisches Eingangslied in der Volkssprache entnimmt.[9]

6. Von dem, was wir hier bislang als kinetischen Kode und Raumkode bezeichnet haben, ist das noch zu unterscheiden, was z. B. bei Umberto Eco unter dem Stichwort Proxemik erscheint:[10] Zeichen, die durch die räumliche Zuordnung (Nähe bzw. Ferne, Zuwendung bzw. Abwendung) der Kommunikationspartner gesetzt werden. So wird etwa durch das Agieren des Zelebranten an einem (von der im Kirchenschiff versammelten Gemeinde weit entfernten) Hochaltar - wobei er in der Regel dem Volk den Rücken zukehrt - ein ganz eigenartiger Text kodiert: Zum einen unterstreicht dieses Verhalten die bereits oben (erinnert sei an die Rolle des ›verdeckten‹ Verbalkode) erschlossene ›Nicht-Öffentlichkeit‹ seines ›offiziellen‹ Tuns; zum anderen aber wird dieses Tun so vollzogen, daß es als solches (eben als nichtöffentliches!) gesehen, wahrgenommen, gelesen werden kann.

Man hat (von katholischer Seite) dem vorkonziliaren Gottesdienst immer wieder vorgeworfen, er habe keine wirkliche Kommunikation zwischen dem Geschehen am Altar und dem im Schiff versammelten Volk ermöglicht; diese Kritik bedarf - wie die hier vorgetragene Analyse zeigt - zumindest gewisser Modifikationen.

Liturgie. Eine Orientierung über den Gottesdienst heute. Freiburg 1972, 110, und J. H. Emminghaus, Die Messe. Wesen - Gestalt - Vollzug. Klosterneuburg 1976, 187.
[7] Vgl. J. Kleemann, Wiederholen als Verhalten. Beobachtungen, Fragen und Hypothesen zur Kommunikation in agendarischen und neuen Gottesdiensten. In: Y. Spiegel (Hg.), Erinnern, wiederholen, durcharbeiten. Zur Sozialpsychologie des Gottesdienstes. Stuttgart 1972, 34-87. Für unseren Zusammenhang besonders wichtig: die Rolle »präverbaler Zeichen« im Gottesdienst (42ff).
[8] J. Wagner (s. Anm. 1) 42: »Ein bloß psalliierter oder gar rezitierter Introitus ist im Gefüge einer Meßfeier, in der Kyrie und Gloria in der Weise, wie es ihnen zukommt, gesungen werden, phänomenologisch weniger als ein Nichts, nämlich ein Minus: er stört und verunklärt die Gestalt der Eröffnungshandlung.«
[9] Zu beachten ist auch die merkwürdige ›Botschaft‹, die durch den Kontrast von großen Meßkompositionen (z. B. Mozartmessen) und kantilliertem (womöglich noch schlecht kantilliertem!) Tagesgebet in das Eröffnungssyntagma kodiert wird.
[10] U. Eco (s. Anm. 3) 21f, 344ff.

7. Um ein einigermaßen vollständiges Bild zu erreichen, müßten nun neben dem lateinischen Hochamt auch die anderen gebräuchlichen, zum Teil durch die liturgische Bewegung dieses Jahrhunderts angeregten Meßformen (»Gemeinschaftsmesse«, »Betsingmesse«, »Deutsches Hochamt« usw.) in gleicher Weise untersucht werden; in eine solche Untersuchung wären selbstverständlich auch die entsprechenden Passagen lutherischer und unierter Liturgien einzubeziehen. Dies ist hier nicht möglich. Ein Hinweis scheint freilich noch wichtig: Es war gewiß kein Zufall, daß in den Anfängen der liturgischen Bewegung dieses Jahrhunderts der Versuch, eine gemeinschaftliche Meßfeier zu gestalten, von der gelesenen Messe (*missa lecta*) und nicht vom lateinischen Hochamt seinen Ausgang nahm.[11] Dahinter darf wohl die Intention vermutet werden, die Doppelung der verbalen Kodes (in einen ›offenen‹ und einen ›verdeckten‹) und damit auch die in dieser Doppelung kodierte Bedeutung (nur das Tun und Reden des Zelebranten ist ›offiziell‹ und damit gültig und wirksam) aufzuheben: Man rezitierte sämtliche vorkommenden Texte - einschließlich des Stufengebets - gemeinsam bzw. ließ sie laut lesen.

Daß schließlich ein anderer Weg gewählt wurde, um jene Doppelung der Kodes zu überwinden und gleichzeitig die liturgische Rollenverteilung wiederherzustellen, mindert nicht die Bedeutung jener frühen Versuche.

II. Zur Genese der Eröffnungszeichen

»An dem nach der Sonne genannten Tage findet eine Zusammenkunft aller, die in Stadt und Land weilen, an einem bestimmten Orte statt, und es werden die Denkwürdigkeiten der Apostel oder die Schriften der Propheten vorgelesen, solange die Zeit reicht ...« Der Märtyrer Justin, der um 150 n. Chr. in seiner Apologie an den Kaiser Antoninus Pius auch über den Gottesdienst der Christen berichtet, weiß von jenen Eröffnungsriten, die uns hier beschäftigen, noch nichts; der Gottesdienst beginnt unmittelbar mit den Schriftlesungen.

Gleiches gilt für die sogenannte Klementinische Liturgie der Apostolischen Konstitutionen vom Ausgang des vierten Jahrhunderts: »Nach der Verlesung des Gesetzes und der Propheten und unserer Briefe, der Akten (der Apostel) und der Evangelien begrüßt der Geweihte (Bischof) die Kirche ...«[12] Nur dreihundert Jahre später findet sich in der römischen Bischofsmesse[13] eine ausgebaute ›Eröffnung‹, die (abgesehen vom Stufengebet) schon nahezu alle Elemente enthält, die wir im Zusammenhang mit dem vorkonziliaren lateinischen Hochamt kennengelernt haben: Einzug des Bischofs mit Assistenz, Leuchtern und Weihrauch unter dem Gesang des Introitus; es folgen die Kyrie-(Christe-)eleison-Rufe; der Bischof stimmt das Gloria an und grüßt nach Beendigung dieses Hymnus das Volk mit dem *Pax vobis*; während er vor seiner Cathedra in der Mitte der Apsis nach Osten gewandt steht (und damit sowohl der Gemeinde wie dem Altar den Rücken zukehrt!), betet er die Oration (*collecta*).

---

[11] Vgl. K. Amon, Hochamtsregel und neuer Meßordo. In: LJ 20 (1970) 209-215; R. Berger, Kleines Liturgisches Wörterbuch. Freiburg/Br. 1969, 173.

[12] Zitate nach J. Beckmann, Quellen zur Geschichte des christlichen Gottesdienstes. Gütersloh 1956, 226, 237.

[13] Wir folgen dabei der Darstellung des Ordo Romanus I, wie sie Th. Klauser, Kleine Abendländische Liturgiegeschichte. Bonn 1965, 63ff, und K. Gamber, Liturgie übermorgen. Gedanken zur Geschichte und Zukunft des Gottesdienstes. Freiburg/Br. 1966, 149ff, geben.

Gottesdienst ohne ›Eröffnung‹ in den ersten vier Jahrhunderten der christlichen Liturgiegeschichte?[14] Dies kann gewiß nicht bedeuten, die Versammlung der Gemeinde habe ohne eine - wie auch immer geartete - ›Einstimmung‹ durch präverbale (oder auch verbale, freilich noch nicht ritualisierte) Zeichen begonnen.[15] Leider berichtet uns Justin nichts darüber, *wie* die Christen sich versammeln - wie sie sich zu Beginn untereinander begrüßen (oder auch nicht begrüßen; man denke an unsere Gottesdienste!); wie sie sich zum ›Raum‹ und im ›Raum‹ verhalten, in dem die Versammlung stattfindet; welche Haltung sie gegenüber dem Vorsteher der Versammlung einnehmen; wie der Beginn des Wortgottesdienstes markiert wird usw. Etwas deutlicher ist hier schon die Schilderung, die Augustin gibt: Als er zum Gottesdienst an einem Ostertag in die Kirche einzieht, hallen ihm Freudenrufe (»Gott sei Dank! Gott sei Lob!«) entgegen; er begrüßt die Gemeinde, und wieder bricht der Jubel los.[16] Eine noch sehr wenig formalisierte Weise der Eröffnung, will uns scheinen; die Gottesdienstteilnehmer haben offenbar die Möglichkeit, jene *Ouvertüre*, die alles dann folgende ermöglicht und determiniert, bis zu einem gewissen Grade selber zu ›komponieren‹, indem sie aus den Paradigmen möglichen Eingangsverhaltens jene Zeichenelemente auswählen, die sowohl dem Anlaß der Versammlung wie auch ihrer eigenen Stimmung entsprechen. Es ist ja durchaus vorstellbar, daß Augustin bei anderer Gelegenheit mit Klage- oder Bußrufen oder gar mit Schweigen begrüßt wird, wenn er sich in die Versammlung begibt ...

Wie kommt es nun im weiteren Verlauf der Liturgiegeschichte zum Ausbau und zur Ritualisierung jener ›Eröffnung‹, wie sie in der römischen Bischofsmesse um 700, im späteren lateinischen Hochamt und auch in den evangelischen Gottesdienstordnungen unserer Tage (wenn evangelische Christen von ›Liturgie‹ sprechen, meinen sie im wesentlichen jene Eröffnungsriten!) die Gesamtstruktur des Gottesdienstes so einschneidend verändert? Wie kommt jene von katholischen Liturgikern immer wieder beklagte »Kopflastigkeit« des Eröffnungsteils zustande?[17]

Man kann versuchen, diesen Vorgang liturgiehistorisch zu rekonstruieren: Wie hier eine Art Wachstums- oder Wucherungsprozeß abläuft, wie sich die verschiedenen Schichten überlagern, zum Teil auch durchdringen, wie sich Einzelelemente entfalten, dann wieder zurückbilden, so daß dann am Ende der Eröffnungsteil erscheint als eine

---

[14] Es fehlt nicht an Versuchen, diese Hypothese (die immerhin durch eine Reihe von Belegen gestützt wird) durch andere Hypothesen zu unterlaufen. Man verweist auf die geographische Differenz: Justin (Kleinasien) und Apostolische Konstitutionen (Syrien) schildern nicht den römischen Gottesdienst (obwohl es auch hier Indizien für einen ›eröffnungslosen‹ Gottesdienst in den ersten Jahrhunderten gibt; man denke an die alte römische Karfreitagsliturgie!); man verweist weiter auf Didache 14,1 und schließt daraus, bestimmte »Bußriten« hätten zumindest an gewissen Tagen den Gottesdienst eröffnet. Vgl. J. H. Emminghaus (s. Anm. 6) 157, 172; R. Berger, Tut dies zu meinem Gedächtnis. Einführung in die Feier der Messe. München 1971, 161.

[15] J. H. Emminghaus (s. Anm. 6) 157 verweist auf den hodologischen Kode, der für die Eröffnung des Gottesdienstes von Bedeutung war: »Die alte Kirche legte vor ihre Basiliken mit Vorliebe ein Atrium, das einer gesamtmenschlichen Bereitung vor Betreten der Kirche förderlich war: Man streifte dort Hektik und Lärm des Alltags ab und sammelte sich auf die Begegnung mit Gott. Die gefügten Maße der Architektur waren dabei hilfreich.«

[16] Vgl. A. Zwinggi, Der Wortgottesdienst bei Augustinus (I). In: LJ 20 (1970) 92-113, besonders 95 f; A.-G. Martimort (Hg.), Handbuch der Liturgiewissenschaft. I. Leipzig 1965, 360 Anm. 47.

[17] Vgl. z. B. J. Wagner (s. Anm. 1) 44; K. Amon (s. Anm. 11) 211; B. Kleinheyer, Die Eröffnung der Eucharistiefeier. Beobachtungen zum neuen Ordo Missae - Wünsche zum künftigen Deutschen Meßbuch. In: LJ 23 (1973) 159-169, hier 160; F. Nikolasch, Zur Einführung der erneuerten römischen Meßordnung im deutschen Sprachraum. In: LJ 20 (1970) 193-208, hier 205.

Summierung von »Reduktionen und Relikten ursprünglich ausgedehnterer Handlungen.«[18]

Mit einer solchen Rekonstruktion liturgiehistorischer Vorgänge ist freilich noch nichts eigentlich erklärt. Wenn wir im folgenden den Versuch unternehmen, einige jener Vorgänge als Zeichenprozesse (sowohl unter synchronem wie unter diachronem Aspekt) zu deuten, soll den liturgiehistorischen Rekonstruktionsversuchen nichts hinzugefügt werden; es ist auch nicht beabsichtigt, in den bestehenden Kontroversen (etwa über die Herkunft und die Funktion des Kyrie und des Kollektengebets) so oder so Stellung zu beziehen.

1. Ältestes Element scheint in der Tat - folgt man der Darstellung bei Augustin und in anderen Quellen - die *Begrüßung* gewesen zu sein. Freilich setzt sie als Zeichen mit Kontaktfunktion einen anderen Vorgang schon voraus: den *Einzug* des Vorstehers in die bereits versammelte Gemeinde - wie bescheiden zunächst dieser Vorgang auch ausgesehen haben mag.

Der Vergleich mit ähnlichen Vorgängen im säkularen Raum macht deutlich: Hier handelt es sich nicht um ein bloßes Element der ›Verfeierlichung‹ des Gottesdienstes, ein Element mit »hohem Einstimmungswert«, wie Emminghaus meint;[19] es handelt sich auch nicht um einen Vorgang, der primär liturgietheologisch (von seinem »Ziel, dem Altar her«) gedeutet werden muß;[20] gewiß auch nicht um einen rein praktischen Vorgang, der mit der Bauweise altkirchlicher Basiliken zusammenhängt, wie Jungmann interpretiert.[21] Durch den Einzug wird vielmehr eine hierarchische Gliederung der Versammlung (eben in ›Volk‹ und ›Vorsteher‹) angezeigt; eine Gliederung, die im übrigen mit ganz anderen Bedeutungen besetzt ist als die Unterscheidung zwischen ›Veranstaltern‹ und ›Publikum‹ eines modernen Jugendgottesdienstes.[22] Der hodologische Kode kommt bei solchem Einzug auf eine ganz eigenartige Weise zur Geltung: Die Gliederung der Versammlung wird ablesbar an der Art des *Weges*, den eine Teilgruppe inmitten der Gesamtgruppe zurücklegt.

2. Die *Begrüßung* verändert ihre Zeichenfunktion, wenn sie nicht mehr wirklich am Beginn des Gottesdienstes steht, sondern - wie etwa im späteren Hochamt - an den Schluß des Eröffnungsteils verlagert wird. Sie hat dann nicht mehr vorrangig prospektiven Charakter (indem sie auf etwas vorbereitet, was noch kommt), sondern wird verstärkt retrospektiv wirksam (sie verweist auf etwas zurück, was bereits geschah, und gewinnt in solcher Retrospektive einen Teil ihrer Bedeutung).

Dabei bleibt in der römischen Bischofsmesse und im späteren Hochamt die ursprüngliche Kontaktfunktion der Begrüßung durchaus noch erhalten (wendet sich hier der Vorsteher doch erstmals direkt an das Volk); es treten jedoch andere Funktionen hinzu: etwa eine Appellfunktion (Einladung zum Gebet - weshalb später dann der Gruß ja auch vor allen wichtigen Gebetshandlungen wiederholt wird) und vielleicht sogar eine metakommunikative Funktion (Verständigung über den besonderen Charakter des jetzt anstehenden liturgischen Tuns: Die *collecta* als Präsidialgebet besitzt einen anderen

---

[18] J. H. Emminghaus (s. Anm. 6) 157.
[19] Ebd. 159.
[20] H. Plock, Die Eröffnung der Eucharistiefeier. In: Th. Maas-Ewerd/K. Richter (Hg.), Gemeinde im Herrenmahl. Zur Praxis der Meßfeier. Einsiedeln/Zürich/Freiburg/Wien 1976, 191-198, hier 195.
[21] J. A. Jungmann, Missarum Sollemnia. Eine genetische Erklärung der römischen Messe. I. Bd. Wien/Freiburg/Basel ⁵1962, 414.
[22] Vgl. Zeichen im Gottesdienst (s. Anm. 2) 52ff, 69ff u. ö.

Stellenwert im gottesdienstlichen Gesamttext als die ihr vorgelagerten Texte und Vollzüge).[23] Wieder eine andere Funktion hat der Gruß in den Apostolischen Konstitutionen, wenn er nach den Lesungen die Homilie des Vorstehers eröffnet. In einem Gottesdienst, in dem die Begrüßung nicht mit einem Einzug gekoppelt ist, wird sie wieder ganz andere Zeichenfunktionen wahrnehmen: Wenn etwa in einem evangelischen Gottesdienst Pfarrer, Helfer und Gemeinde sich formlos im Gottesdienstraum versammelt haben und nun einer aufsteht, um die Anwesenden zu begrüßen, wird in solcher Begrüßung womöglich ganz stark die Darstellungs- und Ausdrucksfunktion (natürlich auch die Appellfunktion) dominieren.[24]

3. Als ein weiteres Sediment, das sich im Eröffnungsteil des Gottesdienstes ablagert, kann die einleitende *Oration* (Tagesgebet, Kollekte) angesehen werden. Vieles spricht dafür, daß dieses Gebet ursprünglich die vom Einzugsgesang begleitete Einzugsprozession abschloß, also im Eröffnungsteil des römischen Gottesdienstes bereits seinen Platz hatte, noch bevor Kyrielitanei und Gloria dort Aufnahme fanden.[25] Wichtiger als solche Überlegungen sind jedoch Hinweise auf die Funktion und Struktur dieses Gebets: Es ist »eine in feierlicher Form vorgetragene öffentliche Rede vor Gott«,[26] die nach allen Kunstregeln der lateinischen Rhetorik gestaltet ist.[27] Welche Funktion erfüllt diese ›Rede‹, die sich ja nicht an die versammelte Gemeinde richtet, im syntagmatischen Zusammenhang der Eröffnung? Soll hier womöglich kodiert werden: Bevor Gott (der in den Texten der Orationen in Analogie eines antiken Herrschers erscheint) sich herabläßt, um die Gemeinde - in den dann folgenden Lesungen - anzureden, will er selber zunächst ›angeredet‹ sein? Die klassischen römischen Kollekten sind, was ihre inhaltlichen Aussagen (ihren denotativen Gehalt) betrifft, recht allgemein; solche »Allgemeinheit der Formulierung«[28] hat man mit ihrer Funktion, das vorausgegangene Gebet der Gemeinde zusammenzufassen, zu erklären versucht. Womöglich hängt solche Inhaltsleere (Rupert Berger spricht vom »dürftigen Inhalt« der Texte)[29] aber auch mit ihrer Funktion, »öffentliche Rede vor Gott« (in Analogie zu den ›Orationen‹, mit denen sich der antike Herrscher preisen ließ) zu sein: Dem Angeredeten sollen hier ja keine Sachverhalte mitgeteilt werden (Reduktion der Darstellungsfunktion!); er soll angeredet und damit gnädig gestimmt werden (Kontakt- und Appellfunktion). Dabei folgt die *oratio* einem auch sonst überlieferten rhetorischen Schema: Anrede - Berufung auf das historische huldvolle Handeln des Angeredeten (»relativische Prädikation«) - Gewährungsbitte (»Supplikation«), die meist nicht auf einen konkreten Sachverhalt, sondern allgemein auf Erneuerung bzw. Fortführung bisherigen gnädigen Handelns zielt - Redeschluß (»Konklusion«), in den ausdrücklich die Berufung auf einen Fürsprecher bzw. Vermittler usw. (»... durch Christus ...«) und auf die *potestas* des Angeredeten, die Bitte auch erfüllen zu können, eingeschlossen ist.

---

[23] Vgl. K. Amon, Die Präsidialgebete im Hinblick auf das künftige deutsche Meßbuch. In: LJ 23 (1973) 170-186, besonders 177f; J. A. Jungmann (s. Anm. 21) 462ff; J. H. Emminghaus (s. Anm. 6) 186ff; H. Büsse, Das ›Tagesgebet‹ als integrierendes Element der Eröffnung. In: Th. Maas-Ewerd/K. Richter (s. Anm. 20) 222-231.

[24] Vgl. Zeichen im Gottesdienst (s. Anm. 2) 52f.

[25] Vgl. A.-G. Martimort (s. Anm. 16) 361; R. Berger (s. Anm. 14) 164f; J. A. Jungmann (s. Anm. 21) 345f, 462ff; jedoch auch Th. Klauser (s. Anm. 13) 53ff.

[26] H. Büsse (s. Anm. 23) 224.

[27] J. H. Emminghaus (s. Anm. 6) 188; Th. Klauser (s. Anm. 13) 40ff.

[28] J. H. Emminghaus (s. Anm. 6) 188.

[29] R. Berger (s. Anm. 14) 166.

4. Über die Funktion, die dem *Introitus* als Begleitgesang zum Einzug ursprünglich zukommt, hat sich die Liturgiewissenschaft eine recht einhellige Meinung gebildet: »Der Hof des zu fürstlichen Ehren gelangten Pontifex ist ... die Ursprungsstätte des Introitus.«[30] Es war kaiserliches Vorrecht, von einem Sängerchor begrüßt zu werden,[31] wenn nun der römische Bischof von diesem Vorrecht Gebrauch macht (und auch das Vorrecht, von Leuchterträgern und Weihrauch beim Einzug begleitet zu werden, gehört - neben der rituellen Stützung, der *sustentio* des Hofzeremoniells - zu diesen »Ehrenrechten weltlicher Herkunft«),[32] so setzt er damit einen Zeichenkomplex von eminent politischer Bedeutung: Die aus diesem Zeichenkomplex ableitbaren Denotate ergeben in ihrer Summierung und Generalisation eben die Bedeutung »Staatsakt«,[33] und die entsprechenden Konnotate vermitteln insgesamt die Vorstellung einer machtvollen Kirche, in der weltliche und geistliche Macht sich untrennbar verbinden.

Man muß freilich auch hier wieder jene Zeichen, die der Ehrung des einziehenden Bischofs dienen und seine politische Bedeutung kodieren, im Zusammenhang des gesamten Syntagmas ›Eröffnung‹ (eigentlich im Gesamttext des Gottesdienstes) lesen; es ergibt sich dann eine recht eigenartige Zeichenkette: Der einziehende Pontifex, durch Begleitung, Leuchter, Weihrauch, rituelle Stützung, Gesang usw. zum Träger einer besonderen Bedeutung geworden, verehrt nun seinerseits auf die übliche (im damaligen politisch-kulturellen Kode vorgesehene) Weise die Gottheit - verbal durch die *oratio*, nonverbal durch Verneigen des Hauptes, Altarkuß, Verehrung des Evangelienbuches usw.; zusätzlich sind in diese Zeichenkette Handlungen eingebettet, in denen die Gemeinschaft zwischen dem Zelebranten und seiner Assistenz (Friedenskuß!) und dem Volk (Gruß, Gebetseinladung!) zeichenhaft zum Ausdruck gebracht wird. Wir können uns nur sehr schwer in einen solchen Vorgang hineinfühlen; es muß jedoch damit gerechnet werden, daß es in einem solchen Syntagma gleichsam zu einer Potenzierung von Bedeutungen kommt (in dem Sinne, daß etwa die devotionalen Handlungen des Zelebranten durch die Ehrungen, die ihm zuvor zuteil wurden, sich in ihrer Bedeutung potenzieren).

Neben der Möglichkeit, daß Zeichenelemente eines Syntagmas sich widersprechen und somit in ihrer Bedeutung aufheben können, muß wohl auch mit der Möglichkeit einer solchen Potenzierung von Zeichenbedeutungen gerechnet werden.

III. Anstösse für Liturgie und Liturgiewissenschaft

Wir brechen hier ab, obwohl - wollte man die Ausbildung des Eröffnungsteils vollständig erfassen - nun auch noch das Kyrie, das Gloria, das Stufengebet und die teils mit ihnen verbundenen, teils selbständigen nichtverbalen Vollzüge untersucht werden müßten; zum Vergleich müßten dann weiter die Eröffnungsteile nichteucharistischer Gottesdienste (z. B. der Stundengebete) herangezogen werden. Folgende Ergebnisse lassen sich aber jetzt schon festhalten:

---

[30] J. Wagner (s. Anm. 1) 40; vgl. jedoch auch J. A. Jungmann (s. Anm. 21) 414ff.
[31] R. Berger (s. Anm. 11) 186.
[32] Th. Klauser (s. Anm. 13) 66.
[33] Von einer »Form der Meßfeier, die bereits eine Art Staatsakt geworden war«, spricht J. Wagner (s. Anm. 1) 40. Daß der Einzugsgesang in der Messe des einfachen Presbyters entfiel, hängt natürlich mit der geschilderten Zeichenfunktion dieses Gesangs zusammen. Vgl. E. J. Lengeling, Die neue Ordnung der Eucharistiefeier. Kommentar der Dokumente zum Römischen Meßbuch. Leipzig 1970, 199.

1. Die jeweilige Bedeutung (denotativ und konnotativ) eines liturgischen Elements läßt sich nicht aus seiner ursprünglichen Gestalt und Funktion (soweit sich eine solche überhaupt noch zuverlässig ausmachen läßt) zureichend erschließen, sondern ergibt sich vor allem aus seiner Stellung im liturgischen Syntagma, dem es jeweils angehört. Das heißt: Liturgiewissenschaft kann sich nicht darauf beschränken, die verschiedenen Ausformungen eines liturgischen Elements diachron (im Sinne einer geschichtlichen ›Entwicklung‹) zu verfolgen und etwaige spätere Gestaltungen - je nach Geschmack und theologischer Meinung - entweder als sinnvolle Entfaltungen zu begrüßen oder als gefährliche Mißbildungen zu verurteilen. Liturgiewissenschaft muß vorrangig daran interessiert sein, die verschiedenen Ausformungen eines liturgisches Elements zunächst synchron (im Zusammenhang eines vorliegenden gottesdienstlichen Syntagmas) zu lesen und seinen Sinn (oder Unsinn!) von diesem Kontext her - und nicht aufgrund einer mehr oder weniger imaginären Ursprungsfunktion! - zu bestimmen.

2. Dabei wird sich zeigen, daß es Fälle gibt, in denen ein liturgisches Element (etwa das Kollektengebet, die klassische *oratio* der römischen Liturgie) zwar seine ursprüngliche *Gestalt* im wesentlichen durch die Jahrhunderte bewahren kann, aber dennoch seinen *Sinngehalt*, seine *Bedeutung*, laufend veändert. Auch der umgekehrte Fall ist denkbar: Ein liturgisches Element verändert seine *Gestalt* um der *Bedeutung* willen, die es innerhalb der verschiedenen syntagmatischen Zusammenhänge und im Interesse des *Gesamtsinns* des jeweiligen gottesdienstlichen Prozesses sicherzustellen hat.

3. Ein Beispiel: Immer wieder wird versucht, aus vorgeblichen oder tatsächlichen Ursprungsfunktionen liturgischer Elemente und Vollzüge kurzschlüssige Folgerungen für die gegenwärtige liturgische Praxis abzuleiten. Bekanntlich ist umstritten, auf welchem Wege das Kyrie Eingang in die römische Messe fand: Eine Mehrzahl von Liturgiewissenschaftlern neigt dazu, im Kyrie das Relikt einer (nach östlichem Vorbild gestalteten) Ektenie zu sehen, die unter Papst Gelasius I. (492-496) Eingang in den Eröffnungsteil der Messe fand (auch dies nach dem Vorgang östlicher Liturgien) und das alte Gläubigengebet am Ende des Wortgottesdienstes ablöste.[34] Andere meinen, im Kyrie der Messe sei der Abschluß einer Kyrielitanei erhalten geblieben, die in Rom während der Prozession von der Collecta-Kirche zur Stationskirche gesungen und eben im Eröffnungsteil des Stationsgottesdienstes zu Ende geführt wurde.[35] Liturgiehistorische Hypothesen solcher Art wirken sich jedoch fatal aus, wenn die einen nun daraus die Folgerung ableiten, man müsse die ursprüngliche Ektenie im Eröffnungsteil des Gottesdienstes restituieren, während die anderen den Huldigungscharakter des Kyrie betonen und gegen jeden Versuch Sturm laufen, ihm Funktionen anderer Art zu übertragen. Sicher hat Theodor Schnitzler[36] recht, wenn er im Kyrie eleison ursprünglich einen »etwas unartikulierten, halb militärischen, halb demonstrativen Jubelruf« erblickt; ob das Kyrie jedoch in den Syntagmen gegenwärtiger Gottesdienste noch diese Funktion wahrnehmen soll und kann, wie er offenbar meint, ja, ob diese Syntagmen überhaupt solcher »halbmilitätischer Jubelrufe« bedürfen, ist eine ganz andere Frage und setzt andere Überlegungen voraus, als sie Schnitzler vornimmt.

---

[34] R. Berger (s. Anm. 11) 254; J. A. Jungmann (s. Anm. 21) 433ff; A.-G. Martimort (s. Anm. 16) 375; Th. Klauser (s. Anm. 13) 53ff.

[35] K. Gamber (s. Anm. 13) 121ff; Th. Schnitzler, Kyrielitanei am Anfang? In: Th. Maas-Ewerd/K. Richter (s. Anm. 20) 217-221, hier 218.

[36] Th. Schnitzler (s. Anm. 35) 217; so auch R. Berger (s. Anm. 14) 168f.

4. Wir halten fest: Gegenwärtige Probleme liturgischer Praxis können nicht einfach durch die Rückkehr zu den vermeintlichen oder tatsächlichen ›Ursprüngen‹ gelöst werden. Ein solches restauratives Vorgehen verkennt, daß das zu restituierende liturgische Zeichen ursprünglich in ganz andere Syntagmen, ja, in einen ganz anderen kulturellen und sozialen Kontext eingebettet war und die *Bedeutung*, die es vielleicht in diesem Kontext zu realisieren vermochte, nicht ohne weiteres in einen neuen Kontext transportieren kann.

Denken wir an die Bedeutungen denotativer und konnotativer Art, die etwa der Einzugsritus der römischen Bischofsmesse um 700 vermittelte, und denken wir an die Generalisationen und Ideologisationen, zu denen sich diese Bedeutungen im damaligen soziokulturellen Umfeld verdichten konnten: Der Bischof, der in seiner Person und in seinem Handeln zugleich die ›Weltbedeutung‹ der Kirche darstellte und dem einzelnen unübersehbar deutlich machte, daß er hier mit einer geistig-sozialen Größe konfrontiert war, die tief in seine alltäglichen Lebensvollzüge einzugreifen vermochte ... Was geschieht nun, wenn man einen solchen ›Einzug‹ (wenn auch mit einigen Abstrichen) heute unter ganz anderen soziokulturellen Voraussetzungen im katholischen Gottesdienst restituiert? Ist das dann wirklich noch (auch wenn die äußeren Vollzüge sich gleichen) ein Geschehen, das dem Einzugsgeschehen von damals (auf das man sich ja bei solcher Restitution zu berufen pflegt) in irgendeiner Weise kongruent ist? Werden nicht unter den gleichen liturgischen Zeichen jetzt ganz andere Bedeutungen (oder auch ›Un-Bedeutungen‹, Unbedeutendes) kodiert? »Kodes funktionieren als soziale Normen aufgrund von *Konvention*«:[37] Das heißt, die Deutevorgänge, die sie ermöglichen, sind an bestimmte soziale Gruppen und Situationen gebunden; die Zeichen und die mit ihnen verknüpften Bedeutungen werden *gelernt* und können natürlich auch wieder verlernt werden.

5. Am Beispiel des Kyrie läßt sich auch deutlich machen, daß verbale Zeichenelemente und Syntagmen immer im Zusammenhang der anderen Kodes gelesen werden müssen, die sie begleiten bzw. überlagern.

Gesetzt den Fall, man sei zu der Übereinkunft (Konvention!) gekommen, im Kyrie eleison sei ein »Heilruf« im Sinne Schnitzlers kodiert, so kann eine solche Bedeutung sehr schnell und gründlich durch die Art der musikalischen und kinetischen Kodierung unterlaufen und aufgehoben werden. Vermutlich hat kein Mensch, der das *Straßburger Kyrie* unserer lutherischen und unierten Gottesdienste singt, das Empfinden, er stimme hier in einen »Heilruf« ein. Ein solches Empfinden (Konnotation!) wird zusätzlich durch die Art der kinetischen Kodierung (man kann auch sagen: Nicht-Kodierung) verunmöglicht: Das Kyrie eleison als »Heilruf« setzt in der Tat eine wie auch immer gestaltete ›Demonstration‹ voraus; es wird ausgelöst durch ein Symbol, eine Symbolfigur (die Jubelrufe beim Einzug Augustins gelten nicht ihm, aber sie werden durch sein Kommen offenbar ausgelöst!); es will von entsprechender Bewegung, entsprechender Gestik begleitet sein.

6. Liturgiewissenschaft, die nach dem Zeichenwert, der Funktion eines liturgischen Elements innerhalb eines bestimmten gottesdienstlichen Syntagmas fragt, wird zugleich zwei weitere Fragen stellen:

(a) Was geschieht, wenn in einem gegebenen syntagmatischen Zusammenhang ein neues Zeichenelement Aufnahme findet? Welche Intentionen (= intendierte Deutevor-

---

[37] Zeichen im Gottesdienst (s. Anm. 2) 21.

gänge) verbinden sich mit solcher Innovation?[38] Wie verändert sich durch eine solche Innovation die Gesamtbedeutung des jeweiligen Syntagmas? Konkret: Was geschieht, wenn Papst Gelasius (wir folgen einmal dieser Hyothese) vermutlich gegen nicht unerheblichen Widerstand römischer Kleriker und Bürger (noch Gregor der Große mußte sich gegen den Vorwurf einer »Gräcisierung« des Gottesdienstes zur Wehr setzen)[39] eine ostkirchliche Gebetsform (die freilich in Oberitalien und Gallien schon in Übung stand) in den Eröffnungsteil des Gottesdienstes aufnimmt? Welche allgemeinen und theologischen Bedeutungen (man kann auch sagen: Welches Verhältnis zu Gott und Gottesdienst) werden solchermaßen kodiert, wenn man den Gottesdienst mit einer Fürbittlitanei eröffnet?

(b) Was geschieht, wenn bestimmte liturgische Zeichenelemente und Zeichenkomplexe ihre Gestalt und Zusammensetzung verändern - wenn also Vollzüge wie der feierliche Einzug und der ihn begleitende Introitusgesang, aber auch das entfaltete Kyrie, sich zurückbilden und nur noch als Relikte weitertradiert und weitervollzogen werden? Wie muß eine solche Rückbildung (die ja nicht einfach als Austausch von Zeichenelementen innerhalb eines Paradigmas beschrieben werden kann) als Zeichenprozeß gedeutet werden?

Muß man hier von einem Funktionswandel sprechen (wie er beim Kyrie ganz offensichtlich vorliegt: Kyrielitanei - gottesdienstliche *Ouvertüre* - Bußruf, um nur einige der Stationen zu nennen), oder muß man auch mit der Möglichkeit eines totalen Funktionsverlustes, einer Bedeutungsentleerung rechnen - etwa beim Introitusgesang, wenn er keinen wirklichen Einzug mehr begleitet und nun als redundantes Element weitertradiert wird, bis er im Eingangslied des reformatorischen Gottesdienstes und im gelesenen Eingangsspruch bzw. Eingangspsalm unierter Liturgien eine neue Zeichengestalt und damit zugleich eine neue Funktion erhält?

7. Schließlich darf nicht übersehen werden, daß Veränderungen im Syntagma ›Eröffnung‹ zugleich Auswirkungen haben auf den Gesamttext des Gottesdienstes. So geht z. B. der Ausbau der Eröffnung mit einer Schrumpfung des Wortgottesdienstes einher: Fortfall von Lesungen, der Homilie, des Gläubigengebets. Damit sind grundlegende Veränderungen in der Struktur des Gottesdienstes verbunden: Die ursprünglichen Zäsuren zwischen Eröffnung und Wortgottesdienst wie auch zwischen Wortgottesdienst und Eucharistiefeier werden immer mehr überspielt; der Wortgottesdienst wird gleichsam von der Eröffnung ›aufgesogen‹ und mit ihr dann später zur sogenannten Vormesse (vgl. die Überschriften im alten Schott!) zusammengefaßt. Das mit solchen strukturellen Veränderungen verbundene neue Verständnis von Gottesdienst wird wiederum nicht nur verbal (durch Veränderung, Fortlassung bzw. Neueinführung verbaler Texte), sondern gleichzeitig auch visuell, kinetisch, proxemisch ›im Raum‹ kodiert: In Zusammenhang mit der Entwicklung der Privatmessen werden Eröffnung und Wortgottesdienst an den Altar verlagert; Zelebrantensitz und Ambo verlieren ihre (strukturierende!) Bedeutung; Prozessionen verkümmern; die ebenfalls strukturell bedeutsame liturgische Rollenverteilung wird aufgehoben.

---

[38] Vgl. ebd. 34ff.
[39] Vgl. J. A. Jungmann (s. Anm. 21) 436.

IV. Kritik an der Messreform

Emil Joseph Lengeling faßt die Kritik katholischer Liturgiker an den Eröffnungsriten des tridentinischen Meßordo in seinem Kommentar zur neuen Ordnung der Eucharistiefeier wie folgt zusammen:[40]

1. Der Eröffnungsteil ist zu lang, zu kopflastig; solche Kopflastigkeit geht auf Kosten einer sinnvollen Struktur der Messe insgesamt.

2. Der Eröffnungsteil ist nicht deutlich genug vom Beginn des Wortgottesdienstes abgehoben; beides geht ineinander über.

3. Die Häufung dreier Eröffnungsgesänge, die unverbunden nebeneinander stehen (Introitus, Kyrie, Gloria), wird als wenig sinnvoll empfunden.[41]

4. Die Überlagerung des Stufengebets und der nachfolgenden Orationen durch Introitus und Kyrie (also das, was wir als das Nebeneinander von ›offenem‹ und ›verdecktem‹ Verbalkode bezeichnet haben), wird als unzuträglich kritisiert.

5. Kritisiert wird in diesem Zusammenhang weiter die unorganische Abfolge von ›privaten‹ Gebetstexten (Stufengebet), zu lesenden Gesangstexten (Introitus, Kyrie, Gloria) und ›öffentlichen‹ Gebetstexten im Verbalkode des Zelebranten; eine Abfolge unterschiedlichster Textsorten, die insbesondere bei der gelesenen Messe ins Auge fiel.

6. Die Herstellung einer verbalen Kommunikation zwischen Vorsteher und Versammlung durch Gruß und Oration erfolgt erst eine gewisse Zeit nach dem Beginn der Feier; der Zelebrant ist bereits als Vorsteher tätig geworden, bevor er die Versammlung begrüßt.

Es handelt sich bei all dem nicht - das muß klar gesehen werden - um eine Kritik an einzelnen Zeichen und Vollzügen; die hier aufgeführten »Unzuträglichkeiten« werden in ihrer Tragweite nur voll verständlich, wenn man sie auf dem Hintergrund der von der Liturgiekonstitution des II. Vatikanischen Konzils formulierten Gesamtkonzeption von Gottesdienst liest. Tätige, volle (= vollgültige, vollberechtigte, vollwertige) Teilnahme der Gemeinde - gegliederter Vollzug der Versammlung (Rollenverteilung) - Deutlichkeit und Durchschaubarkeit des liturgischen Geschehens: Dies sind die Maßstäbe, die die Liturgiekonstitution auch an den Eröffnungsteil der Messe angelegt wissen möchte.[42] So darf man wohl die von Lengeling vorgetragenen kritischen Punkte wie folgt bündeln: Katholische Liturgik fand die *Bedeutungen* (im hier verwendeten Sprachgebrauch: die Generalisationen und Ideologisationen), die man inzwischen für die Größe ›Gottesdienst‹ entwickelt hatte (und auch je und je schon in gottesdienstlichen Handlungen kodierte; erinnert sei an die Gestaltungsversuche der liturgischen Bewegung), im überlieferten Text der Eröffnungsriten des Meßordo nicht wieder; eine Umkodierung machte sich notwendig.

Nun ist freilich die katholische Liturgik mit dem Ergebnis jener Umkodierung, wie sie im Zuge der nachkonziliaren Liturgiereform erfolgte, offenkundig nicht sonderlich zufrieden. Außerordentlich scharf geht z. B. Karl Amon mit der neuen Ordnung ins Gericht:[43] »Das neue Schema zeigt uns eine typische ›Sammelstelle‹ für verschiedene

---

[40] E. J. Lengeling (s. Anm. 33) 198f.
[41] J. Wagner (s. Anm. 1) 44 spricht von der »Last der drei Eröffnungsgesänge«.
[42] Vgl. insbesondere die Artikel 10, 11, 14, 26, 28, 33, 34, 48, 50; K.-H. Bieritz, Die neue Ordnung der Eucharistiefeier. In: Informationsdienst der Konfessionskundlichen Forschungsstelle (Potsdam) 9 (1974) 1-15, 33-44.
[43] K. Amon (s. Anm. 11) 212.

Dinge, die untergebracht werden mußten und ohne Rücksicht auf die gebotene Kürze des Exordialteils hier angesiedelt wurden. So hat die Summierung der an sich zumeist sinnvollen Stücke gleich zu Beginn der Messe die nobilis simplicitas des alten Ritus zerstört, die eher noch hätte betont werden müssen.«

Die Kritik - nicht nur Amons - am Eröffnungsteil des neuen Ordo konzentriert sich auf folgende Punkte:

1. Allgemein wird ein »Zuviel an Texten« konstatiert, eine erneute Häufung liturgischer Elemente, durch die dieser Teil der Messe eher noch verlängert als verkürzt wird: »Wenn endlich die Lesungen beginnen, sind schon acht Programmnummern vorbei; denn statt einer sinnvollen Straffung ist hier eine Erweiterung auf das Doppelte geschehen.«[44] Manche beklagen auch die »Überverbalisierung«, die hier stattgefunden hat, vergleicht man die neue Ordnung mit den alten Eröffnungsriten: Begrüßung, Einführung, Bußakt usw.

2. Insbesondere ist die Häufung der Eröffnungsgesänge nicht überwunden worden; der Vorschlag (den schon Johannes Wagner seinerzeit unterbreitet hatte[45]), je nach Anlaß und Charakter der Feier von den drei sich hier anbietenden Gesängen jeweils einen auswählen zu können, fand keine Verwirklichung: »Der Wunsch vieler, wegen der Belastung der Eröffnungsriten mit drei Gesängen entweder jeweils nur das Kyrie oder nur das Gloria zu singen (etwa je nach den Zeiten des Kirchenjahres), hat sich nicht erfüllt.«[46]

3. Neben der Häufung von Texten und Gesängen beklagt Amon auch die Häufung der Gesten zu Beginn: »Dieses Zuviel ist ein Eindringen von Formen der Privatmesse in die gemeinschaftliche Feier ...«

4. Besondere Probleme bereitet der Bußakt, der nunmehr verpflichtender Bestandteil der Eröffnungsriten ist (das Stufengebet des alten Ordo gehörte zum ›verdeckten Kode‹, es war nicht Sache der Gemeinde); Vorschläge, statt eines Bußaktes zur Eröffnung einen ähnlichen Vollzug vor der Gabenbereitung (vergleichbar der ›Offenen Schuld‹ des in die Messe integrierten Prädikantengottesdienstes) oder vor dem Hochgebet (in Analogie zum Friedenskuß altkirchlicher und östlicher Liturgien) einzufügen, fanden keine Verwirklichung.[47]

5. Kritisiert wird auch die Überladung (und man muß wohl hinzufügen: Überformalisierung) der Begrüßung durch das aus dem Stufengebet hier eingedrungene *Im Namen des Vaters...* mit Kreuzzeichen, das dem eigentlichen Gruß vorausgeht. Andere erblicken im Kreuzzeichen mit Begleitworten (als Eröffnungselement) eine Verdoppelung des Introitus.[48]

6. Schwierigkeiten scheint auch die Funktion des Kyrie im neuen Eröffnungsritus zu bereiten: Kann es doch (nach den Rubriken des deutschen Meßbuchs) nunmehr in dreifacher Funktion verwendet werden: als Eröffnungsgesang, als Bußruf in Verbindung mit dem Bußakt und als ›selbständiger‹ Text in der bisherigen Stelle unmittelbar vor dem Gloria.

---

[44] Ebd. 212; vgl. auch F. Nikolasch (s. Anm. 17) 205.
[45] J. Wagner (s. Anm. 1) 44.
[46] E. J. Lengeling (s. Anm. 33) 207; vgl. auch H. Plock (s. Anm. 20) 196.
[47] E. J. Lengeling (s. Anm. 33) 205.
[48] R. Berger (s. Anm. 14) 171; E. J. Lengeling (s. Anm. 33) 202; B. Kleinheyer (s. Anm. 17) 160; F. Nikolasch (s. Anm. 17) 205.

Theodor Schnitzler spricht im Blick auf den neuen Meßordo geradezu von einer »Tragödie des Kyrie« und bündelt die Kritik:[49] »Einig sind sich nunmehr alle - daß die neue Regelung nicht gefällt.« All dies liest sich wie eine Bestätigung jener Feststellung aus »Zeichen im Gottesdienst«:[50] »Man kann sich des Eindrucks nicht erwehren, gerade wenn man die offiziellen liturgischen Neuerungen betrachtet, daß Entscheidungen mit weitreichenden Konsequenzen gefällt worden sind, ohne daß die zuständigen Gremien bereits vorhandene kommunikationswissenschaftliche und semiotische Erkenntnisse genügend beachtet haben, vor allem ohne daß man bisherige Gottesdienste exemplarisch einer genauen Analyse unterzogen hätte.« Freilich: Diese Kritik gilt erst recht den »offiziellen liturgischen Neuerungen« im evangelischen Raum - bis hin zum sogenannten Strukturpapier »Versammelte Gemeinde« der Lutherischen Liturgischen Konferenz.[51]

Die genannten Schwierigkeiten mit dem neuen Ordo werden verständlich, bedenkt man die Maßstäbe und Gesichtspunkte, die bei seiner Erarbeitung wirksam waren und die sich zum Teil gegenseitig neutralisieren mußten:

1. Da ist zunächst eine restaurative Tendenz zu nennen, die sich aus der in anderem Zusammenhang erwähnten Überzeugung ergibt, der jeweilige ›Sinn‹ eines liturgischen Zeichens oder Zeichenensembles sei am reinsten und deutlichsten in seiner ursprünglichen Gestalt bzw. Funktion aufgehoben; eine solche Überzeugung wird dahin tendieren, jene - vermeintliche oder tatsächliche - Ursprungsgestalt wiederherzustellen, um den eigentlichen ›Sinn‹ des Zeichens zu sichern.

2. Da ist weiter eine konservative Tendenz erkennbar, der vordringlich an der Bewahrung des *status quo* gelegen ist; im Zuge einer solchen Tendenz (die besonders in der Abschlußphase der Reform wirksam wurde) wird man versuchen, möglichst viel von dem alten Ordo unverändert in den neuen hinüberzuretten.

3. Restaurative und konservative Tendenz (so unvereinbar sie auch untereinander sein mochten) kollidierten nun im Vogang der Liturgiereform mit einer dritten Tendenz, der es um eine sachentsprechende, an gewissen kommunikativen Erfordernissen (Emminghaus würde sagen: an gebetspsychologischen Erfordernissen)[52] ausgerichtete Gestaltung gerade des Eröffnungsteils der Messe ging. Sicher gelangen hier wichtige Durchbrüche (man denke etwa an die Möglichkeit, im Anschluß an die Begrüßung eine frei formulierte »Einführung in die Meßfeier« zu geben); im ganzen wird man aber wohl dem Urteil Kleinheyers zustimmen müssen:

»... in concreto scheint der Weg der Reform ... doch von der Frage bestimmt worden zu sein, was man wie vom alten Ordo Missae einbringen könne ins neue Missale, statt von der Frage: Was ... gehört unabdingbar zu einer sachgerechten Eröffnung der Feier, was eignet sich nur in bestimmten Situationen, was könnte darüber hinaus empfohlen werden.«[53]

---

[49] Th. Schnitzler (s. Anm. 35) 220.
[50] (s. Anm. 2) 13.
[51] Versammelte Gemeinde. Struktur und Elemente des Gottesdienstes. Zur Reform des Gottesdienstes und der Agende. Vorgelegt von der Lutherischen Liturgischen Konferenz. Hamburg (1974).
[52] Vgl. J. H. Emminghaus (s. Anm. 6) 157.
[53] B. Kleinheyer (s. Anm. 17) 162.

V. Möglichkeiten künftiger Gestaltung von Agenden und Messbüchern

Dennoch: Der neue Meßordo bietet wesentlich mehr Möglichkeiten als das alte Missale, den Eröffnungsteil der Feier wirklich bewußt als Zeichenprozeß zu gestalten (und nicht nur tradierte, formalisierte Syntagmen zu reproduzieren). Das gilt insbesondere für die »Feier der Gemeindemesse« im deutschen Meßbuch, an die wir uns bei den folgenden Überlegungen halten wollen; sie weist gerade im Eröffnungsteil einige nicht unwesentliche Erweiterungen des Spielraums auf, die zum Teil auch unter dem Eindruck der oben zusammengetragenen Kritiken zustandegekommen sein mögen. Dieser Spielraum macht gerade diesen Teilbereich der erneuerten Meßordnung so interessant auch für die evangelische Liturgik, die hier schlichtweg eigenes Unvermögen, mangelnde Kreativität und so insgesamt einen erheblichen Nachholbedarf anzuzeigen hat. Einige Hinweise hierzu sollen diesen Beitrag, der ja aus evangelischer Feder stammt, abschließen:

1. Es ist nicht möglich, die neuen Eröffnungsriten des römisch-deutschen Ritus (in der Weise, wie wir dies beim lateinischen Hochamt versucht haben) in einer Art Partitur darzustellen. Das bedeutet: Hier liegt kein festgefügtes Syntagma vor, das nur zu reproduzieren wäre (wobei allenfalls innerhalb der einzelnen Paradigmen ein Austausch möglich ist; erinnert sei an die verschiedenen Möglichkeiten der musikalischen Kodierung); das Syntagma ›Eröffnung‹ muß vielmehr jeweils neu aufgrund des hier angebotenen Vorrats an Zeichen und Verknüpfungsregeln formuliert werden. Man darf vielleicht - um den gemeinten Tatbestand noch deutlicher zu machen - von einem ›Superkode‹ reden, der Elemente verschiedener anderer Kodes (verbaler, visueller, musikalischer, kinetischer, räumlicher Art usw.) integriert hat und nun bestimmte Paradigmen anbietet, aus denen der Benutzer des Kode jeweils eine Auswahl zu treffen hat. Diese Tatsache - daß es sich hier nicht eigentlich um eine programmierte Zeichenfolge (wie im alten Missale), sondern eher um einen Zeichenvorrat handelt, hat wohl nicht wenig zur Verwirrung und Unsicherheit der potentiellen Benutzer dieses Kode beigetragen. Freilich muß zugleich hinzugefügt werden: Strikte Verknüpfungsregeln, die dieser Kode ebenfalls enthält, engen die Möglichkeiten freier Produktion von Eröffnungs-Syntagmen wieder erheblich ein. Man darf das Ganze mit einem Sprachsystem vergleichen, das sich durch eine strenge grammatisch-syntaktische Gesetzmäßigkeit auszeichnet und nur bestimmte Wortfolgen zuläßt bzw. vorschreibt, andere dagegen ausschließt.

An drei Beispielen (vgl. die Tabelle auf der folgenden Seite) soll gezeigt werden, welch unterschiedliche Syntagmen sich mit Hilfe dieses Kodes formulieren lassen. Beim Lesen dieser Syntagmen ist zu bedenken, daß sie nur sehr unzureichend (bzw. - da an situative, singuläre Gegebenheiten gebunden - überhaupt nicht) die jeweils möglichen musikalischen, visuellen, kinetischen, proxemischen, räumlichen usw. Kodierungen berücksichtigen können. Die Möglichkeit der Bildung von Eröffnungs-Syntagmen ist durch die angeführten Beispiele in gar keiner Weise erschöpft; so ergibt sich bereits wieder eine andere Zeichenkette, wenn man in Beispiel III die Kyrielitanei durch ein Eingangslied oder responsorialen Introitusgesang, das Gloria durch ein Glorialied oder das Gloria einer lateinischen Meßvertonung ersetzt usw.

2. Fragen wir nun weiter nach der Art und Weise, wie der in der ›Eröffnung‹ des neuen Ordo niedergelegte Kode funktioniert. Zunächst fällt auf, daß dieser Kode in der Tat eine ganze Reihe von Paradigmen anbietet.

(a) Da ist z. B. das Paradigma ›Gesang zur Eröffnung‹; dieses Paradigma enthält nicht nur Gesänge aller Art (vom lateinischen Introitus bis hin zum deutschen Kirchenlied; auch Sologesang wird nicht ausgeschlossen), sondern auch Orgelspiel und Schweigen, und impliziert damit sogar seine eigene ›Aufhebung‹: Unter bestimmten Voraussetzungen kann - das ist der Sinn dieser Regelung - bei der Formulierung des Syntagmas auf die in diesem Paradigma enthaltenen Zeichenelemente verzichtet werden; das Syntagma ›Eröffnung‹ kann vollständig gesetzt werden, ohne daß es das Element ›Gesang zur Eröffnung‹ enthält. Freilich werden dann in solchem Verzicht bereits ganz bestimmte Bedeutungen kodiert (denotativ etwa: Werktagsmesse; Fastenzeit; konnotativ: Schlichtheit, Bußstimmung, Besinnung usw.), die die ganze dann folgende Kommunikation in gewisser Weise festlegen und begrenzen.

SYNTAGMA I *Werktagsgottesdienst ohne Gesang*	SYNTAGMA II *Messe ohne Gloria; musikalische Kodierung: strophische Lieder*	SYNTAGMA III *festlicher Gottesdienst mit Schola bzw. Chor*
	Kyrie-Lied (»Leise«)	Kyrielitanei mit »Huldigungscharakter« (Wechsel von Schola und Gemeinde)
Hinzutreten zum Altar unter Schweigen Verehrung des Altars	überlagert: Einzug Verehrung des Altars	überlagert: Festlicher Einzug Verehrung des Altars
Begrüßung	Begrüßung Einführung	Begrüßung Einführung
Bußakt mit Kyrie-Rufen (gesprochen)	Bußlied	
		Gloria (hymnische Form, gesungen im Wechsel von Schola und Gemeinde)
Tagesgebet	Tagesgebet	Tagesgebet

(b) Auch das Paradigma ›Bußakt‹ enthält (neben den drei Modellen A, B, C - C in Verbindung mit den Kyrie-Rufen - sowie der Möglichkeit, an Sonntagen den Bußakt durch das »Taufgedächtnis« zu ersetzen) eine solche Möglichkeit zur ›Selbstaufhebung‹: Das Syntagma ›Eröffnung‹ kann auch ohne Elemente aus dem Paradigma ›Bußakt‹ formuliert werden, wie Syntagma III oben in Übereinstimmung mit den Rubriken des deutschen Meßordo ausweist. Freilich ist ein solcher Verzicht an die Bedingung besonderer Festlichkeit des Gottesdienstes gebunden. Daraus ergibt sich als *eine* der vielen Verknüpfungsregeln, die dieser Kode implizit enthält: Verzicht auf den Bußakt ist *nicht* möglich, wenn auf den Eröffnungsgesang verzichtet und somit das Konnotat ›Schlichtheit‹ (als Nebenbedeutung von ›Festlichkeit‹) in das Syntagma kodiert wurde; und ein Verzicht auf den Eröffnungsgesang ist *nur* möglich, wenn dann im folgenden auch ein Bußakt auftaucht, der seinerseits das Konnotat ›verminderte Festlichkeit‹ in das Syntagma kodiert.

3. Es fehlt hier der Raum, um nun sämtliche Paradigmen des vorliegenden ›Superkode‹ zu analysieren, zueinander in Beziehung zu setzen und so die in diesem Kode enthaltenen Verknüpfungsregeln einigermaßen vollständig zu erschließen (und sie müssen in der Tat erschlossen werden; in den Rubriken sind sie nur sehr unvollständig

enthalten). Es soll hier nur noch darauf verwiesen werden, daß auch das Paradigma ›Gloria‹ (Prosatext oder strophisches Gemeindelied, lateinisch oder deutsch, gesungen oder gesprochen, vom Chor allein gesungen oder im Wechsel mit der Gemeinde usw.) über das Konnotat ›Festlichkeit‹ mit den Paradigmen ›Eröffnungsgesang‹ und ›Bußakt‹ gekoppelt ist, obwohl die Regeln für seine ›Selbstaufhebung‹ viel strenger formuliert sind als bei den beiden anderen Paradigmen. Eine Messe ohne ein Zeichenelement aus dem Paradigma ›Gloria‹ kann kaum eine ›festliche‹ Messe sein; insofern ist ein gleichzeitiger Verzicht auf Gloria *und* Bußakt kaum möglich (wenn nicht bestimmte Metaregeln wirksam werden, etwa dann, wenn eine andere liturgische Handlung der Meßfeier vorausgeht). Bestimmte Schwierigkeiten ergeben sich aus dem Sachverhalt, daß das Paradigma ›Gloria‹ auch ein *gesprochenes* Gloria als Möglichkeit enthält; es ist kaum vorstellbar, daß ein solcher gesprochener Vollzug ›Festlichkeit‹ kodieren kann. Hier wird deutlich, daß der vorliegende Kode in sich nicht widerspruchsfrei ist, daß bestimmte Faktoren in ihn eingeschlossen sind, die den Zeichenprozeß ›Eröffnung‹ womöglich empfindlich stören können (auf einige solcher neuralgischer Punkte bezieht sich auch die im vorhergehenden Abschnitt aufgeführte Kritik katholischer Liturgiker).

4. Ein weiteres interessantes Problem gibt der neue Ordo auf: Welche Funktion kommt nun eigentlich dem Kyrie in jenem ›Superkode‹ zu? Von einem Paradigma ›Kyrie‹ kann man nur sehr bedingt sprechen (nur soweit man die unmittelbar vor dem Gloria rubrizierten Möglichkeiten damit meint); dieses Paradigma ist an dieser Stelle zudem kaum durch die Verknüpfungsregeln des Kode geschützt; daß es hier ausfällt, scheint fast die Regel zu sein; es wirkt als ausgesprochen redundantes Element im Gesamtzusammenhang des Kode. Aber: Die hier paradigmierte Zeichengruppe kann Bestandteil anderer Paradigmen des Kode werden - so muß man wohl den zugrundeliegenden, eigenartigen Vorgang beschreiben. Das Kyrie ist (in verschiedener Gestalt: als Kyrielied oder als Kyrielitanei, aber auch in Gestalt der Kyrie-Rufe) Bestandteil des Paradigmas ›Eröffnungsgesang‹; und es ist gleichzeitig (als eine Art Kyrielitanei mit frei formulierbaren Anrufungen) Bestandteil des Paradigmas ›Bußakt‹. Je nach dem Paradigma, in dem es erscheint, kodiert das Kyrie natürlich auch andere Bedeutungen; es läßt sich eben nicht mehr (wie dies Theodor Schnitzler wollte) auf einen bestimmten Deutevorgang (etwa: Huldigungsruf) festlegen. An diesem Beispiel läßt sich sehr schön zeigen, wie ein liturgisches Zeichen seine Bedeutung verändern kann je nach dem Kontext, in dem es sich vorfindet (hier: je nach dem Paradigma, in das es integriert ist und das auch seinen Zeichenwert im Gesamt des Syntagmas bestimmt). Andererseits nimmt dieses Zeichen natürlich auch Einfluß auf die Gesamtbedeutung, die im Syntagma ›Eröffnung‹ kodiert wird; es ist schon - wie wir gesehen haben - ein bedeutender Unterschied für dieses Syntagma, ob aus dem Paradigma ›Eröffnungsgesang‹ ein volkssprachliches Eingangslied, eine Kyrielitanei oder gar ›Schweigen‹ ausgewählt wird.

5. Neben den bisher erörterten Paradigmen verbaler bzw. (beides ist eng miteinander durch ein kompliziertes, nicht leicht durchschaubares Regelsystem verbunden) musikalischer Art enthält der Zeichenvorrat, aus dem das Syntagma ›Eröffnung‹ zu formulieren ist, auch Paradigmen anderer, nichtverbaler Art - obwohl insgesamt eine stärkere Verbalisierung (wenn nicht gar Überverbalisierung!) im Vergleich zum alten Ordo konstatiert werden muß. So können zum Beispiel aus dem Paradigma ›Einzug‹ bestimmte Zeichenelemente bzw. Zeichenkomplexe ausgewählt werden; bestimmte Verknüpfungsregeln, die wir bereits oben erschlossen haben, gelten natürlich auch hier: So wird man einen feierlichen Einzug selbstverständlich nicht mit dem Zeichenelement

›Schweigen‹ aus dem Paradigma ›Eröffnungsgesang‹ koppeln (es sei denn, man wolle bewußt Erwartungsbrüche und Kommunikationsstörungen provozieren).[54] Ganz wichtig für den erneuerten Meßordo und insbesondere für das Syntagma ›Eröffnung‹ ist der Raumkode: Nicht mehr der Altar ist der Brennpunkt des Geschehens, sondern der Zelebrant leitet die Versammlung von seinem Sitz aus und übt hier auch alle auf ihn entfallenden Funktionen aus, indem er sich der Gemeinde *zuwendet* (Proxemik!). Auch die Zäsur zwischen Eröffnung und Wortgottesdienst wird räumlich und kinetisch kodiert: Gemeinde, Zelebrant und Assistenz nehmen Platz; der Lektor geht zum Ambo und trägt die erste Lesung vor. Im Zusammenhang dieser Kodierung wirkt die Verehrung des Altars beim Einzug merkwürdig fremd; aber auch dieses Zeichen hat seinen besonderen Stellenwert innerhalb des Syntagmas ›Eröffnung‹; es darf prospektiv auf den eucharistischen Teil des Gottesdienstes gedeutet werden; es macht dann deutlich, daß das Syntagma ›Eröffnung‹ nicht nur den Wortgottesdienst, sondern die gesamte Feier einleitet.

Wir brechen hier ab. Durch die zuletzt vorgetragenen Überlegungen sollte die begründete Kritik am Eröffnungsteil des neuen Ordo nicht zurückgenommen werden. Man kann diese Kritik auf die Formel bringen: Das hier vorliegende Regelsystem ist noch viel zu starr (syntaktisches Defizit), die angebotenen Paradigmen sind noch viel zu begrenzt auf traditionelles Zeichenmaterial (semantisches Defizit), als daß sie eine wirklich dem jeweiligen Anlaß, der jeweiligen Situation angemessene Formulierung von Syntagmen ermöglichen könnten (pragmatisches Defizit). Dennoch - und dies nachzuweisen, war Ziel dieses Beitrags - werden hier Möglichkeiten deutlich, wie künftig Agenden und Meßbücher gestaltet werden können. Nicht als unverbrüchliche Ordnungen, als festliegende Programme, die nur noch die Reproduktion tradierter Syntagmen ermöglichen - sondern als Zeichenvorräte, die eine Vielzahl von Paradigmen aus den verschiedensten Kodes enthalten und Regeln zur sinnvollen Verknüpfung einzelner Zeichenelemente anbieten: Zeichenvorräte, die dann freilich bei denen, die sie in Anspruch nehmen, ein ziemliches Maß an ›semiotischer Kompetenz‹ voraussetzen.

---

[54] Vgl. Zeichen im Gottesdienst (s. Anm. 2) 34ff.

Struktur
Überlegungen zu den Implikationen eines Begriffs im Blick auf künftige Funktionen liturgischer Bücher

Ein »Zauberwort«[1] macht in liturgischen Kommissionen die Runde, dringt ein in die Sprache liturgischer Dokumente, bereichert das Repertoire liturgiewissenschaftlicher Diskurse um einen neuen Schlüsselbegriff: *Struktur*. Eines jener Modeworte, die wie »Parasiten die Sprache befallen«[2] und - wie so häufig - in theologischen Verlautbarungen einen besonders ergiebigen Nährboden finden? Oder eine seriöse Kategorie liturgiewissenschaftlicher Arbeit und konkreter liturgischer Gestaltung, hilfreich zum besseren Verstehen der behandelten Phänomene, unentbehrlich für eine sinnvolle Praxis von Gottesdienst heute?

Eines scheint deutlich: Hinter der Einführung des Begriffs in liturgische Papiere und Konzeptionen verbirgt sich ein eminent *praktisches* Interesse. Ein Problem steht - quer durch alle Konfessionen - zur Lösung an: Wie läßt sich - da doch das »idealtypische Leitbild einer Einheitsliturgie, wie sie sich in der orthodoxen, der lateinischen, der anglikanischen und danach auch in der evangelischen Kirche herausgebildet hatte, nicht mehr festgehalten werden kann«[3] und demzufolge ein Pluralismus gottesdienstlicher Formen allenthalben auch innerhalb der konfessionellen Gruppierungen Platz greift - dennoch die »Einheit« des Gottesdienstes als »Feier des einen Gottesvolkes« zum Ausdruck bringen?[4]

Und weiter: Wie kann - da offenbar solche Pluralisierung und Polarisierung gottesdienstlicher Formen ein irreversibler Vorgang zu sein scheint, der zutiefst mit der Pluralität christlicher Lebenspraxis in der Gegenwart zusammenhängt, mit der Notwendigkeit, das Evangelium in sehr unterschiedlichen persönlichen, politischen, gesellschaftlichen, kulturellen, ökonomischen Situationen zu leben - dennoch »Ursprungsbindung, Kontinuität und Identität des christlichen Gottesdienstes« verdeutlicht werden?[5] Wie kann es gelingen, »in der chaotischen Fülle der Einzelphänomene Einheit zu stiften, etwas Gemeinsames zu erheben«?[6]

---

[1] O. Jordahn in: A. Völker/O. Jordahn/B. Sandvik/J. Bergsma, Verständigung über den Gottesdienst? In: JLH 20 (1976) 135-144, hier 137.

[2] E. Hinrichs, Die ›Struktur‹ der Strukturen - eine zeitgemäße Glosse, zitiert nach K. Sauer, Struktur. Zur Problematik eines didaktischen Modewortes. In: Westermanns Pägagogische Beiträge 26 (1974) 21-30, hier 21.

[3] F. Schulz, Einheit und Vielfalt der Gottesdienste. Gestaltungsimpulse für den Gottesdienst aufgrund des Strukturpapiers ›Versammelte Gemeinde‹. In: WPKG 64 (1975) 457-473, hier 461. Vgl. auch A. Häußling, Das Missale Romanum Pauls VI. Ein Zeugnis sucht Bezeugende. In: LJ 23 (1973) 145-158, besonders 153ff: »Kann es heute noch ein Universalmissale geben?«

[4] V. Vajta, Gottesdienst als Weltdienst. In: LM 11 (1972) 249; zitiert nach F. Schulz (s. Anm. 3) 464.

[5] Versammelte Gemeinde. Struktur und Elemente des Gottesdienstes. Zur Reform des Gottesdienstes und der Agende. Vorgelegt von der Lutherischen Liturgischen Konferenz. Hamburg [1974], 6; vgl. auch F. Schulz (s. Anm. 3) 465.

[6] Eine Fragestellung, wie sie bezeichnenderweise für die gemeinhin unter dem Stichwort ›Strukturalismus‹ zusammengefaßte wissenschaftsmethodische und geistige Strömung kennzeichnend ist; siehe G. Schiwy, Strukturalismus und Zeichensysteme. München 1973, 110f.

I. Agenden und Messbücher als Kodes mit starrer Syntax

Damit geht es zugleich um die Frage, welche Funktion kirchenoffizielle liturgische Bücher - Agenden, Meßbücher, Ritualien usw. - in Zukunft überhaupt noch zu erfüllen vermögen. Hier artikulieren sich sehr ambivalente Bedürfnisse: Zum einen wächst offenbar der Bedarf an verwendbaren liturgischen Material- und Gestaltungshilfen aller Art; Literatur, die solches Material - von Formeln für die Begrüßung bis hin zu kompletten Gestaltungsvorschlägen - anbietet, findet, so scheint es, beträchtlichen Absatz.[7] Andererseits hält sich das Unbehagen an den liturgischen ›Programmen‹, wie sie die offiziellen liturgischen Bücher in ihren Ordinarien vorschreiben; und solches Unbehagen gilt eben nicht nur der vielfach kritisierten archaischen Sprache solcher Ordnungen - einschließlich ihrer nichtverbalen Elemente: Musik, Gestik, Sitzanordnung, Rollenverteilung usw. -, sondern vor allem der Undurchschaubarkeit des Regelsystems, nach dem diese Ordnungen aufgebaut sind und nach dem sie funktionieren - ein Regelsystem, das sich offenbar nur historischer, diachronischer Betrachtung erschließt.

In der Terminologie einer an der strukturalen Linguistik orientierten Semiotik, von der wir im folgenden Gebrauch machen,[8] heißt das: Herkömmliche liturgische Bücher schreiben gottesdienstliche Handlungen als verbindliche *Texte* fest - *Text* hier verstanden als komplexer, auch nichtverbale Elemente umfassender, kohärenter Zeichenzusammenhang bzw. Zeichenprozeß; als *Texte*, die unabhängig von der jeweiligen Verwendungssituation, der konkreten Situation vor Ort, weitgehend unverändert zu reproduzieren sind.[9]

Im Rahmen solcher Reproduktionsvorgänge bietet sich nun ein nur geringer - zudem durch ein strenges Regelwerk geordneter - Spielraum für *Textvarianten* an: Da ist einmal die Möglichkeit, im Rahmen bestimmter Paradigmen des liturgischen Kodes[10] eine beschränkte Umkodierung, das heißt, einen Austausch einzelner Zeichenelemente, vorzunehmen - zum Beispiel bei den Propriumsstücken und vergleichbaren Einheiten; da ist weiter die ebenfalls recht begrenzte Möglichkeit, den *Text* um zusätzliche,

---

[7] Aus der unübersehbaren Fülle des angebotenen Materials greifen wir heraus: H. Nitschke (Hg.), Gottesdienst '77. Gütersloh 1977; ders. (Hg.), Abendmahl. Liturgische Texte, Gesamtentwürfe, Predigten, Feiern mit Kindern, besondere Gestaltungen, Besinnungen. Gütersloh 1977.

[8] Eine ausgezeichnete Einführung bietet: Zeichen im Gottesdienst. Ein Arbeitsbuch von G. Schiwy, H. Geißner, H. Lindner, H. Michel, H. Muck, K. Pfitzner, R. Volp. München 1976.

[9] Vgl. ebd. 12. Zum erweiterten Gebrauch des Begriffs ›Text‹ vgl. ebd. 21; W. Nöth, Semiotik. Eine Einführung mit Beispielen für Reklameanalysen. Tübingen 1975, 49ff, 80ff; J. Trabant, Elemente der Semiotik. München 1976, 44.

[10] Vgl. Zeichen (s. Anm. 8) 21: Kode »bezeichnet das jeweilige Repertoire an Zeichen und die dazugehörigen Verknüpfungsregeln, z. B. in der verbalen Sprache den Wortschatz und die Grammatik«; »Kodes bestehen im allgemeinen aus einer Mehrzahl von Paradigmen, d. h. von Zeichengruppen, deren Zeichen zugleich miteinander verwandt und voneinander unterschieden sind und aus denen in der aktuellen Kommunikation bestimmte Zeichen ausgewählt (Prinzip der Selektion) und zu Zeichenketten zusammengesetzt werden.« »Syntagma« heißt das Ergebnis einer »Zusammenfügung von Zeichen aus verschiedenen Paradigmen (Prinzip der Kombination) zu Zeichenkomplexen« (ebd. 23). Wir sind uns der Schwierigkeiten bewußt, die entstehen, wenn wir im folgenden relativ komplexe verbale, musikalische, visuelle und andere Gebilde - also etwa ein Gebet, einen Hymnus, eine Lesung - gleichsam als ›Wörter‹ betrachten, aus denen sich der liturgische Kode aufbaut. Die Frage nach den ›Mikrostrukturen‹ des liturgischen Kodes - also nach noch elementareren Einheiten, die etwa der Gliederungsebene des Morphems und des Phonems entsprechen - scheint zur Zeit noch ungelöst. Vgl. auch R. Volp, Perspektiven der Liturgiewissenschaft. In: JLH 18 (1973/1974) 1-35, besonders 33ff.

sozusagen redundante Elemente zu bereichern bzw. ihn ohne solche Redundanzen zu reproduzieren; wir denken dabei an die als solche gekennzeichneten ›fakultativen‹ Elemente wie auch an jene, die etwa bei der Mitwirkung eines Chores ›additiv‹ in Erscheinung treten können. Bildlich gesprochen: Der paradigmatische Austausch einzelner *Wörter* innerhalb der *Segmente* des *Textes* (den *Sätzen*, aus denen er sich aufbaut) bzw. die ausschmückende Erweiterung durch Elemente aus zusätzlich angebotenen Paradigmen ist erlaubt oder gar geboten; nicht möglich jedoch sind Veränderungen, die das syntaktische Gefüge der einzelnen *Textsegmente* oder gar das Gefüge des *Textes* selbst betreffen.

Herkömmliche liturgische Bücher stellen sich so als *Zeichenvorräte* bzw. *Kodes* dar, die zwar eine Anzahl von Paradigmen - zum Beispiel die Paradigmen ›Introitus‹, ›Kollektengebet‹, ›Allgemeines Kirchengebet‹ usw. - anbieten, aus denen Zeichenelemente nach bestimmten Regeln ausgewählt werden können, die aber keine freie, wenn auch durch syntaktische Regeln gelenkte Produktion von *Sätzen* und *Texten* ermöglichen. Sie legen in ihren Ordinarien den Benutzer auf stets gleichbleibende *Sätze* und *Satzfolgen* fest.

II. Neue liturgische Bücher als Zeichenvorräte mit Verknüpfungsregeln

Genau hier scheint nun der Ansatzpunkt für die oben genannten Bedürfnisse kirchlicher Praxis zu liegen: Es besteht offenbar ein Bedarf an *Kodes* - an Zeichenvorräten mit den dazugehörigen Verknüpfungsregeln -, die unter den gewandelten Bedingungen und angesichts der unbestreitbaren Pluralität der Situationen gottesdienstlicher Kommunikation vor Ort die situationsgerechte *Produktion* liturgischer *Syntagmen* und *Texte* und nicht nur die *Reproduktion* vorgefertigter Zeichenketten ermöglichen. Liturgische Bücher, die diesem Bedürfnis Rechnung tragen, besitzen echte Chancen auch in einer pluralistischen gottesdienstlichen Situation. Solche liturgischen *Kodes* - die exakter als »Superkodes«[11] zu beschreiben wären, die in der Lage sind, in komplexer Weise eine Vielzahl verbaler und nichtverbaler »Subkodes«[12] zu integrieren - müßten auf drei Ebenen zugleich wirksam werden können:

(a) Ein ausreichendes Repertoire an *Zeichenelementen*, vergleichbar dem Wortschatz einer natürlichen Sprache, muß zur Verfügung gestellt werden. Dies kann unter anderem dadurch geschehen, daß der Kode - in diesem Fall: der verbale Subkode, dem freilich eine Art integrierender Basisfunktion für den Gesamtkode zukommt[13] - um *Zeichengruppen* (Paradigmen) erweitert wird, die in den herkömmlichen liturgischen

---

[11] Vgl. U. Eco, Einführung in die Semiotik. Autorisierte deutsche Ausgabe von J. Trabant. München 1972 (UTB 105) 130f; er beschreibt den Kode, bezogen auf den Begriff der »langue« im Sinne von de Saussure, als einen »netzartigen Komplex von Subcodes und Kombinationsregeln«, als einen »Hypercode«, der verschiedene »Subcodes« miteinander verbindet.

[12] Man spricht u. a. von musikalischen visuellen, kinetischen, hodologischen, proxemischen, architektonischen, textilen, taktilen Kodes, wobei die Terminologie nicht einheitlich ist. Von »Kinesik« und Proxemik« (Proxemik: Zeichen, die durch die räumliche Zuordnung, Zuwendung, Annäherung der Kommunikationspartner, ihre Nähe bzw. Distanz im Raum, gesetzt werden) ist bei U. Eco (s. Anm. 11) 21f. die Rede. W. Nöth (s. Anm. 9) 79 spricht von »kinematischen und proxematischen Zeichensystemen.« Der »hodologische Kode« »regelt das Leben eines Raumes unter Berücksichtigung der Anordnung des Raumes in einem Raum-Weg-System, dem er angehört«; vgl. Zeichen (s. Anm. 8) 104.

[13] Nach G. Schiwy (s. Anm. 6) 139f kann Liturgie »von ihrer Struktur her« »als sprachlich gedeutetes gemeinschaftliches Handeln« beschrieben werden.

Büchern fehlen bzw. dort nur ungegliedert und wenig entfaltet erscheinen. So kennen zum Beispiel neuere Materialsammlungen die Paradigmen ›Grußwort zum Gottesdienstbeginn‹, ›Hinführung‹, aber auch ›Texte zu den Einsetzungsworten‹, ›Texte zum Segen‹ usw.[14] Ein Mangel - alter wie neuer - Gottesdienstbücher ist sicher auch die unzureichende Berücksichtigung der mit dem verbalen Kode auf komplexe Weise verbundenen nichtverbalen Subkodes.[15]

(b) *Regeln* müssen bereitgestellt werden, die eine Verknüpfung der einzelnen *Zeichenelemente* zu *Zeichenkomplexen* - zu liturgischen Syntagmen - ermöglichen.[16] Diese syntaktischen Regeln müssen einerseits so weit gefaßt sein, daß sie wirklich die Möglichkeit zur Produktion - und nicht nur zur Reproduktion! - von Syntagmen geben; sie müssen andererseits auch in der Lage sein, in sich widersprüchliche, sinnlose, nicht dem Zwecke der intendierten Aussage dienende, nicht kommunizierbare Kombinationen zu verhindern. Hier liegt ebenfalls ein Mangel neuerer Materialsammlungen vor; sie stellen meist verschiedene Paradigmen nebeneinander, ohne anzugeben, wie denn Zeichenelemente aus den einzelnen Paradigmen ausgewählt und sinnvoll miteinander kombiniert werden können bzw. ob überhaupt eine solche Kombination in jedem Falle möglich ist.[17]

Ansätze zu einem solchen Regelsystem, das auch die freie Formulierung liturgischer Syntagmen ermöglicht, läßt zum Beispiel der neue deutsche Meßordo (›Die Feier der Gemeindemesse‹) im Meßbuch für die Bistümer des deutschen Sprachgebiets erkennen. Bei näherem Zusehen zeigt sich nämlich, daß hier kein allgemeinverbindliches Syntagma ›Eröffnung‹ vorgeschrieben wird, sondern aufgrund des dort paradigmierten Zeichenvorrats und des rubrizierten Regelsystems sehr verschiedene Möglichkeiten bestehen, wie das Syntagma ›Eröffnung‹ jeweils formuliert werden kann - wobei Formulierungen zustande kommen können, die sich nicht mehr als bloße Varianten *einer* Aussage verstehen lassen, sondern recht differenzierte Aussagen zu kodieren vermögen.

(c) Von solchen syntaktischen Regeln - die sich zum Beispiel auf die Zuordnung eines ›Gesangs zur Eröffnung‹ zum nichtverbalen Geschehen ›Einzug‹, auf die Stellung eines Schuldbekenntnisses bzw. Bußaktes im Syntagma ›Eröffnung‹ sowie auf die Stellung und Funktion des Kyrie in diesem Zusammenhang beziehen können - ist eine Gruppe von Regeln höherer Ordnung zu unterscheiden, die wir als *Textregeln* bezeichnen wollen. Sie beziehen sich auf den *Text* des Gottesdienstes in seiner Ganzheit, verstanden als kohärenter Zeichenzusammenhang bzw. Zeichenprozeß: Wenn zum

---

[14] Vgl. z. B. H. Nitschke, Gottesdienst (s. Anm. 7) 9f, 47f; ders., Abendmahl (s. Anm. 7) 19-28, 38ff.

[15] Jene Subkodes werden in römisch-katholischen Ordnungen natürlich stärker berücksichtigt als in evangelischen Gottesdienstbüchern; wenn deshalb bei H. Nitschke, Abendmahl (s. Anm. 7) 113ff, 123ff u. ö. vereinzelt auch der nichtverbale Kommunikationszusammenhang beschrieben wird, ist dies nur zu begrüßen.

[16] Hierbei ist zu beachten, daß auch »die syntagmatische Beziehung der Zeichenelemente von einer Äquivalenz- und Oppositionsbeziehung« gekennzeichnet ist: »Die im Syntagma vereinten Zeichen kommen darin überein, daß sie dem Zwecke der intendierten Aussage dienen; sie unterscheiden sich dadurch, daß sie unterschiedliche Funktionen für das Zustandekommen der intendierten Aussage erfüllen«; vgl. Zeichen (s. Anm. 8) 23.

[17] So wird z. B. bei H. Nitschke, Abendmahl (s. Anm. 7), nicht deutlich, in welche syntagmatische Beziehung die »Hinführungen« zu den »Texten zu den Einsetzungsworten« treten können und wie sich die ebenfalls aufgeführten Elemente »Schuldbekenntnisse (Beichtgebete)« und »Präfationen« hier einordnen lassen.

Beispiel der neue Meßordo in bestimmten Fällen den weitgehenden Austausch des Syntagmas ›Eröffnung‹ gegen andere Syntagmen vorsieht[18] oder wenn die *Agende für evangelisch-lutherische Kirchen und Gemeinden* mit der Möglichkeit einer ›abendmahlslosen Messe‹ rechnet,[19] so wird die Ebene syntaktischer Regeln und damit die Ebene des *Satzes* deutlich überschritten.

Es ist zu fragen, ob nicht auch jene Regeln, die die Rollenstruktur des Gottesdienstes festlegen, zur Gruppe der *Textregeln* gerechnet werden müssen, obwohl sie natürlich auch auf der Ebene der Syntagmen wirksam werden. *Textregeln* dieser Art enthält zum Beispiel die *Institutio generalis* zum neuen römischen Meßbuch.[20]

III. Identitätssicherung durch Rückführung auf gemeinsame Grundstrukturen

Es scheint, daß wir uns auf dieser dritten Ebene dem Sinn nähern, den das »Zauberwort Struktur« in der liturgischen Diskussion gegenwärtig erfüllt: Es geht um die *Textstrukturen* des Zeichenprozesses Gottesdienst - und nicht um syntaktische Strukturen im engeren Sinn, Strukturen des Zeichenrepertoires oder noch elementarerer, erst noch zu erhebender liturgischer Einheiten. Dabei wird eine Tendenz deutlich, die sich besonders im ›Strukturpapier‹ der Lutherischen Liturgischen Konferenz,[21] mit Modifikationen freilich auch in liturgischen Dokumenten der römisch-katholischen Kirche, nachweisen läßt:

Während den Zeichenproduzenten auf der Ebene paradigmatischer Einheiten, also gleichsam auf der *Wortebene* des liturgischen Kodes, ein großer Spielraum zugestanden wird - von »festen Texten«[22] ist nur noch im Blick auf wenige Elemente die Rede -, während auf der *Ebene der Syntagmen* ebenfalls sehr vieles möglich zu sein scheint,[23] wird auf der *Textebene* die »feste Grundstruktur« als Ausdruck der Gemeinsamkeit verbindlich gemacht.[24] Sehr verschiedene Gottesdienstformen, zum Teil aus recht unterschiedlichen Traditionen, werden so zu »Ausformungsvarianten der gemeinsamen

---

[18] So kann zum Beispiel das Allgemeine Schuldbekenntnis durch das sonntägliche Taufgedächtnis ersetzt werden oder - zusammen mit der Begrüßung - ganz entfallen, »wenn eine andere liturgische Handlung der Meßfeier vorausgeht.« Zu vergleichen sind auch die Sonderregelungen für bestimmte Tage, zum Beispiel in der Karwoche. Vgl. H. Plock, Die Eröffnung der Eucharistiefeier. In: Th. Maas-Ewerd/K. Richter (Hg.), Gemeinde im Herrenmahl. Zur Praxis der Meßfeier. Einsiedeln/Zürich und Freiburg/Wien 1976, 191-198. Auch das 5. Beispiel im ›Strukturpapier‹ (s. Anm. 5, S. 19) sieht den Wegfall des Syntagmas ›Eröffnung‹, das dort freilich eine andere Einheit bezeichnet als im Meßordo, vor.

[19] Vgl. die ›Anweisungen zum Gebrauch der Agende I‹ Nr. 17 und 18 sowie die entsprechende Rubrik im Ordinarium in: Agende für evangelisch-lutherische Kirchen und Gemeinden. Erster Band. Der Hauptgottesdienst mit Predigt und heiligem Abendmahl und die sonstigen Predigt- und Abendmahlsgottesdienste. Ausgabe für den Pfarrer. Berlin 1955, 13*, 79*.

[20] Vgl. insbesondere Kapitel II (»Struktur, Elemente und Teile der Eucharistiefeier«) und III (»Aufgaben und Dienste in der Meßfeier«). Dazu E. J. Lengeling, Die neue Ordnung der Eucharistiefeier. Leipzig 1971 [Lizenzausgabe], 183-256.

[21] S. Anm. 5.

[22] F. Schulz (s. Anm. 3) 477; vgl. die Anweisungen zum Gebrauch der Agende (s. Anm. 19) Nr. 69 und 70.

[23] Beispiel 6 im ›Strukturpapier‹ (s. Anm. 5, S. 19) - »Gottesdienst in ›offener Form‹« - verzichtet ganz auf eine syntagmatische Strukturierung; vgl. auch ebd. 7 unten.

[24] Ebd. 6f.

Grundstruktur«[25] und damit zu Textvarianten *eines* Textes erklärt, dessen Identität eben durch seine *Struktur* garantiert wird. Damit wird zugleich ein Leitbild für künftige kirchenoffizielle liturgische Bücher entworfen: Ordnungen, die bestimmte Grundstrukturen verbindlich vorschreiben und denen ausgeführte Modelle, Materialsammlungen usw. - Agenden als »Exempelbücher«[26] - beigegeben werden.

Auf diesem Hintergrund stellt sich die Frage: Kann der Begriff das leisten, was von ihm verlangt wird? Ist die Ebene, die hier gewonnen wurde, nicht viel zu abstrakt, um wirklich noch konkrete liturgische Phänomene erfassen zu können?[27] Oder anders - mit Ottfried Jordahn: »Wenn hier alles unter einen Hut gezwungen wurde, ist auch wieder nichts unter einem Hut!«[28]? Was heißt hier eigentlich »Grundstruktur«, und was soll damit - im Interesse der ›Einheit‹ christlichen Gottesdienstes - verbindlich gemacht werden? Bevor wir diese Fragen beantworten können, müssen wir den Begriff - besonders da, wo er in liturgischen Verwendungszusammenhängen erscheint - noch etwas gründlicher unter die Lupe nehmen.

Es ist erstaunlich, daß Liturgiewissenschaft und liturgische Praxis offenbar bis vor kurzem noch ohne das »Zauberwort Struktur« auskamen. Stichproben - zufällig und unzuverlässig - müssen hier genügen:

Bei Josef Andreas Jungmann zum Beispiel[29] sucht man vergeblich nach einem Stichwort »Struktur« im Register. Einigermaßen äquivalente Begriffe lassen sich nur schwer ausmachen. Wenn Jungmann vom »liturgischen Grundschema« spricht,[30] hat er eher syntagmatische Zusammenhänge im Auge. Der Terminus »Grundgestalt der Eucharistiefeier«[31] bezieht sich auf seine Auseinandersetzung mit Romano Guardini über den Mahlcharakter der Eucharistie. Gewisse Äquivalenzen werden noch am ehesten dort sichtbar, wo er das Bild vom »Gebäude« einführt, das freilich ohne »bewußt festgehaltenen und durchgeführten Plan« errichtet wurde,[32] oder wo er von den »großen Umrißlinien« der Meßfeier spricht.[33]

Noch bemerkenswerter erscheint die Tatsache, daß liturgische Texte und Bücher bis in unsere Tage hinein offenbar nicht nur ohne den Begriff, sondern auch ohne die bezeichnete Sache auskommen konnten und auf eine Strukturierung liturgischer Formulare in dem oben beschriebenen Sinne verzichteten; so Frieder Schulz in den Erläuterungen zum ›Strukturpapier‹: »Die agendarischen Ordnungen des evangelischen Gottesdienstes haben sich seit der Reformationszeit bis in die Gegenwart damit begnügt, die liturgischen Stücke und Texte einfach der Reihe nach abzudrucken.«[34] Das gilt auch für

---

[25] Ebd. 6. Man hat es dem ›Strukturpapier‹ zum Vorwurf gemacht, daß es neben der »offenen Form« auch die aus ganz anderer Tradition stammenden oberdeutschen Formen des Predigt- und Abendmahlsgottesdienstes in den »gemeinsamen Rahmen« integriert; vgl. O. Jordahn (s. Anm. 1) 137.
[26] Vgl. F. Schulz (s. Anm. 3) 471.
[27] Eine Frage, die G. Schiwy, Der französische Strukturalismus. Mode, Methode, Ideologie. Mit einem Textanhang. Reinbeck 1969, 50, bezeichnenderweise auch an die sogenannte »strukturalistische Tätigkeit« - hier: die Analyse des Totemismus durch Claude Lévi-Strauss - stellt.
[28] O. Jordahn (s. Anm. 1) 136.
[29] J. A. Jungmann, Missarum Sollemnia. Eine genetische Erklärung der römischen Messe. 2 Bde. Wien/Freiburg/Basel ⁵1962.
[30] Ebd. I, 349 Anm. 26; I, 504.
[31] Ebd. I, 28 Anm. 63; I, 237; II, 577.
[32] Ebd. I, 2; I, 4 u. ö.
[33] Ebd. I, 24f; vgl. auch das Bild vom »Vorhof«, das dem Bild vom »Gebäude« entspricht (I, 242 u. ö.).
[34] Versammelte Gemeinde (s. Anm. 5) 25ff, hier 40.

den Ordo des tridentinischen Missale, sieht man von der ganz anders motivierten Strukturierung in *Ordo Missae* und *Canon Missae* ab.

Will man der von Frieder Schulz zusammengestellten Übersicht[35] folgen, so findet sich ein solcher Strukturierungsversuch erstmalig in einem badischen Agendenentwurf aus dem Jahre 1855. Die Lutherische Agende I wird man nur bedingt als Gegenbeispiel anführen können. Eine Strukturierung in dem von uns gemeinten Sinne findet hier allenfalls in den - nur in der Handausgabe für den Pfarrer abgedruckten - Vorbemerkungen zum Ordinarium statt.[36] Im Ordinarium selbst finden sich lediglich typographisch hervorgehobene Überschriften zu den einzelnen Stücken - und eben nicht zu den größeren Abschnitten - des Gottesdienstes, denen allenfalls eine syntagmatische Bedeutung zukommt; so, wenn zum Beispiel Kyrie und Gloria durch die gemeinsame Überschrift ausdrücklich zu einem Teilsyntagma zusammengeordnet werden. Ähnliches gilt für die Agende der Evangelischen Kirche der Union, die sich darauf beschränkt, die Einzelstücke des Gottesdienstes aufzulisten und in der Art eines Rollenbuches »die Aufteilung der Stücke auf den Liturgen und die Gemeinde anzugeben.«[37]

Der Begriff der ›Struktur‹ - und zwar offenbar in dem von uns als *Textstruktur* bezeichneten Sinne - erscheint dann bemerkenswerterweise in der Liturgiekonstitution des II. Vatikanischen Konzils, wo in Art. 23 ausdrücklich von den *leges generales structurae Liturgiae* die Rede ist, die bei einer Liturgiereform zu beachten sind. Der Begriff wird eingeführt in der offenkundigen Absicht, einen »Ausgleich zwischen gesunder Überlieferung und berechtigtem Fortschritt« zu sichern und die Kontinuität der liturgischen Entwicklung zu wahren.[38] Der Begriff wird dann weiter durch Art. 50 der Liturgiekonstitution interpretiert: ... *ut singularum partium propria ratio necnon mutua connexio clarius pateant* ...[39] So ist es nur folgerichtig, wenn in den Dokumenten der nachkonziliaren Liturgiereform der Begriff der ›Struktur‹ zu einem Schlüsselbegriff avanciert[40] und insbesondere der neue Meßordo sich nicht mit der Auflistung einzelner Elemente begnügt, sondern ausdrücklich - und zwar im Text des Ordo selbst - die *Textstruktur* der Eucharistiefeier durch Überschriften kenntlich macht.[41]

Darüber hinaus machen zum Beispiel das Direktorium für die Kindermessen und die Richtlinien für Meßfeiern kleinerer Gemeinschaften[42] deutlich, daß auch hier die

---

[35] Ebd. 63; vgl. auch F. Schulz (s. Anm. 3) 462.
[36] S. Anm. 19, S. 41*ff; ähnlich schon in den Erläuterungen zum Entwurf der Agende I für evangelisch-lutherische Kirchen und Gemeinden (Erster Band. Teil I. 1951, 33ff). Man muß freilich fragen, ob hier wirklich das getroffen wird, was nach F. Schulz doch Aufgabe und Ziel liturgiestrukturierender Tätigkeit ist, nämlich »die Teile des Gottesdienstes nicht mehr nur formal zu benennen, sondern zugleich nach Inhalt und Funktion zu kennzeichnen« (Erläuterungen zum ›Strukturpapier‹, s. Anm. 5, S. 41). In den Erläuterungen zum Ordinarium der Agende findet sich eher eine Inhaltsbeschreibung denn eine wirkliche Funktionsbestimmung der übergreifenden Abschnitte.
[37] F. Schulz in den Erläuterungen zum ›Strukturpapier‹ (s. Anm. 5) 41.
[38] Vgl. E. J. Lengeling, Die Konstitution des Zweiten Vatikanischen Konzils über die heilige Liturgie. Lateinisch-deutscher Text mit einem Kommentar. Münster ²1965 (RLGD 5/6), 56.
[39] Eine grundlegende Strukturierung der Messe in *liturgia verbi et eucharistica* wird in Art. 56 der Liturgiekonstitution vorgenommen.
[40] Vgl. die Begrifflichkeit in der *Institutio generalis*: *De structura Missae eiusque elementis et partibus*; *De generali structura Missae* (was der deutsche Text mit »Grundstruktur« übersetzt). Vgl. hierzu E. J. Lengeling (s. Anm. 20) 183ff, besonders 186f.
[41] Lateinisch: *Ritus initiales, Liturgia verbi, Liturgia eucharistica, Ritus conclusionis*; deutsch: *Eröffnung, Wortgottesdienst, Eucharistiefeier, Entlassung*.
[42] Vgl. J. Bergsma (s. Anm. 1) 141ff.

Tendenz besteht, mit Hilfe des Strukturbegriffs ganz ähnlich wie im ›Strukturpapier‹ der Lutherischen Liturgischen Konferenz einerseits notwendige Anpassungen der Liturgie an die Erfordernisse bestimmter Situationen gottesdienstlicher Kommunikation - vor allem an die Bedürfnisse bestimmter Zielgruppen: Kinder, Kleinstgemeinden - zu ermöglichen, andererseits aber die Identität des kirchlichen Gottesdienstes zu wahren: »Beide Reformen [gemeint sind: ›Strukturpapier‹ zu Agende I und die genannten Dokumente der römischen Liturgiereform] haben die Grundstruktur herausgearbeitet und festgelegt und dabei viele bisher - zu Recht oder Unrecht - als verbindlich geltende Formen unter bestimmten Voraussetzungen der freien Entscheidung und Gestaltung überlassen.«[43]

IV. STRUKTURIERUNG IM VOLLZUG: STRUKTUREN ALS ELEMENTE EINES PROZESSES

Freilich ist nun einschränkend zu den oben getroffenen Feststellungen zu sagen: Versuche, gottesdienstliches Geschehen zu strukturieren, hat es immer schon gegeben - ganz unabhängig von der Art und Weise, wie offizielle liturgische Bücher den Ablauf des Gottesdienstes dokumentierten. Auf ältere Strukturierungsversuche - zum Beispiel die Einteilung der Messe in sieben *orationes* bei Isidor von Sevilla; Viergliederung in *obsecratio, oratio, postulatio, gratiarum actio* bei späteren Autoren - kann hier nur am Rande verwiesen werden.[44] Bedeutsamer ist da der liturgiedidaktisch orientierte Strukturierungsversuch im ›Schott‹, der sich mit seiner grundlegenden Unterscheidung von *Vormesse* und *Opfermesse* (diese wiederum strukturiert in die drei Hauptteile *Opfervorbereitung - Opferhandlung - Opfermahl*) an der vorkonziliaren katholischen Liturgik ausrichtet.[45]

Daß es neben solchen literarisch greifbaren Gliederungen immer auch volkstümliche, darum nicht weniger wirksame Strukturierungsversuche gegeben hat, erscheint unbestreitbar. Erinnert sei nur an die im evangelischen Bereich anscheinend unausrottbare Strukturierung des Gottesdienstverlaufs in ›Liturgie‹ und ›Predigt‹, wobei dann alle liturgischen Elemente als ›Rahmen‹ erscheinen, der die Predigt als eigentlichen ›Kern‹ des Gottesdienstes umgibt.[46]

Daß solche Strukturierungen, wie noch zu zeigen sein wird, ein Element des Zeichenprozesses Gottesdienst selbst sind, im Prozeß vollzogen und gesetzt, macht die Art und Weise deutlich, wie solche mehr oder weniger volkstümlichen Strukturierungsversuche in Erscheinung treten können: etwa dadurch, daß ein Teil der Gemeinde erst zur Predigt als dem ›Eigentlichen‹ der ganzen Veranstaltung erscheint, was seine vorkonziliare Entsprechung auf römisch-katholischer Seite im Erscheinen erst zur Wandlung hat. Oder dadurch, daß der Pfarrer - ob dies die Rubriken nun vorsehen oder

---

[43] Ebd. 143.
[44] Vgl. L. Eisenhofer/J. Lechner, Liturgik des römischen Ritus. Freiburg/Br. ⁶1953, 208.
[45] Vgl. noch die Einstufung der Vormesse bei J. A. Jungmann (s. Anm. 29) I, 343.
[46] Eine Strukturierung, die freilich auch ihren literarischen Niederschlag gefunden hat; vgl. dazu Chr. Mahrenholz, Kompendium der Liturgik des Hauptgottesdienstes. Kassel 1963, 58: »Die bisher in einer Reihe von Kirchen gewohnheitsrechtlich übliche Gliederung des Gottesdienstes geht dahin, daß nach dem Eingangslied die sog. ›Liturgie‹ ihren Anfang nimmt, die in zwei Unterabschnitte zerfällt ... Mit dem Credo ist die sog. ›Liturgie‹ zu Ende. Es hebt nun ein neuer Abschnitt des Gottesdienstes an, der durch ein ausgedehntes Lied eingeleitet wird, das den neuen, der ›Wortverkündigung‹ dienenden Teil gegenüber der vorangehenden ›Liturgie‹ abschirmt.«

nicht[47] - nach der ›Liturgie‹ erst einmal in der Sakristei verschwindet, um zur Predigt wieder hervorzukommen; ein Vorgang, der sich nach der Predigt wiederholt und so deutlich - durch Zeichen, die im liturgischen Vollzug selber gesetzt werden - die Zwei- bzw. Dreiteilung in ›Rahmengeschehen‹ und ›Predigtgeschehen‹ zum Ausdruck bringt.

An diesem Beispiel wird auch deutlich, daß jede Strukturierung zugleich eine Akzentuierung beinhaltet: Schwerpunkte werden gesetzt, Wesentliches wird von Unwesentlichem unterschieden (›Vormesse‹ von ›Opfermesse‹, ›Liturgie‹ von ›Predigt‹), eine globale Deutung des Geschehens wird vorgenommen bzw. in den Zeichenprozeß hineinkodiert. Das Beispiel macht weiter deutlich, daß sich all dies auf der Ebene der *Beziehungen* abspielt, wie sie zwischen verschiedenen Zeichenelementen - in unserem Fall: verschiedenen Segmenten des liturgischen Prozesses - bestehen: Durch die beschriebene Strukturierung in ›Rahmengeschehen‹ und ›Predigtgeschehen‹ wird weder an der Gestalt des Rahmens noch an der Gestalt der Predigt zunächst etwas geändert; was sich wandelt, sind die bedeutsamen Relationen, wie sie sich zwischen beiden herstellen.

V. STRUKTURIERUNG ALS KOMMUNIKATIVE NOTWENDIGKEIT

Was zwingt die Teilnehmer am Zeichenprozeß Gottesdienst dazu, immer wieder solche oder ähnliche Strukturierungen des Prozesses vorzunehmen? Offenbar kommen hier bestimmte Gesetzmäßigkeiten zwischenmenschlicher Kommunikation zum Zuge, die für den Gottesdienst als komplexen Kommunikationsprozeß in gleicher Weise gelten wie für die einfachsten Kommunikationsabläufe zwischen zwei Partnern: »Dem unvoreingenommenen Beobachter erscheint eine Folge von Kommunikationen als ein ununterbrochener Austausch von Mitteilungen. Jeder Teilnehmer an dieser Interaktion muß ihr jedoch unvermeidlich eine Struktur zugrunde legen ...«[48]

Der Vorgang solcher Strukturierung - ohne den Kommunikation schlechterdings nicht möglich ist - stellt sich dar als »Interpunktion von Ereignisfolgen«, durch die kommunikatives Verhalten - zum Beispiel innerhalb einer Ehe, einer Gruppe, einer Kultur - organisiert wird: Zwischen den einzelnen Ereigniseinheiten des Kommunikationsablaufs bzw. den Zeichenelementen eines Zeichenprozesses wird eine Beziehung - etwa die Beziehung Ursache/Wirkung, Grund/Folge, Vorbereitung/Verwirklichung usw. - und damit eine hierarchische Ordnung hergestellt.[49] Eine solche Strukturierung kommunikativer Prozesse ist, jedenfalls da, wo sie funktioniert und verhaltensorganisierend wirksam wird, auf jeder der genannten Ebenen abhängig von den jeweils geltenden Konventionen. Sie ist also in gewisser Weise ›verabredet‹, auch da, wo sie für die Kommunikationspartner eine fraglose, gleichsam natürliche Geltung besitzt.

Die Konsequenzen für gottesdienstliche Kommunikation liegen auf der Hand: Auch diese Kommunikation wird nur als ein strukturiertes Geschehen funktionieren können, in dem sich die beteiligten Partner auf eine bestimmte »Interpunktion der Ereignisfolgen« einigen. Dies gilt für ganz elementare liturgische Einheiten - wenn zum Beispiel die Salutatio dem Kollektengebet und nicht, was vielleicht auch möglich wäre,

---

[47] Vgl. z. B. die Rubriken der preußischen Agende von 1834, wiedergegeben bei J. Beckmann, Quellen zur Geschichte des christlichen Gottesdienstes. Gütersloh 1956, 193f.
[48] P. Watzlawick/J. H. Beavin/D. D. Jackson, Menschliche Kommunikation. Formen, Störungen, Paradoxien. Bern/Stuttgart/Wien ⁵1980, 57.
[49] Vgl. ebd. 34ff, 57ff, 92ff.

als Schlußakkord dem Gloria bzw. Kyrie zugeordnet wird; das gilt erst recht für die übergreifenden *Textstrukturen*, die wir hier besonders im Auge haben.[50]

Damit ist die Unausweichlichkeit von Überlegungen zur Struktur gottesdienstlicher Kommunikation und in gewisser Weise auch die Notwendigkeit von ›Strukturpapieren‹ postuliert. Jedoch: Während das ›Strukturpapier‹ und vergleichbare Äußerungen auf römisch-katholischer Seite eine »Grundstruktur« christlichen Gottesdienstes - hier näherhin bestimmt als eine Struktur auf der *Textebene* - als etwas fraglos Vorgegebenes zu betrachten scheinen, das es nur »sichtbar und bewußt zu machen« gilt,[51] gehen wir von der Voraussetzung aus, daß der Vorgang der Strukturierung selbst einen Deutevorgang impliziert, in dessen Verlauf eine bestimmte Interpunktion des Geschehens konventionalisiert und die in solcher Interpunktion kodierten Globalbedeutungen verbindlich gemacht werden.[52]

Um es ebenso deutlich wie mißverständlich zu sagen: Die gemeinten Strukturen werden weniger aus dem Text heraus-, als in ihn hineingelesen. Oder besser - wie oben schon angedeutet: Der Vorgang der Strukturierung, ob er nun mittelbar durch Überschriften, durch Rubriken in einer Agende, durch die Festlegungen eines ›Strukturpapiers‹ oder unmittelbar durch wahrnehmbare Zeichen im gottesdienstlichen Ablauf erfolgt, ist Teil des Zeichenprozesses selbst, ein Vorgang, bei dem unter Zuhilfenahme eines oder auch mehrerer Kodes bestimmte Bedeutungen in diesen Prozeß ›hineingeschrieben‹ werden.

Ja, noch mehr: Die so gewonnene ›Struktur‹ ist im Grunde nichts anderes als selbst eine Art Kode, nämlich ein »codifizierendes System«, durch das »die Kombinationsmöglichkeiten zwischen den beteiligten Elementen und die Anzahl der Elemente, die das Repertoire bilden«, beschränkt werden,[53] »ein Wahrscheinlichkeitssystem ..., das über die Gleichwahrscheinlichkeit des Ausgangssystems gelegt wird, um dieses kommunikativ zu beherrschen.«[54]

Wie dieser Kode auf der *Textebene* des Gottesdienstes funktioniert, haben wir an anderer Stelle schon angedeutet: Durch »raumzeitliche Hiate« wird der *Text* in *Textsegmente* gegliedert; diese Hiate wirken dann beim ›Lesen‹ des *Textes* als »Indikatoren für Syntaktgrenzen.«[55] Ein solcher Indikator kann schlicht darin bestehen, daß eine Pause eingelegt und dadurch angezeigt wird: Jetzt kommt etwas Neues. Doch ist dies ein höchst mißverständliches Zeichen. Es gibt ja auch das ›gefüllte Schweigen‹, zum Beispiel zwischen der Gebetsaufforderung vor dem Kollektengebet und dem Gebet selbst, als eigenständigen liturgischen Vollzug - ein Hinweis mehr darauf, daß Zeichen auch im Gottesdienst ihre Bedeutung nie ›aus sich selbst heraus‹ entwickeln, sondern daß sie ihnen zuwächst aufgrund der Differenz, die sie in Opposition zu anderen Zeichen des gleichen Niveaus innerhalb des jeweiligen Zeichensystems markieren, so

---

[50] Vgl. W. Nöth (s. Anm. 9) 50; das von ihm aufgenommene Situations-Modell »geht von der Relativität der Textstrukturen aus. Diese These besagt, daß der Text selbst keine Strukturen hat, aber eine unbegrenzte Zahl an Strukturierungsmöglichkeiten (Verständnisweisen) bietet.« Durch einen Prozeß der Selektion trifft der Rezipient eine Auswahl unter den potentiellen Strukturen des Textes.
[51] ›Strukturpapier‹ (s. Anm. 5) 6; vgl. auch die Rede von »Verständnishilfe« bzw. »Erschließungshilfe«.
[52] Wenn das ›Strukturpapier‹ (ebd. 6) von der »Strukturierung des gottesdienstlichen Geschehens um der Gemeinde willen« spricht, scheint freilich auch - wohl unbewußt - dieses letztgenannte Verständnis aufgenommen zu werden.
[53] U. Eco (s. Anm. 11) 59, 61, 56.
[54] Ebd. 57.
[55] W. Nöth (s. Anm. 9) 83.

daß Bedeutung eigentlich nicht ›in‹, sondern ›zwischen‹ den jeweiligen Zeichen ihr Wesen hat.[56]

Hier erweist sich die aus der strukturalen Linguistik übernommene Unterscheidung von *Signifikant* (Zeichengestalt) und *Signifikat* (Zeichenbedeutung) als unentbehrlich. Gerade der liturgische Prozeß kennt eine Fülle von Signifikanten, die »mit einem mehrdeutigen Signifikat ausgestattet sind, so daß es dem Leser überlassen bleibt, daraus Eindeutigkeit zu machen.«[57]

Eine weitere Beobachtung: Eine Syntaktgrenze kann auch durch Ortswechsel und Bewegung markiert werden. Beispiele sind die oben geschilderte ›Prozession‹ des Pfarrers in die Sakristei bzw. aus ihr heraus; Prozessionen zum Ambo bzw. Lesepult und zurück; die klassischen liturgischen Prozessionen zu Einzug, Opfergang und Kommunion. Solche Syntaktgrenzen werden mitunter auch - mehr oder weniger dauerhaft - architektonisch kodiert. So erscheint die Ausstattung des Presbyteriums mit Priestersitz, Ambo und Altar, an denen jeweils spezifische Funktionen vollzogen werden, geradezu als ikonisches Modell der *Textstruktur* der erneuerten römischen Liturgie: ›Eröffnung‹ zentriert auf den Priestersitz, ›Wortgottesdienst‹ auf den Ambo; ›Eucharistiefeier‹ am Altar, ›Entlassung‹ - freilich einschließlich des noch zur Eucharistiefeier gehörenden Schlußgebetes - gegebenenfalls wieder am Priestersitz.

Im evangelischen Bereich scheinen gelegentlich auch Gemeindelieder die Funktion wahrzunehmen, Syntaktgrenzen zu markieren. Sie werden - wie es bezeichnenderweise heißt - ›zwischen‹ bestimmten Vollzügen gesungen und grenzen diese damit voneinander ab. Schließlich sei noch die Möglichkeit erwähnt, Syntaktgrenzen auch verbal durch eine ›Einführung‹ in das nun folgende Segment zu markieren.[58]

So erscheinen Indikatoren für Syntaktgrenzen im Zeichenprozeß Gottesdienst als *Signifikanten* (Zeichengestalten) für *Signifikate* (Zeichenbedeutungen), die auf der Ebene der *Textstruktur* des Gottesdienstes wirksam werden. ›Überschriften‹ in liturgischen Büchern oder ›Strukturpapieren‹, die auf der *Textebene* des Gottesdienstes strukturierend wirken wollen, sind auf solche konkreten Realisationen im Zeichenprozeß selbst angewiesen, wollen sie mehr sein als Makulatur; sie wirken also, wie oben angedeutet, nur mittelbar strukturierend.

VI. Konvergenz der Strukturen oder strukturierender Deutungen?

Versteht man Struktur im hier erörterten Sinne als »codifizierendes System«, das auf der *Textebene* des Gottesdienstes im Vorgang aktueller Strukturierung in Erscheinung tritt, so ist deutlich, daß dieser Kode, wie andere Kodes auch, auf Konvention beruht und durch Konvention verändert werden kann. In unterschiedlichen Strukturierungen

---

[56] G. Schiwy, Strukturalismus und Christentum. Eine gegenseitige Herausforderung. Freiburg/Basel/Wien 1969, 54, weist darauf hin, daß »ein Zeichen dadurch besteht, daß es sich von anderen unterscheidet« und somit - nach der strukturalistischen These - die Elemente eines Systems durch ihre Differenz konstituiert werden.

[57] Ebd. 62. G. Schiwy polemisiert deshalb wiederholt gegen die »schlechte Eindeutigkeit« (ebd. 65), die die Kirchen den religiösen Vollzügen aufzwingen wollen, gegen »den Eindeutigkeitsfanatismus kirchlicher Stellen und Gruppen« im Blick auf Bilder und Symbole, wie sie im liturgischen Prozeß eine Rolle spielen (s. Anm. 6, S. 68f).

[58] Vgl. z. B. die *Institutio generalis*, Art. 11: Der Priester kann »mit kurzen Worten die Gläubigen zu Beginn der Feier in die Tagesmesse, vor den Lesungen in den Wortgottesdienst, vor der Präfation in das Eucharistiegebet einführen und vor der Entlassung ein Schlußwort zur ganzen Eucharistiefeier sprechen.«

drücken sich dann auch unterschiedliche Gottesdienstverständnisse aus: Die volkstümliche evangelische Strukturierung in ›Predigt‹ und ›liturgischen Rahmen‹ kodiert ein anderes Gottesdienstverständnis als die vorkonziliare Strukturierung in ›Vormesse‹ und ›Opfermesse‹, der ihrerseits wieder durch die nachkonziliare Strukturierung in ›Wortgottesdienst‹ und ›Eucharistiefeier‹ kräftig widersprochen wird - wobei sich durchaus, wie dies ja tatsächlich der Fall ist, alle drei Strukturierungsversuche auf ein im Grundbestand übereinstimmendes Material an elementaren Zeichengestalten (Signifikanten) beziehen können.

Was bedeutet es nun, wenn Frieder Schulz »eine bemerkenswerte und in der Gegenwart zunehmende Konvergenz und Kongruenz der liturgischen Grundstruktur« feststellt und von jener »im gemeinsamen Grundgefüge zum Ausdruck kommenden Einheit« auch ökumenische Konsequenzen - bis hin zur Frage, »ob die römisch-katholische Sonntagspflicht in einem evangelischen Gottesdienst erfüllt werden kann« - erhofft?[59]

Es bedeutet zunächst offenbar nicht - und an der Integration der oberdeutschen Ordnungen und der »offenen Gestaltungsvarianten« in die gemeinsame »Grundstruktur« kann man dies ablesen -, daß tatsächlich eine Annäherung in der Art und Weise, wie man Gottesdienst hält, stattgefunden habe.[60] Es bedeutet zunächst nur, daß eine Annäherung in der durch den Vorgang der *Strukturierung* vermittelten *Deutung* des Geschehens stattgefunden hat.[61] Wenn, wie das ›Strukturpapier‹ dies vorsieht, die »Grundstruktur als Ausdruck der Gemeinsamkeit verbindlich gemacht« wird, so heißt das zunächst nichts anderes, als daß eine globale, im Vorgang der *Strukturierung* implizierte *Deutung* zum Kriterium gottesdienstlicher Einheit erhoben wird.

Mit anderen Worten: Man einigt sich darauf (Konvention!), bestimmte Formen des Gottesdienstes als »Ausformungsvarianten einer gemeinsamen Grundstruktur« zu definieren und so eine grundlegende Einheit - womöglich recht differierender - gottesdienstlicher Vollzüge zu postulieren. Dies wird natürlich um so besser gelingen, je weiter der betreffende Raster gespannt ist,[62] je mehr individuelle Varianten also das »codifizierende System« ermöglicht, je abstrakter demnach die Ebene ist, auf der das *tertium comparationis* formuliert wird, das die verschiedenen Varianten miteinander verbindet.[63]

Struktur erweist sich hier als ein Modell, »verschiedene Phänomene von einem einzigen Gesichtspunkt aus zu vereinheitlichen«, als ein »technisches Mittel, um auf homogene Art und Weise verschiedene Dinge benennen zu können.«[64] Die Frage, »ob die solchermaßen identifizierte Struktur an sich existiert«, ist in der Tat - jedenfalls dann, wenn sie sich auf Bedeutungssysteme bezieht, zu denen auch der Gottesdienst zu rechnen ist - eine nutzlose Frage;[65] sie geht an der eigentlichen Funktion des Phäno-

---

[59] F. Schulz (s. Anm. 3) 460, 463, 471.
[60] Daß dies auch geschehen kann und geschieht, zeigt eher der Vergleich zwischen evangelischem und römisch-katholischem Gottesdienst nach dem Konzil.
[61] Bezeichnend dafür, daß es sich um Deutevorgänge handelt, ist die Rede von der »oberdeutschen Messe«; so F. Schulz in den Erläuterungen zum ›Strukturpapier‹ (s. Anm. 5) 36f. Daß es sich um Strukturierung im Sinne von Deutung handelt, macht gerade auch die von F. Schulz zusammengestellte Synopse (ebd. 63) deutlich.
[62] Hier ist O. Jordahn (s. Anm. 1) 736 ohne Zweifel Recht zu geben.
[63] Vgl. K. Sauer (s. Anm. 2) 23.
[64] U. Eco (s. Anm. 11) 63.
[65] Ebd. 63f.

mens, nämlich Kommunikation und damit organisiertes Verhalten zu ermöglichen, vorbei.

VII. Der historische Einwand: Die zweiteilige Grundstruktur der Messe

Die Einwände gegen eine solche Argumentation drängen sich dem Liturgiker, der vor allem in historischen Kategorien zu denken gewohnt ist, von selbst auf: Entspricht die Grundstruktur, wie sie der neue Meßordo und mit gewissen Varianten auch das ›Strukturpapier‹ bietet, nicht dem, was tatsächlich liturgiegeschichtlich geworden ist? Gibt es nicht so etwas wie organisch gewachsene Strukturen christlichen Gottesdienstes, an denen sich alle Strukturierungsversuche auszurichten haben?

In diesem Zusammenhang wird immer wieder auf das Schema Justins und die »elementare zweiteilige Grundstruktur aus der Frühzeit der Kirche« verwiesen, die »sich in allen christlichen Liturgien bis heute durchgehalten« hat:[66] »Historisch und sachlich ist nur die Einteilung der Messe in die Messe der Katechumenen (vom Anfang bis zum Offertorium) und in die Messe der Gläubigen (von da ab bis zum Schluß) berechtigt, in welcher Einteilung sich auch die Entstehung der gegenwärtigen Meßliturgie aus dem synagogalen Lesegottesdienst und dem (den spezifisch christlichen Kern einschließenden) jüdischen Kultmahl widerspiegelt.«[67]

Nun kann nicht bestritten werden, daß bei Justin in der Tat gottesdienstliche Elemente und Abläufe beschrieben werden, die sich in gewisser Weise »bis heute durchgehalten« haben. Nur: Eine *Strukturierung* des Geschehens im Sinne jener »zweiteiligen Grundstruktur«, von der immer wieder die Rede ist, nimmt Justin selbst nicht vor - sie wird in den Text hineingelesen.[68] Zudem melden sich inzwischen begründete Zweifel an der Hypothese, hier seien irgendwann ein aus synagogaler Tradition entwickelter Wortgottesdienst und die christliche Mahlfeier zu einem zweipoligen Gottesdienstgeschehen zusammengewachsen.[69]

Fraglich ist auch, ob man die erst später belegte Strukturierung in »Katechumenenmesse« und »Gläubigenmesse«[70] so ohne weiteres in den von Justin beschriebenen Ablauf hineinlesen darf - so wie das Josef Andreas Jungmann tut, wenn er - mit Anton Baumstark - annimmt, man habe die nichtgetauften Teilnehmer zunächst »nach den

---

[66] F. Schulz (s. Anm. 3) 463; Erläuterungen zum ›Strukturpapier‹ (s. Anm. 5) 64.
[67] L. Eisenhofer/J. Lechner (s. Anm. 44) 208.
[68] Aus dem Bericht des Justin selbst kann man eher - aufgrund der »Indikatoren für Syntaktgrenzen«, die sich erheben lassen - auf eine Dreiteilung schließen. So wird durch das ›Aufstehen‹ zum Fürbittegebet eine solche Grenze markiert, ebenso natürlich durch Bruderkuß und Herbeibringen der Gaben. In dem von Justin zuerst geschilderten Gottesdienst, an dem der Neugetaufte teilnimmt, wird ein eigener ›Wortteil‹ nicht erwähnt; es ist nur die Rede vom gemeinsamen Gebet. Bei dem Versuch, die oben erwähnte ›Zweiteilung‹ in den Bericht des Justin einzutragen, stößt man auf die schwierige Frage, in welchen Teil des Gottesdienstes man denn die später so genannte *oratio fidelium* einzuordnen habe: Gehört sie zur Katechumenenmesse oder zur Gläubigenmesse, zu Wortgottesdienst oder Eucharistiefeier? Die Liturgiegeschichte zeigt, daß sich hier sehr unterschiedliche Lösungen anbieten und realisieren lassen.
[69] Vgl. zum Beispiel R. Berger, Tut dies zu meinem Gedächtnis. Einführung in die Feier der Messe. München 1971, 131f; K. Gamber, Liturgie übermorgen. Gedanken zur Geschichte und Zukunft des Gottesdienstes. Freiburg/Basel/Wien 1966, 181f. Vgl. auch O. Nussbaum, Die Messe als Einheit von Wortgottesdienst und Eucharistiefeier. In: LJ 27 (1977) 136-171, besonders 141ff.
[70] Zur Begriffsgeschichte vgl. J. A. Jungmann (s. Anm. 29) I, 341 Anm. 1.

Lesungen ohne Gebet und ohne weitere Förmlichkeit gehen lassen.«[71] Bei Aimé-Georges Martimort wird dagegen aus der Schilderung Justins geschlossen, daß Neugetaufte überhaupt erst nach ihrer Taufe sich »zum ersten Mal den Gläubigen zugesellt[en]« ; ferner wird dort darauf hingewiesen, wie unterschiedlich die Entlassungspraxis und die damit verbundene Strukturierung des gottesdienstlichen Ablaufs in der alten Kirche gehandhabt wurde, so daß von einer klaren und allgemein anerkannten Unterscheidung von »Katechumenenmesse« und »Gläubigenmesse« gar nicht die Rede sein kann.[72] Wo sich eine solche Aufgliederung des Gottesdienstes erkennen läßt, verweist sie auf konkrete Bedürfnisse der Gemeinden, die sich eben in bestimmten *Deutungen* und damit verbundenen *Strukturierungen* des liturgischen Geschehens verdichten.

So erscheint bei näherer Betrachtung die »elementare zweiteilige Grundstruktur« eher als ein theologisches Postulat denn als gesichertes Ergebnis liturgiegeschichtlicher Erkenntnis. Unbestritten bleibt, daß bestimmte syntagmatische Verbindungen, wie sie sich aus dem Bericht des Justin erschließen lassen, in christlichen Gottesdiensten bis heute in vergleichbarer Reihenfolge wiederkehren; das gilt für den Zusammenhang von Lesungen und Auslegung, für das Allgemeine Gebet, für die Abfolge Gabenbereitung - Eucharistiegebet - Austeilung. Wenn es jedoch zutrifft, daß »der Wert eines Zeichens von seiner ... Position im System abhängt, in dem sich die Zeichen durch ihre wechselseitigen Differenzen definieren« - eine Grundannahme strukturaler Methodik -, dann »ist das Verständnis eines Zeichens abhängig vom Verständnis der ›relativen Totalität‹ ..., zu der das Zeichen gehört.«[73]

Das heißt: Einzelelemente - und seien es auch syntagmatische Einheiten, wie wir sie aus dem Bericht des Justin erschließen können - sind jeweils von dem Beziehungssystem her zu interpretieren, zu dem sie gehören.[74] Nicht primär die Entwicklung der einzelnen Elemente als solcher, sondern die Entwicklung der Funktionen, die sie innerhalb des jeweiligen Beziehungssystems wahrnehmen,[75] muß Gegenstand liturgiewissenschaftlicher Untersuchung sein. Damit wird es fraglich, ob man von der vermeintlichen oder tatsächlichen Identität überlieferter syntagmatischer Einheiten auch auf die Identität ihrer Funktionen und damit auf eine identische, sich in Jahrhunderten durchhaltende »Grundstruktur« schließen kann.

Zum Beispiel: Was geschieht mit dem Syntagma Lesungen - Auslegung, wenn es nicht mehr, wie bei Justin und später, den Gottesdienst eröffnet, sondern sich ein eigener ›Vorbau‹ herausbildet, der die Funktion der ›Eröffnung‹ übernimmt? Ein Blick in die Liturgiegeschichte zeigt, wie der eigentliche Wortteil parallel zum Ausbau dieser ›Eröffnung‹ immer mehr - durch den Fortfall von Lesungen, den Fortfall der Homilie, die Reduktion der Zwischengesänge, im römischen Ritus schließlich auch durch den Fortfall des Gläubigengebets - reduziert und gleichsam von dem ihm nun vorgelagerten

---

[71] Ebd. I, 608.
[72] N.-M. Denis-Boulet, Die Riten und die Gebete der Messe. In: A.-G. Martimort (Hg.), Handbuch der Liturgiewissenschaft. 2 Bde. Leipzig 1965 [Lizenzausgabe], I, 347-458, hier 379f; vgl. auch J. A. Jungmann (s. Anm. 29) 608 Anm. 6.
[73] G. Schiwy, Neue Aspekte des Strukturalismus. München 1971, 172.
[74] Vgl. G. Schiwy (s. Anm. 56) 47.
[75] Was G. Schiwy (s. Anm. 27, S. 61) von einer strukturalen Methodik in der Literaturgeschichte sagt, läßt sich so auch auf die Liturgiegeschichte übertragen: Sie wird darin »zur Geschichte eines dynamischen Systems, in der nicht die Entwicklung der Elemente, sondern die ihrer Funktionen signifikativ ist und in der die Kenntnis der synchronischen Beziehungen den Beobachtungen des diachronischen Prozesses vorausgeht.«

Syntagma aufgesogen wird, so daß jene oft beklagte ›Kopflastigkeit‹ der Messe entsteht.

Ein solcher Vorgang kann nicht mehr als Gestaltwandel innerhalb einer gleichbleibenden Grundstruktur beschrieben werden, sondern impliziert eine grundlegende Umstrukturierung und Umdeutung des gottesdienstlichen Zeichenprozesses insgesamt: Er wird nun nicht mehr mit der ›Anrede‹ Gottes an die Gemeinde bzw. der ›Erinnerung‹ an das Heilshandeln Gottes durch Verlesung der »Denkwürdigkeiten der Apostel oder der Schriften der Propheten« eröffnet, sondern durch - wie es bezeichnenderweise auch im ›Strukturpapier‹ heißt - »Anrufungen« Gottes durch die Gemeinde bzw. durch jene ›Anrede‹ an Gott, wie sie in der klassischen *oratio* der römischen Liturgie vorliegt. Es ist deutlich, daß sich in solcher Umstrukturierung zugleich ein gewandeltes Gottesdienstverständnis, womöglich gar ein gewandeltes Gottesbild ausspricht.

Noch problematischer wird die Rede von der geschichtlich gewachsenen und darum verbindlichen »elementaren Grundstruktur« da, wo sie mit der Möglichkeit rechnet, daß der syntagmatische Zusammenhang Gabenbereitung bzw. Gabenprozession - Eucharistiegebet - Kommunion aus dieser »Grundstruktur« ausgegliedert werden kann, ohne daß diese darüber zerbricht.[76] Die Wahrheit ist: Hier werden nicht die Möglichkeiten überlieferter, geschichtlich gewachsener Strukturen ausgeschöpft; hier wird vielmehr eine Neustrukturierung des gottesdienstlichen Feldes vorgenommen, die es erlaubt, so unterschiedliche *Texte* wie die unter 1. und 5. im ›Strukturpapier‹ vorgestellten Beispiele noch als Varianten eines einheitlichen Grundmusters zu begreifen.

Ein solches Vorgehen, das in gewisser Weise der »Erzeugung« einer liturgischen Welt ähnelt,[77] soll damit keineswegs verworfen werden; es ist - wie angezeigt wurde - sogar unumgänglich für das Funktionieren gottesdienstlicher Kommunikation. Nur darf es nicht mit den Kategorien geschichtlicher Kontinuität und Identität argumentieren. Vielmehr gilt es, die elementaren Regeln jener ›Sprachen‹ zu erheben, nach denen gottesdienstliche Kommunikation sich auf ihren verschiedenen Ebenen vollzieht; Regeln, wie sie auch jenen immer wieder praktizierten - und immer wieder notwendigen - Strukturierungsversuchen zugrundeliegen, auf die wir hier verwiesen haben; Regeln, die so gleichsam diese Versuche selber ›strukturieren‹ - nicht, indem sie die Teilnehmer am Kommunikationsprozeß Gottesdienst auf ein für alle Zeiten verbindliches »codifizierendes System« und eine sich in solchem System ausdrückende Deutung festlegen, sondern indem sie angeben, wie solche Systeme funktionieren und wie sie gegebenenfalls, wenn neue Situationen neu gedeutet werden müssen, auch verändert werden können.

Damit haben wir zugleich eine grundsätzliche Antwort auf die Frage formuliert, welche Funktion künftig liturgische Bücher und Instruktionen wahrnehmen können und sollen. Einige zusammenfassende Thesen sollen dies abschließend entfalten und verdeutlichen.

---

[76] Vgl. die Beispiele 2 und 5 im ›Strukturpapier‹ (s. Anm. 5) 16, 19, die ebenfalls als »Ausformungsvarianten zur Grundstruktur« vorgestellt werden.
[77] Einen Vorgang, den Roland Barthes als typisch für jede Art »strukturalistischer Tätigkeit« ansieht; vgl. G. Schiwy (s. Anm. 27) 50.

VIII. Situationsgemässe Strukturierung statt Strukturgerechter Ausformung

»Der Gottesdienst ist eine immer neu zu bewältigende Gestaltungsaufgabe, nicht ein mechanisch ablaufendes Programm.«[78] In der von uns verwendeten Terminologie hieße das: Bei der Gestaltung von Gottesdiensten geht es »nicht einfach um die Reproduktion von früheren gelungenen oder mißlungenen Kommunikationsabläufen«, sondern immer auch »um das erneute Ingangsetzen eines Prozesses mit ungewissem Ausgang, auch dann, wenn es sich um einen Kommunikationsablauf nach bewährtem Schema handelt.«[79]

Die Aufgabe, diesen Prozeß auf allen seinen Ebenen zu strukturieren, stellt sich immer wieder neu. Wenn es zutrifft, daß »strukturelle Entscheidungen immer auch theologische Erkenntnisse ausdrücken«[80] - und dies zu zeigen, haben wir uns bemüht -, dann sind Versuche, gottesdienstliches Geschehen zu strukturieren, Teil des umfassenden Prozesses theologischer Erkenntnisbildung, eines Prozesses, bei dem es ja gerade nicht um den Gewinn zeitloser, situationsunabhängiger Wahrheiten geht, sondern um die Vermittlung des Evangeliums in sehr konkrete Situationen.

Die Aufgabe, den gottesdienstlichen Kommunikationsprozeß zu strukturieren und in solcher Strukturierung bestimmte Deutungen - nicht nur des gottesdienstlichen Geschehens selbst, sondern christlicher Lebens- und Glaubenspraxis schlechthin - auszusprechen, stellt sich dann auch auf der von uns so genannten *Textebene* des Gottesdienstes. Der Hinweis auf geschichtlich gewachsene und damit ein für allemal verbindliche ›Grundstrukturen‹ kann nicht von der Aufgabe immer wieder neuer Strukturierung entbinden. Nicht die ›strukturgerechte Ausformung‹ eines vorgegebenen Grundmusters, sondern die ›regelgerechte Strukturierung‹ des gottesdienstlichen Geschehens als Vollzug symbolischer Kommunikation unter dem Evangelium,[81] das stets auf einen situativen - sozialen, kulturellen, politischen, ökonomischen - Kontext verweist, kann und muß das Ziel liturgischer Arbeit sein.

Dies ist in der Praxis nie anders gewesen. Auf die Strukturierung in ›Katechumenenmesse‹ und ›Gläubigenmesse‹, die deutlich einen solchen situativen Kontext voraussetzt, wurde schon aufmerksam gemacht. Daß der kirchliche und soziokulturelle Kontext auch bei jener Umstrukturierung des altkirchlichen Gottesdienstes eine Rolle gespielt hat, die schließlich zu dem erwähnten ›Vorbau‹ in der Messe führte - die heute unter dem Stichwort »Eröffnung« bzw. »Anrufungen« zusammengefaßten Vollzüge -, scheint ebenfalls außer Zweifel zu stehen.[82] Ähnliches dürfte auch für die mit dem Aufkommen der Privatmessen verbundenen Umstrukturierungen und die in der Reformationszeit vorgenommenen Um- bzw. Neustrukturierungen gelten.

---

[78] ›Strukturpapier‹ (s. Anm. 5) 5.
[79] Zeichen (s. Anm. 8) 12.
[80] F. Schulz (s. Anm. 3) 457.
[81] Vgl. zur Bestimmung des Gottesdienstes als Vollzug »symbolischer Kommunikation«: P. Cornehl, Gottesdienst. In: F. Klostermann/R. Zerfaß (Hg.), Praktische Theologie heute. München/Mainz 1974, 449-463, besonders 460ff; W. Jetter, Symbol und Ritual. Anthropologische Elemente im Gottesdienst. Göttingen 1978, besonders 140ff.
[82] Von der Umfunktionierung des bischöflichen Gottesdienstes zu einer Art »Staatsakt« spricht J. Wagner, Reflexionen über Funktion und Stellenwert von Introitus, Kyrie und Gloria in der Meßfeier. In: LJ 17 (1967) 40-47, hier 40.

IX. Funktions- und Bedeutungswandel überlieferter liturgischer Elemente

In diesen Prozeß, der immer wieder neu in Gang zu setzen und zu strukturieren ist, geht selbstverständlich - laufend und auf allen Ebenen! - überliefertes Material mit ein. Dies gilt auch für überlieferte syntagmatische Strukturen und Textstrukturen. Die Funktionen aber, die solche überlieferten Elemente in den neuen Zusammenhängen wahrnehmen, die Bedeutungen, die sie kodieren, können nicht einfach aus ihren vermeintlichen oder tatsächlichen Ursprungsfunktionen erschlossen werden. Noch einmal: »Einzelelemente werden nur innerhalb eines Systems richtig interpretiert.«[83] Funktion und Bedeutung liturgischer Zeichen und Zeichenkomplexe sind deshalb abhängig von ihrer Position im jeweiligen Beziehungssystem, dem sie angehören, und können nicht unabhängig von dieser Position definiert werden.

Es wäre reizvoll und wichtig, unter diesem Gesichtspunkt einmal die verschiedenen Funktionen - und Bedeutungen! - zu untersuchen, die das gottesdienstliche Credo bei seinen vielfach belegten ›Wanderungen‹ durch die Liturgie jeweils erfüllt hat und noch erfüllt. Ist es »bekräftigender Schlußpunkt des Lehrgottesdienstes«?[84] Oder »anbetender Hymnus«, der gleichsam die Funktion eines Zwischengesangs zwischen Evangelium und Predigt zu erfüllen vermag?[85] Oder »Antwort des Glaubens auf das Wort Gottes«?[86] Oder - was man für jene Liturgien vermuten darf, die das Credo vor der Kommunion bzw. vor dem Vaterunser oder unmittelbar vor dem Eucharistiegebet, im Zusammenhang mit dem Friedensgruß, rezitieren - ist es Grundlage und Ausdruck eucharistischer Gemeinschaft, »weniger ... Schlußpunkt der Vormesse denn ... Grundlage der nun beginnenden Opfermesse«?[87]

Deutlich scheint, daß die sich wandelnden Funktionen und Bedeutungen auch zu verschiedenen Vollzugsformen - zum Beispiel: vom Volk gesprochenes Credo, vom Chor gesungenes Credo, Credolied usw. - führen können, so daß, wenn sich derart nicht nur das Signifikat, sondern auch der Signifikant laufend ändert, sehr fraglich wird, ob es sich dabei überhaupt noch um die ›gleiche‹ liturgische Zeichenfunktion handelt, ob man also in allen Fällen überhaupt noch vom ›Credo‹ als einem mit sich identischen liturgischen Element reden kann und darf.[88]

Hypothetisch ist es natürlich möglich, daß kirchengeschichtlich eine Situation eintritt, die der historisch belegten Strukturierung in ›Katechumenenmesse‹ und ›Gläubigenmesse‹ zu neuer Aktualität verhilft, weil sie nämlich eine angemessene Deutung dieser Situation darstellt.[89] Solange dies nicht - oder noch nicht - der Fall ist, stößt eine solche Strukturierung ins Leere; sie wird von den Teilnehmern am gottesdienstlichen Kommunikationsprozeß nicht wahrgenommen oder - auch wenn man sie

---

[83] G. Schiwy (s. Anm. 56) 62.
[84] G. Podhradsky, Lexikon der Liturgie. Innsbruck/Wien/München 1962, 122.
[85] Chr. Mahrenholz (s. Anm. 46) 69; vgl. auch 70f.
[86] N.-M. Denis-Boulet (s. Anm. 72) 381.
[87] J. A. Jungmann (s. Anm. 29) I, 599.
[88] Hier legt sich wieder ein Vergleich mit dem linguistischen Modell nahe: Können die erwähnten Credo-Variationen noch als »fakultative Varianten (free variants)« verstanden werden, die sich, wie auf der phonologischen Ebene, »von Sprecher zu Sprecher verändern, die aber nicht die Differenz berühren, von der die Bedeutung abhängt« (U. Eco [s. Anm. 11] 62)?
[89] Vgl. J. A. Jungmann (s. Anm. 29) I, 607 Anm. 3.

im Gottesdienst selbst durch syntaktische Indikatoren anzeigt - nicht als solche gedeutet.[90]

X. AUCH EIN DEUTUNGSVERSUCH: GOTTESDIENST ALS LERNPROZESS

Auch Strukturierungsversuche, die sich auf bestimmte humanwissenschaftliche Erkenntnisse stützen und diese für die gottesdienstliche Kommunikation fruchtbar zu machen versuchen, können keine absolute, allgemeingültige Geltung für sich beanspruchen. Wir denken dabei zum Beispiel an die von Dieter Trautwein in Vorschlag gebrachte Strukturierung des »Lernprozesses Gottesdienst« in fünf Lernschritte bzw. Phasen, wobei sich freilich »Lernstufen« und »Phasen im Vollzug des Gottesdienstes« keineswegs decken: Eingangsphase, Problemlösungsphase, Reaktions- und Rekreationsphase, Antezipationsphase, Ausgangsphase.[91]

Es mag sein, daß Lerntheorien und lernpsychologische Erkenntnisse eine solche Strukturierung des liturgischen Prozesses nahelegen. Das gilt aber doch nur dann, wenn dieser Prozeß tatsächlich als »Lernprozeß« verstanden und gestaltet wird. Insofern impliziert eine solche Strukturierung nicht nur eine bestimmte Deutung des gottesdienstlichen Geschehens, sondern auch ein entsprechendes Verständnis von Kirche und Gemeinde: Gemeinde als Lerngemeinschaft, die bereit ist, selber zu lernen, das heißt, Einstellungen und Verhaltensweisen zu ändern, und so fähig wird, Lernprozesse in ihrem gesellschaftlichen Umfeld durch Transfer der im Lernraum Gottesdienst erzielten Lernergebnisse auf außergottesdienstliche Bereiche und umgekehrt anzustoßen.

Eine solche Deutung des gottesdienstlichen Geschehens mag in bestimmten gemeindlichen, kirchlichen, gesellschaftlichen Situationen angemessen, ja, geboten sein; sie läßt sich jedoch nicht verallgemeinern.[92] Gottesdienstliche Kommunikation kann nicht nur und nicht immer und nie ausschließlich als »Lernprozeß« gedeutet werden; damit entfällt der Anspruch auf absolute Gültigkeit, den eine Strukturierung in »Lernschritte« erheben könnte.

XI. DIE BEDEUTUNG DER SEMANTISCHEN UND PRAGMATISCHEN ZEICHENDIMENSION

Aus all dem ergibt sich: Die ›Einheit‹ des Gottesdienstes - und diese zielt ja auf die ›Einheit der Kirche‹ - kann nicht allein auf der Ebene liturgischer Syntaktik[93] sichergestellt werden. Genau dies aber versuchen, wie wir gesehen haben, das ›Strukturpapier‹ und vergleichbare Dokumente zu leisten: Die Identität syntagmatischer Relationen - auf der Ebene des *Textes* - soll die Identität des Gottesdienstes in seinen verschiedenen Ausformungsvarianten und damit auch die Wiederholbarkeit und Wiedererkennbarkeit des Geschehens garantieren.

---

[90] Vgl. den m. E. gescheiterten Versuch von E. Hertzsch, Die Wirklichkeit der Kirche. Kompendium der Praktischen Theologie. Erster Teil: Die Liturgie. Halle 1956, 108ff, besonders 112f, »die alte« und damit »die urchristliche Entlassung« wieder in die Liturgie der evangelischen Messe einzuführen, ohne deren Ganzheit zu zerstören.
[91] D. Trautwein, Lernprozeß Gottesdienst. Ein Arbeitsbuch unter besonderer Berücksichtigung der ›Gottesdienste in neuer Gestalt‹. Gelnhausen/Berlin/München 1972, besonders 77, 125.
[92] Vgl. K. Meyer zu Uptrup, Gottesdienst - ein Lernprozeß? In: WPKG 64 (1975) 13-27.
[93] Vgl. R. Volp (s. Anm. 9) 30ff, besonders 33.

In der Tat: In der »Wiedererkennbarkeit«[94] liegt, so könnte man sagen, die eigentlich kommunikative Leistung syntagmatischer Relationen. Ich kann zum Beispiel einen Straßenzug selbst dann ›wiedererkennen‹, wenn das eine oder andere Element auf der paradigmatischen Ebene ausgetauscht wurde - ein Krankenhaus etwa gegen ein Bankgebäude -, vorausgesetzt, die Reihenfolge der einzelnen Gebäude blieb ansonsten unverändert und der Austausch vollzog sich innerhalb eines bestimmten Paradigmas (hier das Paradigma ›öffentliches Gebäude‹). Insofern erleichtern mir syntagmatische Relationen die ›Orientierung‹ - und dies gewiß nicht nur im Straßennetz einer Großstadt. Sie besitzen eine unzweifelhafte Bedeutung für die Lenkung der Aufmerksamkeit des Rezipienten, für die »Fokuslenkung«, wie die Semiotiker sagen.[95]

Aber: Garantieren syntagmatische Relationen wirklich die ›Identität‹ einer Zeichenkette, eines *Textes*? Daß hier die semantische und die pragmatische Zeichendimension mit ins Spiel kommen, zeigt das gewählte Beispiel: Die Straße war für mich bedeutsam, weil sich dort ein Krankenhaus befand, das ich regelmäßig aufsuchen mußte. In dem Augenblick, wo ich das gesuchte Gebäude dort nicht mehr finde, verliert die Straße für mich jede praktische Bedeutung; ihre Funktion - und das heißt auch, ihre für mich bedeutsame ›Identität‹ - überträgt sich auf einen neuen Bereich, in dem sich ›mein Krankenhaus‹ und damit ›meine Straße‹ nun befinden.

Das heißt: Bei der Feststellung der Identität von *Texten* kann man insbesondere von der pragmatischen Zeichendimension nicht absehen. *Texte* in dem von uns hier bezeichneten Sinne sind *per definitionem* »Zeichenverwendungen in bestimmten Situationen«,[96] und ihre Identität für die Textbenutzer - und nur diese ist hier von Interesse - hängt wesentlich von den Bedeutungen ab, die sie in einer bestimmten Situation zu realisieren vermögen.

Ein Beispiel aus dem gottesdienstlichen Bereich: Ich besuche nach langer Zeit wieder einen Gottesdienst an meinem Heimatort. Dieser Gottesdienst wird, so stelle ich fest, abgesehen von einigen paradigmatischen Änderungen (anderer Pastor!), noch genauso abgewickelt wie vor dreißig Jahren. Trotzdem erkenne ich in dem Geschehen nicht ›meinen‹ - mich damals sehr beeindruckenden - Gottesdienst wieder. Der Grund: Meine Situation und die mit dieser Situation verbundenen Erwartungen und Bedürfnisse haben sich geändert; so ergibt sich für mich nicht eine Identität zwischen dem Gottesdienst damals und seinem getreulich reproduzierten Abbild heute, sondern ich stelle eine derartige Identitätsbeziehung womöglich zu einem syntagmatisch und paradigmatisch ganz anders strukturierten Gottesdienstgeschehen her, das meiner Situation heute entspricht

Auf Versuche, insbesondere die pragmatische Dimension in liturgischen Büchern, Instruktionen, Arbeitshilfen zu berücksichtigen, wurde bereits verwiesen: Gottesdienste für Kinder, für kleine Gruppen, Kleinstgemeinden usw. In künftigen liturgischen Büchern wird dieser Gesichtspunkt eine noch stärkere Rolle spielen müssen. Gänzlich ungeklärt ist freilich noch, welche Bedeutung dabei der ›Wiedererkennbarkeit‹ gottesdienstlicher Abläufe mittels syntagmatischer Relationen tatsächlich zukommt. Wenn es zutrifft, daß eine »Untersuchung von Zeichen nur im Kontext des Gebrauchs, im Zusammenhang mit ihren Benutzern« sinnvoll ist,[97] dann kann auch die Identität

---

[94] Vgl. F. Schulz (s. Anm. 3) 465.
[95] Vgl. Zeichen (s. Anm. 8) 44ff; W. Nöth (s. Anm. 9) 49ff, 53ff, 57.
[96] J. Trabant (s. Anm. 9) 44.
[97] Ebd. 46f.

gottesdienstlichen Handelns nicht unabhängig vom konkreten Gebrauch und der sich in solchem Gebrauch einstellenden, verhaltensbestimmenden Wirkungen festgehalten werden. Mit anderen Worten: *Ortholatrie* kann nie losgelöst von *Orthopraxie* konstatiert und realisiert werden.

XII. DIE SEMANTISCHE DIMENSION: DEUTUNGEN GOTTESDIENSTLICHER KOMMUNIKATION

Die semantische Dimension kommt da in besonderer Weise ins Spiel, wo es um die globalen Deutungen gottesdienstlicher Kommunikation geht, wie sie sich in spezifischen Strukturierungen auf der *Textebene* ausdrücken. Wir plädieren für eine Vielfalt solcher Deutungen, die auch in den liturgischen Büchern ihren Niederschlag finden sollte: Warum könnte nicht Gottesdienst einmal als ›Verkündigungsgeschehen‹ - so nach wie vor die globale Deutung, die sich zum Beispiel aus dem ›Strukturpapier‹ erschließen läßt -, ein andermal als ›Lernprozeß‹, ein weiteres Mal als ›Bestätigungssituation‹,[98] ein viertes Mal als ›Fest‹, ein fünftes Mal als ›Aktion‹ strukturiert und gedeutet werden? Mit dieser Aufzählung sind die Möglichkeiten heute aktueller globaler Deutungen gewiß nicht erschöpft. Aufgabe liturgischer Bücher und Arbeitshilfen könnte es sein, statt einheitlich eine verbindliche ›Struktur‹ und eine sich darin aussprechende globale Deutung vorzuschreiben, verschiedene Strukturierungsmöglichkeiten aufzuzeigen und so die *Textregeln* zu formulieren, die jeweils zu beachten sind, wenn Gottesdienste als ›Fest‹, ›Aktion‹, ›Lernprozeß‹, ›Evangelisation‹ usw. gestaltet werden sollen. Dabei wären die Benutzer solcher Regeln vor allem auf die Differenz zwischen »Textoberflächenstruktur« und »Texttiefenstruktur« aufmerksam zu machen.[99] Nicht jedes Geschehen, in dem Appelle an die Lernbereitschaft der Beteiligten dominieren, ist auch wirklich ein ›Lernprozeß‹, und nicht jeder Gottesdienst, in dem von Freude und Hoffnung die Rede ist, gerät auch wirklich zum Fest.

XIII. VON DER MÖGLICHKEIT GRUPPENÜBERSCHREITENDER PARTIZIPATION

Mit all dem soll nicht bestritten werden, daß Zeichen, Zeichenketten, Textstrukturen »Wiederholung brauchen, sollen sie sich einbürgern.«[100] Das ist ja der Sinn eines jeden Kodes und damit auch der Sinn künftiger liturgischer Bücher, die wir uns als Zeichenvorräte der beschriebenen Art vorstellen: Sie sollen Kommunikation - und das heißt in unserem Falle: gemeinschaftliches liturgisches Handeln - ermöglichen, indem sie ein Repertoire an Zeichenelementen und Verknüpfungsregeln bereitstellen, das in einem möglichst großen Umfang - zu einer völligen Übereinstimmung der individuellen Zeichenvorräte kommt es in zwischenmenschlicher Kommunikation nie[101] - allen an der Kommunikation Beteiligten geläufig ist.

---

[98] Vgl. M. Josuttis, Praxis des Evangeliums zwischen Politik und Religion. Grundprobleme der Praktischen Theologie. München 1974, 161ff, 187 u. ö.
[99] Vgl. W. Nöth (s. Anm. 9) 83, 86f.
[100] Zeichen (s. Anm. 8) 34.
[101] Auch hier erweist sich das linguistische Modell als hilfreich: Jeder Sprachteilnehmer partizipiert nicht nur an einem »Soziolekt«, dem »Sprachbesitz, der einer kleineren Gruppe gemeinsam ist« (H. Glinz, Sprechen und Sprache. In: Sprache und Sprechen 2 [1969] 3-28, hier 12), sondern verfügt auch über seinen spezifischen »Idiolekt« als »Sprache eines ganz bestimmten einzelnen, in die alle persönlichen Erfahrungen dieses einzelnen eingegangen sind« (ebd. 17). Vgl. auch Zeichen (s. Anm. 8) 112f u. ö.

Hier wird die Problematik, aber auch die eigentliche Aufgabe künftiger liturgischer Bücher deutlich: Sie müssen einerseits die Formulierung sehr verschiedener gottesdienstlicher *Texte* ermöglichen - das heißt, eine wirklich auf den jeweiligen Kontext, auf die jeweilige Situation und auf die jeweils in dieser Situation intendierte globale Deutung bezogene, freie Produktion verschiedener ›Liturgien‹. Sie müssen andererseits, so gut das immer angesichts der eingangs beschriebenen Pluralität der Situationen geschehen kann, Gemeinsamkeit in der symbolischen Kommunikation christlichen Glaubens auch über die Grenzen der jeweiligen Gruppen, Gemeinden, sozialen und altersspezifischen Schichten, konfessionellen Gliederungen und kulturellen Stile hinaus möglich machen.

Mit solchen Möglichkeiten gruppenüberschreitender Kommunikation ist freilich etwas anderes gemeint als jene immer wieder beschworene ›Einheit‹ kirchlichen Gottesdienstes, die ihren Ausdruck in gemeinsamen Texten und Strukturen finden soll. Es geht um nicht mehr und nicht weniger als um die Möglichkeit gegenseitigen Verstehens, wechselseitiger Partizipation - so wie Angehörige verschiedener Sprachgemeinschaften ja auch nicht unbedingt eine ›Einheitssprache‹ schaffen müssen, um miteinander sprechen zu können; es genügt, wenn einer die Sprache des anderen lernt, sie verstehen und sich in ihr ausdrücken kann.

Wie können künftige liturgische Bücher beides leisten - die Formulierung immer wieder neuer *Texte* für spezifische Verwendungssituationen und die Ermöglichung von Kommunikation auch über situationsspezifische Zeichenprozesse hinaus? Sicher nicht so, daß sie zum Leitbild einer ›Einheitsliturgie‹ zurückkehren und eine bestimmte Zeichenfolge für alle Situationen bindend vorschreiben. Aber wohl auch nicht in der Weise, daß sie auf einer relativ abstrakten Ebene bestimmte Strukturierungen bzw. globale Deutungen verbindlich machen, die Ausfüllung des vorgegebenen Rahmens jedoch anderen überlassen - wobei womöglich *beides* verlorengehen kann: die Möglichkeit zur situationsgerechten Formulierung verschiedener *Texte* ebenso wie die Chance zur Kommunikation über Gruppengrenzen hinweg.

Es kann wohl nicht anders geschehen, als daß sie, wie andere Kodes auch, auf den verschiedenen Ebenen zunächst ein begrenztes und damit erlernbares Repertoire an Zeichenelementen und Verknüpfungsregeln bereitstellen, das jedoch eine große Zahl von Kombinationen und damit eine umfangreiche Produktion liturgischer Syntagmen und *Texte* ermöglicht. Vor allem wird es jedoch darauf ankommen, daß sie in all dem die semiotische und kommunikative Kompetenz der Beteiligten, einschließlich ihrer Fähigkeit, auch ›fremde Sprachen‹ zu erlernen, nicht hemmen, sondern wecken und fördern.

Wir verstehen solche Kodes also nicht als starre Systeme, die sich jeder Veränderung verschließen; wir rechnen vielmehr damit, daß der, der einen solchen Kode ›erlernt‹ und in gottesdienstlichen Zeichenprozessen benutzt, damit zugleich die Fähigkeit erwirbt, ihn zu erweitern, ihm neue Zeichenelemente zuzuführen, die Regeln fortzuschreiben und zu verändern. Gut wäre es, wenn die hier vorgeschlagenen künftigen liturgischen Bücher auch Anleitungen enthielten, wie man neue Kodes entdecken und neue Kommunikationsmodalitäten erzeugen kann.[102]

---

[102] Vgl. U. Eco (s. Anm. 11) 382; wir machen damit deutlich, daß wir bei aller Sympathie für strukturale Methoden uns zugleich von bestimmten Implikationen eines im engeren Sinne »strukturalistischen Denkens« abgrenzen. Vgl. ebd. 359ff; G. Schiwy (s. Anm. 56) 99ff; ders. (s. Anm. 27) 91ff; ders. (s. Anm. 73) 184ff.

Daß das Wort im Schwang gehe
Lutherischer Gottesdienst als Überlieferungs- und Zeichenprozeß

I.

Pfingsten 1523 erscheint Luthers kleine Schrift *Von ordenung gottis diensts ynn der gemeine*[1]. Der in mancher Hinsicht bemerkenswerte Text enthält noch keine ausgeführte Gottesdienstordnung, sondern stellt einige allgemeine Regeln für die Gestaltung des gottesdienstlichen Lebens in den evangelischen Gemeinden auf. Die Auseinandersetzung mit der bisherigen Praxis erfolgt dabei mittels einer dreifachen Antithese:

Drey grosse mißbreuch sind ynn den gottis dienst gefallen / Der erst / das man gottis wort geschwygen hat / vnd alleyne geleßen / vnd gesungen ynn den kirchen / das ist der ergiste mißbrauch / Der ander / da Gottis wort geschwygen gewesen ist / sind neben eyn komen / so viel vnchristlicher fabeln / vnd lugen / beyde ynn legenden / gesange vnd predigen / das greulich ist tzu sehen. Der dritte / das man solchen gottis dienst / als eyn werck than hatt / da mit gottis gnade vnd selickeyt tzu werben / da ist der glaub vntergangen / vnd hatt yderman zu kirchen geben / stifften / pfaff / munch vnd nonnen werden wollen.

Eine erste Beobachtung: Der Schlüssel zum Verständnis dieser Textpassage ist offenbar das – hier noch getrennt geschriebene – Kompositum *gottis wort*. Der Begriff kehrt in allen drei Verwerfungen wieder, wenn auch in der dritten substituiert durch die Phrase *solchen gottis dienst*. Er bildet jeweils den positiven Pol, zu dem die beschriebenen Mißbräuche in Opposition stehen. Wir sehen zunächst von allem ab, was wir aus anderen Quellen über die Bedeutung der Formel *gottis wort* bei Luther wissen oder zu wissen meinen, und versuchen, den Text für sich sprechen zu lassen:

1. *das man gottis wort geschwygen hat / vnd alleyne geleßen / vnd gesungen ynn den kirchen.* Was Luther hier meint, scheint deutlich: Er hat die überlieferten Lesungen und Gesänge vor allem der Tagzeitengottesdienste, aber wohl auch des Meßgottesdienstes im Blick. Daß solche Lesungen und Gesänge zu einem beträchtlichen Teil biblisches Material reproduzieren, hindert ihn nicht daran, ihnen die Qualifikation als *gottis wort* zu verweigern. Das ist um so bemerkenswerter, als der sprachgeschichtliche Befund das Kompositum *gottis wort* im mittelalterlichen Sprachgebrauch geradezu als Terminus technicus für die gottesdienstlichen Schriftlesungen, insbesondere für das Evangelium ausweist.[2] Der Gegensatz wird dadurch verschärft, daß Luther wenig später solches liturgische Tun als *loren vnd dohnen* (heulen und lärmen) disqualifiziert[3] und von der bisherigen Lesepraxis im Stundengebet sagt, man habe damit *nur die wende* ...

---

[1] WA 12, 35-37. Das Zitat findet sich WA 12, 35, 10-18. In der Schreibweise und Zeichensetzung folge ich in der Regel BoA ⁵2, 424-426. Zur Einführung vgl. A. Niebergall, Art. Agende. In: TRE 1 (1977) 755-784; 2 (1978) 1-91, hier besonders 6; F. Schulz, Der Gottesdienst bei Luther. In: H. Junghans (Hg.), Leben und Werk Martin Luthers von 1526 bis 1546. Berlin 1983, I, 297-302; II, 811-825; H.-Chr. Drömann, Das Abendmahl nach den Ordnungen Martin Luthers. In: I. Pahl (Hg.), Coena Domini I. Die Abendmahlsliturgie der Reformationskirchen im 16./17. Jahrhundert. Freiburg/Schweiz 1983, 25-47.
[2] H. Goertz, Deutsche Begriffe der Liturgie im Zeitalter der Reformation. Untersuchungen zum religiösen Wortschatz zwischen 1450 und 1530. Berlin 1977, 119, 293, 389.
[3] WA 12, 37, 28.

angeblehet[4]: Lesungen, Gesänge und Gebete als Zeichengestalten ohne Botschaft, als »semantisches Geräusch«[5].

2. *da Gottis wort geschwygen gewesen ist / sind neben eyn komen / so viel vnchristlicher fabeln / vnd lugen / beyde ynn legenden / gesange vnd predigen*. Zwar glauben wir zu wissen, worauf Luther hinauswill: Umfang und Gewicht der Schriftlesungen in den Tagzeitengottesdiensten (Mette und Vesper) sollen vermehrt werden; am Morgen soll fortlaufend aus dem Alten Testament (*Moses vnd die Historien*), in den Vespergottesdiensten aus dem Alten Testament (*nemlich die Propheten*) oder aus dem Neuen Testament gelesen werden. Und: In den liturgischen Ablauf soll ein neues Element - in Gestalt der obligatorischen Schriftauslegung - hineingeschrieben werden (*das die Christlich gemeyne nymer soll zu samen komen / es werde denn da selbs Gottis wort geprediget vnd gebett / es sey auch auffs kurtzist ... Vnd wo dis nicht geschicht / so ist die gemeyne der lectiō nichts gebessert / wie bis her ynn klostern vnd stifften geschehen / da sie nur die wende haben angeblehet*). Lesungen ohne Auslegung gelten ihm als *zungen reden* (nach 1 Kor 14,26), das auf das *aus legen odder weyssagen / vnd mit dem synn odder verstand reden* angewiesen ist.

Doch der Sachverhalt ist noch komplizierter: Luther bezieht ja bislang gebräuchliche, ihm durchaus vertraute Formen gottesdienstlicher und außergottesdienstlicher Predigt offenbar in seine Verwerfung ein. Seine Kritik richtet sich gegen den Gehalt solcher Verkündigung, womöglich auch gegen die Art und Weise, wie man in ihr mit dem Schriftwort umgeht: *fabeln vnd lugen* werden gepredigt und gesungen (vermutlich spielt er hier vor allem auf die Heiligenlegenden an, die Gegenstand der von ihm verworfenen Predigt sind und ihr homiletisches Material liefern[6]). Es geht also nicht nur und nicht einmal in erster Linie um Defizite auf der Ebene des liturgischen Ablaufs, die durch einen schlichten Eingriff in den syntagmatischen Zusammenhang des Gottesdienstes zu beheben wären. Es geht auch und vor allem um Defizite auf der Ebene der Bedeutungen: Es gibt Lügenliturgien und Lügenpredigten, in denen *gottis wort geschwygen* wird, auch wenn sie auf der syntaktischen Ebene allen Anforderungen genügen mögen. Das »semantische Geräusch«, das sie erzeugen, gerät - so meint Luther offenbar - zur Quelle und zum Haftpunkt falscher, irreführender Botschaften.

3. *das man solchen gottis dienst / als eyn werck than hatt / da mit gottis gnade vnd selickeyt zu werben / da ist der glaub vntergangen*: Mit dieser dritten Antithese kommt zugleich eine dritte Ebene ins Spiel. Der Gegensatz, der nun aufbricht, wird nicht auf der Ebene des liturgischen Ablaufs ausgetragen, auch nicht eigentlich auf der Ebene der Bedeutungen, sondern auf der Ebene des Verhaltens, des Tuns, des Bewirkens. *Gottis wort* - so will Luther sagen - darf nicht als *werck* verstanden und gebraucht werden, das auf Gott hin getan (*than*) wird, um Heil zu erwerben. Der Gegenbegriff zu *werck* ist *glaub*: nicht primär ein Tun, ein Verhalten, sondern eine Haltung, die allem Handeln vorausliegt. Gottgewirkte Innen-Seite aller christlichen Praxis. Einstellung, die auch über Sinn und Wirkung liturgisch-homiletischer Vollzüge entscheidet: Als *werck* getan, geraten diese Vollzüge gleichsam zum pragmatischen

---

[4] WA 12, 36, 2.

[5] Vgl. R. Fleischer, Zeichen, Symbol und Transzendenz. In: R. Volp (Hg.), Zeichen. Semiotik in Theologie und Gottesdienst. München/Mainz 1982, 169-192, hier 186f.

[6] Denkbar ist auch, daß Luther hier eine durch falsche Prinzipien geleitete willkürliche Schriftauslegung im Blick hat; vgl. G. Ebeling, Evangelische Evangelienauslegung. Eine Untersuchung zu Luthers Hermeneutik. München 1942, 48f u. ö.

Geräusch. Sie verfehlen ihren Adressaten: Gott läßt sich nicht im liturgisch-homiletischen Handlungsspiel vergegenständlichen. Sie verfehlen zugleich die erhofften heilsamen Wirkungen: Als solchermaßen gegenstandslose Handlungen verstärken sie Unheil und Trennung, statt sie zu überwinden. Strömte auf der semantischen Ebene eine Fülle falscher, irreführender Bedeutungen in die liturgischen Handlungsabläufe ein, so kommt es auf der pragmatischen Ebene zu allerhand heillosen, destruktiven Wirkungen.

Wir fassen zusammen: Luther möchte erreichen, *das das wort ym schwang gehe / vnd nicht widderumb eyn loren vnd dohnen draus werde*. Doch das so bezeichnete *wort* kann offenbar nicht ohne weiteres identifiziert werden mit einem bestimmten Element im liturgischen Ablauf. Das bedeutet: Die angestrebte Erneuerung des Gottesdienstes kann kaum allein durch Umstrukturierungen auf der syntaktischen Ebene - durch Streichung bzw. Umkodierung überlieferter Zeichen und Zeichenkomplexe, durch Einfügung neuer Elemente - erreicht werden. Aber auch die semantische Ebene, die Ebene der Bedeutungen, wird überschritten: Es geht nicht nur darum, den überlieferten Zusammenhang neu zu interpretieren, den überlieferten Zeichengestalten neue Bedeutungen zuzuweisen bzw. ihre eigentlichen, ursprünglichen Bedeutungen aufzudecken. Man gewinnt vielmehr den Eindruck, daß hier gleichsam das Vorzeichen vor jener Klammer verändert wird, die die überlieferten liturgisch-homiletischen Handlungsspiele einschließt. Das hat zur Folge, daß gleichermaßen die syntaktische, die semantische und die pragmatische Dimension des Gottesdienstes hiervon betroffen werden, ohne daß sich doch der Vorgang aus solchen Veränderungen innerhalb der Klammer erklären oder ableiten ließe.

Mit anderen Worten: Luthers Gottesdienstreform schließt durchaus Eingriffe in das Gefüge des mittelalterlichen Gottesdienstes ein. Wir denken dabei besonders an die Streichung der Offertorial- und Kanongebete. In diesem Zusammenhang kommt es auch zu einer Neuinterpretation überlieferter Vollzüge: Wenn Luther die Wandlungsworte der Messe als Verheißungsworte versteht, die auf den Glauben der Teilnehmer zielen,[7] als *summa et com- pendium Euangelii*,[8] so weist er ihnen damit einen neuen Zeichenwert und eine neue Zeichenfunktion zu, trifft also eine Bestimmung, die sich auf der semantischen Ebene auswirkt. Daß seine Gottesdienstreform schließlich auch Auswirkungen auf das Verhalten im Gottesdienst und das Verhältnis zum Gottesdienst hat - bis hin zum Zusammenbruch des mit der mittelalterlichen Meßpraxis verbundenen ökonomischen Systems -, kann kaum bestritten werden. All diese Vorgänge auf der syntaktischen, semantischen und pragmatischen Ebene weisen jedoch über sich hinaus auf eine ihnen vorgeordnete Bestimmung. Im mathematischen Bilde gesprochen: Die Veränderung des Zeichens vor der Klammer führt zu einer Veränderung aller Werte und Beziehungen in der Klammer selbst. Der semantische Raum des Gottesdienstes ordnet sich neu. Es bilden sich neue semantische Achsen. Es entsteht ein verändertes System von Bedeutungspositionen und -oppositionen. Nach Auskunft unseres Textes kommt dabei der Formel *gottis wort* eine Schlüsselstellung zu: *Gottis wort* hat zunächst seinen bestimmten Zeichenwert durchaus innerhalb des überlieferten liturgisch-homiletischen Systems und seiner Semantik. Es denotiert hier - wie wir gesehen haben - die Schriftlesungen, insbesondere das Evangelium; und es konnotiert zugleich die besondere

---

[7] Vgl. WA 6, 360, 21-24, 29-30; 361, 7-11 *(Ein Sermon von dem neuen Testament, das ist von der heiligen Messe*, 1520).
[8] WA 6, 525, 36 *(De captivitate Babylonica ecclesiae praeludium*, 1520).

theologische Qualität, die diesem gottesdienstlichen Vollzug eignet. Luther freilich gebraucht die Formel, um mit ihrer Hilfe das überlieferte System aufzubrechen und die Werte und Bedeutungen innerhalb des liturgisch-homiletischen Handlungsspiels neu zu ordnen. Die Formel wird zum Vorzeichen vor der Klammer, zur Meta-Regel, mit deren Hilfe der übergeordnete theologische Kode (und, wie noch zu zeigen sein wird, der mit diesem verbundene kulturelle Kode) in den liturgischen Kode hineinregiert und nach Maßgabe seiner übergeordneten Regeln von seinem Inventar Gebrauch macht.

Relativ bescheiden muten nach all dem die Änderungen an, die Luther unter Berufung auf jene Meta-Regel in seiner liturgischen Frühschrift tatsächlich an den überlieferten Zeichenfolgen vornimmt: Er ordnet die täglichen Gottesdienste neu, legt dabei aber im großen und ganzen die traditionelle Struktur der Tagzeitengottesdienste zugrunde. Zum Sonntagsgottesdienst heißt es: *Das gesenge ynn den sontags messen vnd vesper las man bleyben / denn sie sind fast gutt / vnd aus der schrifft getzogen.*[9] Das mutet merkwürdig an; ist doch in anderem Zusammenhang - wie wir gesehen haben - gar von *loren vnd dohnen* bzw. vom ›*Anblehen*‹ der Wände im Blick auf solche Lesungen und Gesänge die Rede. Offenbar genügt jenes veränderte Vorzeichen vor der Klammer - das freilich eine sachgemäße Auslegung der Texte im Vollzug selber zur Pflicht macht -, um den *ergisten mißbrauch* wieder in den rechten Gebrauch zu überführen. Es wird ganz deutlich, daß Luthers Verwerfungen sich nicht gegen die überlieferten Zeichengestalten als solche richten, sondern ihre Bedeutung bzw. Nicht-Bedeutung (man muß ergänzen: ihre Wirkung bzw. Nicht-Wirkung) in einer bestimmten Kommunikationssituation betreffen. Solche Bedeutungen und Wirkungen sind keineswegs in der Weise unveränderlicher Eigenschaften mit den jeweiligen Zeichengestalten - den Texten, den Melodien, den Handlungsvollzügen - verbunden, so daß mit dem *loren vnd dohnen* zugleich die Gesänge, die Lesungen, die Gebete zu verwerfen wären. Wo unter neuem Vorzeichen den liturgischen Zeichengestalten neue Bedeutungen zuwachsen, sind offenbar auch neue Wirkungen von ihnen zu erwarten.

Ein Blick in Luthers spätere gottesdienstliche Formulare - die *Formula Missae* von 1523, die *Deutsche Messe* von 1526[10] - bestätigt im großen und ganzen diese Beobachtungen. Aufschlußreicher ist jedoch noch die tatsächliche gottesdienstliche Praxis in Wittenberg, der wir uns im folgenden zuwenden wollen.

II.

Im Mai 1536 reist Wolfgang Musculus aus Augsburg zu den Konkordienverhandlungen nach Wittenberg. In seinem Itinerar[11] berichtet er unter anderem über die Gottesdienste, die er in Eisenach und in Wittenberg erlebt. Am ausführlichsten schildert er den Gottesdienst vom Sonntag Exaudi, dem 28. Mai 1536, in der Wittenberger Stadt- und Pfarrkirche. »Um sieben Uhr«, so berichtet Musculus, »gingen wir wieder in die Pfarrkirche und sahen nun, nach welchem Ritus man die Liturgie feiere. Nämlich nach diesem

---

[9] WA 12, 37, 10-11.
[10] WA 12, 205-220; WA 19, 72-113.
[11] Itinerarium Conventus Isnachii, 1536. Text bei Th. Kolde, Analecta Lutherana. Gotha 1883, 216-230; W. Herbst (Hg.), Quellen zur Geschichte des evangelischen Gottesdienstes von der Reformation bis zur Gegenwart. Göttingen 1968, 71-77; im Auszug auch bei: A. Boës, Die reformatorischen Gottesdienste in der Wittenberger Pfarrkirche von 1523 an und die »Ordenung der gesenge der Wittembergischen Kirchen« von 1543/44. In: JLH 4 (1958/59) 1-40; 6 (1961) 49-61; hier 4 (1958/59) 4-11.

Ritus: Zuerst wurde auf der Orgel der Introitus gespielt, indem der Chor lateinisch dazwischen sang, nach Art der Meßgläubigen (= Katholiken), und unterdessen zog der Offiziator aus der Sakristei, gekleidet wie zum Meßopfer, beugte die Knie vor dem Altar und betete mit dem ihn begleitenden Küster so das Konfiteor; nach dem Konfiteor stieg er zum Altare hinauf zum Buche (= Meßbuche), das nach päpstlicher Sitte auf der rechten Seite stand.«[12] Musculus erlebt einen über weite Strecken lateinischen Gottesdienst, der sich in seinen verschiedenen Subkodes - den Untergliederungen des liturgischen Kode - offenbar nur wenig von der mittelalterlichen Messe unterscheidet:

1. Übereinstimmung besteht im Kleiderkode; der Liturg ist *sacrificaliter indutus*, gekleidet wie zum Meßopfer. Zur Kommunion assistiert dann ein Geistlicher in bürgerlicher Tracht; man wird an einen Gelehrten- bzw. Predigertalar zu denken haben.

2. Im Bereich des kinetischen Subkode, der die Gesten und Haltungen des Liturgen festlegt, wie des hodologischen Subkode, der seine Stellungen bzw. Bewegungen im Raum regelt, scheinen ebenfalls kaum Umkodierungen stattgefunden zu haben; das gleiche gilt für den Bereich der Proxemik: Der Liturg kniet vor dem Altar nieder, steigt dann die Altarstufen hinauf, tritt an die rechte Seite des Altars, die sogenannte Epistelseite, stimmt das Gloria an, vollzieht Salutatio und Kollektengebet, singt die Epistel und dann - auf der linken, der Evangelienseite - das Evangelium *ut solent Pontifici*, wie bei den Päpstlichen üblich. Beim Gesang des Vaterunsers und der Einsetzungsworte wendet er den Rücken der Gemeinde zu, was Musculus ausdrücklich vermerkt; zu den Einsetzungsworten wird jeweils eine Klingel geläutet (akustischer Subkode!) und die Elevation, der überlieferte Zeigegestus, geübt.

3. Übereinstimmungen sind Musculus auch im Bereich des musikalischen Subkode aufgefallen; die Eröffnungsgesänge werden *more sacrificorum*, nach Art der Messe bzw. der Meßgläubigen, ausgeführt. Deutsche Lieder werden vom Chor nach der Epistellesung (*Herr Gott vatter wohn uns bey etc.*), nach dem Evangelium (*wir glauben all an eynen Gott*) und zur Kommunion (*Jesus Christus etc., Gott sey gelobet etc.*) gesungen; Gemeindegesang findet offenbar gar nicht statt; selbstverständlich ist dagegen der Altargesang des Liturgen.

4. Im Bereich des verbalen Subkode dominiert das Latein; auch Kollektengebet, Epistel und Evangelium werden lateinisch gesungen. Um so deutlicher fällt die Umkodierung ins Auge, die im Abendmahlsteil vorgenommen wurde: Vaterunser und Einsetzungsworte, auch Schlußkollekte und Segen werden deutsch gesungen. Die Predigt, die Bucer hält, wird von Musculus nur kurz erwähnt.

5. Die genannte Umkodierung im Bereich des verbalen Subkode - der Sprach-Bruch an der Schwelle zum Abendmahlsteil - weist zugleich auf die eigentlich entscheidende Umstrukturierung auf syntaktischer Ebene hin, die die Wittenberger in ihrem Gottesdienst vorgenommen haben: Nach der Predigt, dem lateinischen *Da pacem* und einem lateinischen Kollektengebet folgen unmittelbar Vaterunser und Einsetzungsworte. Die Kommunion schließt sich ohne weiteren Verzug an. Das heißt: Offertorium und Kanon der Messe sind gefallen. Das Meßopfer wird nicht mehr vollzogen. Leib und Blut des Herrn werden nicht dargebracht. An die Stelle solchen Vollzugs tritt eine neue, eine andere Handlung: die Gemeindekommunion, die im Spätmittelalter keineswegs mehr - wie noch zu zeigen sein wird - zum regulären Bestand der Meßliturgie ge-

---

[12] In der deutschen Übersetzung folge ich hier L. Fendt, Der lutherische Gottesdienst des 16. Jahrhunderts. Sein Werden und sein Wachsen. München 1923, 192.

hörte, sondern vielfach außerhalb der Messe nach einer eigenen Ordnung gefeiert wurde. Soviel ist deutlich: Hier wird nicht einfach zusammengestrichen und umgestellt. Und es ist auch nicht richtig, wenn immer wieder gesagt wird, Luther habe vom überlieferten Kanon nur die Einsetzungsworte übriggelassen - so, als ob er sich sonst auch hier an die überlieferte Struktur gehalten habe. Man muß vielmehr erkennen, daß hier ein ganzer Handlungskomplex durch einen anderen ersetzt wird:[13] Geblieben ist das überlieferte Gehäuse der Messe; das hat Musculus sehr deutlich gesehen. In dieses Gehäuse ist jedoch ein neuer Handlungskern eingefügt worden, der notwendig den Richtungssinn des gesamten Vorgangs verändert. Hier wird nicht einfach ein überliefertes liturgisches Syntagma durch einen Austausch von Zeichenelementen auf paradigmatischer Ebene umgeschrieben. Hier wird vielmehr ein gänzlich neuer Satz in den alten Text eingefügt und somit letztlich auch ein neuer gottesdienstlicher Gesamttext konstituiert.[14]

Der Sinn solcher Umstrukturierung ist deutlich: Einsetzungsworte und Abendmahlsempfang, Konsekration und Kommunion werden so dicht aneinandergerückt, daß sie zu einem einzigen Akt verschmelzen. Überdeutlich kommt solche Absicht in Luthers *Deutscher Messe* zum Ausdruck, wo beide auch strukturell ineinander verflochten werden: *Es dunckt mich aber / das es dem abendmal gemes sey / so man flux auff die consecration des brods / das sacrament reyche vnd gebe / ehe man den kilch segenet.*[15] Das heißt: Die Abendmahlshandlung gewinnt ihren Gehalt aus dem Wort der Verheißung, wie es sich in den Worten der Einsetzung gleichsam verdichtet; und die Kommunion ist eine Gestalt dieses Wortes, das Siegel, das das Wort der Verheißung in sinnenfälliger Weise bekräftigt *zu mehrer sicherung oder sterck vnßers glaubens.*[16] Wir spüren, wie an dieser Stelle jenes Vorzeichen vor der Klammer, jene umfassendere theologische Meta-Regel, zu sehr weitreichenden Umstrukturierungen des liturgischen

---

[13] ›Messe‹ bezeichnet im Sprachgebrauch der Reformatoren wie im zeitgenössischen Sprachgebrauch überhaupt oftmals gar nicht die gesamte gottesdienstliche Handlung, sondern nur jenen Handlungskern, insbesondere den Einsetzungsbericht. Kaspar Kantz, dem wir wohl das früheste reformatorische Meßformular verdanken, fügt nach der Präfation die Bemerkung ein: *Nun hebt sich erst die evangelisch meß an* (vgl. W. Herbst [s. Anm. 11] 12). In der Straßburger Deutschen Messe von 1524 heißt es vor dem Einsetzungsbericht: *Anfang der rechten, waren Meß;* und unmittelbar danach: *Ende der Meß oder des nachtmals Christi* (vgl. H. B. Meyer, Luther und die Messe. Eine liturgiewissenschaftliche Untersuchung über das Verhältnis Luthers zum Meßwesen des späten Mittelalters. Paderborn 1965, 174 Anm. 10). Wenzeslaus Link schreibt 1523 über die Verba Testamenti: *In disen worten allaine steet die messe; das ander alles ist von menschen hynzu gesatzt.* Vgl. A. Niebergall (s. Anm. 1) 1, 782; auch L. Fendt (s. Anm. 12) 83: »Messe ist diesen Männern zuvörderst die Nennung der Einsetzungsworte und ihr gläubiges Anhören.«

[14] So stellt auch die Reihenfolge Vaterunser - Einsetzungsbericht, wie sie Musculus für Wittenberg bezeugt und wie sie letztlich auf Luthers *Deutsche Messe* zurückgeht, keine bloße »Umstellung« gegenüber dem bisherigen Brauch dar, sondern nimmt eine Funktion auf, die dem Vaterunser auch vorher schon im Zusammenhang der Gemeindekommunion zukam: Es gehört - zusammen mit Kommunionansprache, Offener Schuld und Absolution - zur Liturgie dieser Feier, ist Vorbereitungsgebet auf die Kommunion. Wo im Spätmittelalter die Feier der Gemeindekommunion innerhalb der Meßliturgie auf solche Weise begangen wird, kommt es folgerichtig zu einer Verdoppelung des Vaterunsers; es wird einmal als ›Meßgebet‹ und dann als ›Kommuniongebet‹ gebraucht. Seine Stellung vor dem Einsetzungsbericht in Wittenberg unterstreicht also, daß dieser selbst ganz in den Zusammenhang der Gemeindekommunion eingebettet und auf diese ausgerichtet wird. Vgl. H. B. Meyer (s. Anm. 13) 312, bes. Anm. 41.

[15] WA 19, 99, 5-7.

[16] WA 6, 358, 36-37.

Kodes führt, die in ihrer Radikalität den Gottesdienstreformen der schweizerisch-oberdeutschen Reformation in nichts nachstehen.[17]

6. Diese Umstrukturierung wird jedoch - das zeigt der Bericht des Musculus - von den Leuten in Wittenberg nicht in jeder Hinsicht angenommen. *Post contionem maior pars populi abivit*, heißt es: Bereits nach der Predigt verläßt der größte Teil der Gemeinde die Kirche.[18] Spontan bringen die Wittenberger zum Ausdruck, wie sie den neuen Text lesen und verstehen. Daß dies kein Einzelfall ist, zeigt der Bericht des Musculus über einen Gottesdienstbesuch in Eisenach, zu dem er kritisch vermerkt, daß kein einziger Mann, sondern »nur einige Weiblein« kommunizierten. Die Vorkehrungen, die Bugenhagen in der Braunschweiger Kirchenordnung von 1528 und in der Hamburger Kirchenordnung von 1529 für den Fall treffen muß, daß keine Kommunikanten da sind, sprechen eine ebenso deutliche Sprache. 1531 erwägt Markgraf Georg von Brandenburg gar, die Messen mit bloßer Priesterkommunion wieder einzuführen, um der genannten Entwicklung entgegenzuwirken.[19] Sehr zuversichtlich kann ihm Luther damals noch mit dem Hinweis begegnen, man hätte in Wittenberg um die hundert Kommunikanten sonntäglich.[20] In den fünf Jahren bis zur Visite des Musculus scheinen sich auch hier die Dinge nicht gerade zum Besseren entwickelt zu haben.

Wie läßt sich solche Verweigerung deuten? Daß der Auszug der Gemeindeglieder nach der Predigt - bildlich gesprochen - in evangelischen Gemeinden weithin bis zur Gegenwart andauert, läßt sich wohl nur so erklären, daß bestimmte Regeln in den umfassenderen theologischen und kulturellen Kodes ihn ermöglichen, wenn nicht gar provozieren. Diesen Zusammenhängen gehen wir im folgenden weiter nach.

III.

Der Bericht, den uns Musculus aus Wittenberg liefert, zeigt: Der ›Text‹ eines Gottesdienstes kann offenbar auf sehr verschiedene Weise gelesen und gedeutet werden. Dabei ist - auch daran läßt Musculus keinen Zweifel - solche Deutung »abhängig von den Erfahrungen, Interessen und konkreten Situationen der am Kommunikationsprozeß Beteiligten.«[21] Erfahrungen, Interessen und Situationen bestimmen das Bezugssystem, in das die einzelnen Zeichen und Zeichenfolgen jeweils eingeordnet werden und von dem her sie ihre Bedeutung empfangen.

1. Der Bericht des Musculus ist mit kommentierenden Bemerkungen durchsetzt, die uns Aufschluß über das ideologische Bezugssystem geben, in dessen Rahmen er

---

[17] Hier knüpfte man bei der Gestaltung des sonntäglichen Gottesdienstes nicht an die Meßform, sondern »an die in den Städten Südwestdeutschlands aufgekommenen sogenannten Prädikantengottesdienste an. Diese hatten sich schon vor der Reformation neben der ohne Predigt gefeierten lateinischen Messe als volkssprachliche Predigtgottesdienste entwickelt. Ihre einfache ›Kanzelliturgie‹, zu der auch das wiedergewonnene Allgemeine Gebet gehörte, hatte ihre Entsprechung in der ebenso einfach gestalteten und ebenfalls außerhalb der Messe vollzogenen Gemeindekommunion. Diese elementare, katechetisch akzentuierte, ›volksliturgische‹ Konzeption hat eine ganze Reihe von evangelischen Ordnungen geprägt: Zürich, Basel, Bern, Frankfurt, Württemberg, Genf, Schottland, Kurpfalz.« So F. Schulz, Einführung. In: I. Pahl (s. Anm. 1) 1-6, hier 2.
[18] Vgl. A. Boës (s. Anm. 11) 11. Unter den Fortgehenden befand sich auch Luther: *Et ipse Lutherus vertigine tactus infra communionem exire coactus est sequente Philippo.*
[19] Vgl. H. B. Meyer (s. Anm. 13) 367.
[20] Vgl. ebd. 364.
[21] G. Schiwy u. a., Zeichen im Gottesdienst. Ein Arbeitsbuch. München 1976, 31.

diesen Gottesdienst erlebt, versteht und bewertet: *more sacrificorum, sacrificaliter indutus, more papistico, ut solent Pontifici.* Natürlich besitzen diese Hinweise auch eine denotative Funktion; es sind Kürzel, die der Verständigung mit dem kundigen Leser dienen und dem Autor langwierige detaillierte Beschreibungen ersparen. Ihre eigentliche Leistung liegt jedoch im konnotativen Bereich: Sie besitzen einen deutlich wertenden, ja abwertenden Klang. Ihre ständige Wiederholung weist darauf hin, daß hier nicht nur einzelne Konnotate im Spiel sind, sondern schon ein befestigtes ideologisches Bezugssystem[22] vorgegeben ist, das die Deutung und Bewertung des Vorgangs bestimmt: Für Musculus läßt sich offenbar alles, was er in diesem Gottesdienst erlebt, auf einer semantischen Achse orten, die sich zwischen den beiden Polen ›evangelisch‹ und ›päpstlich‹ (heute: ›katholisch‹) bewegt, wobei mit den jeweiligen Polen klare Wertungen verbunden sind.[23]

Daß Musculus damit zu einem Teil auch die intendierten Bedeutungen der Veranstalter trifft, kann nicht bestritten werden; es besteht bei den Wittenberger Theologen ein vielfach belegtes Interesse daran, gerade im Bereich der Gottesdienstpraxis keine unnötigen Mauern gegenüber den Altgläubigen aufzurichten. »Ich bitte dich dringend,« schreibt Melanchthon 1528 an Balthasar Thuring in Coburg, »behalte von den alten Zeremonien, soviel irgend bleiben kann. Was sollen wir Trennungsmauern aufrichten, wo es nicht nötig ist?«[24] Freilich führt die unterschiedliche Interessenlage zu einer unterschiedlichen Wertung: Der Pol ›katholisch‹, von Musculus offenbar rein negativ besetzt, gewinnt bei den Wittenbergern durchaus einen positiven Aspekt, weil er die Bedeutung ›übergreifende kirchliche Einheit‹ mit sich führt; ›konfessionelle Identität‹, wie sie am anderen Ende der semantischen Achse angesiedelt ist, wird dadurch als Wert zwar nicht aufgehoben, aber doch relativiert.

2. Doch Musculus hat - so scheint es - damit die von den Veranstaltern intendierten Bedeutungen nur zu einem Teil, und zwar zum geringeren Teil begriffen; er hat sie - aufs Ganze gesehen - wohl gar mißverstanden. Man muß nämlich vermuten - ein Vergleich mit der Ordnung der Visitatoren von 1528/1533 legt das nahe -, daß sonst in Wittenberg Kollektengebet, Epistel und Evangelium im allgemeinen deutsch vollzogen wurden, daß sie aber in diesem speziellen Gottesdienst den anwesenden Gelehrten - und damit auch dem anwesenden Musculus - zu Ehren lateinisch gesungen werden.[25] Musculus hat das offenbar nicht gemerkt, weil bei ihm andere Konnotate diese von den Wittenbergern mitgemeinte Bedeutung überlagerten. Das zeigt, daß neben der Achse der ›konfessionellen Identität‹, wie sie Musculus an diesen Gottesdienst anlegt, mindestens noch eine zweite semantische Achse im Spiel ist, die für die Wittenberger selbst von nicht geringerer Bedeutung zu sein scheint. Man kann sie als Achse der ›kulturellen Komplexität‹ bezeichnen: Den einen Pol dieser Achse[26] bilden die Merkmale der zeitgenössischen Gelehrtenkultur, zu denen nicht nur die Latinität, sondern auch

---

[22] Vgl. ebd. 42.

[23] Diese Achse der ›konfessionellen Identität‹ weist gewisse Beziehungen auf zur ersten Dimension des semantischen Differentials nach Ch. E. Osgood (*Evaluative Factor*, Bewertung). Vgl. Chr. Bäumler u. a., Methoden der empirischen Sozialforschung in der Praktischen Theologie. Eine Einführung. München/Mainz 1976; hier besonders der Beitrag von J. Kleemann über das »semantische Differential«, 141-185.

[24] Zitiert nach A. Boës (s. Anm. 11) 17.

[25] Vgl. ebd. 20.

[26] Hier könnten Beziehungen zur zweiten Dimension des semantischen Differentials nach Ch. E. Osgood (*Potency*, Wirkkraft) bestehen.

die von Musculus kritisierten klassischen musikalischen Formen gehören; den anderen Pol bildet die volkssprachliche Kultur, der aus dem Bereich des musikalischen Kode auch der volkssprachliche strophische Liedgesang zuzuordnen ist.

Reflexionen über diesen Sachverhalt finden sich ausführlich in der Vorrede Luthers zu seiner *Deutschen Messe* aus dem Jahre 1526; zugleich wird deutlich, welche Bedeutung gerade die Achse der ›kulturellen Komplexität‹ für die Wittenberger besitzt: Man lebt in einer zweisprachigen Welt, in der sich internationale Gelehrtenkultur und regionale volkssprachliche Kulturen überlagern, aber auch durchdringen. Luther ist alles daran gelegen, daß auch die neue Gemeinde an jener überregionalen, lateinischsprachigen Kultur teilbehält und nicht in ein regionales sprachliches und kulturelles Ghetto abgedrängt wird. Darum schreibt er: *Ich halte es gar nichts mit denen / die nur auff eyne sprache sich so gar geben / vnd alle andere verachten / Denn ich wolte gerne solche iugent vnd leute auffzihen / die auch ynn frembden landen kunden Christo nutze seyn / vnd mit den leuten reden / das nicht vns gienge / wie den Waldenser ynn Behemen / die yhren glauben ynn yhre eygene sprach so gefangen haben / das sie mit niemand konnen verstendlich vnd deutlich reden / er lerne denn zuuor yhre sprache.*[27] Die Lösung, die Luther vorschwebt, läuft auf eine doppelte Gestalt des Meßgottesdienstes hinaus: Neben der lateinischen Messe, wie er sie in der *Formula Missae* von 1523 geordnet hat, soll es *die deudsche Messe vnd Gottis dienst* geben, *wilche vmb der eynfeltigen leyen willen geordent werden sollen.*[28] Wie der Bericht des Musculus, aber auch die Gottesdienstordnungen Bugenhagens zeigen, ist man im allgemeinen dieser ›sauberen‹ Lösung Luthers nicht gefolgt. Es entstanden vielmehr Mischformen, in denen sich Elemente der *Formula Missae* mit denen der *Deutschen Messe* verbanden, oft in der Art, daß sich einem lateinischen Stück, dieses gleichsam verdoppelnd, seine volkssprachliche Ausführung anschloß.[29] Daß sich hierbei nicht nur die Sprachen, sondern auch die Kulturen in fruchtbarer Weise mischten, ist nach allem Vorherigen deutlich.

Mit der Heraufkunft des Bildungsbürgertums und der Ablösung der mittelalterlichen und frühneuzeitlichen Gelehrtenkultur verändern sich auch die Bezugspunkte auf der hier dargestellten Achse der ›kulturellen Komplexität‹: Die bürgerlich-nationale Kultur, die jetzt gesamtgesellschaftlich dominiert, erlebt sich zum einen durchaus im Gegensatz zu den tradierten religiösen bzw. gottesdienstlichen Sprach- und Verhaltensformen. Aus diesem Gegensatz erwachsen die liturgischen Reformbemühungen der Aufklärung und ihrer späteren Nachauflagen.[30] Zum andern dient aber auch der bewußte Rückgriff auf überlieferte gottesdienstliche Kultur der kulturellen Selbstvergewisserung

---

[27] WA 19, 74.
[28] So enthalten die gottesdienstlichen Programmschriften Luthers keineswegs nur ein antipäpstliches Kampfprogramm (»Panier für den Sieg der Reformation«, A. Niebergall [s. Anm. 1] 1, 777), sondern stellen recht eigentlich - und zwar in ihrer doppelten Ausrichtung an Gelehrten- und Volkskultur - ein Bildungsprogramm von beachtlichem Anspruch dar.
[29] Typische Beispiele für solche Mischformen liefern die Ordnungen Bugenhagens, so schon die Braunschweiger Kirchenordnung von 1528: Nach der Epistel *singen de kynde eyn Haleluia sine caudis cum versu. Dar na eynnen düdeschen sanck vth der scrifft. Wor neyne schölere synt dar darff me des Haleluia nicht. Vp de dre hoge feste wert me na dem Haleluia singen latinische Sequentien vnde düdesch dar tusschen / alse nagescreuen schal werden* (Text nach J. Beckmann, Quellen zur Geschichte des christlichen Gottesdienstes. Gütersloh 1956, 134).
[30] Vgl. A. Ehrensperger, Die Theorie des Gottesdienstes in der späten deutschen Aufklärung (1770-1815). Zürich 1971, 144 u. ö.

und Selbstbehauptung des Bürgertums in Abgrenzung von proletarischen und anderen Subkulturen.[31] Aus dieser doppelten Spannung, die in gegenwärtigen Auseinandersetzungen um den Gottesdienst durchaus noch anwesend ist, ergeben sich auch neue Gliederungen des semantischen Feldes.

3. Nun trägt Luther freilich noch eine dritte Achse in das semantische Feld ein, das hier zur Verhandlung steht; wir können sie als Achse der ›religiösen Intensität‹ bezeichnen.[32] Er reflektiert - wenn auch nur hypothetisch - die Möglichkeit einer dritten Form neben lateinischer und deutscher Messe: *Aber die dritte weyse / die rechte art der Euangelischen ordnunge haben solte / muste nicht so offentlich auff dem platz geschehen vnter allerley volck / sondern die ienigen, so mit ernst Christen wollen seyn / vnd das Euangelion mit hand vnd munde bekennē / musten mit namen sich eyn zeychen / vnd etwo yn eym hause / alleyne sich versamlen ...*[33] Nicht Gelehrte und Volk, nicht Päpstliche und Protestanten bezeichnen die Pole dieser Achse, sondern die ›wenigen‹ in ihrem Gegensatz zu den ›vielen‹: Den vielen, *die noch Christen sollen werden* und deshalb des öffentlichen Gottesdienstes als einer *offentliche reytzung zum glauben vnd zum Christēthum* bedürfen, stehen die wenigen gegenüber, *so mit ernst Christen wollen seyn* und ihr gottesdienstliches Leben in großer Schlichtheit ohne *viel vnd gros gesenges*, aber in um so größerer geistlicher Intensität gestalten. Luther hat diesen Plan nie verwirklicht;[34] dennoch ist die hier entwickelte Achse später immer wieder aufgegriffen und angewendet worden - zum Beispiel im Pietismus - und hat die Deutung und Wertung des gottesdienstlichen Geschehens nachhaltig bestimmt. Dabei verbindet sich der eine, den ›wenigen‹ vorbehaltene Pol der Achse mit den Konnotaten der Schlichtheit, der Echtheit, des religiösen Ernstes und der glaubwürdigen Nachfolge. Der öffentliche, liturgisch entfaltete Gottesdienst erfährt demgegenüber in diesem Bezugssystem eine deutliche Abwertung. Er ist am anderen Ende der Achse angesiedelt und gewinnt allenfalls unter glaubenspädagogischen Gesichtspunkten einigen Wert. Es ist wichtig zu sehen, daß diese Achse weder mit der Achse der ›konfessionellen Identität‹ noch mit der der ›kulturellen Komplexität‹ zusammenfällt: Als Gestalten öffentlichen Gottesdienstes stehen sowohl die lateinische wie die deutsche Messe unter dem dieser Achse impliziten Wertgefälle.

Freilich vermögen dann im allgemeinen protestantischen Bewußtsein die Konnotate ›schlicht‹, ›einfach‹, ›ernst‹, ›echt‹ usw. eine Verbindung mit dem Konnotat bzw. Ideologisat ›evangelisch‹ einzugehen; es kommt so zu einer Interferenz der beiden semantischen Achsen.[35]

---

[31] So zeigt etwa der Kampf gegen »mundartliche Willkür« zugleich den Versuch einer ›Abgrenzung nach unten‹ an; vgl. ebd. 164.

[32] Wieder sei auf gewisse Beziehungen zur dritten Dimension des semantischen Differentials nach Ch. E. Osgood (*Oriented Activity*, Wirkweise) verwiesen.

[33] WA 19, 75.

[34] Vgl. jedoch F. Schulz (s. Anm. 1), besonders die in Anm. 91 genannten Stellen.

[35] Das ist bei Luther natürlich schon angelegt, wenn er jener dritten Weise, Gottesdienst zu halten, *die rechte art der Euangelischen ordnunge* zuerkennt und sie zugleich ausdrücklich mit dem Konnotat liturgischer Schlichtheit und Einfachheit ausstattet. Dennoch darf man nicht übersehen, daß bei ihm fast ein wenig Ironie im Spiele ist, wenn er von denen redet, *die bereyt Christen sind: Denn summa / wyr stellen solche ordnunge gar nicht vmb der willen / die bereyt Christen sind / denn die bedurffen der dinge keyns / vmb wilcher willen man auch nicht lebt / sondern sie leben vmb vnserwillen / die noch nicht Christen sind / das sie vns zu Christen machen / sie haben yhren Gottis dienst ym geyst* (WA 19, 73).

IV.

Faßt man die drei genannten Achsen der ›konfessionellen Identität‹, der ›kulturellen Komplexität‹ und der ›religiösen Intensität‹ zusammen, gewinnt man so etwas wie ein semantisches Differential, das es ermöglicht, die höchst unterschiedlichen Bedeutungen und Wertungen, die sich mit dem Gesamttext des lutherischen Gottesdienstes und seinen einzelnen Elementen verbinden können, zu orten und aus dem Zusammenhang verschiedenartiger Bezugssysteme heraus zu begreifen. Auch der semantische Raum des Gottesdienstes erweist sich dabei als ein durchaus mehrdimensionales Gebilde, dem polare Strukturen zugrundeliegen.

Freilich scheint damit jener Vorgang, den uns Musculus aus Wittenberg berichtet und der seitdem in gewisser Weise andauert, noch nicht hinreichend erklärt: der Auszug der Gemeinde nach der Predigt. Es scheint so, daß nicht nur Musculus und die Wittenberger Theologen von unterschiedlichen Bezugssystemen aus diesen Gottesdienst verstehen und gestalten und deshalb auch unterschiedliche Bedeutungen in ihn hinein- bzw. aus ihm herauslesen, sondern daß auch das Volk seine eigenen Deutungen in das Geschehen hineinkodiert. Daß hiermit zugleich ein Hauptproblem - wenn nicht das Hauptproblem schlechthin - des lutherischen Gottesdienstes angesprochen wird, ist deutlich: Während in der liturgischen Theorie wie in den agendarischen Formularen dieser Gottesdienst immer wieder als sogenannter Vollgottesdienst mit Predigt und Abendmahl entworfen wird, ist es im deutschsprachigen Luthertum bisher keineswegs in der Breite gelungen, solche Entwürfe auch im Regelfall sonntäglicher Praxis zu realisieren.

1. Auch die Gemeindeglieder in Wittenberg lesen das, was da gottesdienstlich vor sich geht, natürlich im Rahmen eines bestimmten Bezugssystems. Es kann angenommen werden, daß im Jahre 1536 dieses Bezugssystem noch stark von vorreformatorischen Gottesdienst- und Kommunionerfahrungen bestimmt ist. Summarisch läßt sich dazu sagen: Eine intensive Meßfrömmigkeit, die sich von der gehäuften Feier des Meßopfers, auch von der andächtigen Anwesenheit beim Meßopfer im Augenblick der Wandlung und Elevation, heilsame Wirkungen erhofft, verbindet sich mit einem erheblichen Rückgang der Kommunionhäufigkeit wie der Gemeindekommunion überhaupt. Von der Mehrzahl der Gläubigen wird die Kommunion wohl nur noch einmal im Jahr empfangen - meist zu Ostern, wie es die kirchlichen Bestimmungen vorschreiben. Solcher Kommunionempfang ist an allerhand Voraussetzungen (z. B. die vorherige ein- oder zweimalige Beichte) geknüpft, die den Vorgang zu einem religiös und teilweise wohl auch finanziell aufwendigen Unternehmen machen.[36] Wir haben gesehen, daß die Gemeindekommunion vielfach gar nicht mehr in der Messe selbst, sondern im Rahmen einer eigenen liturgischen Feier davor oder danach gehalten wird. Aber auch da, wo sie während der Meßfeier selbst gespendet wird, besteht doch kaum ein Zusammenhang mit der Meßliturgie; es handelt sich im Grunde auch da um eine eigene Feier - mit einem gewissen Seltenheitswert -, die parallel zum übrigen liturgischen Geschehen abläuft.[37]

---

[36] Vgl. H. B. Meyer (s. Anm. 13) 304-321, besonders 306ff.

[37] Ebd. 318f: »Im großen und ganzen kann man also sagen, daß den Gläubigen die Kommunion außer an wenigen Festtagen nicht gespendet wurde. Die Kommunionspendung bestimmte in keiner Weise das Bild des spätmittelalterlichen Sonntagsgottesdienstes und schon gar nicht der Werktagsmessen. Selbst an den Festtagen mit Kommunionausteilung war sie vielfach von der Messe getrennt und wurde vor oder

2. Die lutherische Reformation hat nun, wie schon gesagt, den ursprünglichen Handlungskern der Messe durch eine andere Handlung - nämlich die Gemeindekommunion - ersetzt und diese damit zum gottesdienstlichen Regelfall erhoben.[38] Einsetzungsbericht und Austeilung, Konsekration und Kommunion sind fortan zumal in den Liturgien, die hier Luthers *Deutscher Messe* und den Ordnungen Bugenhagens folgen, streng aufeinander bezogen und zu einer unlöslichen Einheit verbunden. Die Einsetzungsworte (*ampt vnd dermunge* in der *Deutschen Messe*) gewinnen dadurch einen neuen Zeichenwert und eine neue Zeichenfunktion: Sie sind komprimierter Ausdruck der Verheißung Christi,[39] Verkündigung seines Heilswerks und somit Appell an den Glauben der Teilnehmer. Sie sind in dieser ihrer Funktion fast wichtiger als der sakramentale Vollzug selbst: *Nit das sacrament, szondern der glawb des sacraments macht frum vnd selig*.[40] Vielleicht läßt sich das Verhalten der Wittenberger zum Teil auch hiermit erklären: Jenes Vorzeichen vor der Klammer, jene Meta-Regel gottesdienstlicher Kommunikation hat zur Folge, daß das Sakrament zu einem redundanten, das heißt, unter informativem Aspekt überflüssigen Element im gottesdienstlichen Zeichenprozeß wird. Das Abendmahl bietet nichts Neues mehr; was zu sagen und zu hören war, haben andere Gestalten von *gottis wort* bereits hinlänglich übermittelt.

3. Zugleich wurden in Wittenberg - nach einer kurzen Phase der Liberalisierung der Kommunionpraxis im Zuge von Karlstadts Reformen[41] - die Anforderungen an die Kommunikanten eher noch verschärft: In seiner *Formula Missae* von 1523 widmet Luther einen ganzen Abschnitt der Einrichtung eines Glaubensverhörs.[42] Dies vermag vielleicht ebenfalls zu einem Teil das Verhalten der Wittenberger zu erklären: Ist ihr Kommunionverhalten noch weitgehend von den vorreformatorischen Erfahrungen und Einstellungen bestimmt, so mag es nicht verwundern, daß sie nun - nachdem mit dem Meßopfer der ursprüngliche Handlungskern gefallen ist - offenbar keine Veranlassung mehr sehen, an diesem Teil des Gottesdienstes überhaupt noch teilzunehmen bzw. sich, um kommunizieren zu können, den strengen Anforderungen der neuen Ordnungen zu unterziehen.[43]

---

nach derselben abgehalten. Wenn das Sakrament an den Kommuniontagen innerhalb der Messe gespendet wurde, so begann man wegen des großen Andrangs schon oft nach der Opferung oder wenigstens nach der Wandlung.«

[38] Luther kann freilich auch für eine sehr viel seltenere Feier der Messe - gar nur einmal im Monat - eintreten, weil für ihn Messe = Kommunion ist und eine Messe deshalb nur dann gefeiert werden soll, wenn Kommunikanten da sind: *Auffs funfft / ich wollt / vnnd es sollt woll alßo seyn das man gantz vnnd gar keyne messe hette / denn nur zu der tzeytt / wenn leutt da weren / die das sacrament haben wollten vnd vmb eyn messe betten / vnd das solchs die woche nur eyn mal geschehe odder ynn eynem monden / den das sacrament solt yhe / nur durch anregen vn bitte der hungerigen seelen gehandellt werdē / nicht auß pflicht / stifft / brauch / gesetz odder gewonheyt* (*Von beider Gestalt des Sakraments zu nehmen*, 1522; WA 10/2, 31).

[39] Vgl. A. Niebergall (s. Anm. 1) 1, 782.

[40] WA 7, 325.

[41] Vgl. A. Niebergall, Art. Abendmahlsfeier III. In: TRE 1 (1977) 287-310, hier 288; L. Fendt (s. Anm. 12) 93-101, insbesondere die Rekonstruktion der Karlstadt-Messe 99ff; A. Boës (s. Anm. 11) 2f; H. B. Meyer (s. Anm. 13) 349f.

[42] Unter der Überschrift *De communione populi*, WA 12, 215ff.

[43] Einstellungen, die bisher mit dem Kanon der Messe und seinem Höhepunkt, der Elevation der gewandelten Gaben von Brot und Wein, verbunden waren, werden jetzt in modifizierter Form auf die Predigt übertragen; vgl. R. Volp, Perspektiven der Liturgiewissenschaft. In: JLH 18 (1973/74) 1-35, hier 33.

V.

Die vorgenannten Erklärungsversuche vermögen das gottesdienstliche Verhalten der Wittenberger jedoch nur zum Teil verständlich zu machen. Man darf vermuten, daß die eigentlichen Ursachen noch in tieferen Schichten liegen. Wir kehren darum noch einmal zum Ausgangspunkt unserer Überlegungen zurück. Was meint Luther, wenn er als Meta-Regel für alles gottesdienstliche Handeln formuliert: *das es ia alles geschehe / das das wort ym schwang gehe*[44]? Im Versuch, diese Formel zu entfalten, nähern wir uns zugleich dem Regelwerk jener umfassenderen theologischen und kulturellen Kodes, die dem liturgischen Kode vorgeordnet sind:

    1. Luther geht es offenbar um eine Gestalt gottesdienstlicher Kommunikation, die nicht nur inhaltlich bestimmt ist durch das Evangelium von Jesus Christus, sondern die auch in der Art und Weise, wie sie diesen Inhalt vermittelt, dem Evangelium entspricht. Das Evangelium aber ist nach Luther untrennbar mit der *sprach des mundlichen worts*[45] verbunden, ist ein Sprech- und Redeereignis. Damit wird nicht nur etwas über das dominierende, sinntragende Medium gottesdienstlicher Kommunikation ausgesagt. Die *sprach des mundlichen worts*, die mündliche Rede, die in konkreten Worten in einer konkreten Situation an konkrete Adressaten ergeht, ist im Grunde ein Teil des Heilsereignisses selbst. Ohne diese Rede bleibt das Werk Christi verborgen; erst da, wo es buchstäblich zur Sprache gebracht wird, wo es *ins wort gefast*[46] wird, kommt es zur Wirkung, kann es erkannt, verstanden und geglaubt werden, kann es den einzelnen wirksam ergreifen und sich an ihm vollenden.[47]

    2. Luther läßt keinen Zweifel daran, daß solches Wirksamwerden des Heilsereignisses am einzelnen wirklich etwas mit Hören und Verstehen zu tun hat, daß es ihn als Person beansprucht, mit Verstand, Herz und allen Sinnen, daß es als personales Wort auf eine personale Antwort aus ist. Für diese personale Antwort auf das in die *sprach des mundlichen worts* gefaßte Heilsereignis hat Luther den Begriff ›Glauben‹. Luther ist von der Heilsmächtigkeit und Heilswirksamkeit des Wortes überzeugt: Es besitzt die Vollmacht und die Kraft, »Gottes Heilswirken vollgültig zueignen zu können«[48]. Aber es tut dies eben auf die Weise von Sprache, das heißt, indem es den hörenden, verstehenden und vertrauenden Glauben des so Angesprochenen schafft und in Anspruch nimmt. Wenn Luther solcherart vom ›Wort‹ spricht, hat er im strengen Sinn sprachliche, auf Verstehen und Verständigung dringende, das Personzentrum des Menschen ansprechende Kommunikationsvorgänge im Auge.

---

[44] WA 12, 37, 27-28.
[45] WA 29, 274, 6-7, 10.
[46] WA 29, 274, 2.
[47] Vgl. dazu in diesem Band den Beitrag *Verbum facit fidem. Homiletische Anmerkungen zu einer Lutherpredigt* (S. 129-142).
[48] G. Hahn, Evangelium als literarische Anweisung. Zu Luthers Stellung in der Geschichte des deutschen kirchlichen Liedes. München 1981, 56. Den Nachweis einer grundlegend »neuen Rolle des Wortes« (ebd. 63) bei Luther führt Hahn mittels einer subtilen Untersuchung der Lieder Luthers, die in gleicher Weise theologische wie sprachwissenschaftliche Kriterien berücksichtigt. Er folgt hier in gewisser Weise der These von E. Bizer, Fides ex auditu. Eine Untersuchung über die Entdeckung der Gerechtigkeit Gottes durch Martin Luther. Neukirchen ³1966 (167 u. ö.), nach der der reformatorische Durchbruch geradezu in der Entdeckung des Wortes als Gnadenmittel durch Luther besteht. Hahn weiß, daß diese These umstritten ist, meint aber, auch unter Absehung von dieser Kontroverse zumindest für die Zeit ab 1523 die »neue Rolle des Wortes« bei Luther voraussetzen zu können (71 Anm. 35).

3. Das Wort ist solchermaßen nicht länger nur - wie in der vorreformatorischen Situation - »Mittel der Bewirkung und Beschreibung des sakramentalen Vorgangs«[49], der das Heil letztlich doch auf eine außer- oder übersprachliche, sozusagen ›gegenständliche‹ Weise präsentiert und kommuniziert. Das Wort wird vielmehr selbst in einer ursprünglichen und grundlegenden Weise zum Medium der Heilsvermittlung. Es umgreift seinerseits auch die sakramentalen Elemente und Vollzüge, und zwar dergestalt, daß die sprachlich vermittelte Wort-Glaube-Beziehung auch den Vollzug und die Rezeption der Sakramente bestimmt. Heil wird an Sprache gebunden, und zwar an die Bedingungen und Möglichkeiten gesprochener Sprache:[50] Es gibt keine Wirksamkeit der Sakramente an diesem ›Wort‹ vorbei, das seinerseits auf den personal verantworteten, verbindlichen und verpflichtenden Verständnisakt des Glaubens zielt.[51]

4. Jene Meta-Regel, die Luther dem liturgischen Kode vorgibt, zeigt demnach eine grundlegende Umstrukturierung der Zeichensysteme in der Kommunikation des Evangeliums an, eine »historische Schichtung und Umschichtung von sprachlichen und nichtsprachlichen Zeichensystemen im Bereich des christlichen Glaubens«[52]. Es ist deutlich, daß solche Umschichtung den Gottesdienst im ganzen betrifft und nicht nur einzelne seiner Elemente: Alles, was hier liturgisch und homiletisch geschieht, ist von nun an die *sprach des mundlichen worts* gewiesen, muß sich an ihr messen lassen, gewinnt aus ihr Leben und Sinn.

5. Nun kann sich solche Umstrukturierung und Versprachlichung des kirchlichen Zeichen- und Kommunikationssystems ja kaum im sozusagen luftleeren Raum vollzogen haben. Sie muß offenbar »mit Wandlungen im Zusammenhang stehen, die den gesamten psychosozialen Lebenshorizont der damaligen Zeitgenossen betreffen.«[53] Womöglich bestehen hier - so vermutet Manfred Josuttis, der den Vorgang im Anschluß an Norbert Elias[54] ganz ähnlich wie Gerhard Hahn beschreibt und deutet -

---

[49] Ebd. 52.
[50] Vgl. ebd. 68ff, 118, 199 u. ö.
[51] Ebd. 70, 72, 118, 199 u. ö. Vgl. auch H. B. Meyer (s. Anm. 13) 340, 341f: »Es gibt in den frühen Schriften Luthers eine Aussagenreihe, in der die Bedeutung und der Wert des Sakraments und seines leiblichen Genusses zugunsten des geistlichen Ergreifens der im Wort ergangenen Heilsgabe durch den Glauben stark relativiert erscheint ... Weil Luther die überragende Bedeutung der in den Testamentsworten beschlossenen Zusage der Sündenvergebung und deren Aneignung durch den Glauben so entschieden herausgestellt hat, trat das ›äußere Zeichen‹ des Sakramentes und dessen Genuß ganz in den Hintergrund.« Auch A. Niebergall (s. Anm. 1) 1, 779-782, zeigt, wie Luther hier am ›Wort‹ weitaus mehr gelegen ist als am ›Zeichen‹: *die tzeychen mügen wol nit sein, das dennoch der mensch die wort habe vnd also on sacrament, doch nit on testament selig werde, Den ich kan des sacraments ynn der meß teglich niessen, wenn ich nur das testament, das ist die wort vnd gelubd Christi, fur mich bilde vnd meynen glauben drynnen weyde vnd stercke* (WA 6, 363). Ähnlich aufschlußreiche Belege hat G. Hahn (s. Anm. 48) 54 Anm. 75 und 78 zusammengestellt: *Darumb weytt mehr an dißen wortten gelegen ist denn an dem sacrament selbs, vnd eyn Christen sich auch gewehnen soll, viel mehr auff diße wortt achten denn auf das sacrament ...* (*Von Anbeten des Sakraments*, 1523; WA 11, 432). Ein von seinen Sünden geängstigter Mensch soll Trost im Sakrament holen, aber *Nicht am brod vnd weyn, Nicht am leybe vnd blut Christi, sondern am wort, das ym Sacrament myr den leyb vnd blut Christi alls fur mich gegeben vnd vergossen darbeut, schenckt vnd gibt* (*Wider die himmlischen Propheten*, 1525; WA 18, 204).
[52] G. Hahn, Zur Dimension des Neuen an Luthers Kirchenliedern. In. JLH 26 (1982) 96-103, hier 103.
[53] M. Josuttis, Der Pfarrer und das Wort. In: Ders., Der Pfarrer ist anders. Aspekte einer zeitgenössischen Pastoraltheologie. München 1982, 89f.
[54] N. Elias, Über den Prozeß der Zivilisation. Soziogenetische und psychogenetische Untersuchungen. 2 Bde. Frankfurt/M. 1978.

Zusammenhänge mit dem »Prozeß der Zivilisation«, der beim Übergang vom Spätmittelalter zur Neuzeit in eine neue Qualität eintritt und eine »zunehmende Domestikation der körperlichen und emotionalen Bedürfnisse« der Menschen[55] zur Folge hat. Dazu gehört auch: Kommunikationsformen, die unmittelbare leibliche Nähe bzw. Partizipation zur Voraussetzung haben oder sonstwie an leiblich-gegenständliche Ausdrucks- und Rezeptionsvorgänge gebunden sind, werden von solchen abgelöst, die derartige Anteile in der Kommunikation reduzieren und das gesprochene bzw. geschriebene Wort an ihre Stelle setzen.

»Für die religiöse Sphäre ... kann das bedeuten: nicht mehr die äußere, jetzt äußerliche Präsenz beim Wandlungsakt in der Messe vermittelt das Heil, sondern allein jener Glaube, der am Gewissen des Menschen entsteht und dem Zuspruch des Gnadenwortes vertraut. Das Wort ist zum Gnadenmittel geworden, nachdem heilige Orte und Gegenstände ihre Plausibilität als Medien des Heils verloren haben und der Mensch in der Neuzeit sich anschickt, in der Personalität, in der Sprache und im Verstehen seine Selbstvergewisserung zu finden.«[56]

6. Folgt man dieser Hypothese, dann heißt das: Jene Umstrukturierung der Zeichensysteme in der Kommunikation des Evangeliums hat ihre Entsprechung in einer Umstrukturierung der kulturellen Kodes überhaupt. Es ändert sich die Art und Weise, wie Menschen miteinander umgehen. Es ändert sich zugleich auch die Art und Weise, wie Gott und Mensch miteinander verkehren.

Was Josuttis als Wechsel von der Verhaltensebene auf die Einstellungsebene beschreibt,[57] begegnet in dem von uns untersuchten Luthertext sehr deutlich in der Opposition von *werck* und *glaub*: Es ist unangemessen und unwirksam, auf Gott mittels Verhalten - durch Werke - einwirken zu wollen. Es ist deshalb unangemessen und unwirksam, weil auch Gott sich den Menschen nicht auf eine gleichsam gegenständliche Weise mitteilt, sie auch nicht wie Gegenstände behandelt und zur Gemeinschaft mit ihm zwingt. »Gott geht mit den Menschen um wie mit Personen und nicht wie mit Sachen: er stößt sie nicht herum, sondern er spricht mit ihnen und hört sie. Und so geziemt es sich für den Menschen, zu Gott zu sprechen und nicht durch Werke auf ihn einzuwirken.«[58]

7. Das aber ist - bei Licht besehen - die Beschreibung dessen, was seit alters das Wesen rhetorischer Kommunikation[59] ausmacht: Wirksames, auf Zustimmung in einer ganzheitlichen, personalen Weise zielendes Reden, in dem die ›Sache‹, die es zu vermitteln gilt, eine der konkreten Situation angemessene Gestalt annimmt; Zielverwirklichung nicht mittels äußeren Zwangs, auf eine nicht-sprachliche Weise, auch nicht durch Befehle und die Androhung von Sanktionen, sondern durch ein Sprachhandeln,

---

[55] M. Josuttis (s. Anm. 53) 90.
[56] Ebd. 90.
[57] M. Josuttis, Der Pfarrer in Kirche und Gesellschaft. In: Standpunkt 12 (1984) 275-279, hier 276: »Mit der Verlagerung des Gottesdienstzentrums vom Sakrament zum Wort hat sich der anthropologische Bezugspunkt der religiösen Praxis verändert. In der spätmittelalterlichen Messe partizipiert man am Heil durch ein simples Verhalten, durch körperliche Präsenz beim Wandlungsakt. Luther repräsentiert in seiner Biographie das Problem, daß diese Art von Heilsvergewisserung nicht mehr tragfähig ist. Heilsgewißheit gibt es jetzt nicht mehr auf der Verhaltensebene, sondern allein im Glauben, also im Einstellungsbereich.«
[58] H. M. Müller, Gottesdienst nach reformatorischem Verständnis. In: ZGDP 1 (1983) H. 5, 2-8, hier 2.
[59] Vgl. die Analyse des *Persuasiven Sprechakts* bei J. Kopperschmidt, Allgemeine Rhetorik. Einführung in die Theorie der Persuasiven Kommunikation. Stuttgart ²1976, 65-100.

das aus Überzeugung geschieht und auf Überzeugung aus ist, ein Sprachhandeln, das den anderen als Person ernstnimmt und in dem auch der Sprecher sich als Person offenbart.[60]

Für unseren Zusammenhang bedeutet das: Der Stellenwert und die Funktion überlieferter gottesdienstlicher Elemente und Vollzüge wird im Gefolge jener grundlegenden kulturellen und theologischen Umkodierungen neu bestimmt. Lesungen, Gesänge, Gebete, Predigt und sakramentale Vollzüge besitzen keinen Heilswert an sich, der sich an ihnen gleichsam vergegenständlichen ließe. Sie gewinnen Sinn und Wert vielmehr als Elemente jenes Dialogs, in dem Gott sich als Person zu erkennen gibt und Menschen in ihrer Personalität und Sprachlichkeit anspricht, in Anspruch nimmt. In diesem Sinne kommt der vielzitierten Äußerung Luthers in seiner Torgauer Kirchweihpredigt von 1544 tatsächlich programmatische Bedeutung zu, nach der im Gottesdienst nichts anderes geschehen kann, *dann das unser lieber Herr selbs mit uns rede durch sein heiliges Wort, und wir widerumb mit jm reden durch Gebet und Lobgesang*[61].

8. Wir fassen zusammen: Nach all dem wird der Vorgang in Wittenberg in der Tat einsichtiger, wenn man ihn als Auswirkung gewandelten sozialen und kommunikativen Verhaltens im Bereich religiöser Kommunikation begreift. Wir sind hierdurch in gewisser Weise genötigt, eine vierte Achse in unser semantisches Differential einzutragen, die es auch ermöglichen würde, unser Verständnis für das Verhalten der Wittenberger Gemeindeglieder zu vertiefen. Wir nennen sie die Achse des ›kommunikativen Verhaltens‹ und kennzeichnen ihre jeweiligen Pole mit den Hilfsbegriffen ›Distanz‹ und ›Nähe‹, wobei ›Distanz‹ durchaus all dies einschließen soll, was wir oben über die Versprachlichung und Personalisierung des religiösen Verhaltens gesagt haben.

Auf ihre Weise decken die Wittenberger nämlich einen Widerspruch auf, den ihre Theologen in den Text des erneuerten Gottesdienstes hineingeschrieben haben: Eine deutliche Verschiebung auf der Achse des ›kommunikativen Verhaltens‹ in Richtung sprachlich-distanzierter, personaler Kommunikation wird konterkariert von einer Verstärkung der - im semantischen Sinne - oppositionellen Elemente, für die hier die zum Regelfall erhobene Gemeindekommunion steht.

Daß die Veranstalter die Gemeindekommunion nur als einen Sonderfall solcher wortgebundenen, auf Verstehen und Verständigung angewiesenen religiösen Kommunikation begreifen wollen, geht aus dem Vollzug selber offenbar nicht eindeutig genug hervor.[62] Deshalb wird - wie schon in Luthers *Deutscher Messe* - in vielen Gottesdienstordnungen der Reformation der Versuch unternommen, solchem Defizit im Bereich der handlungsorientierten Kodes auf verbalem Weg, nämlich durch allerhand Vermahnungen und ähnliches, die dem Vorgang vorgeschaltet bzw. in ihn eingebaut

---

[60] Es verwundert darum nicht, wenn gelegentlich die These vertreten wird, die für Luthers theologisches Denken so grundlegende Wort-Glaube-Beziehung sei in der Weltanschauung und in der Anthropologie der Rhetorik bereits vorgebildet; vgl. H. O. Burger, Renaissance, Humanismus, Reformation. Deutsche Literatur im europäischen Kontext. Bad Hamburg 1969, 423: »Luthers Fidesbegriff basiert auf dem Fidesbegriff von Rhetorik und Humanismus.« Ähnlich K. Dockhorn, Rhetorica movet. In: H. Schanze (Hg.), Rhetorik. Beiträge zu ihrer Geschichte in Deutschland vom 16.-20. Jh. Frankfurt/M. 1974, 17-42, hier 21f: Rhetorik ist die »seiner ganzen Theologie zugrundeliegende Hermeneutik und Anthropologie.«
[61] WA 49, 588, 15-18. Vgl. WA 49, 588, 4-5: *ut nihil in ea fiat quam ut ipse nobiscum loquatur per verbum et nos per orationem et lobgesang.*
[62] Der Vollzug der Kommunion entspricht ja - sieht man einmal von der Gewährung des Kelches ab - im wesentlichen dem, was auch schon zuvor üblich war; vgl. H. B. Meyer (s. Anm. 13) 348-377.

werden, aufzuhelfen.⁶³ Doch zeigt sich, daß der rituelle Vorgang als solcher - hier der rituelle Vorgang der Kommunion - sich auf der Beziehungsebene als sehr viel wirksamer und aussagekräftiger erweist als alle verbalen Erklärungsversuche. Mit anderen Worten: Es ist denkbar, daß das Angebot der Wittenberger Theologen auch deshalb nicht von den Gemeindegliedern angenommen wird, weil es ihnen nicht gelingt, ihr gewandeltes Sakramentsverständnis im Vollzug der Kommunion selbst auch auf nichtverbale Weise überzeugend zur Darstellung zu bringen.⁶⁴

VI.

Ein Wolfgang Musculus, der heute an einem normalen Sonntag nach Wittenberg käme - und Wittenberg steht hier natürlich nur stellvertretend für viele andere Orte im gemeinten Bereich -, würde vermutlich eine Liturgie erleben, die alles in allem dem lutherischen Typus unierter Prägung zuzuordnen wäre, wie er durch die *Agende für die Evangelische Kirche der Union*⁶⁵ repräsentiert wird. Wie er diesen Gottesdienst dann tatsächlich erlebt, welche Bedeutungen er für ihn freizusetzen vermag, wird freilich von dem dominierenden Bezugssystem abhängen, von dem er sich beim Lesen dieses Textes leiten läßt.

1. Musculus werden Zeichen und Zeichenfolgen begegnen, die - liest er sie auf der Achse der ›konfessionellen Identität‹ - eine deutliche Verschiebung in Richtung des von ihm ja positiv bewerteten ›protestantischen‹ Pols anzeigen: Die lateinische Sprache ist so gut wie verschwunden, der Liturg trägt einen schwarzen Talar (ist damit freilich keineswegs, wie Musculus leicht sehen kann, *vulgariter indutus*); Kinesik und Proxemik des Liturgen sind allenfalls noch in einigen Relikten *more papistico*; im Bereich des musikalischen Kode dominiert der liedförmige Gemeindegesang.⁶⁶ Was Musculus nicht sehen kann, ist, daß in der hier gegebenen Situation die Achse der ›konfessionellen Identität‹ überhaupt mehr und mehr an Gewicht verliert und kaum noch relevante Bedeutungen zu produzieren vermag. Nicht konfessionelle Identität im früheren Sinne, sondern christlich-religiöse Identität in einer weitgehend säkularisierten, entkirchlichten

---

⁶³ H. B. Meyer (s. Anm. 13) 190-204 kann wahrscheinlich machen, »daß die Vermahnung Luthers und der lutherischen Kirchenordnungen ein durchaus auf katholischer Tradition fußender Brauch ist« (203); sie hat ihr Vorbild in der mittelalterlichen Kommunionanspräche (191), »die ihrerseits von den privaten Vorbereitungsgebeten auf die Kommunion und von der Verlesung der kirchlichen Vorschriften über den rechten Kommunionempfang abhängig [ist]« (195). Sie gehört - als freie Ansprache oder bereits verfestigte, ›vor-geschriebene‹ Formel - zusammen mit Glaubensbekenntnis, Offener Schuld mit Absolution und Vaterunser zum volkssprachlich-liturgischen Rahmen der Gemeindekommunion innerhalb oder außerhalb der Messe (195f). Die These, daß die lutherischen Ordnungen nicht einfach die überlieferte Meßliturgie ›reduzieren‹, sondern den überlieferten Handlungskern durch einen anderen - nämlich die Gemeindekommunion - ersetzen, wird hierdurch eindrucksvoll bestätigt.
⁶⁴ Genau das scheint jedoch Karlstadt zumindest im Ansatz gelungen zu sein; er hat nicht nur die Leute ohne Beichte zur Kommunion zugelassen, sondern ihnen auch freigestellt, Hostie und Kelch selber zum Munde zu führen; vgl. L. Fendt (s. Anm. 12) 95. Wie sehr dieser scheinbar nebensächliche Zug Beachtung fand und in einem direkten Zusammenhang mit der gestiegenen Zahl der Kommunikanten (die Rede ist von mehr als tausend Kommunikanten sonn- bzw. festtäglich - bei einer Einwohnerzahl von 3500 und zusätzlich 2000 Studenten) gesehen wurde, zeigen Berichte aus Wittenberg: ... *das volck godt ser zum hoch wirdigen sacrament vnd nements selbs vff dem altar.* Vgl. H. B. Meyer (s. Anm. 13) 363f.
⁶⁵ I. Bd. Witten ²1969.
⁶⁶ Reizvoll wäre es, etwas über die möglichen Reaktionen des Musculus beim Besuch einer nachkonziliaren römischen Messe zu erfahren!

Gesellschaft steht im Wittenberg von heute auch gottesdienstlich auf dem Spiel. Vielleicht muß man sagen: Die Achse der ›konfessionellen Identität‹ wird weitgehend abgelöst von einer anderen Achse, die durch den Zusammenhang und die Opposition von gegenwärtiger und überlieferter Kultur bestimmt wird. Dabei gilt: Der Gesamttext des Gottesdienstes wie die meisten seiner einzelnen Elemente werden von denen ›drinnen‹ und denen ›draußen‹ insgesamt als Rückverweise auf überlieferte Kultur gelesen, wobei die Wertungen, die sich jeweils mit dieser Deutung verbinden, natürlich sehr unterschiedlicher Art sein können.[67]

2. Die Spannung von lateinischer Gelehrtenkultur und volkssprachlicher Kultur existiert freilich nicht mehr; mit ihr hat auch die ursprüngliche Achse der ›kulturellen Komplexität‹ im Vorgang der bürgerlichen Bildungsemanzipation ihre Funktion verloren. Aber: Die ›kulturelle Schwelle‹, die weiten Schichten der Bevölkerung den Zugang zum Gottesdienst erschwert, ist dadurch nicht niedriger geworden. Die Teilhabe am gottesdienstlichen Geschehen setzt eine erhebliche kulturelle Kompetenz - einschließlich der keineswegs selbstverständlichen Kenntnis der hier verwendeten verbalen und nichtverbalen Kodes - voraus. Nicht zu Unrecht wird immer wieder auf die typisch ›mittelständische‹, an Sprache und Kultur der gebildeten Mittelschichten orientierte Gestalt des traditionellen protestantischen Gottesdienstes verwiesen.[68] Wo neue Mittelschichten sich bilden, denen diese Art kultureller Kompetenz aus bestimmten historisch-gesellschaftlichen Gründen nicht in solcher Weise zugewachsen ist, entfällt auch noch dieser soziale Einzugsbereich. So signalisiert der Gesamttext des Gottesdienstes in dieser Situation erst recht die Bindung des christlichen Glaubens an eine vergangene, traditionale Kultur, ihre Ausdrucksformen und Inhalte.

3. Legt man die Achse der ›religiösen Identität‹ an den Wittenberger Gottesdienst von heute an, ergibt sich eine paradoxe Situation: Die ›vielen‹, für die diese Gestalt des ›öffentlichen‹ Gottesdienstes einst entworfen wurde, sind zu den ›wenigen‹ geworden, die nun durchaus eine Art Elitebewußtsein aus ihrem Festhalten an dieser überlieferten Form religiöser Praxis ableiten können. Sie werden den von Luther proklamierten Gegensatz zwischen denen, *so mit ernst Christen wollen seyn* und deshalb eigentlich anderer Versammlungsformen bedürften, und denen, die auf solche *offentliche reytzung zum glauben vnd zum Christēthum* angewiesen bleiben, einfach nicht mehr nachvollziehen können. Der so veranstaltete ›öffentliche‹ Gottesdienst hat in der hier gegebenen Situation seinen Öffentlichkeitscharakter weitgehend verloren und ist selber zu einer Form »gruppengemeinschaftlicher Praxis«[69] geworden. Und doch besteht der alte Gegensatz in modifizierter Weise weiter; er äußert sich in einer gewissen Spannung von Gottesdienstfrömmigkeit und gruppenorientiertem religiösen Verhalten (z. B. in Jugendgruppen, Hauskreisen und ähnlichem). Ob der erhebliche Rückgang der Teilnehmerzah-

---

[67] Daß es im heutigen Wittenberg - das hier ja nur als fiktives *exemplum* für eine mittelstädtische Gemeindesituation steht - auch eine Fülle von Versuchen geben wird, über die Gestaltung von Jugend-, Familien- und anderen Sondergottesdiensten und die Übernahme entsprechender Elemente auch in den sonntäglichen Gemeindegottesdienst Anschluß an ›gegenwärtige Kultur‹ zu finden, wird damit in gar keiner Weise in Frage gestellt.
[68] Vgl. z. B. die Untersuchungen von E. Öffner, Der Pfarrer und sein Sprachproblem. In: WPKG 65 (1976) 66-84; auch in: B. Klaus (Hg.), Kommunikation in der Kirche. Gütersloh 1979; G. Otto, Predigt als Rede. Stuttgart 1976. Vgl. auch H. Albrecht (Hg.), Christus hinter Sprachbarrieren. Stuttgart 1974.
[69] Vgl. W. Jetter, Symbol und Ritual. Anthropologische Elemente im Gottesdienst. Göttingen 1978, 225ff.

len aufs Ganze gesehen zu einer Verstärkung der Intensität des religiösen Verhaltens im Rahmen der überlieferten Formen gottesdienstlicher Partizipation geführt hat, läßt sich schwer sagen.

4. Nur sehr vage lassen sich Verschiebungen auf der Achse des ›kommunikativen Verhaltens‹ ausmachen. Ein erster Vergleich zwischen Wittenberg damals und heute könnte zunächst deutliche Hinweise auf eine weitere Verschiebung in Richtung ›Distanz‹ erbringen: Ins Auge bzw. ins Ohr fällt die ›Verwortung‹, die sich zumal im Gottesdienst unierter Prägung im Eröffnungsteil breitgemacht hat;[70] weiter die Tatsache, daß im Regelfall nicht einmal mehr eine ›Lücke‹, eine Art ›Pausenzeichen‹ auf jenen anderen Kommunikationsmodus verweist, wie er im Abendmahl gegeben ist; die dominierende Rolle der Predigt wird dadurch noch verstärkt. Dem aufmerksamen Beobachter werden freilich auch gewisse Zeichen nicht entgehen, die eher auf eine Verschiebung in Richtung ›Nähe‹ verweisen und zum Teil sicher mit der oben angedeuteten Entwicklung eines »gruppengemeinschaftlichen« Frömmigkeitsstils zusammenhängen: Daß der Prediger es sich zur Gewohnheit gemacht hat, die Gottesdienstteilnehmer persönlich zu verabschieden, ist nur ein An-Zeichen, das in diese Richtung weist. Auch wenn das Abendmahl längst nicht in jedem Gottesdienst gefeiert wird, ist doch die Bereitschaft, sich daran zu beteiligen, erheblich gewachsen; in der religiösen Praxis allgemein wie im liturgischen Vollzug selber sind Barrieren abgebaut worden, die einer häufigeren Kommunion offenbar im Wege standen. Deutet sich auf solche Weise womöglich eine erneute Umstrukturierung des religiösen Zeichen- und Kommunikationssystems an? Bevor wir solcher Vermutung weiter nachgehen, stellen wir uns zunächst noch einer anderen Frage: Lassen sich auch im Blick auf gegenwärtige evangelische Gottesdienstpraxis gewisse *mißbreuch* ausmachen, die den syntaktischen, semantischen und pragmatischen Fehlbildungen entsprechen, die Luther für den Gottesdienst seiner Zeit konstatierte?

VII.

Peter Cornehl stellt seinem Gottesdienst-Artikel im *Handbuch der Praktischen Theologie*[71] die Schilderung eines evangelischen Gottesdienstes voran. Es handelt sich dabei um einen Auszug aus dem Drehbuch eines Films über die Krise des Pfarrerberufs:

»In einer kleinen Kirche. Ein moderner Bau - Platz für fünfhundert. Aber es sind nur 40 bis 50 Personen anwesend. Die Orgel setzt ein - die Gemeinde beginnt mit einem Lied ... Die Gemeinde hat sich erhoben. Der Pfarrer tritt zum Altar und spricht die Begrüßungsworte. Während die Liturgie weitergeht, Kommentar des Pfarrers (aus dem Off): ›Ich bin 37 Jahre alt, seit 11 Jahren im Amt, seit fast fünf Jahren in dieser Gemeinde. Der Ort zählt über zwanzigtausend Einwohner, davon sind rund viertausend evangelisch. Das sind meine Schafe, und ich bin ihr Hirte. Heute ist ein x-beliebiger

---

[70] In Wittenberg 1536 wird das Confiteor von Liturg und Küster gebetet, während der Chor den Introitus und das Kyrie singt; es gehört dort zum ›verdeckten Verbalkode‹ (vgl. den Beitrag *Zeichen der Eröffnung* in diesem Band S. 42-60, besonders S. 42f). In der *Agende für die Evangelische Kirche der Union* (s. Anm. 65) wird es in den ›offenen‹ Kode übernommen und so jene Überverbalisierung des Eröffnungsteils erreicht (Form A: Orgel - Lied - Im Namen des Vaters - Unsere Hilfe - Eingangspsalm oder -spruch, vom Liturgen gelesen - Ehr sei dem Vater - Sündenbekenntnis - Kyrie - Gnadenspruch - Ehre sei Gott - Gruß - Kollektengebet).

[71] P. Cornehl, Gottesdienst als Integration. In: HPTh (G) 3 (1983) 59-78, hier 59.

Sonntag, da sind 44 dieser Schafe gekommen - vierundvierzig - von über viertausend. Der Küster hat sie einzeln gezählt und ihre Zahl in ein Buch eingetragen. 44 mir bekannte Gesichter ... Für diese Leute hier halte ich also heute den Gottesdienst.‹ Wieder O-Ton Liturgie. Wechselgesänge. Ein Lektor liest die Epistel ... Die Predigt beginnt. Der Pfarrer hat die Kanzel betreten. ›Gnade sei mit euch und Frieden ...‹ Die Zuhörer im Bild. Kommentar des Pfarrers (aus dem Off): ›Ich erfülle Erwartungen, verfasse meine Predigt für diese Leute hier. Und ich hoffe sie zu erreichen, ich hoffe, sie hören mir zu und nehmen den einen oder andern meiner Gedanken mit nach Hause - in diese nächste Woche hinein - in die nun folgenden sieben Tage. Denn die Predigt ist das Zentrum meines Amtes: Verkündigung.‹ Ende der Predigt. Pfarrer: ›Amen!‹. Die Orgel setzt ein. Die Gemeinde wird wieder munter ...«

Ein konstruiertes Beispiel? Vielleicht. Man könnte darüber hinweggehen, hätte man selber nicht öfters Vergleichbares erlebt, gedacht, gesagt: auf der Kanzel und unter der Kanzel. Was ist hier geschehen? Welche *mißbreuch* sind da in den *gottis dienst* gefallen? Blickt man auf den liturgischen Ablauf, scheint sich seit jenem Wittenberger Gottesdienst von 1536 nicht allzuviel verändert zu haben: Gesänge, Gebete, Lesungen, Predigt bestimmen in der überlieferten Abfolge im wesentlichen auch das Gesicht dieses Gottesdienstes.[72] Daß das Abendmahl hier keinerlei Erwähnung findet, verwundert nach unseren Wittenberger Erlebnissen kaum. Dreierlei fällt uns jedoch in besonderer Weise auf:

1. Die Überlegungen des Pfarrers, wie sie die Stimme aus dem ›Off‹ artikuliert, bewegen sich vor allem auf der pragmatischen Ebene, auf der Ebene der Wirkungen. Der Pfarrer reflektiert zunächst über die geringe gesellschaftliche Relevanz des Gottesdienstes: Nur 44 von 4000 potentiellen Besuchern sind erschienen. Die Gesichter sind ihm allesamt bekannt: Augenscheinlich handelt es sich im wesentlichen immer wieder um die gleiche kleine Gruppe, die sich hier versammelt. Überlegungen zur erhofften Wirkung des Vorgangs auf die Versammelten schließen sich an: Der Pfarrer hofft, daß seine Predigt die Zuhörer erreicht, daß sie ihm zuhören und den einen oder anderen Predigtgedanken mit nach Hause nehmen. Eine bescheidene Erwartung: Von einer Änderung des Verhaltens, die möglicherweise von der Predigt intendiert sein könnte, ist überhaupt nicht die Rede. Und doch erscheint der Gottesdienst im Lichte dieser Reflexionen als ein *werck*, das sich und diejenigen, die es tun, durch seine Wirkungen rechtfertigen muß. Solche Rechtfertigung wird bedroht durch die geringe gesellschaftliche Relevanz des Geschehens. Sie erscheint nur möglich, wenn wenigstens im Blick auf die kleine Zahl der Gottesdienstbesucher mit bestimmten ›Wirkungen‹ gerechnet werden kann.

2. Die Überlegungen des Pfarrers aus dem ›Off‹ zeichnen sich durch ein bemerkenswertes Defizit auf der semantischen Ebene aus: Kein Wort über den Gehalt jener Erwartungen, die er mit seiner Predigt zu erfüllen oder zu enttäuschen gedenkt; kein Wort über Inhalt und Sinn jener Predigtgedanken, die die Leute mit nach Hause nehmen sollen. Dem entspricht das Verhalten der Gemeinde: Nach dem ›Amen‹, das die Predigt beschließt, werden die Leute wieder munter. Das kann doch nur heißen: Die Predigt selbst ist in diesem Geschehen zum redundanten Element geworden. Nicht, daß

---

[72] Natürlich gibt es erhebliche Unterschiede, zieht man alle hier in Frage kommenden Subkodes (Sprache, Kleidung, musikalische Gestaltung, Gestik, Haltungen, Bewegungen usw.) in Betracht. Die Übereinstimmung, die wir feststellen, zeigt sich vor allem auf strukturell-syntagmatischer Ebene; auf paradigmatischer Ebene haben zum Teil erhebliche Umkodierungen stattgefunden.

der Gottesdienst etwa auf sie verzichten könnte: Ein Sturm emotionaler Entrüstung würde sich vermutlich erheben, bliebe der Pfarrer der Kanzel fern. Redundant ist die hier gehaltene Predigt offenbar in dem Sinne, daß die Leute nichts eigentlich Neues mehr von ihr erwarten. Gewiß wird dieser Sachverhalt in dem von uns zitierten Beispiel überzeichnet; Untersuchungen zu Gottesdienst und Predigt machen deutlich, daß Predigthörer noch auf andere, durchaus konstruktive Weise mit Predigtbotschaften umzugehen verstehen.[73] Und doch liegt es nahe, auch hier zu fragen: Erleben wir nicht vielfach Gottesdienst und Predigt als »semantisches Geräusch«, dem die eigentlichen Bedeutungen abhanden gekommen sind und in das darum nun allerhand unkontrollierbare Mit-Bedeutungen und Neben-Bedeutungen einströmen können?[74] Positive Gefühle vielleicht wie Feierlichkeit, Geborgenheit, Vertrautheit usw., die emotional stabilisierend wirken? Mit-Bedeutungen, die dann zur eigentlichen Bedeutung des Vorgangs avancieren - so daß die Predigt und der Gottesdienst nur sich selbst bezeichnen, sich selbst bedeuten, sich selbst immer wieder reproduzieren? War es das, was Luther im Blick auf den Gottesdienst seiner Zeit mit *loren vnd dohnen* meinte - »Feierlichkeit gepaart mit Unverständlichkeit«?[75]

3. Würden wir den Filmausschnitt tatsächlich sehen können, den uns Peter Cornehl dokumentiert, fiele uns vermutlich auch auf jener Ebene einiges auf, auf der die verschiedenen liturgischen Subkodes mit ihren Zeichenvorräten und Verknüpfungsregeln ins Spiel kommen. Eine erste Beobachtung: Der Gottesdienst beginnt damit, daß man Bücher aufschlägt - der Organist das Buch mit den Vorspielen und den Choralsätzen, das Gemeindeglied das Gesangbuch, der Pfarrer die Agende, der Lektor später das Lektionar oder die Bibel für die Schriftlesungen. Vermutlich hat auch der Pfarrer seine Predigt sorgfältig schriftlich ausgearbeitet (er selber sagt: »verfaßt«) und nimmt wenigstens ein paar Stichworte, wenn nicht das Manuskript mit auf die Kanzel. Auch die Gebete, die dann folgen, werden vom Blatt oder aus dem Buch vorgelesen. Das heißt: Der Gottesdienst hat durchgängig eine literarische Gestalt, ist gelesenes, vorgelesenes, abgelesenes, aber nicht eigentlich freies, mündliches Wort. Eine zweite Beobachtung: Rede-Pausen werden kaum zugelassen. Allenfalls dann, wenn die Orgel auf ihre Weise ›spricht‹, schweigen die Worte. Der Gottesdienst vollzieht sich in einem ununterbrochenen Rede-Fluß. Eine dritte Beobachtung: Die Gemeindeglieder partizipieren im wesentlichen passiv - mittels vorgefertigter, vorgeschriebener Texte und Handlungen - am liturgischen Geschehen. Gewiß: Man darf davon ausgehen, daß sie den Text, der ihnen hier vorgelegt wird - nicht nur die verbalen und musikalischen Elemente, auch den Raum, auch die Kleidung, die Haltungen, die Handlungen des Liturgen und Predigers - auf ihre Weise lesen, interpretieren und solchermaßen höchst aktiv in den Zeichenprozeß Gottesdienst verwickelt sind. Aber: Sie haben kaum Gelegenheit, ihre Lesart des Geschehens nun auch auszusprechen, ins Wort zu fassen. Das erwähnte Munterwerden nach der Predigt könnte freilich ein solches ›Wort zum Sonntag‹ sein, das einiges über die Interpretation des Geschehens durch die Gemeinde aussagt.

---

[73] Vgl. K.-F. Daiber/H. W. Dannowski/W. Lukatis/K. Meyerbröker/P. Ohnesorg/B. Stierle, Predigen und Hören. Ergebnisse einer Gottesdienstbefragung. Bd. 1: Analysen und Grundauswertung. Bd. 2: Kommunikation zwischen Predigern und Hörern. Sozialwissenschaftliche Untersuchungen. Bd. 3: K.-F. Daiber, Predigt als religiöse Rede. Homiletische Überlegungen im Anschluß an eine empirische Untersuchung. München 1980, 1983, 1991.
[74] Vgl. R. Fleischer (s. Anm. 5) 185-189.
[75] Ebd. 188.

VIII.

Wir versuchen, die genannten Beobachtungen zu interpretieren:

1. »Ich frage mich,« schreibt Bernhard von Issendorf in einem Bericht über afroamerikanische Gottesdienste, die er in ihrem Kontrast zur heimischen Gottesdienstpraxis erfährt und beschreibt, »ob hinter der Literarisierung des Gottesdienstes seit der Reformation in Lied, Gebet und Predigt nicht die Angst vor dem freien Wort steht. Oder die Angst vor dem Ausbleiben des Wortes.«[76] Ist dem so, dann hätten wir es hier mit einer - sicher ungewollten, vielleicht aber unausweichlichen - Auswirkung jener Meta-Regel reformatorischer Gottesdienstgestaltung zu tun: um den Versuch, alles Menschenmögliche dafür aufzuwenden, *das das wort ym schwang gehe*. Deshalb womöglich die Literarisierung des Gottesdienstes: Nur so glaubt man sicherstellen zu können, daß wirklich *gottis wort* - und nicht allerhand menschliche *fabeln vnd lugen* - hier zur Sprache kommt. Deshalb vielleicht der unaufhörliche Rede-Fluß: Der Gottesdienst verliert nach jener Meta-Regel ja seinen Sinn, wenn *gottis wort* ausbleibt, wenn das Wort nicht *ym schwang* geht. Freilich: Ein solcher Gebrauch der reformatorischen Meta-Regel produziert Angst. Und unter dieser Angst gerät der Gottesdienst zum *werck*, das sich selbst rechtfertigen muß und diejenigen, die es zu verantworten haben. Hier wird deutlich, daß dem Menschen alles - aber auch wirklich alles - zum Gesetz zu werden vermag, das ihn bedroht und ihn zu immer neuen Rechtfertigungsversuchen zwingt. Eine paradoxe Situation: Die *sprach des mundlichen worts* als evangelische Gestalt der evangelischen Botschaft - und zugleich als Gesetzeswerk, das die Botschaft verdunkelt und verkehrt.

2. Jene - möglicherweise aus Angst geborene - Literarisierung und Überverbalisierung des Gottesdienstes hat nun freilich eine Vergegenständlichung des Heilswortes zur Folge, wie sie Luther so vermutlich nicht gewollt hat. Wir erinnern uns: Das Christusheil geht ein in *die sprach des mundlichen worts*, weil es so - und nur so - hörenden, verstehenden und vertrauenden Glauben bewirkt und sich in solcher Weise am einzelnen vollenden kann. Im unaufhörlichen Redefluß freilich, im literarisch fixierten Gottesdienst wird das Wort gleichsam zum Gegenstand, der in sich - *ex opere operato*, als gewirktes Werk - Heilswert und Heilskraft besitzt: Ein anderes Sakrament,[77] von dessen gehäufter Feier und Inanspruchnahme man sich allerhand heilsame Wirkungen verspricht.

3. Solche Vergegenständlichung des Heilswortes hat zugleich einen Verlust an Unmittelbarkeit zur Folge. »... die Unmittelbarkeit der persönlichen Begegnung, die nicht durch bestimmte Riten und nicht durch die Zwischenschaltung des Klerus gestört werden darf«, gehört nach Hans Martin Müller wesentlich zum reformatorischen Gottesdienstverständnis hinzu.[78] Die Versprachlichung des Gottesdienstes durch die

---

[76] B. v. Issendorf, Urchristenheit unter uns. Was mir im Gottesdienst schwarzer Gemeinden auffiel. In: ZGDP 2 (1984) H. 4, 5-8, hier 7.

[77] Wenn Luther gelegentlich den Sakramentsbegriff auf das Wort überträgt (vgl. z. B. WA 9, 440, 2-5), so wird damit gerade nicht eine solche ›Vergegenständlichung‹ des Heilswortes intendiert, sondern umgekehrt der - auf glaubende Annahme zielende, ein personales Verhältnis begründende - ›Wortcharakter‹ der Sakramente zum Ausdruck gebracht; vgl. G. Ebeling (s. Anm. 7) 369-375. Deshalb ist es zumindest mißverständlich, wenn immer wieder vom »sakramentalen Charakter«, der »sakramentalen Mächtigkeit« oder »sakramentalen Wirkweise« des Wortes bei Luther gesprochen wird.

[78] H. M. Müller (s. Anm. 58) 2.

Reformatoren hatte ja gerade den Sinn, solche »Unmittelbarkeit der persönlichen Begegnung« sicherzustellen. Nun aber hat es den Anschein, daß das zum Heilsgegenstand geratene Wort selber zu einem Faktor wird, der alle Unmittelbarkeit zerstört: Gerade der pausenlose gottesdienstliche Redefluß, das literarisch fixierte und rituell wie homiletisch reproduzierte Wort verhindern, so scheint es, daß Gott mit den Menschen und die Menschen untereinander ins Gespräch kommen. Und der des Wortes kundige, das Wort verwaltende Prediger wird auf seine Weise zum *Pontifex*, zum unentbehrlichen Heilsmittler.

4. Auch jene merkwürdige Bedeutungsschwäche, die wir an dem geschilderten Gottesdienst beobachten konnten, mag mit solcher Vergegenständlichung des Heilswortes und damit mit der Literarisierung und Überverbalisierung des Gottesdienstes zusammenhängen: Wo das Wort zum Heilsgegenstand gerät, verliert es seinen Verweischarakter, seine metaphorische, über-tragende und über-setzende, vermittelnde Kraft. Es genügt, daß es sich selbst bezeichnet, sich selbst immer wieder reproduziert. So wie das zum gegenständlichen Heilsmittel verkürzte Sakrament im Grunde seine metaphorische, symbolische Qualität einbüßt, endet auch die geschilderte Vergegenständlichung des Heilswortes in einem eindimensionalen Gebrauch von Sprache: Das Wort, das nur sich selbst bezeichnet, kann nicht mehr Gleichnis der Wahrheit und Wirklichkeit Gottes sein. Aber auch die beobachtete Ent-Mündigung der Gemeinde ist hier mit zu bedenken: Daß Gottesdienst und Predigt zum »semantischen Geräusch« geraten, hat unter anderem vermutlich auch darin seinen Grund, daß die Lebens- und Glaubenserfahrungen der Beteiligten sich nicht wirklich zu Wort melden können. Denn: Bedeutung, auch Heilsbedeutung, haftet nicht an Wort- und Zeichengestalten an sich. Sie erwächst erst aus den Beziehungen, die Worte und Zeichen in einer konkreten Situation zwischen den hier gegenwärtigen Erfahrungen und den überlieferten Glaubenszeugnissen und Gottesreden herzustellen vermögen.

IX.

Wir können abschließend kein Rezept formulieren, wie den genannten *mißbreuch* zu begegnen wäre. Folgendes scheint aber deutlich:

1. Mit Eingriffen auf der Ebene liturgischer Gestaltung allein lassen sich die beschriebenen Schwierigkeiten kaum beheben. Das relativiert alle Versuche, etwa durch die Verstärkung der nichtverbalen Kodes der Überverbalisierung und Literarisierung des Gottesdienstes entgegenzuwirken. Es erklärt auch die Reibungen, die im Zusammenhang solcher Versuche immer wieder auftreten. Exemplarisch läßt sich dies an den Restaurationsagenden der fünfziger Jahre aufzeigen: Daß ihrem Bemühen, den Hauptgottesdienst als Gottesdienst mit Predigt und Abendmahl zu restituieren, nur Teilerfolge beschieden waren, hängt vermutlich damit zusammen, daß es hier nicht gelang - oder auch gar nicht intendiert war -, das Vorzeichen vor der Klammer neu zu formulieren. Ohne solche Umstrukturierungen im Bereich jener Kodes, die dem liturgischen Kode vor- und übergeordnet sind, läuft aber vermutlich jede Gottesdienstreform ins Leere.

2. Die Meta-Regeln gottesdienstlicher Kommunikation können aber - das zeigt das Beispiel der Reformationszeit - kaum unter Absehung von jenen allgemeineren kommunikativen und kulturellen Kodes umformuliert werden, wie sie das soziale und kommunikative Verhalten der Zeitgenossen insgesamt bestimmen. Hier ist zu fragen: Macht ein neuer, qualitativer Sprung im »Prozeß der Zivilisation« womöglich auch eine erneute Umstrukturierung der Zeichensysteme in der Kommunikation des Evangeliums

unumgänglich? Hat unser Unbehagen angesichts des von Peter Cornehl dokumentierten Gottesdienst-Beispiels womöglich seine Wurzeln auch in einem solchen Kultur- und Kommunikationsbruch? Manfred Josuttis hatte - wir erinnern uns - für das Reformationszeitalter eine grundlegende Umschaltung von der Verhaltensebene auf die Einstellungsebene vermutet: Heilsgewißheit wird nicht mehr primär durch ein traditionsgeleitetes[79] kultisches bzw. religiöses Verhalten gewonnen, sondern wesentlich über den Einstellungsbereich - sozusagen *sola fide* - vermittelt. Hier ist zu fragen: Vermag ein solchermaßen auf den Einstellungsbereich fixierter, »innengelenkter« Glaubensvollzug heute noch für die Mehrzahl unserer Zeit- und Glaubensgenossen vergewissernd zu wirken? Manches spricht dafür, daß ein Teil dieser Zeitgenossen - und wir womöglich unter ihnen - einen anderen, zumindest modifizierten anthropologischen Bezugspunkt für seine religiöse Praxis gefunden hat: Glaube als religiöse Einstellung wird plausibel und bleibt plausibel nur in einem dichten Geflecht sozialer Beziehungen. Das heißt auch: Heil bildet sich ab in der Gemeinschaft der Glaubenden und in der Annahme, die sie sich wechselseitig gewähren. Der ›gnädige Nächste‹ wird zum Zeichen der Gnade Gottes.

3. Die neuere Abendmahlsbewegung in den evangelischen Kirchen, wie sie insbesondere auf den Kirchentagen in Erscheinung getreten ist,[80] scheint nun in der Tat durch ein in solcher Weise verändertes Vorzeichen vor der Klammer gottesdienstlicher Praxis bestimmt zu sein. Es sieht so aus, als ob hier gelänge, was die Restaurationsagenden so erfolglos versucht hatten: dem Abendmahl einen selbstverständlichen Platz in evangelischer Frömmigkeit und Gottesdienstpraxis zurückzugewinnen. Bemerkenswert ist, daß es hierbei gelegentlich auch zu einer Aufnahme überlieferter, von der Reformation ausgeschiedener Elemente - Gabenprozession, -bereitung, -gebet, eucharistisches Hochgebet u. a.[81] - kommen kann, und dies nicht in restaurativer Absicht, motiviert durch die Liturgiegeschichte, sondern aus dem Bewußtsein heraus, daß gerade so die konkrete Situation mit den in ihr gegenwärtigen Erinnerungen und Hoffnungen im Medium symbolischer Kommunikation zur Sprache gebracht und auf das Christusereignis bezogen werden kann. Auch eine auffällige Verstärkung der nichtverbalen Kodes läßt sich in diesem Zusammenhang konstatieren. Man muß dann freilich wissen, daß das veränderte Vorzeichen vor der Klammer den überlieferten Texten und Vollzügen insgesamt einen neuen Sinn und eine neue Funktion zuweist: Wieder wird der semantische Raum des Gottesdienstes als Ganzes neu geordnet. Ein Gabengebet, ein eucharistisches Hochgebet zum Beispiel, ein ritueller Gestus besitzt dann in einem solchen Gottesdienst nicht unbedingt die gleiche Bedeutung, den gleichen Zeichenwert wie in einer hauptsächlich unter liturgiehistorischem Interesse restaurierten Eucharistiefeier hochlutherischer Provenienz. Kritiker der neueren Abendmahlsbewegung lassen sich darum von solchen Anleihen bei der Tradition auch nicht beeindrucken und werfen ihr vor, das Abendmahl auf die soziale Dimension zu reduzieren und alles auf die

---

[79] Der hier erkennbare Bezug zur Typologie von D. Riesman, Die einsame Masse. Hamburg 1958, wird von M. Josuttis (s. Anm. 57) 278 hergestellt und ausgeführt.
[80] Vgl. G. Kugler (Hg.), Forum Abendmahl. Gütersloh 1979; R. Christiansen/P. Cornehl (Hg.), Alle an einem Tisch. Forum Abendmahl 2. Gütersloh 1981; G. Kugler, Feierabendmahl. Gütersloh 1981; P. Cornehl, Evangelische Abendmahlspraxis im Spannungsfeld von Lehre, Erfahrung und Gestaltung. In: H. M. Müller/D. Rössler (Hg.), Reformation und Praktische Theologie. FS W. Jetter. Göttingen 1983, 22-50.
[81] Vgl. z. B. G. Kugler, Forum Abendmahl (s. Anm. 80) 96-103.

»gegenseitige Sympathie oder auf solidarische Auffassungen der Teilnehmer« abzustellen.[82] Reibungen solcher Art lassen sich sehr gut damit erklären, daß es hier wiederum zu einer Überlagerung zweier differierender semantischer Systeme im Erfahrungsfeld des Gottesdienstes kommt. Jedes dieser Systeme gliedert dieses Feld auf seine Weise, trägt seine eigenen semantischen Achsen, seine eigenen Positionen und Oppositionen in es ein. Wie die Sprachgeschichte zeigt, treten solche Überlagerungen semantischer Systeme häufig in Phasen eines kulturellen Umbruchs auf.[83]

4. Nun scheint es in der Tat so - und gerade das Beispiel des reformatorischen Gottesdienstes läßt dies deutlich werden -, daß auch eine Neuformulierung der Meta-Regeln gottesdienstlicher Kommunikation den Gottesdienst selbst nicht davor schützt, erneut zum sich selbst und andere rechtfertigenden *werck* zu verkommen. Vielleicht wächst diese Gefahr sogar in dem Maße, wie die Beziehungsebene für den Glaubensvollzug und die Kommunikation des Evangeliums insgesamt an Bedeutung gewinnt. Auf der anderen Seite ist jedoch deutlich: Literarisierung und Überverbalisierung des Gottesdienstes, Angst vor dem freien Wort und vor dem Ausbleiben des Wortes, Vergegenständlichung, Bedeutungsschwäche und Verlust an Unmittelbarkeit haben offenbar etwas mit Störungen auf der Beziehungsebene gottesdienstlicher wie religiöser Kommunikation zu tun. In unserem Gottesdienstbeispiel war es insbesondere die gestörte Beziehung des Predigers zur Gemeinde, die negativ beeindruckte. Da ist es nicht ohne Bedeutung, wenn jetzt eine Meta-Regel wirksam wird, die da lautet: Heil läßt sich nicht abseits beziehungsstiftender und darin heilsamer Kommunikation zueignen; einer Kommunikation, die auf der Beziehungsebene vollzieht, was sie inhaltlich besagt.[84] Die Nähe Gottes läßt sich nur schlecht vermitteln, wenn man auf Distanz zueinander geht. Zuwendung läßt sich nicht aussagen und mitteilen, indem man sich abwendet. Betroffenheit läßt sich kaum erreichen, wenn man sich selbst heraushält. Vielleicht lassen sich die *mißbreuch*, die in unseren Gottesdienst gefallen sind, auch daran festmachen: Die Vergegenständlichung der *sprach des mundlichen worts* geht mit einem Verlust ihrer Beziehungsqualität einher.

5. Trifft unsere Vermutung zu, könnte sich aus der erhofften Neuformulierung der Meta-Regeln gottesdienstlicher Kommunikation eines Tages auch ein verändertes Gesicht des Gottesdienstes ergeben: Gottesdienste, in denen das freie Wort, aber auch das beredte Schweigen wieder gewagt werden können. Gottesdienste, die dem Volk Gottes wieder Stimme und Mund geben und seine Erinnerungen und Hoffnungen zu Wort kommen lassen. Gottesdienste, die so - ohne angestrengte Pädagogik - zur »Sprachschule« des Glaubens werden können.[85] Gottesdienste, in denen nichtverbale Kommunikationsformen nicht nur verschämt und einfallslos am Rande mitlaufen, sondern in ihrer besonderen beziehungsstiftenden und beziehungsbestimmenden Kraft unverkrampft und schöpferisch in Anspruch genommen und entfaltet werden können.

---

[82] Thesen über die Gestaltung der Feier des heiligen Abendmahls in unserer Zeit. In: KuD 30 (1984) 97-99, hier 99.
[83] Vgl. U. Eco, Einführung in die Semiotik. München 1972, 85-101, besonders 93f.
[84] Vgl. zu der hier verwendeten Begrifflichkeit der Palo-Alto-Schule P. Watzlawick/J. H. Beavin/D. D. Jackson, Menschliche Kommunikation. Formen, Störungen, Paradoxien. Bern ⁵1980, 53-56.
[85] B. v. Issendorf (s. Anm. 76) 6f im Anschluß an Ernst Lange.

Gottesdienst als ›offenes Kunstwerk‹?
Zur Dramaturgie des Gottesdienstes

I. Spiel mit verteilten Rollen: Publikum, Akteure, Kritiker

Es ist ein altes Stück, das da Sonntag für Sonntag in unseren Kirchen aufgeführt wird: Der Handlungsrahmen, die wichtigsten Texte und Töne liegen seit Jahrhunderten fest. Kulissen, Bühnenausstattung dürfen nur innerhalb eines bestimmten Grundmusters variieren: Der Handlungsrahmen schreibt auch die Schauplätze der Handlung fest, und solche Festschreibung im Raum fixiert und tradiert ihrerseits die überlieferte Handlung des Stücks. Die Kostümierung der Hauptdarsteller ist wenig abwechslungsreich; zaghafte Versuche, hieran etwas zu ändern, stoßen meist auf den Widerstand des Publikums.

Das *Publikum*: Der Handlungsrahmen weist ihm genau bezeichnete, umgrenzte Funktionen zu. Beifall oder Mißfallen laut zu äußern, ist ihm in der Regel nicht erlaubt. Auf die Gestaltung des Stücks hat es keinen unmittelbaren Einfluß. Doch orientiert sich die Aufführungspraxis weithin an seinen - tatsächlichen oder vermeintlichen - Erwartungen. Neuerdings sind ganze Scharen von Fachleuten damit befaßt, dem Publikumsgeschmack auf die Spur zu kommen, die Erwartungen zu erkunden, die das Publikum dem Stück gegenüber hegt.

Die *Hauptdarsteller*. Sie sind zugleich die Regisseure und - in gewisser Weise - die Produzenten des Stücks. Doch sind auch ihre Möglichkeiten begrenzt. Nicht nur der Handlungsrahmen, auch bestimmte, überlieferte und eingeschliffene Aufführungspraktiken sind ihnen vorgegeben. Ungewohnte, vom Klischee abweichende Inszenierungen erfordern Mut und Mühe und verschrecken häufig sowohl das Publikum wie die Intendanz des Hauses. Dennoch halten sich längst nicht alle mehr an die vorgeschriebenen Textbücher. Wenn es darum geht, den Rahmen mit Texten und Tönen zu füllen - und das ist eine der Aufgaben, vor denen Darsteller bzw. Regisseure Sonntag für Sonntag stehen -, greifen viele auf freie, inoffizielle Textsammlungen zurück.

Der *Darsteller* - den wir im folgenden, seiner überlieferten Rollenbezeichnung entsprechend, *Liturg* oder *Prediger* nennen wollen - begreift es jedoch meist als seine Hauptaufgabe, jene Sequenz des Stückes zu gestalten, für die ihm der Handlungsrahmen gewisse Improvisationsmöglichkeiten zubilligt. Er verwendet viel Zeit und Kraft auf die Vorbereitung gerade dieser Sequenz, Predigt genannt. Und doch sind auch hier seine Möglichkeiten zu wirklich freier Gestaltung begrenzt - weniger durch die Bindung an den biblischen Text, den er in seiner Predigt auslegen soll, als vielmehr auch hier durch die überlieferte Aufführungspraxis, die Denk-, Sprach - und Sprechweise, Gestik und Mimik, Kostüm und Handlungsort weitgehend festlegt.

Das *Stück*: Wie bei allen antiken - oder auch nur klassischen - Stücken, die in der Gegenwart zur Aufführung gelangen, darf auch hier eine Spannung vermutet werden zwischen dem Ur- und Erstsinn des Werkes und dem jeweils aktuellen Sinn, den es heute und hier zu verwirklichen und zu vermitteln vermag. Die Vorstellung, ein solches Werk könne die mit ihm ursprünglich verbundenen Bedeutungen und Sinnzuweisungen ohne weiteres in die Gegenwart transportieren und hier in einem ganz anderen historischen, kulturellen, gesellschaftlichen Kontext unverändert reproduzieren, erweist sich auch im Blick auf den Gottesdienst als naiv. Jede Aufführung des Stücks vollzieht sich als ein Akt der Interpretation, durch den den überlieferten Texten und Vollzügen neue

Bedeutungen zugewiesen werden, es im ganzen wie in seinen einzelnen Sequenzen in neue Sinnzusammenhänge eingefügt wird. Wie jeder andere Regisseur und Darsteller auch interpretiert der *Liturg* und *Prediger* zusammen mit seinem *Publikum* den ihm überlieferten Handlungs- und Textzusammenhang *Gottesdienst* neu, gewinnt ihm neue Sinnsegmente ab.

Wie jedes andere Werk, das solchermaßen zur Aufführung gebracht wird, findet auch der Gottesdienst seine *Kritiker*. Sie lassen sich - grob gesehen - in zwei Gruppen einteilen: Die einen - historisch und philologisch geschult - sind vor allem an der Genese des Werkes interessiert. Ihre Arbeit wird dadurch erschwert, daß sie es nicht mit einem einzelnen Autor zu tun haben, sondern mit einem Text- und Handlungszusammenhang, an dem viele mitgeschrieben haben und der durch Jahrhunderte hindurch gewachsen ist. In sorgfältiger liturgiearchäologischer Arbeit decken sie Schicht um Schicht auf und versuchen, der ursprünglichen Gestalt und Funktion jedes einzelnen Elementes auf die Spur zu kommen. Als Kritiker des gegenwärtigen Gottesdienstes stehen sie in der Versuchung, jene Urgestalt und den in ihr vermuteten Erstsinn zum Kriterium für alle gegenwärtige Aufführungspraxis zu machen. Sie drängen auf »interpretatorische Treue«[1] und möchten - je nach Standort und Neigung - eine bestimmte historische Gestalt des Werkes, ein bestimmtes Stadium seiner Entwicklung, in der Gegenwart restituieren und zum Maßstab für gegenwärtige Gottesdienstgestaltung erklären.

Die zweite Gruppe der *Kritiker* - mehr soziologisch und psychologisch denn historisch interessiert - befragt die gegenwärtige Gottesdienstpraxis vor allem auf ihre Effizienz: Was wird heute und hier durch das Unternehmen Gottesdienst bewirkt? Welche Funktionen für den einzelnen, für bestimmte gesellschaftliche Gruppen, für die Gesellschaft im ganzen vermag dieser Gottesdienst zu erfüllen? Bei ihrem Bestreben, solchermaßen die Effizienz des Unternehmens zu erheben und gegebenenfalls zu verbessern, übersehen sie manchmal, daß es gerade die überlieferte Gestalt des Werkes ist, die immer neue Interpretationen nicht nur zuläßt, sondern geradezu provoziert, ohne jedoch solchen aktuellen Funktions- und Sinngewinn völliger Beliebigkeit preiszugeben.

II. Die Aufführung des Stücks: Szenen, Zeichen, Lesarten

Schalten wir uns in eine aktuelle Aufführung des Stückes ein: Eine neugotische Kirche, relativ überschaubar, fast eine Kapelle, aber langgestreckt, der Altarraum überdimensioniert, der Altar weit entfernt, die Kanzel an einer Seitenempore im Schiff. Vorn auf der ersten Bank erkennen wir den Pastor und die Vikarin, die heute predigen soll, beide im schwarzen Talar.

Glockengeläut, Orgelspiel. Der Pastor tritt unter die Kanzel, begrüßt die Gemeinde in einer merkwürdigen Mischung aus Herzlichkeit und Pathos, sagt einiges zum Ablauf des Gottesdienstes, nimmt wieder Platz. Die Gemeinde singt ein Lied aus dem Gesangbuch. Danach: Die Vikarin unter der Kanzel. Sie liest mit leiser Stimme einen Psalm, muß sich dabei immer wieder die Haare aus dem Gesicht streichen. Währenddessen der Pastor am Altar, gewichtig der Gemeinde zugewandt. »Ehr sei dem Vater« wird gesungen, wie üblich fallen alle erst beim dritten Wort in die von der Orgel begleitete Melodie ein.

---

[1] U. Eco, Einführung in die Semiotik [La struttura assente. Mailand 1968]. München 1972, 165.

Jetzt der Pastor: Nachdrücklich, fast gesungen, trägt er eine Art Schuldbekenntnis vor, singt dann mit der Orgel und der Gemeinde im Wechsel das »Kyrie eleison«, spricht in derselben Weise wie zuvor ein Gnadenwort, stimmt das »Ehre sei Gott« an, die Gemeinde fällt mit »Allein Gott in der Höh sei Ehr« ein. Dann, gesungen: »Der Herr sei mit euch« - »Und mit deinem Geist«. Ein Kollektengebet, neu formuliert, schließt diesen Teil des Gottesdienstes ab. Der Pastor singt es, dem Altar zugewandt, auf eine bedächtige, nicht unsympathische Weise. - Ich schließe hieran einige Überlegungen an:

1. Im Handlungsrahmen des Gottesdienstes kommt der hier beschriebenen Sequenz die Funktion der *Eröffnung* zu. Liturgiegeschichtlich handelt es sich um Elemente, die dem Gottesdienst relativ spät zugewachsen sind; in den ersten drei bis vier Jahrhunderten, so darf man vermuten, kam der Gottesdienst ohne solche Eröffnungsriten aus und begann unmittelbar mit den Schriftlesungen.[2] Ansatzpunkt für die Entwicklung dieser Riten dürfte der Einzug des Bischofs und seiner Assistenz gewesen sein, wie er seinerseits eine deutliche hierarchische Gliederung der Gemeinde sowohl voraussetzte wie bezeichnete: Bischof, Presbyter, Diakone und andere Kleriker zogen feierlich in die Kirche ein, in der sich das Volk bereits versammelt hatte. Dieser Einzug wurde zunächst von Akklamationen, später dann von Gesängen begleitet; an seinem Sitz angelangt, begrüßte der Bischof die Gemeinde und sprach ein erstes, ›zusammenfassendes‹ Gebet.

2. In der Aufführung des Stücks, die wir miterlebt haben, ist von dieser ursprünglichen Funktion der Eröffnungsriten und Eröffnungstexte kaum mehr etwas zu erkennen. Ein Einzug findet nicht statt. Pastor und Vikarin haben fast unbemerkt Platz genommen. Der Psalm zum Einzug - unter genetischem Gesichtspunkt verdoppelt er das Eingangslied - wird gelesen, nicht gesungen; er erfüllt jetzt die Funktion einer ersten, einstimmenden Schriftlesung oder auch eines Eröffnungsgebetes. Das *Kyrie eleison* - ursprünglich ebenfalls ein litaneiartiger Einzugsgesang - ist auf wenige Wechselrufe verkürzt; es fungiert jetzt als Teil eines einleitenden Bußaktes, der im *Gloria* zu seinem Ziel kommt.

Merkwürdig ist die doppelte Begrüßung; dem formalisierten Gruß vor dem Kollektengebet ist seine ursprüngliche Funktion gänzlich abhanden gekommen; er dient jetzt zur kennzeichnenden Hervorhebung und Verstärkung des nachfolgenden Gebetes. Dieses Gebet - neu formuliert - nimmt Themen der Schriftlesungen und der Predigt vorweg, hat also nicht retrospektiven, sondern prospektiven Charakter.

3. Kann man im Blick auf die geschilderte Sequenz überhaupt von einer Aufführung sprechen? Gewiß: Die Regieleistung ist mager. Die Integration der Kyrie- und Gloriarelikte in eine Art Bußakt hat der Liturg nicht erfunden, sondern als vorgefertigten Zusammenhang aus der Tradition übernommen. Das gilt wohl auch für die Praxis, den Eingangspsalm zu lesen. Daß er diese Aufgabe der Vikarin überträgt, zeigt jedoch, daß er sich Gedanken über die Verteilung der Rollen in dem zu spielenden Stück gemacht hat. Neben ihm selber und der Vikarin, die auch die Predigt hält und beim Fürbittengebet mitwirkt, tritt noch ein Lektor in Erscheinung, der die Schriftlesungen vorträgt.

Daß er der Vikarin den Platz unter der Kanzel zuweist, während er selber am Altar fungiert, läßt erkennen, daß er auch die Schauplätze der Handlung und der agierenden

---

[2] Vgl. in diesem Band den Beitrag »Zeichen der Eröffnung« (S. 42-60).

Personen reflektiert. Seine eigentliche Leistung besteht jedoch in der Auswahl des Eingangsliedes und der nachfolgenden Texte, die thematisch aufeinander abgestimmt sind. Bemerkenswert ist das Gespür für die Situation, das er in seiner frei formulierten Begrüßung entwickelt. Insgesamt gewinnt man den Eindruck einer zwar nicht sonderlich kreativen und phantasievollen, aber doch sorgfältig vorbereiteten Aufführung des überlieferten Handlungszusammenhangs, der besonders durch die Auswahl der Texte eine Interpretation erfährt.

4. Wie wird nun die geschilderte Sequenz von den Anwesenden gelesen? Welche Bedeutungen, welchen Sinn vermögen sie ihr abzugewinnen? Welche Botschaften werden wahrgenommen und angenommen?

Wahrscheinlich ist, daß außer dem anwesenden Kritiker wohl kaum einer sonst den einzelnen Elementen wie der Sequenz im ganzen ihren jeweiligen historischen Erst- und Ursinn - soweit man auf einen solchen überhaupt rekurrieren kann - assoziieren wird. Welche Bedeutungen im einzelnen aus dem Geschehen heraus und in es hineingelesen werden, läßt sich kaum generell bestimmen; es hängt ab von den Erwartungs- und Interpretationssystemen, den Kodes, über die die Beteiligten jeweils verfügen, von den vorgängigen Erfahrungen, die von diesen Kodes festgehalten und strukturiert werden, von den Ideologien, die die Auswahl und Anwendung der Kodes bestimmen. So wird ein Kirchenfremder den Vorgang anders rezipieren als ein Gemeindeglied, dem die Umgangs- und Feierformen kirchlicher Subkultur von Kind an vertraut sind; und die um ihren neunjährigen Sohn trauernde Familie in der zweiten Bankreihe wird dem Geschehen womöglich andere Bedeutungen entnehmen als der Oberkirchenrat, der erschienen ist, um die predigende Vikarin abzuhören. Die gleiche Text- und Zeichenfolge kann offenbar auf unterschiedliche Weise gelesen und interpretiert werden.

5. Ob das Geschehen insgesamt und in seinen Einzelheiten in seiner den Gottesdienst eröffnenden Funktion wahrgenommen wird, dürfte fraglich sein. Am ehesten mag das noch für die freie Begrüßung gelten, die dem übrigen vorausgeht. Was dann folgt, bezeichnet wohl im wesentlichen nichts weiter als - sich selbst; das heißt, es dient dazu, das gottesdienstliche Geschehen als solches zu konstituieren, es von anderen Handlungszusammenhängen zu unterscheiden, es in seiner Unverwechselbarkeit zu markieren.

Ein unbefangener Beobachter könnte den Eindruck gewinnen, daß hier kunstvoll eine Schwelle nach der anderen errichtet wird, um den Zugang zum Zentrum des Geschehens zu erschweren und jedes leichtfertige Eindringen zu verhindern. Wie sonst könnte die Nötigung entstehen, all den eröffnenden, einleitenden, einstimmenden Texten und Vollzügen nun noch eine einführende, aufschließende Begrüßung voranzustellen?

Auf zweifache Weise geht freilich die geschilderte Sequenz über diese allgemeine, selbstbezügliche Botschaft hinaus: Zum einen mag es wohl kaum einen Besucher geben, der nicht - in den Liedern, in den Texten - die Bezüge auf das bevorstehende Weihnachtsfest wahrnimmt; der Gottesdienst wird am 4. Advent gehalten. Zum andern wird wohl auch die deutliche Präsentation der Vikarin - in der Begrüßung verbal vorbereitet, dann auch visuell-räumlich kodiert - wahrgenommen werden. Aber auch hier gilt: Welche Konnotationen, welche Mit-Bedeutungen den hiermit bezeichneten Sachverhalten jeweils abgewonnen werden, bleibt durchaus offen.

6. Darüberhinaus lassen sich einige allgemeinere Überlegungen dazu anstellen, auf welche Weise der geschilderte Vorgang zu seiner Bedeutung gelangt: Wir haben den gottesdienstlichen Handlungszusammenhang in Analogie zu einem antiken bzw. klassischen Werk betrachtet, das in der Gegenwart zur Aufführung gebracht wird. Das Werk

ist in bestimmten historischen, kulturellen, gesellschaftlichen Zusammenhängen entstanden und trägt in Sprache und Gestalt die Zeichen solchen Ursprungs an sich. *Jede Wiederaufführung des Stücks in einem anderen soziokulturellen Kontext - gleich, ob museal um historische Treue bemüht oder modernistisch-aktualisierend - bezieht unvermeidlich Elemente gegenwärtiger Kultur in das Spiel mit ein.* Was heute und hier gespielt wird, ist nie völlig mit dem identisch, was einst zur Aufführung gelangte. Da mag die Kleidung der Darsteller noch so sehr auf bestimmte kulturelle Kodes einer vergangenen Epoche verweisen - daß unter dem schwarzen Talar eine Frau zum Vorschein kommt, ist wohl nur aus dem gegenwärtigen soziokulturellen Kontext heraus verstehbar, nur in ihm vorstellbar.

7. Nun kann freilich vermutet werden, daß bei einer solchen Wiederaufführung der sinnerzeugende Prozeß gerade dadurch in Gang gesetzt und vorangetrieben wird, daß die in einem anderen, vergangenen kulturellen Kontext erzeugten, bedeutungstragenden Zeichengestalten, Wort- und Tonfolgen sich einer reibungslosen Einordnung in gegenwärtige Kodes sperren. Sie nötigen dadurch die Beteiligten, den Ort solch überlieferter, gottesdienstlich wiederaufgeführter Gestalten in den gegenwärtigen kulturellen Erwartungssystemen zu bestimmen und ihnen so einen aktuellen Sinn abzugewinnen.

Wieder das Beispiel Kleidung: Mag das schwarze Gewand zu Luthers Zeiten seinen Träger als einen Gelehrten ausgewiesen haben, zu Zeiten Friedrich Wilhelms III. als einen beamteten Kult- und Staatsdiener - der gegenwärtige Darsteller und Mitspieler wird den Ort solcher Gewandung im Zusammenhang gegenwärtiger Kleiderkodes zu bestimmen haben, soll das Gewand für ihn überhaupt noch zu einem sinnvollen Zeichen werden. Und da zeigt sich: Das liturgische Gewand ist - wie andere gottesdienstliche Zeichengestalten, Wort- und Tonfolgen in ihrem jeweiligen Kontext - in gewisser Weise ein unwahrscheinliches Element, das die Wahrscheinlichkeitsordnung gegenwärtiger Kleiderkodes durchbricht. Aber gerade das scheint es zu sein, was auch eine Bedeutungsvermehrung, die Einführung neuer Bedeutungen in das kommunikative Spiel möglich macht und so dem sinnerzeugenden Prozeß neue Impulse vermittelt.

8. Wir sehen an diesem Beispiel: Die genannten Zeichengestalten (Signifikanten) können nicht auf eine einzige, für alle Zeiten gültige, womöglich von der Ursprungssituation her bestimmbare Bedeutung (Signifikat) festgelegt werden. Sie sind vielmehr von einem Feld möglicher Bedeutungen umgeben, das in Beziehung steht zu den jeweiligen kulturellen Erwartungssystemen und wie diese ständigem Wandel unterworfen ist.

Genauer betrachtet, handelt es sich sogar um eine Vielzahl solcher Felder, die einander ablösen können, sich aber auch zu überlagern, zu überschneiden vermögen. Da wird vielleicht in dem einen Feld das schwarze Gewand auf der Achse *gelehrt - ungelehrt* geortet und gelesen, über die Brücke möglicher Mit-Bedeutungen mit anderen Zeichengestalten und ihren Bedeutungsfeldern verknüpft. In einem zweiten Feld erfolgt die Ortung vielleicht auf der Achse *Obrigkeit - Untertan*, in einem dritten Feld auf der Achse *sakral - profan*, im vierten auf der Achse *konservativ - progressiv* usw.

Die verschiedenen Lesarten müssen einander nicht ausschließen, sondern können nebeneinander, womöglich gegeneinander ein und demselben Zeichenbenutzer gegenwärtig sein. Es ist deutlich, daß etwa die Inanspruchnahme des schwarzen Gewandes außerhalb des Gottesdienstes - früher vielleicht bei Staatsakten und Empfängen, heute bei politischen Demonstrationen - gerade aus solcher diffusen Überlagerung verschiedener semantischer Achsen lebt.

9. Eine Wort- und Tonfolge, die in unserem Beispiel eine Rolle spielt, ist das *Kyrie eleison*. In antiker Zeit ein Heil- und Jubelruf, der sowohl im politischen wie im religiösen Bereich eine Rolle spielte – mit dem Ruf Kyrie eleison begrüßte der Verehrer des Sonnengottes die aufgehende Sonne; Kyrie eleison riefen die Volksmassen, wenn ein Herrscher auf Staats- und Stadtbesuch kam, ein triumphierender Feldherr sich feiern ließ – ursprünglich ein Heil- und Jubelruf also, vergleichbar dem ›Hurra‹ unseres Kultur- bzw. Unkulturkreises.

Als vielfach wiederholte Akklamation wird es dann Bestandteil christlicher Fürbittengebete und Litaneien, noch später zur Textvorlage ein- und mehrstimmiger Kompositionen, zu einem ›Satz‹ in der mehrteiligen Ouvertüre feierlicher Hochämter. In unserem Beispiel erfüllt es offenkundig eine andere Funktion, ist mit anderen Grund- und Mitbedeutungen verbunden: Es nimmt das Schuldbekenntnis auf, das der Liturg der Gemeinde vorspricht, ist also ritueller Ausdruck und Vollzug bußfertiger Gesinnung.

So betrachtet, ist die Wort- und Tonfolge des Kyrie eleison eine »sinnerzeugende Form«,[3] die sich in unterschiedlichen kulturell-religiös-liturgischen Kontexten auch mit unterschiedlichen Denotationen und Konnotationen, Grund- und Mitbedeutungen anzureichern vermag. Es ist solchermaßen prinzipiell offen für Sinngewinn, für Sinnerweiterung.

Solche Offenheit ist freilich nicht unbegrenzt: Im gottesdienstlichen Zusammenhang können dem Kyrie eleison keine beliebigen Bedeutungen abgewonnen werden. Das Feld möglicher Bedeutungen, das dem Kyrie eleison als »sinnerzeugender Form« zugeordnet werden kann, wird seinerseits bestimmt und begrenzt durch die Sinnrichtung des Kontextes, in dem es steht, und das heißt letztendlich: durch die Sinnrichtung des Gottesdienstes insgesamt und damit durch den Überlieferungszusammenhang des Christenglaubens.

III. EBENEN DER KODIERUNG

Der Gottesdienst als Stück, als Werk, das zur Aufführung gelangt: Das war die in ein Bild gefaßte Hypothese, von der wir ausgegangen sind. An der von uns näher ins Auge gefaßten Eröffnungssequenz wurde deutlich: Es handelt sich im ganzen wie in seinen einzelnen Elementen um ein *offenes Werk*, das auf unterschiedliche Weise in Szene gesetzt, unterschiedlich interpretiert werden kann, das als »sinnerzeugende Form« offen ist für Sinngewinn, für Sinnerweiterung. Dies läßt sich liturgiegeschichtlich belegen, aber auch am aktuellen Phänomen ›Gottesdienst‹ erfahren.

Ob freilich der solchermaßen aufgeführte und wiederaufgeführte Gottesdienst als »offenes Kunstwerk« im Sinne der Ästhetik Umberto Ecos gelten kann, von der wir uns hier anregen lassen,[4] steht noch dahin. Denn: Nicht nur die geschilderte prinzipielle Offenheit und Mehrdeutigkeit zeichnet das Kunstwerk aus, eine Offenheit, die unterschiedliche Lesarten, verschiedene Rezeptionen nicht nur ermöglicht, sondern geradezu provoziert. Voraussetzung solcher fruchtbaren, sinnerweiternden und -bereichernden

---

[3] U. Eco, Das offene Kunstwerk [Opera aperta. Mailand 1962, 1967]. Frankfurt/M. 1973, 118 u. ö.
[4] Vgl. U. Eco (s. Anm. 1) 145-167 als knappe, weiterführende Zusammenfassung seiner Rezeptionsästhetik auf semiotischer Grundlage. Vgl. G. M. Martin, Predigt als »offenes Kunstwerk«? Zum Dialog zwischen Homiletik und Rezeptionsästhetik. In: EvTh 44 (1984) 46-58; H. Schröer, Umberto Eco als Predigthelfer? Fragen an Gerhard Marcel Martin. In: EvTh 44 (1984) 58-63.

Mehrdeutigkeit ist vielmehr auch, daß das Werk auf allen seinen Organisationsebenen »auf Grund eines einzigen allgemeinen Codes, der sie alle strukturiert«, definierbar ist.[5]

Einfacher: Bei einem Gedicht etwa - oder gar bei einem Lied - ist nicht nur die Folge, der innere Zusammenhang der thematisierten Bedeutungen wichtig. Auch das Laut-, Wort- und Tonmaterial, die Syntax, der Klang und der Rhythmus werden in einer bestimmten Weise organisiert, die in einer notwendigen, wechselseitigen Beziehung steht zu den Sinnstrukturen, wie sie auf der Ebene der Bedeutungen greifbar werden. »Was heißt es, von der Einheit von Inhalt und Form in einem gelungenen Werk zu sprechen, wenn nicht, daß dasselbe strukturale Schema die verschiedenen Organisationsebenen beherrscht? Es etabliert sich ein Netz von homologen Formen, das den besonderen Code dieses Werkes bildet.«[6] Eco spricht in diesem Zusammenhang von der unverwechselbaren Eigensprache, dem Idiolekt eines Werkes, der alle seine Ebenen auf die gleiche Weise formt und es so auch ermöglicht, etwa von einem Torso auf das Ganze zu schließen.

Gelegentlich geschieht es, daß auch das Werk, von dem wir hier handeln, eine Bearbeitung erfährt, die solchen Maßstäben Genüge zu leisten vermag. Ich denke zum Beispiel an die Fassung, die Martin Luther in seiner ›Deutschen Messe‹ von 1526 dem überlieferten Gottesdienst gegeben hat: Ganz gewiß keine kanonische, für alle Zukunft fraglos gültige Form, die jeweils nur zu reproduzieren wäre - aber doch ein Muster mit einem eigenen Gesicht, einer unverwechselbaren Eigensprache, die auf allen Ebenen wiederkehrt, als organisierende Struktur das Ganze zusammenhält, so daß man auch heute noch ästhetischen Genuß bei der Lektüre dieses gottesdienstlichen Drehbuchs zu empfinden vermag.

Damit stehen wir freilich vor der Notwendigkeit, die verschiedenen Ebenen zu benennen, auf denen dieser übergreifende Kode, der das Luthersche Werk in seiner Gesamtheit prägt, jeweils wirksam wird:[7]

1. Ebene des nichtverbalen Verhaltens: *Aber ynn der rechten Messe vnter eyttel Christen / muste der altar nicht so bleyben / vnd der priester sich ymer zum volck keren / wie on zweyffel Christus ym abandmal gethan hat.* Wir haben hier und an anderer Stelle Regieanweisungen vor uns, die das nichtverbale Verhalten des Hauptdarstellers betreffen: *Er sol aber die Epistel lesen mit dem angesicht zum volck gekert / Aber die Collecten mit dem angesicht zum altar gekeret.*

Der Liturg agiert immer im Verhältnis zu etwas, zu einem anderen; er wendet sich ab, wendet sich zu und gibt damit auch dieser Ebene des nichtverbalen Vollzugs eine sinntragende Struktur. Dieser Sinn wird zuvor deutlich benannt: *Weyl alles Gottis diensts / das grössist vnd furnempst stuck ist / Gottis wort predigen vnd leren.* Und später dann: *Denn es ist ia vmb das volck zu leren vnd zu furen zuthun.* Besonders dieser zweite, glaubenspädagogische Gedanke erweist sich, wie wir noch sehen werden, durchgängig auf allen Ebenen als strukturierendes Moment.

2. Ebene der sprachlichen Gestaltung: *Ich wil den herrn loben alle zeyt / Seyn lob sol ymerdar ynn meynem munde seyn.* Das ist - hier in der Übersetzung von Psalm 34 - Luthers Sprachwelt, ein ästhetischer Kosmos für sich. Diese Sprachwelt stellt nun auch für die hier vorgelegte Fassung des überlieferten ›Werkes‹ das sprachliche Materi-

---

[5] U. Eco (s. Anm. 1) 149.
[6] Ebd. 151.
[7] Lutherzitate im folgenden nach BoA ⁵3, 294-309; vgl. WA 19, 72-113.

al bereit. *Denn es ist ia vmb das volck zu leren und zu furen zuthun:* Wer darum weiß, von welchen Gesichtspunkten sich Luther nicht nur bei seiner Übersetzung, sondern etwa auch bei seinen Predigten leiten ließ,[8] wird auch auf dieser Ebene den glaubenspädagogischen Gedanken zumindest als ein strukturierendes Moment wiedererkennen.

3. Ebene der musikalischen Gestaltung: *Zum anfang aber singen wyr eyn geystlichs lied / odder eynen deudschen Psalmen ynn primo tono auff die weyse wie folget.* Hier wird die Ebene der musikalischen Gestaltung angesprochen. Für die Stücke, die gesungen werden können - Psalm, Kyrie, Kollektengebet, Epistel, Evangelium, Einsetzungsworte u. a. - finden sich detaillierte, durch *Exempla* belegte Anweisungen. Luther bemüht sich, für die Gesangs-, Lese- und Gebetstexte eine musikalische Form zu finden, die den Eigenarten der deutschen Sprache entspricht; er lehnt darum die - etwa von Thomas Müntzer praktizierte - unmodifizierte Übernahme ›lateinischer‹ Melodienmodelle ab.

Hier wird ganz deutlich, wie derselbe Kode, dasselbe Strukturschema auf den verschiedenen Organisationsebenen wirksam wird. *Denn es ist ia vmb das volck zu leren und zu furen zuthun*: In letzter Konsequenz führt dieser Grundsatz dazu, daß Luther liturgischen Texten wie dem Glaubensbekenntnis, dem Sanctus und anderen eine liedförmige, strophische Gestalt gibt. Nur so - das ist offenbar seine Überzeugung - können die Stücke auch wirklich vom *volck* übernommen und ausgeführt werden. Wir würden sagen: Nur so entsprechen sie dem Kode, der das Werk auf allen Ebenen gliedert und bestimmt.

4. Ebene bedeutungstragender Einheiten: *Nach der predigt sol folgen eyne offentliche paraphrasis des vater vnsers / vnd vermanung an die so zum sacrament gehen wollen.* Wir kommen nicht umhin, oberhalb der unter 2. und 3. angesprochenen Ebenen sprachlicher und musikalischer Gestaltung noch eine weitere, komplexere Ebene anzunehmen, auf der uns in sich geschlossene, bedeutungstragende liturgische Einheiten begegnen.

Versteht man den Gesamtzusammenhang als eine Art *Text* und die einzelnen Sequenzen, aus denen er sich aufbaut, als die *Sätze*, die sich ihrerseits zu einem *Text* zusammenfügen, so haben wir es hier gleichsam mit den *Wörtern* zu tun, die sich zu den genannten Wortfolgen, den *Sätzen*, verbinden. Die Sequenz ›Abendmahl‹ besteht demnach aus folgenden bedeutungstragenden Einheiten: Vaterunserparaphrase - Abendmahlsvermahnung - Brotwort - Austeilung des Brotes, dazu das deutsche Sanctus oder ein anderes Lied - Kelchwort - Kelchkommunion, mit dem deutschen Agnus dei oder anderen Liedern. Dankgebet und Segen, die den Gottesdienst beschließen, kann man entweder als eine eigene Sequenz fassen oder als eine Art Nachsatz hierzu begreifen.

Wichtig ist, daß hier Luther mit Vaterunserparaphrase, Vermahnung, deutschen Einsetzungsworten und entsprechenden Liedern *Wörter* in diesen Satz hineinschreibt, die wieder den auf allen Ebenen wirksamen Kode durchscheinen lassen: *das grössist vnd furnempst stuck ist / Gottis wort predigen vnd leren.* Und: *es ist ia vmb das volck zu leren vnd zu furen zuthun.*

5. Ebene semantischer ›Verschlüsselung‹: *Darnach gehet die predigt vom Euangelio des Sontags odder fests.* Man wird wohl der Rolle, die die Predigt in diesem Gesamtzusammenhang spielt, nicht ganz gerecht, wenn man sie nur als ein ›Wort‹ bzw.

---

[8] Vgl. in diesem Band den Beitrag »Verbum facit fidem. Homiletische Anmerkungen zu einer Lutherpredigt« (S. 129-142).

einen ›Satz‹ in dem hier zusammengestellten Text begreift. Wenn Luther an anderer Stelle - in einer Schrift aus dem Jahre 1523[9] - sagt: *das die Christlich gemeyne nymer soll zu samen komen / es werde denn da selbs Gottis wort gepredigt vnd gebett,* so fügt er nicht nur einen neuen Satz in den überlieferten gottesdienstlichen Gesamttext ein, sondern begründet gleichsam eine neue Ebene, die alles andere, was sonst noch geschieht, trägt und durchdringt.[10]

Man darf wohl sagen: Die hier konstituierte Ebene gleicht dem Vorzeichen vor der Klammer, durch das alles andere in seiner Bedeutung bestimmt bzw. modifiziert wird; unter diesem Vorzeichen wird das gesamte liturgische Geschehen - einschließlich des sakramentalen Handelns - zum ›Wortgeschehen‹, zu einer einzigen umfassenden Predigt. Wir begegnen hier gleichsam in einem konkreten gottesdienstlichen Element zugleich dem Schlüssel, der alles andere in seiner Bedeutung erschließt. Mit anderen Worten: Der Kode selber, der alle Ebenen auf homologe Weise organisiert, wird explizit in den *Text* des Werkes hineingeschrieben.

6. Die Ebene des Textes: Bleibt als letzte hier zu nennende Ebene diese Textebene, auf der sich die Wörter und Sätze zu einem strukturierten Ganzen zusammenfügen. Luther hat hier - das wird von konservativen Liturgikern gerne übersehen - die Struktur der mittelalterlichen Messe sehr prinzipiell verändert. Er behält zwar das ›Gehäuse‹ bei, greifbar vor allem im Wortteil des Gottesdienstes, der im wesentlichen der überlieferten Meßstruktur folgt. In dieses ›Gehäuse‹ fügt er jedoch einen gänzlich neuen Satz ein.

Das heißt: Er folgt im Abendmahlsteil nicht mehr der überlieferten Meßstruktur, sondern dem Ritus der spätmittelalterlichen Gemeindekommunion, die in der Regel außerhalb der Messe nach einer eigenen, volkssprachlichen Liturgie gefeiert wurde. Vaterunser und Vermahnung sind sozusagen ›Worte‹ aus diesem anderen Text, und auch das von Luther gewünschte Zusammenfallen von Konsekration und Kommunion - die Einsetzungsworte sind zugleich Spendeworte - verweist auf diesen Zusammenhang. Es ist fast müßig, festzustellen, daß bei diesem Vorgang wiederum der gleiche, alle Ebenen organisierende Kode am Werke ist: Gottesdienst ist ›Wortgeschehen‹, das auf den vertrauenden, verbindlichen Verständnisakt des Glaubens zielt, diesen Glauben zugleich schafft wie in Anspruch nimmt.

Gottesdienst als *eyne offentliche reytzung zum glauben vnd zum Christēthum,* veranstaltet, um *die iugent zu vben vnd die andern zum glauben zu ruffen vnd zu reytzen*: Das ist der theologische und pädagogische Sinn, den Luther in das überlieferte, von ihm umgeschriebene Stück hineinschreibt und der auf allen hier beschriebenen Ebenen als organisierendes Moment wirksam wird.

IV. Dialektik der Interpretation: Offenheit und Lesehilfen

Wir haben erkannt: Luther hat das ihm überlieferte Stück auf eine freie, schöpferische Weise um- und neugeschrieben, hat ihm gar ganze Passagen aus einem anderen Werk neueren Datums eingefügt. Bestimmend dafür war jenes besondere Beziehungssystem, das seine Fassung des Stücks auf allen Ebenen in homologer Weise prägte und so in

---

[9] *Von ordenung gottis diensts ynn der gemeine* (WA 12, 35-37); Zitate im folgenden nach BoA ⁵2, 424-426.
[10] Vgl. in diesem Band den Beitrag »Daß das Wort im Schwang gehe. Lutherischer Gottesdienst als Überlieferungs- und Zeichenprozeß« (S. 83-111).

der Tat jene Einheit von Inhalt und Form zustandekommen ließ, wie sie ein gelungenes Werk auszeichnet.

Dieser Kode verstieß deutlich gegen bislang gültige theologische und liturgische Konventionen, verletzte die Regeln, nach denen bisher Gottesdienst verstanden und gefeiert worden war: Die außer- oder übersprachliche, ›sakramentale‹ Präsentationsweise des Heils wird bei Luther durch eine im strengen Sinne sprachliche Präsentationsweise abgelöst. Diese umgreift ihrerseits auch nichtsprachliche Zeichenelemente, so die liturgisch-sakramentalen Vollzüge, und zwar dergestalt, daß die sprachlich vermittelte, gesamtpersonal wirksame Wort-Glaube-Beziehung auch die Rezeption dieser nichtsprachlichen Elemente bestimmt. Heil wird an Sprache gebunden, und zwar an die Bedingungen und Möglichkeiten gesprochener, auf Verstehen und Verständigung dringender Sprache.[11]

Eine solche Verletzung bisher gültiger theologisch-liturgischer Kodes hatte zunächst eine unerhörte Öffnung des Verstehenshorizontes, eine Erweiterung der Verständnismöglichkeiten zur Folge: Gottesdienst nicht länger mehr *als eyn werck than / da mit gottis gnade vnd selickeyt zur werben*, sondern als ein offenes, dialogisches und damit auch prozessuales Geschehen, bei dem Gott mit dem Menschen und der Mensch mit Gott ins Gespräch kommt und sich aus solchem Gespräch immer wieder neu tragender, heilsamer Sinn gewinnen läßt.

Das ist wichtig zu sehen: Gottesdienst als ›Wortgeschehen‹, als dialogisches Ereignis ist zugleich ein offener sinnerzeugender Prozeß, nicht festlegbar auf bestimmte, situations- und gesprächsunabhängige, zeitlos gültige Bedeutungen.

Freilich schränkt der in Luthers Neufassung des alten Stücks wirksame Kode die solchermaßen gewonnene Offenheit zugleich auch wieder ein. Schriftauslegung, Paraphrasen und Umdichtungen liturgischer Stücke (auch ihre Eindeutschung), Vermahnungen verfolgen ja das Ziel, das Geschehen eindeutig zu machen, ihm jene Vieldeutigkeit, jene Offenheit zu nehmen, die Luther gerade an den mittelalterlichen Gottesdiensten kritisiert: Ein *loren vnd dohnen*, Heulen und Lärmen sei es gewesen, schreibt er 1523, man habe mit den Gesängen, Lesungen und Gebeten, dem ganzen liturgischen Tun *nur die wende angeblehet*.

Sicher gehört eine solche Dialektik zum Wesen jedes gelungenen Werkes: auf der einen Seite die Offenheit, wie sie durch geplante Verstöße gegen bisherige Normen, die Verletzung bislang gültiger Kodes gewonnen wird; auf der anderen Seite die erneute Festlegung, Verstehens-Anleitung und Verständnisbegrenzung, wie sie unvermeidlich durch jenen spezifischen Kode, jene Eigensprache statthat, die dem Werk auf allen seinen Ebenen Struktur gibt. Bei totaler Offenheit, beim Fehlen jeglicher orientierenden Verstehens-Anleitung entartet jede Mitteilung zum bloßen Geräusch, das gar nicht mehr als bedeutungtragender, sinnerzeugender, rezeptionswürdiger Vorgang wahrgenommen wird.

Uns scheint freilich, Luther habe bei solcher rezeptionsleitenden und -begrenzenden Strukturierung in seiner ›Deutschen Messe‹ des Guten zuviel getan: Die Häufung der belehrenden und vermahnenden Elemente, die Penetranz, mit der er darauf besteht, daß die von ihm formulierte Vermahnung auch wörtlich, *conceptis seu prescriptis verbis*, vorgetragen werde, ja, sein Vorschlag, der Prediger möge auf eine eigene

---

[11] Vgl. G. Hahn, Evangelium als literarische Anweisung. Zu Luthers Stellung in der Geschichte des deutschen kirchlichen Liedes. München 1981, 68ff, 118, 199 u. ö.

Predigt verzichten und statt dessen etwas aus der Postille vorlesen - all das zeigt, wie bei ihm das glaubenspädagogische Moment auf eine Weise durchschlägt, die letzten Endes zu einer neuerlichen Ritualisierung des gottesdienstlichen Dialogs und damit zu einer erneuten Vergegenständlichung des Gottesdienstes im Ganzen führen muß.

V. Überlegungen zur Aufführungspraxis

Mit einigen Überlegungen zur gegenwärtigen Aufführungspraxis des von uns betrachteten Stückes möchte ich schließen:

1. Eigentlich beginnt das Stück bereits weit im Vorfeld jeglicher Aufführung: Daß Gottesdienst stattfindet, ist schon an sich ein Schauspiel im großen Schauspiel der Welt. Ganz gleich, was da im einzelnen gespielt wird und wie da gespielt wird: Das Stück spricht für sich, ist als solches schon Zeichen im Kontext anderer kultureller Paradigmen und Syntagmen.

Vermutlich liegt hier der Grund dafür, daß nach wie vor Gottesdienst und Predigt als eigentliche ›Mitte‹ aller kirchlichen Praxis gelten, daß Kirchenleitungen, Pfarrer und Gemeinden so viel Mühe und Aufmerksamkeit an dieses Geschehen wenden, daß sie vielfach - als Gruppe und als einzelne - ihre Identität an diesem Ereignis festmachen: Vor allen dramaturgischen Einzelentscheidungen gilt die Aufführung dieses Stücks, gilt das gottesdienstliche Handeln der Kirche als ein Zeichen, mit dem sie sich ›selber vollzieht‹, das heißt, als ein Zeichen, an dem sie eine Anschauung, eine Erfahrung ihrer selbst gewinnt, ein Zeichen, durch das sie sich im Universum einer Kultur zur Darstellung bringt, sich dieser Kultur auf zeichenhafte Weise vermittelt und sich zugleich von anderen Segmenten dieser Kultur, anderen Sinnsystemen und ihren Zeichenwelten abgrenzt.

Die Nötigung zu solch zeichenhaftem Selbstvollzug ist anscheinend mit der gesellschaftlich-kulturellen Existenz selbst vorgegeben und damit unabdingbar. Das bedeutet: Man kann die Aufführungspraxis verändern, man kann eine Variante des Stücks durch eine andere ersetzen, ohne doch solcher Nötigung zu zeichenhaftem Selbstvollzug und zeichenhafter Selbstdarstellung zu entkommen. The show must go on.

2. Nun ist freilich die Frage, in welchem Maße solch zeichenhafter Selbstvollzug noch jene darstellende, vermittelnde und begrenzende Funktion nach außen, bezogen auf das gesellschaftlich-kulturelle Umfeld, verwirklichen kann. Ich denke dabei vor allem an Situationen, in denen Christen und Kirchen sich in der Rolle kognitiver Minderheiten vorfinden: In welchem Umfang und auf welche Weise wird der geschilderte Adventsgottesdienst - außer von den Beteiligten selbst - noch als ein solches Zeichen erfaßt und gelesen?

Gewiß: Man sieht das Gebäude, das sich in seiner Architektur von anderen Gebäuden unterscheidet, hört vielleicht auch die Glocken, die Orgel, schrickt vor dem Schild an der Kirchentür zurück, das verkündet: »Gottesdienst - zur Zeit keine Besichtigung möglich.« Ich vermute aber, daß das, was da ins Auge und ins Ohr fällt, alles in allem auf einer semantischen Achse gelesen wird, die durch den Zusammenhang und die Opposition von gegenwärtiger und überlieferter Kultur bestimmt ist: Was da in Erscheinung tritt, wird insgesamt wohl als Rückverweis auf überlieferte Kultur gelesen, wobei die Wertungen, die sich mit dieser Deutung verbinden, natürlich sehr unterschiedlich sein können. Auf die Frage, wozu denn eine *Kirche* gut sei, wird ein großer Teil unserer Zeitgenossen vermutlich antworten: »zum Besichtigen«; dabei kann eine solche Zuordnung zum Feld museal-touristischer Attraktionen sich durchaus mit einer hohen Wertschätzung verbinden.

3. Die kulturelle Schwelle, die einer überwinden muß, der sich zum Besuch des geschilderten Gottesdienstes entschließt, ist in der Tat hoch: Da ist der Raum mit seiner besonderen Architektur, aber auch den besonderen Umgangs- und Verhaltensregeln, die in ihm gelten. Da ist das Publikum, das hier zuhause ist und dem Fremdling deutliche Mißbilligung signalisiert, wenn er gegen diese Regeln verstößt. Da ist das Stück, das aufgeführt wird, das nicht ohne weiteres aus sich verständlich ist, sondern offenbar besondere Vorkenntnisse verlangt. Da sind die Schwellen, die das Stück selber aufbaut in der geschilderten Eröffnungssequenz und an anderen Stellen.

Nun ist der Liturg und Regisseur sichtlich bemüht, diese kulturelle Schwelle ein wenig abzubauen: Dem soll die freie Begrüßung gelten zu Beginn; dem sollen die Texte dienen, die er zum Teil neu formuliert hat; dem dient auch der Schauplatz unter der Kanzel, mitten in der Gemeinde, den er für Psalmgebet und Predigt vorgesehen hat. Doch ganz überzeugend ist keine dieser Lösungen. Liegt das womöglich daran, daß jeweils nur *eine* Ebene des Werkes von solchen Entscheidungen betroffen wird?

Das Kollektengebet mit dem neuen, ansprechenden, aktuellen Text singt er am Altar, den Rücken der Gemeinde zugewandt: Das wirkt so, als würde man in einem alten Gedicht ohne Rücksicht auf Reim und Rhythmus, ohne Rücksicht auch auf das sonstige Wortmaterial eine vielleicht ungebräuchliche Wendung durch eine andere, gebräuchlichere ersetzen. Das gelungene Werk als Einheit von Inhalt und Form, ein Werk, das auf allen seinen Ebenen durch ein homologes Beziehungssystem strukturiert wird: Ist das ein denkbares, realistisches Kriterium auch für das Stück, das hier zur Aufführung gelangt?

4. Eine Folgerung aus all dem könnte lauten: Das Stück durchgängig modernisieren, alle Zeichengestalten, die als Rückverweise auf überlieferte Kultur verstanden werden könnten, tilgen und durch solche ersetzen, die ohne weiteres im Zusammenhang gegenwärtiger Kultur gelesen und gedeutet werden können. Drei Einwände lassen sich hiergegen vorbringen:

(a) Niemand kann ein neues Stück schreiben, ohne auf überliefertes Material, auf überlieferte Zeichengestalten (Signifikanten und Signifikantenketten) und die mit ihnen überlieferten Bedeutungen (Signifikate) zurückzugreifen. Das scheint ja geradezu das Wesen ästhetischer Produktion auszumachen: Ein vorgegebener, damit in gewisser Weise ›überlieferter‹ Kode wird partiell verletzt und aufgebrochen; aber die damit intendierte Bedeutungserweiterung und -vermehrung wird eben nur auf dem Hintergrund des überlieferten Kode wirksam und erfahrbar, der auf solche Weise durchaus mit im Spiel bleibt.

(b) Wir haben in anderem Zusammenhang festgestellt, daß der sinnerzeugende Prozeß gerade dadurch vorangetrieben wird, daß die in einem anderen kulturellen Kontext erzeugten Zeichengestalten sich einer reibungslosen Einordnung in gegenwärtige Kodes sperren.

Es gibt ja - so Umberto Eco - durchaus einen »poetischen Gebrauch von Archaismen«,[12] der jenes Gefühl der »Fremdheit«, der »Merkwürdigkeit« erzeugt, das zu immer erneuter Beschäftigung mit dem Werk zwingt und so jenen offenen, nicht abschließbaren Rezeptionsprozeß mit bewirkt, der es eben als Werk von ästhetischem

---

[12] U. Eco (s. Anm. 1) 164.

Rang auszeichnet. Eine Tilgung solcher Elemente im Gottesdienst könnte dazu führen, daß zwar im Augenblick mehr ›Eindeutigkeit‹ erreicht wird, das so erzeugte Produkt aber auch rascher Vergänglichkeit preisgegeben wäre.

(c) Wir haben am Beispiel des Kyrie eleison gesehen, wie gottesdienstliche Zeichengestalten als »sinnerzeugende Formen« gelten können, die nicht auf eine einzige, zeitlos gültige Bedeutung festlegbar, sondern von einem ganzen Feld möglicher Bedeutungen umgeben sind. Wir haben weiter gesehen, daß solche Offenheit nicht mit Beliebigkeit verwechselt werden darf: Das Feld möglicher Bedeutungen des Kyrie eleison wird durch die Sinnrichtung des Gottesdienstes insgesamt und damit durch den übergreifenden christlichen Überlieferungszusammenhang bestimmt und begrenzt.

Nun läßt sich dieses Verhältnis auch umkehren: Solche Sinnrichtung, solcher Überlieferungszusammenhang bedarf seinerseits bestimmter Signifikanten, bestimmter Zeichengestalten, an denen er festgemacht, erkannt und überliefert werden kann. Solches Verhältnis zwischen dem Sinn und der Form, mit der er sich verbindet, ist freilich nicht starr, sondern offen. Andererseits gilt: Ein totaler Abbruch auf der Ebene der Signifikanten, der Zeichengestalten, würde ohne Zweifel einen ebensolchen Abbruch auf der Ebene der Signifikate, des Zeichensinns, nach sich ziehen.

Deshalb kann Umberto Eco von einer notwendigen »Dialektik zwischen interpretatorischer Treue und interpretatorischer Freiheit« sprechen: »Einerseits versucht der Empfänger, die Aufforderungen der Ambiguität der Botschaft aufzunehmen und die unsichere Form mit eigenen Codes zu füllen; andererseits wird er von den Kontextbeziehungen dazu gebracht, die Botschaft so zu sehen, wie sie gebaut ist, in einem Akt der Treue gegenüber dem Autor und der Zeit, in der die Botschaft hervorgebracht worden ist.«[13]

5. Diesem Plädoyer für eine »Dialektik zwischen interpretatorischer Treue und interpretatorischer Freiheit« möchte ich mich auch im Blick auf Gottesdienst und Predigt anschließen. Was das heißen könnte, kann wieder ein Blick auf die geschilderte Eröffnungssequenz verdeutlichen: Da wird zum Beispiel das Kyrie eleison dadurch eindeutig gemacht, auf eine bestimmte Bedeutung festgelegt, daß man es in den Zusammenhang eines Bußaktes einfügt, in dem es keineswegs mehr ›offen‹ ist für andere Bedeutungen. Wir vergleichen damit einen Gebrauch dieses Gebetsrufes, wie wir ihn aus anderen Gottesdiensten kennen:[14] Da ist das Kyrie eleison ein auch melodisch reich entfalteter Ruf, der immer wieder in den Gang eines frei formulierten Fürbittengebetes, einer Meditation, einer Abfolge von Christusprädikationen eingefügt wird, sich hier als eine offene Form präsentiert, in die der einzelne sich mit seinen Erfahrungen, Erwartungen und Deutungen hineingeben kann und doch mit den anderen in der gleichen Sinnrichtung verbunden bleibt.

Wichtig ist wohl, daß solche uns überlieferten Zeichengestalten nicht einfach rituell reproduziert und verbraucht, sondern wirklich freigesetzt werden, Raum gewinnen im gottesdienstlichen Geschehen, sich entfalten dürfen in Raum und Zeit, und so eigenes Gewicht und Gesicht zurückgewinnen. Nur so lassen sie sich - in einem guten Sinne - ›genießen‹. Nur so kann es auch zu einem antizipatorischen Umgang mit überlieferter Gottesdienstkultur, überlieferten Zeichenelementen und Zeichenketten kommen: Rückverweise auf vergangene kulturelle und soziale Konstellationen müssen nicht

---

[13] Ebd. 165.
[14] Vgl. z. B. G. Kugler (Hg.), Forum Abendmahl. Gütersloh 1979, 88f.

unbedingt nur mit museal-touristischen Konnotationen verbunden werden. Sie können unter Umständen derart irritierend in die Erfahrung gegenwärtiger Wirklichkeiten hineinreden, daß sie hier destabilisierend wirken und Veränderungsimpulse freisetzen. In ihnen wird dann nicht nur Vergangenheit gegenwärtig, sondern auch Zukunft möglich. Gottesdienst - zur Besichtigung freigegeben: Ein als *offenes Werk* begriffener, gestalteter, gefeierter Gottesdienst vermag seinerseits womöglich öffnend, aufschließend, verändernd auf die Lesarten von Welt und Leben einzuwirken, in die wir uns verstrickt und gefangen haben.

Redeweisen

Verbum facit fidem
Homiletische Anmerkungen zu einer Lutherpredigt

I. Ein Predigtbeispiel

Am Vormittag des Ostersonntages 1529 (28. März) hat Luther die Ostergeschichte nacherzählt und ausgedeutet. In der Predigt, die er am Nachmittag des gleichen Tages hält,[1] nimmt er darauf Bezug: Die Geschichte habt ihr gehört, die heute geschehen ist, sagt er, wie der Herr von den Toten auferstanden ist. Ihr habt auch gehört, daß es nicht genug ist, wenn man die Geschichte als Geschichte (*ut historia*) hört und weiß und ansieht. Nein: Als ein Werk *fur sich da hin gethan* nützt die Auferstehung Jesu niemandem. Sie muß vielmehr so gepredigt werden, daß jedermann sie begreifen und annehmen kann als eine Sache, die ihm selber geschehen ist (*des sich yderman annheme sibi factum*). Damit ist der zentrale Gedanke vorbereitet, auf den der erste Teil der Predigt zielt: Die Auferstehung Jesu wird wirklich und wirksam für uns im Wort. Und: Dieses Wort bewirkt, daß wir in die Auferstehung Jesu hineingezogen werden und sie in uns einzieht (*ut resurrectio ista in nos trahatur et nos in eam*). Doch bevor Luther diesen Gedanken weiter entfaltet, nimmt er noch einmal auf die Ostergeschichte Bezug: Wenn nicht ein Engel vom Himmel gekommen wäre und es den Frauen am Grabe gesagt hätte, wäre die Auferstehung Jesu verborgen geblieben und niemand hätte davon erfahren. Also: Das Wort, das Evangelium, ist der Wagen und das Mittel (*medium*), durch das die Sache zu uns kommt. Es folgt eine polemische Auseinandersetzung mit den Schwärmern, die solch äußeres Wort verachten: Kenntnis von Jesus haben auch sie nur durchs Wort, das sie gehört und gelesen haben, sagt Luther; aber nun - es folgt eines der Bilder, die für seine Predigtweise so charakteristisch sind -, nachdem sie selber über diese Brücke gegangen sind, wollen sie alle anderen herabwerfen. Noch einmal die Geschichte: Die Frauen kommen zum Grab, finden es leer, sind also mit der Tatsache der Auferstehung Jesu (Luther spricht vom ›Werk‹) durchaus konfrontiert. Doch das nützt ihnen noch gar nichts: Solange das Wort nicht hinzukommt, bleibt das Werk stumm (*weil wort nicht gesagt ist, non possunt intelligere opus*). Wer Christus ohne das Wort sucht, wird nur ein leeres Grab finden. Damit ist nun der Spitzensatz dieses Teils der Predigt vorbereitet: Bevor Christus leiblich erscheint, gibt er sich kund durch *die sprach des mundlichen worts*. Deshalb gilt: Niemand nehme sich vor, Christus zu verstehen außer durch das Wort. Wir werden nicht erfahren, wer Christus ist und was sein Schatz ist, wenn es nicht gepredigt wird.

Wir brechen hier zunächst ab. Der zweite Teil der Predigt entfaltet dann einen neuen Hauptgedanken: Tot sind, die unter dem Gesetz und seinen Werken sind. Das Auferstehungsevangelium wird hier für die reformatorische Rechtfertigungsbotschaft ins Feld geführt: Wenn Christus mich mit seiner Auferstehung von Sünden, Tod und Teufel frei gemacht hat, dann kann und darf ich es nicht selber tun mit meinen Werken. Auch in diesem Teil finden sich kräftige Bilder, die uns Rörer dankenswerterweise in ihrem

---

[1] WA 29, 269-281. Wir folgen im wesentlichen der Nachschrift Georg Rörers (R). Die Predigt ist auch überliefert in der Nürnberger Handschrift Anton Lauterbachs (N) und der Kopenhagener Handschrift (K). Einen hilfreichen Rekonstruktionsversuch legt vor G. Buchwald, Predigten D. Martin Luthers. Bd. I. Gütersloh 1925, 362-368.

Kern zumeist deutsch überliefert: *Satan hat ein hauffen zungen und suffe wol die halbe elb aus* - aber er ist krank, er kann nicht wie er will, weil ihm das Wort dazwischen kommt.

Sicher ist es nicht möglich, aus der Lektüre und Analyse einer einzigen Predigt, die wir uns zudem aus einer stichwortartigen Nachschrift erschließen müssen, weitreichende Schlüsse auf die Predigtweise und die Predigtauffassung Luthers insgesamt zu ziehen. Dennoch lohnt es sich, einmal die Beobachtungen ein wenig zu bündeln, die sich allein an dieser einen Predigt gewinnen lassen.[2]

II. HOMILETISCHE, HERMENEUTISCHE UND THEOLOGISCHE BEOBACHTUNGEN

1. Zur Predigtweise Luthers

An Erwartungen und Maßstäben gemessen, wie wir sie heute im allgemeinen anzuwenden gewohnt sind, reißt uns diese Predigt keineswegs vom Stuhl. Es fehlen - jedenfalls in diesem Beispiel - die bewegenden Bekenntnisse und überzeugenden Appelle, die wir womöglich erwarten, die packenden Beispiele und Geschichten, die bestechenden Argumente. Es fehlt eine Einleitung, die uns abholt, es fehlt ein Schluß, der uns wieder ausdrücklich in unseren Alltag entläßt.[3] Und doch: Selbst die verkürzende Nachschrift Rörers vermittelt noch den Eindruck eines unerhört lebendigen, bewegten und bewegenden Geschehens. Das liegt nicht nur an den überraschenden, einprägsamen Bildern,[4] die einer gewissen Komik nicht entbehren und gerade darin so überzeugend wirken.[5] Das liegt auch nicht nur an der immer wieder aufflammenden Polemik gegen Schwärmer und Papisten, die sicher die zeitgenössischen Hörer stets neu aufmerken ließ. Es liegt wohl vor allem an dem, was man - vielleicht etwas mißverständlich - den dialogischen Predigtstil Luthers genannt hat:[6] Fast mit jedem Satz verwickelt er sich in ein Gespräch. Er redet mit Gott und dem Teufel, mit den Rottengeistern und Papisten, und - nicht zuletzt - mit den Hörern, deren Fragen, Einwände, Argumente er aufnimmt und zur Sprache bringt. Dabei wechselt er ständig die Rollen: »Wenn ich Christus wäre«, sagt er, und schon hat er dessen Part übernommen, läßt ihn zu Worte kommen; in ähnlicher Weise schlüpft er auch in die Rolle der Maria Magdalena am Grabe, in die Rolle des Engels, ja, in die Rolle seiner Widersacher. Gewiß: Es gibt Lutherpredigten, an denen

---

[2] Einen Überblick über die Predigttätigkeit Luthers gibt W. v. Loewenich, Martin Luther. Der Mann und das Werk. München 1982, 336-340. Über die Anfänge informiert M. Brecht, Martin Luther. Sein Weg zur Reformation 1483-1521. Stuttgart 1981, 150-154.

[3] Über die Gepflogenheiten Luthers im Blick auf Predigteinleitung und -schluß informiert die Aufstellung bei G. Ebeling, Evangelische Evangelienauslegung. München 1942, 465-469, 471-473. B. Stolt führt das häufige Fehlen eines ausdrücklichen Exordiums in den Predigten Luthers auf deren mangelhafte Überlieferung zurück; vgl. B. Stolt, Docere, delectare und movere bei Luther. In: Dies., Wortkampf. Frühneuhochdeutsche Beispiele zur rhetorischen Praxis. Frankfurt/M. 1974, 31-77, hier 58; auch in: DVfLG 44 (1970) 433-474; gegen E. Hirsch, Luthers Predigtweise. In: Luther 25 (1954) 1-23, hier 2.

[4] Vgl. H. Steinlein, Luthers Anlage zur Bildhaftigkeit. In: LuJ 22 (1940) 9-45; zuletzt wieder M. Haustein, Luther als Prediger. In: Standpunkt 11 (1983) 93-95, der Luther zu den »eidetischen« Typen rechnet.

[5] Witz und Ironie sind (neben Sentenz, *sermocinatio*, Beispiel, Vergleich, Metapher und Verrätselung) rhetorische Mittel der Aufmerksamkeitserregung; vgl. B. Stolt (s. Anm. 3) 56.

[6] Vgl. E. Winkler, Luther als Seelsorger und Prediger. In: H. Junghans (Hg.), Leben und Werk Martin Luthers von 1526 bis 1546. Berlin 1983. Bd. I, 225-239; Bd. II, 792-797; hier I, 237 u. ö.

sich gerade dieser Zug sehr viel deutlicher exemplifizieren läßt als an dem von uns gewählten Beispiel.[7] Aber daß selbst ein solches zufälliges Exempel uns einen derartigen Eindruck von der dialogisierenden - man möchte besser sagen: dramatisierenden[8] - Predigtweise Luthers vermitteln kann, spricht für sich. Der Eindruck verstärkt sich, achtet man einmal auf die Personalpronomen, die Luther hier bevorzugt verwendet: Jenes fatale ›Wir‹, das in zahllosen gegenwärtigen Predigten so dominiert und ihnen jede Spannung, jede Dramatik nimmt - weil es meist dazu dient, den Prediger gegen Gott, den Hörer, sich selbst und alle Welt abzusichern -, jenes ›Wir‹ tritt in unserem Beispiel in auffälliger Weise zurück; wo es auftaucht, hat es meist ein deutliches Gegenüber, wirkt also nicht spannungsabbauend, sondern eher spannungsverstärkend. ›Du‹, ›Ihr‹ - das sind die Pronomen, die Luther bevorzugt; und natürlich jenes ›Ich‹, das in vielfältiger Funktion auftaucht und an dem beschriebenen ständigen Rollenwechsel des Predigers teilhat.[9]

Daß Luther in all dem keineswegs zufällig verfährt, sondern gekonnt die von der rhetorischen Tradition bereitgestellten »Figuren der Publikumszugewandtheit« (Frage und Anrede, fingierter Dialog, *fictio personae*, fingierte Aussprüche und Einwürfe unbestimmter Personen) einsetzt, zeigt Birgit Stolt am Beispiel von Luthers *Ein Sermon odder Predigt das man solle kinder zur Schulen halten* (1530).[10]

2. Zur Hermeneutik Luthers

Bemerkenswert ist unser Beispiel auch im Hinblick auf den Umgang Luthers mit dem biblischen Text, das heißt, für seine Hermeneutik: Wie Gerhard Ebeling gezeigt hat,[11] hat Luther zum Zeitpunkt unserer Predigt, also im Jahre 1529, die allegorische Auslegungsmethode bereits weitgehend aufgegeben. Was uns im vorliegenden Fall begegnet, ist darum auch keine Allegorese des biblischen Textes. Aber Luther bleibt auch nicht beim historischen Schriftsinn stehen: Gewiß werden der Gang der Frauen zum Grabe, ihre Absichten, ihre Reden, die Stimme des Engels am Grab zunächst einmal wörtlich genommen, werden als ein sozusagen historisches Geschehen nicht in Frage gestellt.[12] Aber: Sie werden zugleich in ihrer exemplarischen, das heißt, den einmaligen Fall überschreitenden Bedeutung ausgelegt.[13] Da wird der Gang der Frauen zum Grabe, ihre Absicht, den Leichnam zu salben, zum *exemplum*, zum anschaulichen Beispiel für

---

[7] Vgl. ebd. I, 234; E. Winkler bringt hier ein schönes Beispiel für Luthers dialogischen Predigtstil.

[8] Vgl. A. Niebergall, Die Geschichte der christlichen Predigt. In: Leit. 2 (1955) 181-353, hier 272f; M.Schmidt, Luthers Predigt und unsere Predigt heute. In: Luther 41 (1970) 61-80, hier 70: »höchst dramatisch«.

[9] Vgl. E. Winkler, Impulse Luthers für die heutige Gemeindepraxis. Berlin 1983 (AVTRW 78), 79.

[10] WA 30, II, 508-588; B. Stolt (s. Anm. 3) 61-71.

[11] G. Ebeling (s. Anm. 3) 48-89.

[12] Vgl. ebd. 410-424.

[13] Im Anschluß an Augustin kann Luther selber sakramentale (*sacramentaliter*) und exemplarische (*exemplariter*) Auslegung voneinander unterscheiden und erstere der letzteren vorordnen; vgl. z. B. WA 9, 442, 23-28; G. Ebeling (s. Anm. 3) 237f, 371ff, 424-446. Sakramentale Auslegung meint: »Christi Geschichte als für mich geschehen auszulegen und so die Weise vorzuzeichnen, wie eben dies durch das so verstandene und geglaubte Wort an mir geschieht« (ebd. 425). Wenn G. Ebeling schreibt: »Die sakramentale Auslegung ist aus auf die Gleichzeitigkeit mit dem einmaligen Christusgeschehen. Die exemplarische Auslegung dagegen betont dessen für alle Zeiten typische Bedeutung« (ebd. 445), so läßt sich solche Differenzierung an unserem Predigtbeispiel nur schwer verifizieren.

unseren immer erneuten (und immer erneut zum Scheitern verurteilten) Versuch, über unsere Werke Anteil an Christus und seiner Auferstehung zu erlangen; daß es Frauen - »arme, einfältige, erschrockene Weiber« - sind, an die die Engelsbotschaft ergeht, wird zum trostreichen Exempel für alle, denen diese Botschaft gepredigt wird: *Magna trost, quod das weiber volck ein pild ist eorum qui Euangelium audiunt et quibus praedicatur.* Exemplarisch darf man diese Auslegungsmethode deshalb nennen, weil hier am historischen Einzelfall etwas verdeutlicht wird, was für alle Christen zu allen Zeiten gilt. Man kann es auch so sagen: Texte, Geschichten, Gestalten der Bibel dienen dem Prediger Luther nicht nur und nicht einmal in erster Linie dazu, aus ihnen allgemeine dogmatische Wahrheiten abzuleiten;[14] er begegnet in ihnen vielmehr ursprünglichen Glaubenserfahrungen, in denen die Erfahrungen gegenwärtiger Christen - auch die Erfahrungen Luthers selbst - gleichsam vorgebildet sind.[15] Predigen heißt: Im Nacherzählen, Nachsprechen der biblischen Texte die Entsprechungen[16] aufdecken, wie sie zwischen damaligen und gegenwärtigen Glaubenserfahrungen bestehen; gegenwärtige Erfahrungen mit Hilfe jenes Erfahrungsrasters zu strukturieren und zu deuten, wie er in den biblischen Texten vorgezeichnet ist.[17] Aus solchem vergegenwärtigenden Nacherzählen, das den Hörer mitunter recht unmittelbar in die biblischen Geschichten zu verwickeln vermag, wächst dem Prediger Luther zugleich ein Teil seiner einprägsamen Bilder zu: *Ich kan noch aus der heilosen salben nicht komen*, sagt er ziemlich am Schluß seiner Predigt; das meint: Die Salbe, mit der die Frauen den Leichnam Jesu salben wollten, ist ihm unter der Hand zum Bild für unser Bestreben geworden, durch Werke das Heil zu verdienen.

Wie eng diese Hermeneutik mit rhetorischen Traditionen, insbesondere mit der rhetorischen Affektenlehre und der Lehre von der *imaginatio* verbunden ist, zeigt Klaus Dockhorn.[18] Nicht primär Sachargumente (wie in der Dialektik), sondern *affectus et mores* sind es, die vergegenwärtigend wirken, dem Hörer das Abwesende, das Unsichtbare, auch das Vergangene und Zukünftige vor Augen stellen und ins Herz bringen (*absentia praesentia facere*) und so seinen Glauben wirken. In diesem Sinne ist nach Luther der Heilige Geist ein Rhetor, der *affectualiter seu moraliter* »für den Christen vergangene Heilstaten Gottes und Zusagen oder Verheißungen Gottes anwesend [macht]«,[19] also auf affektive Weise im rhetorischen Sinne wirkt.

---

[14] Die ungemeine Betonung des *docere* als *modus praedicandi* durch Luther selbst (vgl. E. Hirsch [s. Anm. 3] 13; M. Haustein [s. Anm. 4] 94) wäre solchermaßen gewiß mißverstanden. Zum Verhältnis von *doctrina* und *exhortatio* als den beiden Hauptaufgaben der Predigt vgl. U. Nembach, Predigt des Evangeliums. Luther als Prediger, Pädagoge und Rhetor. Neukirchen 1972, 25-59. Vgl. auch G. Voigt, Rechtfertigungspredigt als ökumenischer Auftrag. In: F. Lau (Hg.), Erbe und Verpflichtung. Berlin 1967, 125-166, hier 126.

[15] Zum Erfahrungsbezug von Luthers Predigten vgl. E. Winkler (s. Anm. 9) 70.

[16] *analogia fidei*: WA TR 2, 362, 11 (Nr. 2202b); WA TR 4, 447, 5 (Nr. 4719).

[17] Vgl. E. Winkler (s. Anm. 9) 71.

[18] Vgl. K. Dockhorn, Macht und Wirkung der Rede. Bad Homburg u. a. 1968 (Respublica Literaria 2), darin besonders: Die Rhetorik als Quelle des vorromantischen Irrationalismus in der Literatur- und Geistesgeschichte, 46-95; ders., Rhetorik und germanistische Literaturwissenschaft in Deutschland. In: Jahrbuch für internationale Germanistik 3 (1971) 168-185; ders., Luthers Glaubensbegriff und die Rhetorik. In: LingBibl 3 (1973) H. 21/22, 19-39; ders., Rhetorica movet. In: H. Schanze (Hg.), Rhetorik. Beiträge zu ihrer Geschichte in Deutschland vom 16.-20. Jh. Frankfurt/M. 1974, 17-42.

[19] K. Dockhorn, Rhetorica (s. Anm. 18) 29; ders., Macht (s. Anm. 18) 90f; ders., Glaubensbegriff (s. Anm. 18) 30f; er zitiert hier u. a. WA 40, III, 58, 31-33; 59, 17-19.20-37. Auf die Bedeutung der Affekte weist auch hin E. Winkler, Homiletische Erkenntnisse Luthers in der gegenwärtigen evangeli-

3. Zum Predigtverständnis Luthers

Unser Beispiel kann schließlich eine Vorstellung davon vermitteln, worin die unerhörte Hochschätzung des gepredigten Wortes bei Luther[20] ihren Grund hat und wie sie zu interpretieren ist. *Es ist alles besser nach gelassen, denn das wort. Und ist nichts besser getrieben denn das wort*, schreibt Luther 1523,[21] und diese Äußerung steht nur stellvertretend für eine Fülle weiterer Aussagen, in denen er nicht müde wird, Predigt und Predigtamt aufs höchste zu rühmen als das Wichtigste, was der Kirche anvertraut und aufgetragen ist. Unser Predigtbeispiel liefert uns auch hierzu eine Reihe von Auskünften:

(1) Wenn Luther hier vom ›Wort‹ spricht, hat er offenkundig nicht irgendeine hypostasierte dogmatische Größe im Auge, die nur in einem uneigentlichen, übertragenen Sinne so zu bezeichnen ist, sondern meint sehr konkret die mündliche Rede - wörtlich: *die sprach des mundlichen worts* -, die in konkreten Worten in einer konkreten Situation an konkrete Adressaten ergeht.[22]

(2) Die konkrete mündliche Rede ist der Wagen, die Brücke, das *medium*, auf dem das *werck*, das ist das Christusereignis, zu uns kommt und sich uns zu eigen gibt, und sie ist zugleich mehr als Wagen, Brücke und Medium: Sie ist im Grunde ein Teil des Heilsereignisses selbst. Ohne diese Rede bleibt das Werk verborgen und damit wirkungslos; erst da, wo es buchstäblich zur Sprache gebracht wird, wo es *ins wort gefast* wird, kommt es zur Wirkung, kann es erkannt, verstanden und geglaubt werden. Es gibt keine Christusbegegnung an diesem Wort vorbei: Bevor die Frauen dem Auferstandenen leiblich begegnen können, teilt er sich ihnen in der mündlichen Rede des Engels mit.

(3) Ihren tiefsten Grund hat diese Hochschätzung des Wortes, der mündlichen Rede, im Wesen und in der Sinnrichtung des Heilsgeschehens selbst: Die Auferstehung Jesu, über die Luther hier predigt, hat ihren Sinn und Wert nicht in sich; sie kommt erst dort zu ihrem Ziel, wo sie sich am einzelnen Glaubenden verwirklicht. *Ubi legis: ipse surrexit, setz hin: Ich mit yhm, du mit yhm*. Das *pro me* der evangelischen Botschaft - für mich, für uns geschehen - ist also nichts, was erst sekundär zum Heilsereignis hinzutritt; es ist vielmehr im Ereignis selber angelegt, ist in ihm wesenhaft enthalten. Das hat zur Folge, daß das Ereignis selbst sich eigentlich erst dort vollendet, wo es - eben im Medium des Wortes, der Rede - den einzelnen wirksam ergreift.[23]

(4) *nempe weil wort nicht gesagt ist, non possunt intelligere opus*: Unser Predigtbeispiel läßt im übrigen keinen Zweifel daran, daß solches Wirksamwerden des Heils-

---

schen Predigtlehre. In: H. Seidel/K.-H. Bieritz (Hg.), Das lebendige Wort (FS Gottfried Voigt). Berlin 1982, 241-254, hier 249. Reizvoll wäre es, unter dem von K. Dockhorn herausgestellten Aspekt einmal die Pfingstpredigten Luthers zu untersuchen; vgl. G. Heintze, Luthers Pfingstpredigten. In: LuJ 34 (1967) 117-140.

[20] Und des Predigtamtes: Vgl. E. Winkler (s. Anm. 19) 241f; ders. (s. Anm. 9) 73; M. Schmidt (s. Anm. 8) 65f; M. Haustein (s. Anm. 4) 93f.

[21] WA 12, 37, 29f.

[22] E. Winkler (s. Anm. 19) 243 zitiert in diesem Zusammenhang H. Schröer: »Luther betone das mündliche Wort, weil in ihm das Wort Gottes ›durch das Medium einer Person hindurchgeht und nicht durch das Medium eines Sakraments oder dergleichen‹.« Vgl. auch E. Winkler (s. Anm. 9) 69f.

[23] Vgl. M. Schmidt (s. Anm. 8) 72. H. M. Barth, Luthers Predigt von der Predigt. In: PTh 56 (1967) 481-489, weist auf die »bei Luther gelegentlich auftauchende Gleichsetzung von Ostergeschehen und Osterpredigt« hin (482). Vgl. auch H. M. Barth, Historie und Identifikation. In: PTh 55 (1966) 70ff.

ereignisses am einzelnen wirklich etwas mit Hören und Verstehen zu tun hat, daß es ihn als Person beansprucht, mit Verstand, Herz und allen Sinnen,[24] daß es als Wort auf eine Antwort aus ist (die es eben als Wort allererst ermöglicht, schafft, hervorruft). Für diese personale Antwort auf das in *die sprach des mundlichen worts* gefaßte Heilsereignis hat Luther den Begriff ›Glauben‹. Das bedeutet nun auch: Es gibt keinen Heilsautomatismus. Und es gibt keine gleichsam automatische Wirkung des Wortes an dieser im strengen Sinne sprachlich vermittelten Wort-Glaube-Beziehung vorbei. Die *sprach des mundlichen worts* zielt auf den personal verantworteten, verbindlichen und verpflichtenden Verständnisakt des Glaubens. Heil wird an Sprache gebunden, und zwar an die Bedingungen und Möglichkeiten konkreter, gesprochener Sprache.

In einer Untersuchung der Lieder Luthers kommt Gerhard Hahn[25] zum gleichen Ergebnis: Die außer- oder übersprachliche (›sakramentale‹) Präsentationsweise des Heils, wie sie die mittelalterliche Situation bestimmte, wird bei Luther durch eine im strengen Sinne sprachliche Präsentationsweise abgelöst. Diese umgreift ihrerseits auch nichtsprachliche Zeichenelemente (so die sakramentalen Elemente und Vollzüge), und zwar dergestalt, daß die sprachlich vermittelte, gesamtpersonal wirksame Wort-Glaube-Beziehung auch die Rezeption dieser nichtsprachlichen Elemente bestimmt. Wenn Luther gelegentlich den Sakramentsbegriff auf das Wort überträgt,[26] so wird damit gerade nicht der oben abgewehrte ›Heilsautomatismus‹ ausgesagt, sondern umgekehrt der - auf glaubende Annahme zielende, ein personales Verhältnis begründende - ›Wortcharakter‹ der Sakramente zum Ausdruck gebracht.[27] Deshalb ist es zumindest mißverständlich, wenn immer wieder vom »sakramentalen Charakter«,[28] der »sakramentalen Mächtigkeit«[29] oder der sakramentalen Wirkweise[30] des Wortes bei Luther gesprochen wird. Selbstverständlich ist Luther von der Heilsmächtigkeit und Heilswirksamkeit des Wortes überzeugt: Es besitzt die Vollmacht und die Kraft, »Gottes Heilswirken vollgültig zueignen zu können.«[31] Aber es tut dies eben auf die Weise von Sprache, das heißt, indem es den hörenden, verstehenden und vertrauenden Glauben des so Angesprochenen schafft und in Anspruch nimmt.[32]

Wir brechen damit die Untersuchung unseres Predigtbeispiels zunächst ab. Daß in solcher Begrenzung auf eine einzige Predigt natürlich nicht alle hier zu verhandelnden Aspekte in den Blick kommen konnten, versteht sich von selbst. Im weiteren wollen wir einigen Fragen nachgehen, die bereits die Beschäftigung mit einem solchen begrenzten Ausschnitt aus Luthers Predigttätigkeit aufwirft. Wir folgen dabei einem sehr

---

[24] Vgl. B. Stolt, Luther, die Bibel und das menschliche Herz. In: ZdZ 37 (1983) 295-302: Das hier gemeinte ›Verstehen‹ ist kein ausschließlich intellektueller Vorgang, sondern läuft über das ›Herz‹, das Personzentrum des Menschen.

[25] G. Hahn, Evangelium als literarische Anweisung. Zu Luthers Stellung in der Geschichte des deutschen kirchlichen Liedes. München 1981.

[26] Vgl. z. B. WA 9, 440, 2-5; G. Hahn (s. Anm. 25) 57.

[27] Vgl. G. Ebeling (s. Anm. 3) 369-375.

[28] A. Niebergall (s. Anm. 8) 260.

[29] A. Peters, Reformatorische Rechtfertigungsbotschaft. In: LuJ 31 (1964) 77-128, hier 126f.

[30] G. Ebeling (s. Anm. 3) 371f.

[31] G. Hahn (s. Anm. 25) 56.

[32] Vgl. dazu auch E. Bizer, Fides ex auditu. Eine Untersuchung über die Entdeckung der Gerechtigkeit Gottes durch Martin Luther. Neukirchen ³1966; P. Meinhold, Luthers Sprachphilosophie. Berlin 1958; G. Ebeling, Einführung in theologische Sprachlehre. Tübingen 1971; ders., Luther. Einführung in sein Denken. Tübingen 1964, besonders 100-119, 280-309.

einfachen Frageraster, den in ähnlicher Weise auch schon Martin Doerne[33] an Selbstzeugnisse Luthers zu seinem Predigtverständnis und seiner Predigtpraxis angelegt hat: Wer predigt? Was wird gepredigt? Wem wird gepredigt? Wie wird gepredigt?

III. FRAGEN AN LUTHERS HOMILETIK: WER? WAS? WEM? WIE?

1. Wer predigt?

Die Predigt ist *nicht unsers thuns, sondern Gottes selbs eigen wort*, schreibt Luther in seinem Pamphlet *Wider Hans Worst*; deshalb darf der Prediger *mit S. Paulo, allen Aposteln und Propheten trötzlich sagen: Haec dixit Dominus, Das hat Gott selbs gesagt.*[34] Im Anschluß an solche und ähnliche Aussagen hat man von einer Identifikation von Gotteswort und Predigtwort bei Luther gesprochen[35] und so die Frage nach dem Subjekt der Predigt beantwortet: In der Predigt kommt Gott selber zu Wort, der Prediger ist Mund Gottes, Mund Christi.[36] Wir wollen und können hier nicht den theologischen Fragen nachgehen, die solche Identifikation aufwirft.[37] Uns interessiert in diesem Zusammenhang vorrangig ein anderes Problem: Ist die Behauptung der Identität von Gotteswort und Predigtwort für Luther lediglich eine theologische These, oder hat sie Folgen für die konkrete Sprach- und Redegestalt seiner Predigten? Eines hat ja die Beschäftigung mit unserem Predigtbeispiel deutlich gemacht: Luther leiht seinen Mund, seine Stimme, ja sein ›Ich‹ keineswegs nur dem göttlichen Subjekt. In seinen Predigten kommen viele Stimmen zu Wort: Christus redet, eine Engel spricht, die Frauen mischen sich ein, Papisten und Schwärmer, ja der Teufel selbst ergreifen das Wort, ganz zu schweigen vom Hörer unter der Kanzel, der Einwände formuliert und Fragen stellt, und von Luther selbst, der mit seinen Erfahrungen nicht hinter dem Berg hält. Das ist das eine. Aber: Solche Vielstimmigkeit ist keineswegs ein Dialog der Meinungen, in dessen Verlauf die Wahrheit erst gemeinsam gefunden und formuliert werden muß. Solche Vielstimmigkeit bei Luther gleicht viel eher einem Kampfgetümmel - einem »Wortkampf«[38] -, bei dem sich die Wahrheit - die eine, göttliche Wahrheit - gegen alle Widerstände, Zweifel und Anfechtungen durchsetzt. Luther redet assertorisch, behauptend, hat man gesagt,[39] auch und gerade da, wo er mit Welt und Teufel disputiert; so läßt er den verstorbenen Kurfürsten Johann und mit ihm alle Christen auf die Anfechtungen und Fragen des Teufels antworten: »Wenn ich auch gesündigt habe, so hab ichs getan, friß du den Dreck davon, und er sei dein.«[40] Das ist gewiß - man sieht es leicht - alles andere als ein partnerschaftlicher Dialog. Hier werden keine Argumente abgewo-

---

[33] Vgl. M. Doerne, Predigtamt und Prediger bei Luther. In: Wort und Gemeinde (FS Erdmann Schott). Berlin 1967 (AVTRW 42), 43-55.
[34] WA 51, 517, 19-27; vgl. H. M. Barth, Predigt (s. Anm. 23) 485.
[35] Vgl. E. Winkler (s. Anm. 9) 74; ders. (s. Anm. 6) 236.
[36] Vgl. WA 45, 616, 32-34.
[37] Vgl. hierzu A. Niebergall, Luthers Auffassung von der Predigt nach ›De Servo Arbitrio‹. In: Reformation und Gegenwart. Marburg 1968 (MThSt 6), 83-109; M. Doerne (s. Anm. 33) 45f.
[38] Zur *pugna verborum* vgl. B. Stolt, Studien zu Luthers Freiheitstraktat mit besonderer Rücksicht auf das Verhältnis der lateinischen und der deutschen Fassung zueinander und die Stilmittel der Rhetorik. Stockholm 1969, darin besonders: Luther und die Rhetorik, 118-139, hier 138f.; dies., Wortkampf (s. Anm. 3) 78-119.
[39] Vgl. E. Winkler (s. Anm. 9) 74.
[40] Nach E. Winkler (s. Anm. 9) 84; WA 36, 252, 2f.

gen: Hier werden dem Teufel und seinen Argumenten die Argumente des Glaubens um die Ohren geschlagen.[41] Aber: Was uns hier begegnet, ist auch keine behauptende Rede, die gleichsam ›von oben herab‹ allgemeine Wahrheiten deduziert, die keine Bodenberührung haben und in ihrer Allgemeinheit kaum die Erfahrungswirklichkeit der Hörer erreichen. Nein: Die Argumente des Glaubens, die Luther in die Predigt einführt, sind durch das Feuer erfahrener Anfechtung hindurchgegangen und haben in diesem Feuer ihre schlagende Gestalt gewonnen.[42]

Wer predigt? Vielleicht ist diese Frage überhaupt falsch gestellt, weil sie eine Predigt voraussetzt, die gleichsam als Mitteilung (im informativ-darstellenden Sinne) vom Prediger an die Hörer ergeht. Eine solche Mitteilung ist jedoch die Predigt Luthers nicht: Sie gleicht, wie wir gesehen haben, eher einem Kampfplatz, auf dem der Kampf Christi gegen Sünde, Tod und Teufel ausgetragen wird.[43] Wirklich ausgetragen wird: Es ist ja gerade *die sprach des mundlichen worts* und nichts anderes, durch die das Reich Christi ausgebreitet und das Reich des Teufels zurückgedrängt wird (Christus spricht nicht: *brecht ein, reist umb, sed: praedicate!*).[44] Ist die Predigt in solchem Sinne Kampfplatz, Kampfgeschehen,[45] so sind Hörer und Prediger gleichermaßen in diese Auseinandersetzung verwickelt, und die Frontlinie zwischen dem Reich Christi und dem Reich des Bösen geht durch beide hindurch. Die Formel von der Identität von Predigtwort und Gotteswort bei Luther bedarf in diesem Sinne einer Modifikation, die im Grunde durch ihn selber schon vorgenommen wird, wenn er sagt: *Quando ego praedico, ipse praedicat in me, quando tu audis, ipse in te audit.*[46] Das heißt doch: So, wie wir *beide* den gleichen Anfechtungen ausgesetzt sind (*Ich kan noch aus der heilosen salben nicht komen*), ist er auch in uns *beiden* am Werk, wenn er auf dem Kampfplatz des Wortes um uns ringt. »Das Wort gilt ihm selber nicht weniger als den Hörern: ›praedico propter te et me, qui indigent‹.«[47]

2. Was wird gepredigt?

Nihil nisi Christus praedicandus, sagt Luther, »nichts außer Christus ist der zu Predigende.«[48] Und: *Man kan sonst nicht predigen quam de Iesu Christo et fide. Das ist*

---

[41] Der Einsatz der genannten Bilder macht deutlich, daß es sich hierbei um ein affektiv-rhetorisches und nicht eigentlich ›dialektisches‹ Verfahren handelt. Zum Verhältnis von Dialektik und Rhetorik in der Tradition und bei Luther vgl. K. Dockhorn, Glaubensbegriff (s. Anm. 18) 23f, 33-35; ders., Rhetorica (s. Anm. 18) 22ff.

[42] Vgl. E. Winkler (s. Anm. 9) 84: »Die dialogische Redeweise besteht bei Luther nicht darin, daß er Argumente abwägt, sondern daß er die Argumente des Glaubens gegen die des Teufels setzt.« Vgl. auch G. Voigt, Die Sprache der Predigt. In: PBl 100 (1960) 131-142, hier 138f.

[43] Vgl. E. Winkler (s. Anm. 6) 237.

[44] WA 41, 75, 18; vgl. H. M. Barth, Predigt (s. Anm. 23) 483.

[45] Dies haben besonders herausgearbeitet V. Vajta, Die Theologie des Gottesdienstes bei Luther. Berlin 1958, 141-149, und G. Wingren, Die Predigt. Göttingen 1955. Vgl. auch E. Hirsch (s. Anm. 3) 21f; M. Schmidt (s. Anm. 8) 71; A. Niebergall (s. Anm. 8) 261f, 266f.

[46] WA 20, 350, 6f; vgl. H. M. Barth, Predigt (s. Anm. 23) 483.

[47] E. Winkler (s. Anm. 6) 236. In diesem Zusammenhang muß erneut auf K. Dockhorn hingewiesen werden, der meint, daß nicht nur das Problem der Vergegenwärtigung des Abwesenden, sondern auch das Problem der Willensfreiheit in der rhetorischen Tradition vorgebildet ist: Das *neque enim sunt motus in nostra potestate* Quintilians wird von Melanchthon fast wörtlich übernommen und auf die *interni affectus* angewandt; vgl. Glaubensbegriff (s. Anm. 18) 31-33; Rhetorica (s. Anm. 18) 30f.

[48] WA 16, 113, 7f. Vgl. E. Winkler (s. Anm. 9) 70; ders. (s. Anm. 6) 234.

generalis scopus.[49] Wieder interessiert uns, wie dieser homiletisch-theologische Grundsatz sich zur konkreten Sprach- und Redegestalt von Luthers Predigten verhält. Einiges hierzu ist uns bereits bei der Beschäftigung mit unserem Predigtbeispiel deutlich geworden:

(a) An einer bloßen Nacherzählung biblischer Geschichten, auch der Geschichten von Jesus Christus, ist Luther nicht interessiert:[50] *ut historia,* als eine Geschichte gepredigt, nützt die Auferstehung Jesu niemandem. Sie muß vielmehr so mitgeteilt werden, daß die Hörer Anteil an ihr gewinnen, daß Jesu Auferstehung zu ihrer eigenen Auferstehung wird.

(b) Ein hermeneutisch-homiletischer Weg, um solche »Gleichzeitigkeit«[51] mit dem Heilsereignis herzustellen und den Hörer selbst in dieses Geschehen zu verwickeln, ist die von uns bereits erörterte ›exemplarische‹ Auslegung:[52] Die biblische Geschichte wird in ihren einzelnen Zügen so nacherzählt und ausgedeutet, daß sie als *exemplum* für den Weg des Glaubens schlechthin fungiert. In den handelnden biblischen Gestalten findet sich dann der Hörer selbst wieder, entdeckt in den Worten, Wünschen, Anfechtungen, die dort zur Sprache kommen, sein eigenes Denken, Tun und Reden.

(c) Damit kommt gleich auf mehreren Ebenen Erfahrung ins Spiel, wird zum Gegenstand der Predigt. Zunächst die Erfahrung der biblischen Gestalten, in unserem Beispiel: die Erfahrung der Frauen auf dem Weg zum Grabe. Sie erfahren das Scheitern aller ihrer Bemühungen um Jesus; und sie erfahren zugleich, wie ihnen der Auferstandene im Wort des Engels unerwartet und unverdient entgegenkommt und sie tröstet. Ihre Erfahrung steht also in jener merkwürdigen Spannung, wie sie theologisch durch das Begriffspaar ›Gesetz und Evangelium‹ bezeichnet wird: Der Versuch, Christus *bonis operibus* zu suchen, führt nicht zum Ziel, sondern endet in Hoffnungslosigkeit und Verzweiflung; das ist die Erfahrung des Gesetzes. Aber auch das Evangelium, das unerwartete und unverdiente Wort des Engels, geht in die Erfahrung der Frauen ein: *Tum vergessen der buxen und salben, ghen aus yhn selbs et fiunt fortes.*

(d) In derselben spannungsvollen Weise kommen nun auch die Erfahrung der Hörer und schließlich die Erfahrung des Predigers ins Spiel:[53] Beide machen die Erfahrung des Scheiterns dort, wo sie mit Hilfe von allerhand *geistlichen, heiligen stenden, bruderschaften, walfarten et omnibus operibus quae homo facit* aus ihrer Sünde herauszukommen versuchen; und beide machen die Erfahrung des Evangeliums, daß Christus Teufel, Sünde und alles Böse zerstört und verjagt hat.[54] In welcher Weise Luther solche Spannung durchzuhalten vermag und sie gerade nicht in die eine oder andere Richtung auflöst, zeigt der merkwürdige Schluß seiner Predigt, der wieder ganz von der Erfahrung des Scheiterns, der Vergeblichkeit bestimmt ist.

---

[49] WA 36, 180, 10-13. Vgl. E. Winkler (s. Anm. 19) 243-247; H. M. Barth, Predigt (s. Anm. 23) 482f. In welcher Weise Luther in seinen Predigten dieses theologische Programm verwirklicht, zeigen G. Heintze, Luthers Predigt von Gesetz und Evangelium. München 1958; H. Bornkamm, Luthers Predigten 1522-1524. In: Vierhundertfünfzig Jahre lutherische Reformation (FS Franz Lau). Berlin 1967, 59-79; auch R. Frick, Luther als Prediger. In: LuJ 21 (1939) 28-71.
[50] Vgl. WA 5, 543, 16-21.
[51] Vgl. G. Ebeling (s. Anm. 3) 445; A. Niebergall (s. Anm. 8) 261; G. Hahn (s. Anm. 25) 131; H. Bornkamm, Das Wort Gottes bei Luther. München 1933, 39 u. ö.
[52] Vgl. auch E. Winkler (s. Anm. 9) 71.
[53] Vgl. E. Winkler (s. Anm. 19) 248: Luther »hat seine Subjektivität nie verleugnet und zugleich sich nicht vor ›assertiones‹ gescheut«; vgl. auch ders. (s. Anm. 9) 80.
[54] Vgl. WA 29, 270, 4-5 im Wortlaut Rörers.

Was wird gepredigt? Jedenfalls kein objektivierter, von allen Bezügen auf menschliche Erfahrung abstrahierter Christus. Das ist schon darum nicht möglich, weil Predigt im Sinne Luthers ja nie bloßer Bericht sein, sondern das Heil ganz buchstäblich in die lebendige, konkrete und darum immer auch individuelle Wirklichkeit von Menschen hinein vermitteln will. Interessante Überlegungen zum ›Was‹ der Predigt stellt in diesem Zusammenhang Dietrich Rössler in einer Untersuchung zu »Beispiel und Erfahrung« in Luthers Homiletik an:[55] Er geht von der immer wieder zitierten Stelle in den Tischreden[56] aus, in der neben *doctrina* und *exhortatio* als ein dritter *modus praedicandi* die *illustratio* genannt wird.[57] Als Mittel solcher *illustratio* werden Schriftstellen, Beispiele, Gleichnisse und andere Formen des ›Redeschmucks‹ ausdrücklich aufgeführt.[58] Ihre Aufgabe ist es, die Botschaft zu ›individualisieren‹, »die subjektive Erfahrung zur Sprache zu bringen, das, was wir selbst gesehen und erfahren haben.«[59] Nicht nur biblische Gestalten schlechthin, auch Jesus Christus selbst kann in solchem Sinne zum *exemplum* des Glaubens werden, zum Bild und Beispiel dessen, was er doch allererst begründet und bewirkt. Das *Nisi nihil Christus*, von dem wir bei der Frage nach dem ›Was‹ der Predigt ausgegangen sind, wird in solcher Weise ausgelegt und präzisiert: »Im Medium des Beispiels soll die Erfahrung des Glaubens zur Sprache gebracht und jedem einzelnen Hörer für sein Herz oder Gewissen und also für seine subjektive Erfahrung zugänglich gemacht werden.«[60] Auch hier wieder liegen die Bezüge zur rhetorischen Affektenlehre und zur Rolle der *imaginatio* auf der Hand: Die Mittel der *illustratio* dienen dazu, an die *imaginatio* der Hörer zu appellieren und so auf der Ebene der *affectus et mores* Erfahrungen anzusprechen und zu vermitteln. Wenn Luther sagt: *Rhetoricatur igitur Spiritus sanctus iam, ut exhortatio fiat illustrior,*[61] so nimmt er den rhetorischen »Fachausdruck für jene Fähigkeit des Aktualisierens oder Vergegenwärtigens, des Dabei- und Betroffenseins« auf: »*Illustrior* ist nämlich das Adjektiv, welches jene dem Auge, dem Schauen eignende Gabe des ›Dabeiseins‹ ausdrückt.«[62] Vergegenwärtigung und damit Glaubhaftmachung (Glauben als Glaubenmachen) geschieht so über »das wiedererweckte Sehen von Bildern, über die wir keine Macht haben.«[63]

3. Wem wird gepredigt?

Wan ich auff den predigtstuel steige, sagt Luther in einer Tischredenbemerkung, *so sehe ich keinen menschen an, sondern meine, es seind eitel klötzer, die do fur mir stehen, vnd rede meines Gottes wort dahin.*[64] Daß dieser seelsorgerlich gemeinte Ratschlag an junge, unsichere Prediger nicht im Sinne einer prinzipiellen Hörerver-

---

[55] D. Rössler, Beispiel und Erfahrung. Zu Luthers Homiletik. In: H. M. Müller/D. Rössler (Hg.), Reformation und Praktische Theologie (FS Werner Jetter). Göttingen 1983, 202-215.
[56] WA TR 2, 359, 18-28 (Nr. 2199a).
[57] Wobei - bei insgesamt fließenden Übergängen von *docere* über *exhortari* zu *illustrare* - die *illustratio* wie die *exhortatio* der Rhetorik zugehört; vgl. B. Stolt (s. Anm. 3) 52f.
[58] Vgl. auch E. Winkler (s. Anm. 6) 236f.
[59] D. Rössler (s. Anm. 55) 207 nach WA TR 4, 479, 1-6 (Nr. 4765).
[60] Ebd. 213.
[61] WA 40 III, 59, 37.
[62] K. Dockhorn, Glaubensbegriff (s. Anm. 18) 30.
[63] K. Dockhorn, Macht (s. Anm. 18) 102 (vgl. auch 90ff).
[64] WA TR 4, 447, 23-25 (Nr. 4719). Vgl. E. Winkler (s. Anm. 6) 235f.

gessenheit und Hörerverachtung interpretiert werden darf, machen zahllose andere Äußerungen Luthers deutlich, in denen er ausdrücklich von der Notwendigkeit spricht, sich den Hörern zu *accomodiren*.[65]

Solcher Hörerbezug äußert sich in der Sprach- und Redegestalt der Predigt selbst auf dreifache Weise: (a) als Orientierung an den Sprachmöglichkeiten und Spracherwartungen der Hörer; (b) in der Verwendung von Sprach- und Redemitteln, die geeignet sind, die Aufmerksamkeit der Hörer zu wecken und zu lenken und die vom Prediger intendierten Vorstellungen und Empfindungen auszulösen; (c) in der Berücksichtigung des situativen Kontextes im engeren und weiteren Sinne. Luthers Predigten sind in diesem Sinne adressaten- und situationsbezogen.[66]

Freilich: Solcher Adressaten- und Situationsbezug darf nicht im Sinne einer bedingungslosen Anpassung an die Bedürfnisse und den Geschmack des Publikums mißverstanden werden.[67] Luther predigt nicht, um seinen Hörern zu gefallen; er kann sich sehr kritisch über die diesbezüglichen Erwartungen der Predigthörer äußern.[68] Gehört die Predigt dem *genus deliberativum* der klassischen Rhetorik[69] (Ulrich Nembach präzisiert: der Volksberatungsrede Quintilians)[70] zu, so will und soll sie etwas erreichen, die Hörer beraten und belehren, aus *indocti docti* machen.[71] Die sprachlichen Mittel, die Luther einsetzt, sollen darum der Sache dienen, der er sich verpflichtet weiß: »Es kommt ihm dabei mehr auf sachdienliche Wirkung als auf ästhetisch kalkulierten Effekt an.«[72]

Wem wird gepredigt? Luther kann verschiedene verbale Strategien entwickeln, um die Beziehung zu seinen Hörern zu definieren. Was sich an seinen Prosaschriften nachweisen läßt,[73] gilt auch für seine Predigten: Sanftere Tonarten, die auf Belehrung, Ermahnung und Werbung zielen, wechseln mit leidenschaftlicheren, auch härteren Sprechweisen, in denen Auseinandersetzung, Abwehr und Angriff, aber auch leidenschaftliche Werbung begegnen, so daß man sehr wohl von einem »gezielten Einsatz emotionaler Mittel«[74] sprechen kann.

Man wird dabei auch an die Unterscheidung von zwei Arten der Affekte in der rhetorischen Tradition denken dürfen, der wir bereits öfters begegnet sind: »... pathos und ethos ... affectus et mores: die heftigen, vehementen Leidenschaften und die

---

[65] WA TR 4, 447, 14 (Nr. 4719). Immer wieder zitiert wird in diesem Zusammenhang WA TR 3, 310, 5-12 (Nr. 3421). Vgl. U. Nembach (s. Anm. 14) 60ff; M. Doerne (s. Anm. 33) 52.
[66] Vgl. G. Otto, Auf der Kanzel. In: H. J. Schultz (Hg.), Luther kontrovers. Stuttgart 1983, 136-145, hier 140; E. Hirsch (s. Anm. 3) 5f; E. Winkler (s. Anm. 19) 248.
[67] Vgl. E. Winkler (s. Anm. 9) 78; ders. (s. Anm. 6) 236.
[68] Vgl. WA TR 2, 454, 16-19 (Nr. 2408b).
[69] Vgl. B. Stolt (s. Anm. 3) 36, 52; H. Wolf, Martin Luther. Eine Einführung in germanistische Lutherstudien. Berlin 1983, 137f.
[70] U. Nembach (s. Anm. 14) 127ff.
[71] Ebd. 135. Vgl. zu U. Nembach auch die Rezensionen von G. Krause in: ThLZ 99 (1974) 271-275; H. Junghans in: LuJ 41 (1974) 148-150.
[72] H. Wolf (s. Anm. 69) 46. Vgl. auch B. Stolt (s. Anm. 38) 137: »Luthers Sprache ist stets Zwecksprache.« Vgl. G. Voigt, Die Predigt muß etwas wollen. In: H. Ristow/H. Burgert (Hg.), Evangelium und mündige Welt. Berlin 1962, 100-107.
[73] Vgl. R. Petsch, Martin Luther als Meister der deutschen Sprache. In: LuJ 17 (1935) 87-110; H. Wolf (s. Anm. 69) 93f.
[74] H. Wolf (s. Anm. 69) 93. B. Stolt (s. Anm. 3) 60 zeigt, wie sich Luther deutlich an die verschiedenen Affektstufen hält (Cicero: *subtile in probando, modicum in delectando, vehemens in flectendo*); vgl. ebd. 73.

sanften, schmelzenden Gefühle oder Neigungen«,[75] wobei *ethos* »die sanften Affektstufen bezeichnet, die der Sympathiegewinnung dienen.«[76] Wo in unserer Beispielpredigt die Hörer angesprochen werden, vernimmt man durchweg jene sanft ermahnenden und werbenden Töne; wo Luther sich über die närrischen Frauen mit ihren Salbenbüchsen lustig macht, kommt freilich auch »schmunzelndes Belächeln« - als eine Spielart des *ethos* im Gegensatz zum »verächtlich-bitteren Sichlustigmachen«, das den Rottengeistern und Papisten gilt - zum Zuge.[77] Wir wissen freilich, daß Luther gelegentlich auch mit seiner Wittenberger Hörergemeinde sehr viel härter umspringen konnte; die Tatsache, daß der Hörer für den Prediger ›Nächster‹ im biblischen Sinne ist,[78] schließt die Anwendung solcher Affektstufen und der ihnen zugehörigen Sprechakte keineswegs aus.[79] Immer jedoch - auch da, wo sie vordergründig nur zu belehren, zu unterrichten scheint - ist diese Predigt Handlung, nimmt sie im Medium des Wortes den Hörer gleichsam am Arm, hält ihn fest oder schickt ihn auf einen Weg, schlägt ihm Wunden oder verbindet sie. Wenn man vom Situations- und Adressatenbezug der Predigt bei Luther spricht, darf man diesen Handlungsaspekt nicht übersehen: Luther handelt mit seinen Hörern, indem er mit ihnen redet.

4. Wie wird gepredigt?

Es ist noch gar nicht so lange her, da schien es nur eine Antwort auf diese Frage geben zu können: Luther predigt ›deutsch‹ - was immer dies heißen mochte. Von der »ganz unverkennbaren Deutschheit Luthers« ist da die Rede, von »Luthers deutscher Art schlechthin«, die sich besonders in seiner Verachtung welscher Rhetorik und in seiner bildhaft-anschaulichen, volkstümlichen Sprache äußert,[80] in seiner allem Kunstfertigen abholden »natürlichen Beredsamkeit«.[81] Später dann wählte man ein anderes Schlagwort, um die Predigtweise Luthers zu bestimmen: Luther predigt ›einfach‹. Die »Einfachheit der Form«[82] wird als das hervorstechende Merkmal seiner Predigten hervorgehoben, ihre »einfache Art«, »volksnah«, »bildkräftig«, ihre »kindliche Natürlichkeit«,[83] die selbstverständlich keiner »rhetorischen Absicht« entspringt und deshalb auf jede Methode verzichtet.[84] Selbstverständlich kann man sich auch hierfür auf Äußerungen Luthers berufen: *Einfeldig zu predigen, ist eine große Kunst*, bemerkt er in einer Tischrede. *Christus thuts selber; er redet allein vom ackerwerk, vom senffkorn, vnd*

---

[75] Zum Verhältnis von Pathos und Ethos, *affectus et mores* vgl. K. Dockhorn, Rhetorica (s. Anm. 18) 25; ders., Macht (s. Anm. 18) 51ff; dabei besteht eine Entsprechung der Affektstufen (*pragma, ethos, pathos*) zu den drei Redefunktionen (*probare, conciliare, movere*) und Redestilen (*genus subtile, medium, grave*); ebd. 54.
[76] B. Stolt (s. Anm. 3) 71.
[77] Ebd.; vgl. K. Dockhorn, Macht (s. Anm. 18) 125.
[78] U. Nembach (s. Anm. 14) 96ff.
[79] Vgl. z. B. die Predigt vom 8. 11. 1528 (WA 27, 403-411, hier besonders 408, 10-12 R und 408, 25-27 N).
[80] P. Lorentz, Die Anschaulichkeit in Luthers Bildersprache. In: Luther 20 (1938) 81-94, hier 82.
[81] H. Preuß, Martin Luther. Der Künstler. Gütersloh 1931, 205.
[82] E. Hirsch (s. Anm. 3) 1; vgl. auch 13f.
[83] M. Schmidt (s. Anm. 8) 68, 73, 76.
[84] A. Niebergall (s. Anm. 8) 272, 274f. Vgl. auch die Belege für die vorgeblich ›antirhetorische‹ Einstellung Luthers bei B. Stolt (s. Anm. 38) 118ff und ihre Auseinandersetzung mit I. Weithase, Zur Geschichte der gesprochenen deutschen Sprache. 2 Bde. Tübingen 1961 (hier besonders I, 80-99).

brauchet eitel grobe, pewrische similitudines.[85] Es hat eine Weile gedauert, bis man über das *einfeldig* hinaus auch die zweite Hälfte des Satzes, wo solche Predigt als *große Kunst* bezeichnet wird, ganz ernst genommen hat; Germanisten wie Birgit Stolt sind es vor allem gewesen, die auch bei Theologen solche Erkenntnis beförderten: Luther spricht hier in der Tat von einer *Kunst*, nämlich von der Redeform des *sermo humilis*, dem »einfachen Predigtstil, der dem Kirchenvolk als vorherrschendem Adressaten angemessen ist.«[86] Diese Stilebene, auf der sich Luther nicht nur in seinen Predigten zu bewegen versteht, verlangt ja keineswegs weniger Kunstfertigkeit als die gehobeneren Sprach- und Redeformen; sie fordert vielmehr die Kenntnis und die Anwendung der ihr eigenen Gestaltungsmittel des *ornatus facile*, des ›leichten‹ Redeschmucks. Vermutlich hat Luther dies im Auge gehabt, als er gerade die ›einfältige‹ Redeweise als eine *große Kunst* pries: *Christus hat am aller einfeltigsten geredt vnd war doch eloquentia selbst ... Drumb ists am besten vnd die hochste eloquentia simpliciter dicere.*[87] Solche und ähnliche Äußerungen kann man also keineswegs im Sinne einer prinzipiellen Rhetorikverachtung interpretieren; sie müssen vielmehr aus dem Zusammenhang jener oben erörterten Adressaten- und Situationsorientierung heraus verstanden werden: Die überlegte Wahl der Stil- bzw. Redeebenen wie die abgestufte Verwendung der verschiedenen Gestaltungsmittel, also des ›schweren‹ und des ›leichten‹ Redeschmucks, verweisen insgesamt auf einen Umgang mit Sprache, der die Sache, der er sich verpflichtet weiß, nie losgelöst von denen betrachten und formulieren kann, denen sie vermittelt werden soll.[88]

Birgit Stolt hat dies exemplarisch an dem von ihr untersuchten Schulsermon nachgewiesen. Ausgangspunkt ist für sie eine Tischredenbemerkung, in der Luther schildert, »wie er es anfängt, einen Bauern zu unterweisen« - unter Einsatz aller Mittel der Dialektik und Rhetorik![89] Sie kommt zu dem Ergebnis: »Bemerkenswert ist daran nicht, wie volkstümlich der gelehrte Luther sich ausdrückt, sondern: wie gelehrt und rhetorisch ein volkstümlicher Text aufgebaut wurde; ja, daß es gerade ein ungelehrtes Publikum war, welches der damaligen Ansicht nach die Mittel der Rhetorik zum *delectare* und *movere* besonders benötigte.«[90] Luthers Kritik betrifft also nicht die Rhetorik als solche, sondern ihre »mangelhafte Anwendung«,[91] die sich im Verstoß gegen das *innere aptum* (das rechte Verhältnis von *res* und *verba*) und das *äußere aptum* (mangelnder Adressaten- und Situationsbezug) zeigt.[92]

Seit den Arbeiten von Klaus Dockhorn und Ulrich Nembach, die beide unabhängig voneinander auf die Nähe Luthers zu Quintilian hingewiesen haben, wächst auch unter

---

[85] WA TR 4, 664, 22-24 (Nr. 5099).
[86] H. Wolf (s. Anm. 69) 137f. Vgl. auch die Definition des *sermo humilis* bei B. Stolt (s. Anm. 38) 133ff.
[87] WA TR 4, 664, 22-24 (Nr. 5099).
[88] Vgl. zu Luthers Stellung zur Rhetorik auch E. Winkler (s. Anm. 19) 249; ders. (s. Anm. 6) 234; ders. (s. Anm. 9) 70, 82.
[89] WA TR 2, 555, 20-25 (Nr. 2629a).
[90] B. Stolt (s. Anm. 3) 77.
[91] B. Stolt (s. Anm. 38) 126.
[92] Ebd. 128, 130. B. Stolt wendet sich auch gegen den immer wieder behaupteten Gegensatz von Luther und Melanchthon in dieser Frage (ebd. 131). Ihr Fazit: Luthers »Sprache ist an der klassischen Rhetorik geschulte und dennoch volkstümliche, christlich durchtränkte, meisterhaft beherrschte Redekunst« (ebd. 135). Vgl. auch K. Dockhorn, Literaturwissenschaft (s. Anm. 18) 178f, der sich hier u. ö. mit W. Maurer, Der junge Melanchthon. 2 Bde. Göttingen 1967/1969, auseinandersetzt.

Theologen das Bewußtsein dafür, in welchem Maße Luther in die ihm überlieferten rhetorischen Traditionen eingebunden ist, wie er diese Traditionen aufnimmt, mit ihnen umgeht, sie wohl auch kritisch umgestaltet und weiterentwickelt.[93] Damit ist freilich »die inhaltliche Frage nach dem Verhältnis von Luthers Theologie zur Rhetorik« noch kaum angesprochen:[94] Gerade das von uns untersuchte Predigtbeispiel hat deutlich gemacht, daß das Heilsereignis sich uns im ›Wort‹, und zwar konkret *durch die sprach des mündlichen worts* vermittelt. Heil begegnet uns im Medium gesprochener Sprache, die uns gerade auf ihre Weise, das heißt mit sprachlichen Mitteln, in das für uns heilsame Geschehen hineinzieht, uns an ihm teilhaben läßt. Das bedeutet weiter: ›Evangelische‹ Predigt geschieht nicht situationsunabhängig; sie folgt vielmehr dem »Gesetz der Situation«.[95] Zur *viva vox evangelii* wird sie nur dort, wo sie eine der jeweiligen Situation angemessene, diese Situation aufnehmende und in ihr wirksame Gestalt annimmt, besser noch: wo sie appellativ eine Situation herbeiführt, die personale Verständigung und Zustimmung allererst ermöglicht. Das ist - bei Lichte besehen - die Beschreibung dessen, was gelingende rhetorische Kommunikation ausmacht: Wirksames, auf Zustimmung in einer ganzheitlichen, personalen Weise zielendes Reden, in dem die ›Sache‹, die es zu vermitteln gilt, eine der konkreten Situation angemessene Gestalt annimmt. *Verbum facit fidem*, lautet eine rhetorische (!) Maxime: Das Wort wirkt Glauben, Vertrauen, Zustimmung.[96] Sollte die für Luthers theologisches Denken so grundlegende Wort-Glaube-Beziehung in der Weltanschauung und der Anthropologie der Rhetorik bereits vorgebildet sein?

Diese These wird in der Tat von Heinz Otto Burger und Klaus Dockhorn vertreten. Burger macht darauf aufmerksam, daß *verbum facit fidem* eine Formel der rhetorischen (und gerade nicht der theologisch-scholastischen) Tradition darstellt: »Luthers Fidesbegriff basiert auf dem Fidesbegriff von Rhetorik und Humanismus.«[97] Er weist insbesondere auf die Unterscheidung von *notitia apprehensiva* und *notitia adhaesiva cum affectu et sentimento* (!) bei Luther hin, wobei letztere erst durch das Wort - zumal durch das mündliche, gesprochene Wort - vermittelt wird.[98] Nach Klaus Dockhorn ist »Luthers Glaubensbegriff identisch mit dem rhetorischen Fidesbegriff«;[99] der Glaubensvorgang ist für Luther »ein pathetisches und ethisches Miterleben«:[100] Rhetorik ist die »seiner ganzen Theologie zugrundeliegende Hermeneutik und Anthropologie, seiner vollendeten Synthese von Lehre und Glaube.«[101] Eine ernsthafte Prüfung der hier angezeigten Zusammenhänge - auf dem Hintergrund eingehender Kenntnisnahme der rhetorischen Tradition - erscheint darum unumgänglich.

---

[93] Vgl. H. Wolf (s. Anm. 69) 95f. Einen wichtigen Beitrag liefert H. Junghans, Rhetorische Bemerkungen Luthers in seinen ›Dictata super Psalterium‹. In: ThV 8 (1977) 97-128. Vgl. auch R. Breymayer, Bibliographie zum Thema ›Luther und die Rhetorik‹. In: LingBibl 3 (1973) H. 21/22, 39-44.
[94] B. Lohse, Martin Luther. Eine Einführung in sein Leben und sein Werk. München 1981, 113.
[95] G. Hahn (s. Anm. 25) 228.
[96] H. O. Burger, Renaissance, Humanismus, Reformation. Deutsche Literatur im europäischen Kontext. Bad Homburg u. a. 1969, 422f.
[97] Ebd. 423.
[98] Ebd. 422; vgl. WA 3, 222, 39-42.
[99] K. Dockhorn, Rhetorica (s. Anm. 18) 20; ders., Glaubensbegriff (s. Anm. 18) 30ff.
[100] K. Dockhorn, Macht (s. Anm. 18) 102; vgl. ebd. 90.
[101] K. Dockhorn, Rhetorica (s. Anm. 18) 21f; vgl. ebd. 42.

Die Predigt im Gottesdienst

Wer predigt, läßt auf ein Spiel ein. Und wer einer Predigt zuhört, spielt mit. Damit werden keine Vorentscheidungen über den Wert und die Würde dieses Vorgangs getroffen. Das Bild wird gewählt, weil ›Spiel‹ ein Wortfeld erschließt, das geeignet erscheint, das Handlungsfeld ›Predigt‹ zu strukturieren. »Predigt als konventionelles Verhalten«[1] folgt bestimmten Regeln, an die sich die Beteiligten zu halten haben. Es setzt einen Schauplatz voraus, auf dem sie agieren. Es schreibt die Mittel und Gegenstände ihrer Kommunikation fest. Es schließt Vorstellungen über das Ziel und das mögliche Ergebnis ihres Handelns ein.

Das Spiel beginnt:

Liebe Brüder und Schwestern! Ich darf mich nicht beklagen, wenn ihr nachher aus diesem Weihnachtsgottesdienst wieder nach Hause geht und Euch darüber *wundert*, was der Pastor heute gesagt hat. Denn das ist auch schon beim ersten Weihnachtsfest - damals in Bethlehem - nicht viel anders gewesen. Auch damals gab es eine ganze Menge Leute, die sich *gewundert* haben. Doch - Wundern ist nicht gleich Wundern. Da gibt es gewisse Unterschiede. Die Menschen, die uns in der Weihnachtsgeschichte begegnen, können wir sogar nach der Art und Weise, wie sie sich wundern, in zwei Gruppen einteilen. Beiden gemeinsam ist, daß sie sich wundern, sehr kräftig wundern über das, was ihnen da begegnet - doch bei jeder der beiden Gruppen sieht das Wundern etwas anders aus. Die erste Gruppe: Von ihr ist nur in einem kurzen Satz die Rede. »Und alle, vor die es kam, wunderten sich der Rede, die ihnen die Hirten gesagt hatten.« Das sind also die Leute, die den Hirten über den Weg laufen, als die wieder an ihre Arbeit zurückkehren. Die Hirten kommen aus dem Stall, sie haben das Kind gesehen, ihre Herzen sind noch ganz voll von dem, was sie erlebten. In ihren Ohren klingen noch die Worte, die sie auf dem Feld hörten: »Euch ist heute der Heiland geboren, Christus der Herr, in der Stadt Davids!« Kein Wunder, daß Herz und Lippen überströmen. Kein Wunder, daß sie es jedem, der ihnen in den Weg kommt, zurufen: »Wir haben den neuen König gesehen! Den Retter unseres Volkes! In einem Stall liegt er, in einer Krippe!« Doch die Leute wundern sich, und einige mögen sogar mit dem Kopf schütteln und sich an die Stirn tippen: »Ein König? In einer Krippe? Der Retter des Volkes? In einem Stall? Ihr seid verrückt!« Nun, vielleicht geht es euch ganz ähnlich wie den Hirten, wenn ihr nachher wieder nach Hause geht - vielleicht dann noch leise ›O du fröhliche‹ vor euch hersummt - vielleicht noch den Klang der altvertrauten Lieder und Worte in den Ohren habt, in den Augen den Glanz der vielen hundert Kerzen. Da kann es euch auch passieren, daß Leute euch entgegenkommen und sich wundern: »Was, die waren in der Kirche? Was haben die denn davon? So verrückt möchte ich auch einmal sein!« Leute, die sich wundern - damals, bei den Hirten - und heute bei euch. Leute, die sich wundern - weil sie nichts begreifen. Weil sie nicht dabei waren. Weil sie nichts gesehen haben.

---

[1] J. Kleemann, Tradition - Situation - Kommunikation. Zum Stellenwert von Predigthilfen am Beispiel der Predigtstudien. In: P. Düsterfeld/H. B. Kaufmann (Hg.), Didaktik der Predigt. Materialien zur homiletischen Ausbildung und Fortbildung. Münster 1975, 248-288, hier 250.

Das war die erste Gruppe. Die zweite Gruppe - das sind die Hirten selbst. Auch sie haben genug Grund zum Wundern. Auch sie haben eine ganz andere Vorstellung davon, wie ein König aussehen müßte. Auch sie haben sich die Sache sicher ganz anders gedacht. Doch - sie machen sich auf den Weg nach Bethlehem. Sie sehen sich an, was es da im Stall zu sehen gibt. Und sie knien nieder und beten an. Sie, die Ärmsten unter den Armen, sie begreifen mit einem Male, daß Gott zu ihnen kommt - ja, zu ihnen, mit denen keiner etwas zu tun haben will, um die jeder einen Bogen macht: Zu ihnen kommt Gott als armes, verachtetes Kind. Und da wundern sie sich - daß Gott sie so lieb hat. Sie, die keiner liebt, die von allen verachtet werden - sie werden von Gott geliebt! Und ihr Wundern geht über in Dankbarkeit und Freude: »Und die Hirten kehrten wieder um, priesen und lobten Gott um alles, was sie gehört und gesehen hatten.« Menschen, die sich wundern - weil ihnen die Augen aufgehen. Weil ihr Leben wieder einen Sinn hat. Weil sie wieder hoffen dürfen. Weil sie nun fröhlich und dankbar ihren Weg gehen können.

Liebe Brüder und Schwestern, auch ihr seid heute abend nicht draußen vor der Tür stehengeblieben, sondern seid hereingekommen, um zu hören und zu sehen, um zu singen und zu beten, um das Kind in der Krippe zu begrüßen. Ich wünsche euch nun von Herzen, daß auch ihr euch *wundert* - über das Kind in der Krippe. Über die Liebe Gottes, die so groß ist, daß sie Mensch wird, um eine arme, geschlagene, sich selbst zerfleischende Menschheit zu heilen und zu retten. Ich wünsche, daß ihr euch wundert - weil Gott sich nicht zu schade ist, sich um uns zu kümmern, sondern jeden einzelnen von uns - mag er sich noch so großartig oder noch so erbärmlich vorkommen -, jeden einzelnen von uns sucht und ruft und liebt. Ich wünsche euch, daß ihr das große Wundern darüber bekommt. Und nachher dankbar und fröhlich nach Hause geht - wie die Hirten. In diesem Sinne: Gesegnete Weihnachten! Amen.[2]

---

[2] Sagard auf Rügen, Heiligabend 1967. Möglichen Mißverständnissen sei vorgebeugt: Nicht als Muster im positiven Sinne wird diese Weihnachtspredigt hier geboten. Gerade in seiner durchschnittlichen Dürftigkeit scheint das Beispiel geeignet, Möglichkeiten und Grenzen gottesdienstlicher Predigt zu veranschaulichen.

I. Spielelemente

1. Die Mitspieler

Da sind zunächst die *Mitspieler.* ›Ich‹ und ›Ihr‹. ›Ich‹: Das ist der Prediger, dem die Rolle des Sprechers zufällt; er allein hat das Recht - und die Pflicht -, hier zu reden. Nicht immer gibt er sich so deutlich zu erkennen wie im vorstehenden Beispiel; oft versteckt er sich hinter einem undifferenzierten ›Wir‹, das die tatsächliche Rollenverteilung verschleiert. ›Der Text‹, ›die Schrift‹, ›die Exegese‹, ›Gott‹, ›Paulus‹, ›die Kirche‹ - das sind weitere Predigtwörter, hinter denen sich das ›Ich‹ des Predigers verbergen kann. Die Motive für ein solches Versteckspiel sind vielfältiger Art: Theologische Auflagen spielen dabei genauso eine Rolle wie Verdrängungs- und Übertragungsmechanismen.

›Ihr‹: Das sind die Mitspieler, die sich in der Rolle von Empfängern vorfinden. Sie sind gekommen, um eine Predigt zu hören - nicht, um mitzureden. Ihre Möglichkeiten, Einfluß auf das Geschehen zu nehmen, sind begrenzt. ›Predigt‹ erweist sich so als ein Spiel mit verteilten Rollen, das durch ein Verhältnis der Asymmetrie, des Ungleichgewichts zwischen den beteiligten Partnern gekennzeichnet ist. Daß es sich tatsächlich um ein Rollenspiel - mit festen Rollenvorschriften - handelt, wird auch daran deutlich, daß ein professioneller Prediger, der selbst in die Rolle des Hörers gerät, meist sehr rasch entsprechende Einstellungen und Verhaltensweisen realisiert.[3]

Das bedeutet nicht, daß die Hörer nicht doch in gewisser Weise zu Worte kämen in der Predigt. Der Prediger bringt ja eine ganz bestimmte Vorstellung von seinen Hörern mit auf die Kanzel, und diese Vorstellung - mag sie nun zutreffend sein oder nicht - geht in das ein, was er sagt. Noch mehr: Der Prediger vermutet zu Recht, daß auch die Hörer ein bestimmtes Bild von ihm haben, und der Wunsch, dieses Bild zu bestätigen, zu korrigieren, fortzuschreiben, nimmt Einfluß auf Gehalt und Gestalt der Predigt. So ist Predigt - jenseits des institutionellen Gefüges, das den Mitspielern ihre Rollen zuweist - immer auch Ausdruck einer Beziehung, wie sie zwischen Prediger und Hörern besteht. Mit dem ersten Wort, das er sagt - nein: schon mit dem Blick, den er auf seine Hörer richtet, mit der Haltung, in der er sich ihnen präsentiert -, beginnt der Prediger zugleich, diese Beziehung zu definieren und auf vermutete bzw. befürchtete Definitionen seiner Hörer zu reagieren.

Auch aus unserem Beispiel läßt sich auf das Bild schließen, das der Prediger von seinen Hörern hat: Er sieht offenbar seine Hörergemeinde als gesellschaftliche Randgruppe, als angefochtene Minderheit. Indem er von den verachteten, wunderlichen Hirten erzählt, unterbreitet er seinen Hörern ein Identifikationsangebot; die Abgrenzung von den anderen, die ›nichts gesehen haben‹, ihre Abwertung, die darin zum Ausdruck kommt, dient der Stabilisierung der Gruppe. Zugleich zeigt die Befürchtung des Predigers, bei seinen Hörern Verwunderung zu erregen, eine gewisse Unsicherheit im Blick auf das von ihm vorausgesetzte Bild an. Vielleicht verfolgt die Predigt auch das Ziel, die Gemeinde an den Ängsten des Predigers, der offenbar unter seiner Außen-

---

[3] H. van der Geest, Du hast mich angesprochen. Die Wirkung von Gottesdienst und Predigt. Zürich 1978, 23.

seiterposition leidet, teilhaben zu lassen. So dient die Predigt auch der Rechtfertigung des Predigers vor der Gemeinde.

Beachtung verdient in diesem Zusammenhang, daß das genannte Identifikationsangebot im Sprechakt des ›Wünschens‹ unterbreitet wird (und nicht in Sprechakten des Forderns, Ratens, Warnens usw., was im vorliegenden Fall auch denkbar wäre). In der Wahl des Sprechakts drückt sich ja zugleich aus, wie der Sprecher die Beziehung zwischen sich und den Hörern definiert - wie das, was er sagt, eigentlich ›gemeint‹ ist.[4]

2. Das Spielfeld

Da ist weiter das *Spielfeld*, an das die Predigt gebunden ist. In unserem Beispiel wird dieser Schauplatz ausdrücklich benannt: der weihnachtliche Gottesdienst mit seinem Kerzenglanz und seinen stimmungsvollen Liedern. Nicht jede Predigt nimmt in solcher Ausdrücklichkeit auf ihren Schauplatz Bezug. Dennoch wird das, was in der Predigt geschehen kann und geschehen darf, in großem Maße von diesem Schauplatz mitbestimmt. Der Gottesdienst mit seiner festgefügten Ordnung, seinen offiziellen und inoffiziellen Verhaltensvorschriften und Handlungsmustern ist kein neutrales Feld, auf dem sich Predigt unbehindert und unbeeinflußt entfalten könnte. Als Spielfeld für die Predigt erfüllt der Gottesdienst nämlich eine doppelte Funktion:

Zum einen stellt er den Raum bereit, in dem sich Prediger und Hörer begegnen können. Er schafft die Voraussetzungen, unter denen eine solche Begegnung sinnvoll und zielgerichtet stattfinden kann, und bietet entsprechende Kommunikationsstrukturen an. Er weist den Beteiligten ihre Rollen zu und legt die Regeln für ihr Spiel fest.

Zum andern schränkt er durch all dies die Kommunikationsmöglichkeiten zwischen Prediger und Hörern zugleich ein: Sie sind nicht mehr frei in ihrem Reden und Tun. Auf dem Spielfeld Gottesdienst kann nicht alles gesagt werden, was vielleicht gesagt werden müßte. Und es kann vor allem nicht auf beliebige Weise gesagt werden. Wird gegen diesen Gesichtspunkt verstoßen, kann der Rahmen zerbrechen, der die Begegnung von Prediger und Hörern ermöglicht und sichert. Verständigung wird verfehlt. Ärger und Enttäuschung bleiben zurück.

Der Prediger, der sich zwischen Sakristei, Altar und Kanzel bewegt, realisiert damit zugleich bestimmte Möglichkeiten, die das Spielfeld Gottesdienst ihm bietet und vorschreibt. Bevor er noch das erste Wort sagt, ›reden‹ diese Spielzüge bereits auf sehr eindrückliche Weise zu den Beteiligten. Anderes tritt hinzu: das Kleid, das er trägt, die Kerzen auf dem Altar und am Baum, Glocken und Orgel, die Zuordnung von Altar, Kanzel und Bänken ...

Die Botschaften, die von diesen präverbalen Zeichen[5] ausgehen, werden vor allem auf emotionaler Ebene wirksam: Sie stimmen in den Gottesdienst ein. Sie wecken eine spezifische Erwartungshaltung und Verhaltensbereitschaft. Sie schaffen so eine grundlegende kommunikative Übereinstimmung unter den Teilnehmern. Sie bestimmen damit zugleich die Richtung, in der sich die Kommunikation bewegen darf, und erweisen sich dabei oft stärker als die Botschaften, die auf verbalem Wege ausgetauscht werden.

---

[4] H. W. Dannowski, Sprachbefähigung in der Ausbildung. Einführende Bemerkungen zur Rolle der Sprechakttheorie in der Homiletik. In: P. Düsterfeld/H. B. Kaufmann (s. Anm. 1) 163-175, hier 168.
[5] J. Kleemann, Wiederholen als Verhalten. Beobachtungen, Fragen und Hypothesen zur Kommunikation in agendarischen und neuen Gottesdiensten. In: Y. Spiegel (Hg.), Erinnern, wiederholen, durcharbeiten. Zur Sozialpsychologie des Gottesdienstes. Stuttgart 1972, 34-87.

In unserem Beispiel erfüllt diese präverbale Zeichenwelt eine wichtige Funktion für die Strategie der Predigt: Der Glanz des Gottesdienstes wird in Beziehung gesetzt zu dem Glanz von Bethlehem. Stimmungswerte, die an den Liedern, den Worten, den Kerzen haften, werden für die Predigt fruchtbar gemacht. Das Identifikationsangebot, das der Prediger den Hörern unterbreitet, zielt auf die Übertragung von Emotionen. Die Gefühle der Gottesdienstbesucher im Bannkreis von Lichterbaum und Liederklang verweisen auf die Gefühle der Hirten: »Auch ihr seid hereingekommen, um zu hören und zu sehen ...« Im Zuge solcher emotionalen Identifikation sollen die Hörer ihrerseits das Gefühl der Dankbarkeit von den Hirten übernehmen und so ihrer Weihnachtsstimmung die vom Prediger ›gewünschte‹ (Sprechakt Wünschen!) Richtung geben.

Das Beispiel zeigt damit zugleich die Grenzen auf, die das Spielfeld Gottesdienst dem Prediger setzt: Er kann - wie im vorliegenden Fall - das emotionale Grundverhalten, das durch die Kommunikationsstrukturen des Gottesdienstes erzeugt wird, aufnehmen, bestätigen, vertiefen, für sein Predigtziel fruchtbar machen. Er wird es aber kaum wirksam in Frage stellen können, will er nicht einen Kommunikationszusammenbruch riskieren - schon gar nicht in einem emotional so hoch besetzten Geschehen wie einem Weihnachtsgottesdienst.

Spielfeld Gottesdienst: Das heißt auch, daß die Predigt, eingebettet in die rituellen gottesdienstlichen Vollzüge, selber zum »Verkündigungsritual«[6] werden kann. Das ist dort der Fall, wo nicht mehr das ›Was‹ des Gesagten, sondern vorrangig das ›Daß‹ des Vollzugs von Interesse ist - wobei dieses ›Daß‹ durchaus Vorgaben inhaltlicher und formaler Art einschließen kann (Wortwahl, Sprach- und Sprechgebaren usw.). Wo sich in Gestalt des streng geregelten ›Predigtauftritts‹ ein eigenes Ritual im unmittelbaren Umfeld der Predigt durchgesetzt hat, wird diese Tendenz noch verstärkt. Auch und gerade als ein solchermaßen ›ritualisierter‹ Vollzug kann die Predigt von unverzichtbarer Bedeutung für das Gesamtritual des Gottesdienstes sein. Sie kann sogar zum ›Zentralritual‹ avancieren und dann Bedeutungen an sich ziehen, wie sie in anderen Gottesdiensttypen an den sakramentalen Vollzügen (›Wandlung‹) haften.

Befragungen haben deutlich gemacht, daß eine Mehrzahl von Gottesdienstbesuchern dazu neigt, gehörte Predigten unbeschadet ihres Inhalts auf sehr einheitliche Weise grundsätzlich positiv zu bewerten.[7] Das legt die Vermutung nahe, daß hier der Vollzug an sich bewertet wird und grundsätzliche Zustimmung erfährt, unabhängig davon, was im einzelnen gesagt wurde. Dies begründet Zweifel an den Möglichkeiten der Predigt, im Rahmen des *Spielfeldes Gottesdienst* vorhandene Einstellungen und Verhaltensbereitschaften nicht nur zu stabilisieren und zu vertiefen, sondern auch aufzubrechen und neu aufzubauen.

3. Die Spielmittel

Mit all dem ist auch schon einiges über die *Spielmittel* gesagt, die den Beteiligten zur Verfügung stehen. Das Ungleichgewicht der Rollen tritt hier besonders deutlich in Erscheinung: Das Repertoire der Hörer ist auf einige wenige vorgeformte Reaktionen

---

[6] K.-F. Daiber, Gottesdienstreform und Predigttheorie. In: JLH 18 (1973/74) 36-54, hier 47.
[7] K.-F. Daiber, Leiden als Thema der Predigt. Bericht über eine Predigtreihe. München 1978 (TEH NF 198), 26; K.-F. Daiber/H. W. Dannowski/W. Lukatis/L. Ulrich, Gemeinden erleben ihre Gottesdienste. Erfahrungsberichte. Gütersloh 1978, 99.

beschränkt (Akklamationen, Singen, Aufstehen und Hinsetzen). Zwischenrufe, Widerreden, Äußerungen von Trauer und Freude, Beifallskundgebungen sind im allgemeinen nicht gestattet. Das heißt: Der Prediger muß für die Hörer mitspielen. Er muß in Worten und Gesten das ausdrücklich machen, was die Hörer selbst nicht oder nur beschränkt vollziehen können.

Alle ›Sprachen‹, die auf dem Spielfeld Gottesdienst zum Einsatz kommen, stellen zugleich die Spielmittel dar, derer sich die Predigt bedient. Das gilt auch für die präverbalen Zeichenwelten, von denen im vorigen Abschnitt die Rede war. Im einzelnen lassen sich folgende Gruppen von Spielmitteln unterscheiden:

(a) *Gegenständliche Elemente*: Kanzel, Talar, Raumordnung, Distanz bzw. Nähe zu den Hörern, Wege im Raum usw. Einer Predigt, die auf die Überwindung von Distanz zielt, womöglich auf die Verwirklichung eines ›nahen‹, partnerschaftlichen Verhältnisses in der Gemeinde, kann durch all dies kräftig widersprochen werden; dem Prediger auf der Kanzel fallen die genannten Elemente auf solche Weise womöglich ständig ins Wort.

(b) *Gestische und mimische Elemente*: In freier Rede kündigen Gestik und Mimik an, was der Redner zu sagen beabsichtigt. Sie geben zugleich an, wie das, was er sagt, eigentlich ›gemeint‹ ist. In stärkerem Maße als die Worte selber haben sie eine beziehungsstiftende Funktion; sie sind eine Art nichtverbaler Brücke, auf der die Botschaft - das ›Wort‹ - überhaupt erst zum Hörer gelangt.

(c) *Sprecherische Elemente*: All das, was zu Gestik und Mimik gesagt wurde, gilt in noch stärkerem Maße für den ›Ton‹, der ja bekanntlich ›die Musik macht‹. Ein Prediger, der etwa einen Wunsch in befehlendem Ton vorträgt, gibt zu erkennen, welchen Sprechakt er tatsächlich beabsichtigt und wie er die Beziehung zu seinen Hörern - jenseits aller verbalen Beteuerungen - in Wahrheit definiert.

(d) *Sprachliche Elemente*: Die Vielfalt sprachlicher Spielmittel im eigentlichen Sinne entzieht sich einer systematischen Darstellung. Von grundlegender Bedeutung für die Predigt ist jedoch die Unterscheidung von Begriffssprache und Bildsprache, wobei die Bildsprache ähnliche beziehungsstiftende Funktionen wahrzunehmen vermag wie die oben genannten nichtverbalen und sprecherischen Elemente.

Für den Prediger wichtig ist auch die Erkenntnis, daß jedes Sprachzeichen nicht nur eine lexikalische oder Minimalbedeutung (denotative Bedeutung) besitzt, sondern auch einen Hof von Mitbedeutungen (Konnotationen) mit sich führt, die vornehmlich auf emotionaler Ebene funktionieren und weitgehend vom konkreten Erfahrungshorizont des Sprachbenutzers abhängen.

Unser Predigtbeispiel ist gekennzeichnet durch ein Übergewicht an emotionaler Sprache und ein Defizit an kognitiven Gehalten. Dieses Ungleichgewicht kommt sogar im Rollengefüge der Predigt selber zum Ausdruck: Den emotional bewegten Hirten und Gottesdienstbesuchern stehen die ›anderen‹ gegenüber, die sich wohl nicht ganz zufällig an die Stirn tippen und nach einleuchtenden Argumenten für das beobachtete Verhalten fragen.

Weniger durch den Gebrauch von Sprachbildern als durch die Verwendung emotional aufgeladener Schlüsselworte versucht der Prediger, die Gefühle seiner Zuhörer zu mobilisieren: arm, verachtet - dankbar, fröhlich; Herz, Kind, Glanz, Liebe usw. Ob ihm dies gelingt, steht freilich dahin; es hängt wohl davon ab, ob die Hörer tatsächlich gleiche oder ähnliche Konnotationen mit den genannten Reizworten verbinden wie der Prediger. Es ist ja denkbar, daß gerade die negativ getönten Reizworte (arm, verloren, verachtet, geschlagen usw.) bei einem Teil der Hörer ganz andere Mitbedeutungen wachrufen.

Zudem unterliegen häufig gebrauchte Wortklischees (Liebe, Dankbarkeit, Freude) Abnutzungserscheinungen, in deren Verlauf nicht nur ihr begrifflicher Gehalt fraglich wird, sondern auf Dauer auch ihre emotionale Wirkung verloren geht. Sie verkümmern zu Leerzeichen, die bestenfalls noch die Funktion von ›Erkennungsmarken‹ haben, die das Sprachgeschehen einem bestimmten Ort, einer bestimmten Rede-Gattung, einem bestimmten Anlaß, einer bestimmten Gruppe von Menschen zuweisen. Beherrschen solche Wortklischees (hinter denen sich in der Regel ja ursprünglich sehr umfassende, tiefe, bedeutungsschwere ›Symbolworte‹ des christlichen Glaubens verbergen) die Sprachgestalt der Predigt, degeneriert ›Predigt-Kunst‹[8] zum homiletischen Kunstgewerbe.

4. Der Spielgegenstand

Spielgegenstand der Predigt ist in den meisten Fällen ein Text. Predigt bezieht sich auf überlieferte Glaubenserfahrung, wie sie in Texten verschiedenster Art ihren Niederschlag gefunden hat. Wichtiger als das Problem, ob es ›textfreie‹ Predigt geben kann und geben darf, ist die Frage, wie mit diesem Gegenstand in der Predigt jeweils umgegangen wird: Welchen Stellenwert besitzt die Überlieferung, wie sie in Gestalt von ›Texten‹ begegnet, für die Predigt? Wie wird sie mit der Erfahrung, den Erfahrungsmöglichkeiten der Hörer vermittelt? Welche Rückwirkungen hat gegenwärtige Erfahrung auf das Verständnis und den Gebrauch überlieferter Texte?

Der Text, auf den unser Predigtbeispiel sich bezieht, ist zugleich ein emotional hoch besetztes rituelles Element im Weihnachtsgottesdienst: Auf die Verlesung von Lukas 2, 1-20 wird man hier kaum verzichten können. Der Prediger macht freilich nur eingeschränkt von diesem Text Gebrauch; er wählt die Verse 18 und 20 aus. Welche Rolle spielen nun diese Verse tatsächlich in der Predigt? Setzt der Prediger bei diesem Text, wie ihn die gottesdienstliche Situation vorgibt, ein? Oder bildet ein den Prediger bzw. die Hörer betreffendes aktuelles Problem den eigentlichen Ausgangspunkt?

Im ersten Fall dient der einleitende Satz als Brücke zum Text, den er über das Reizwort ›Wundern‹ mit der Erfahrung der Hörer zu verknüpfen sucht: Erlebnisinhalte und Verhaltensweisen werden aufgerufen, die sich für die Hörer mit diesem Reizwort verbinden. Die Hörer sollen das Verhalten, das ihnen im Text begegnet, mit dem auffüllen, was ihnen beim Hören des Wortes an eigener Erfahrung gegenwärtig wird. Dabei könnte der erste Satz zusätzlich den Sinn haben, die Vorstellung der Hörer auf ›ärgerliches Wundern‹ (Schockiertsein, Provoziertsein) zu lenken. Das erlaubt es dem Prediger, die im Text fixierte Erfahrung in der von ihm gewünschten Weise mit der aktuellen Erfahrung der Hörer zu verknüpfen:

Sie erleben - jedenfalls sieht der Prediger so ihre Situation -, daß ihr eigenes Verhalten Verwunderung auslöst. Nun kann der Prediger seinen Hörern das oben erwähnte Angebot unterbreiten, das ihnen - in der Identifikation mit der Randgruppe der Hirten - ein Stück Bestätigung verschafft. Das Reizwort ›Wundern‹ erweist sich so als hermeneutischer Schlüssel, um den Text zur Preisgabe der in ihm fixierten Erfahrungen zu veranlassen.

---

[8] Vgl. den gleichnamigen Beitrag in diesem Band (S. 164-178).

Denkbar ist jedoch auch, daß sich hinter dem ersten Satz ein den Prediger ungemein bewegendes Problem verbirgt, über das er an diesem Abend unbedingt sprechen möchte: die - bereits erwähnte - Erfahrung, am Rande zu stehen. Von diesem bedrängenden Problem her wird jetzt der Text gewählt bzw. aus dem vorgegebenen Text herausgeschnitten. Dabei wird die Verwunderung, die er selber immer wieder auslöst und die ihm so zu schaffen macht, in den Text eingetragen: Dort steht ›*thaumazein*‹, und das besitzt noch andere Bedeutungsnuancen, als der Prediger im Augenblick zu realisieren gewillt ist. Über die Brücke des Textes überträgt der Prediger so seine eigenen Erfahrungen auf die Hörer, nimmt sie mittels des Textes für seine Situation in Anspruch. Das texterschließende Reizwort ›Wundern‹ erweist sich so zugleich als ein Schlüssel, der die Erfahrung des Predigers aufzuschließen und an die Erfahrung der Hörer anzuschließen vermag.

Vorrang des Textes oder Vorrang der Situation? Die Frage bereits führt in die Irre: Es ist immer schon eine bestimmte Situation vorgegeben, in der ein Text so oder so in Anspruch genommen wird. Auch *die* Predigt, die in strenger Textbindung situationsunabhängige Wahrheiten zu vermitteln sucht, offenbart darin doch zugleich ein bestimmtes Verständnis der Situation, in der sie geschieht. Immer werden Texte so oder so für Situationen ›beansprucht‹. Von Bedeutung ist freilich, welche Rolle der so beanspruchte Text im Spiel der Predigt übernehmen darf: Spielgegenstand oder Spielpartner?

Daß der Prediger sich für das, was er zu sagen hat, auf die Autorität eines Textes beruft, gehört zu den Spielregeln der Predigt. Daß damit noch nicht über die tatsächliche Funktion des Textes für die konkrete Predigt entschieden ist, zeigt das Beispiel. Daß Texte immer nur im Kontext gegenwärtiger Erfahrung gelesen, gehört, verstanden und in Anspruch genommen werden können, ist dabei unvermeidlich. Ihre Autorität behaupten Texte nicht schon dort, wo ihnen im Gerüst der Predigt bestimmte Räume offengehalten werden. Erst dort, wo ihnen die Chance gegeben wird, sich den von Prediger und Hörern angezettelten Spielen zu entziehen und ihr eigenes Spiel zu entfalten, verwandeln sie sich aus Spielgegenständen zu Partnern von eigenem Gewicht.

Dies setzt freilich eine Neuformulierung der Spielregeln voraus: Nur der Prediger, der selber von dem Zwang befreit ist, sich mit dem Text identifizieren zu müssen, kann diesen in solche Freiheit entlassen. In dem Maße, wie der Text von der Aufgabe entlastet wird, als formale Autorität den Predigtvorgang und den Prediger zu rechtfertigen, kann er die in ihm angelegten Möglichkeiten ins Spiel bringen und durchsetzen.

5. Spielziel und Spielergebnis

Spiele verfolgen meist ein bestimmtes *Ziel* und haben ein bestimmtes *Ergebnis*. Auf die Predigt übertragen, heißt das: Was soll bei den Hörern unter der Predigt geschehen? Was sollen sie lernen? Welche Veränderungen sollen sich an ihnen und mit ihnen vollziehen? Wo sollen vorhandene Einstellungen und Verhaltensbereitschaften bestätigt, bekräftigt, vertieft werden? Wo sollen sie in Frage gestellt, gewandelt, neu aufgebaut werden? Und weiter: Welche Chancen bestehen, dieses Ziel zu erreichen? Welche Bedeutung kommt dabei dem gottesdienstlichen Kontext zu?

Der Prediger in unserem Beispiel gibt seine Absicht mehrfach bekannt: »Ich wünsche, daß ihr euch wundert.« Doch welche Ziele verbinden sich tatsächlich mit dieser Formulierung? Welche Verhaltensweise wird hier mit ›Wundern‹ umschrieben? Deutlich ist: Es sind keine neuen Einsichten, die hier vermittelt werden und jenes ›Wundern‹ bewirken sollen. Der Prediger vermeidet es durchgängig, sich auf den Inhalt der Botschaft einzulassen, die an die Hirten ergeht. Es ist vielmehr eine emotional bestimmte Haltung, die der Prediger seinen Hörern vermitteln möchte, eine Haltung, in der sie ›fröhlich und dankbar ihren Weg gehen können‹.

Diese Haltung wird zugleich religiös vertieft: Die Hörer sollen die Zuwendung Gottes in Jesus Christus als Grund solcher Dankbarkeit erkennen, benennen und bekennen können. An dieser Stelle wird nun doch ein kleiner, auch kognitiv bedeutsamer Lernschritt erkennbar, den der Prediger seinen Hörern zumutet. Im ganzen wird man jedoch sagen können: Ziel der Predigt ist die Bestärkung und Vertiefung vorhandener Einstellungen und Empfindungen, wie sie sich besonders an das *Spielfeld Gottesdienst* knüpfen. Der Prediger versucht, solche Einstellungen an bestimmte Bilder (Kind in der Krippe; Hirten auf dem Feld und im Stall) und an bestimmte, dogmatisch bedeutsame Begrifflichkeiten (Liebe Gottes; Menschwerdung) zu binden.

Die Frage ist freilich, ob alle Hörer die angebotene Identifikation annehmen. Vielleicht hat der Prediger zu sehr die gottesdienstliche Kerngemeinde und ihre (von ihm vermuteten) Befürchtungen im Blick. Vielleicht rechnet er zu wenig damit, daß in einer solchen Situation wie der hier vorausgesetzten eine größere Anzahl von Teilnehmern anwesend ist, die für sich keinen Anlaß und keine Notwendigkeit sehen, die ihnen zugemutete Außenseiterrolle zu übernehmen. Es ist denkbar, daß diese Gruppe von Teilnehmern die vom Prediger vollzogene Abgrenzung als befremdlich empfindet und nicht ohne weiteres bereit ist, sich mit den ›armen Hirten‹ zu identifizieren. In diesem Falle wird dann auch die religiöse Vertiefung vorhandener, durch die gottesdienstliche Situation evozierter Emotionen - die sicher auch von dieser Hörergruppe geteilt werden - auf Schwierigkeiten stoßen.

Es gibt Spiele, bei denen am Schluß Gewinner und Verlierer zurückbleiben. Was gewinnen die Hörer im konkreten Fall? Was büßen sie ein? Was am Ende auf der Habenseite stehen soll, gibt die Predigt zu erkennen: ein Gefühl fröhlicher Dankbarkeit und Gewißheit, sicher gegründet im Glauben an den sich in Christus den Armen und Verachteten zuwendenden Gott; zudem das Gefühl, zu einer Gruppe von Menschen zu gehören, die - obwohl am Rande der Gesellschaft lebend - doch mehr ›gesehen und gehört‹ haben als die anderen. Nicht so deutlich wird, was die Hörer bei diesem Spiel einbüßen: womöglich die Fähigkeit, mit diesen anderen noch Gemeinschaft haben zu können; die Bereitschaft, sich mit ihnen über Gemeinsames zu verständigen; ein Verlust, der vielleicht die kleine Gruppe der Gottesdienstteilnehmer noch stärker an den Rand der Gesellschaft verweist.

Bleibt die Frage: Was gewinnt der Prediger bei solchem Spiel? Hilft es ihm wirklich, wenn es ihm gelingt, die Gottesdienstbesucher an den von ihm erlittenen Erfahrungen teilhaben zu lassen? Wird hier nicht ein Spiel begonnen, das auf immer neue Wiederholungen drängt? Ein Spiel, das nicht zu heilen vermag, sondern alle Beteiligten auf Dauer krank machen muß?

II. SPIELTHEORIEN

Die Untersuchung der Spielelemente hat deutlich werden lassen, daß in all den genannten Bereichen Störungen auftreten können, die das Spiel beeinträchtigen oder gar zerstören. Wir haben den Eindruck gewonnen, daß solchen Störungen nicht immer eine Verletzung der Regeln zugrunde liegen muß, sondern daß gerade die Unfähigkeit, die Regeln, unter denen Predigt zustande kommt und sich vollzieht, in sinnvoller und hilfreicher Weise zu verändern, Ursache von tiefgreifenden Störungen sein kann. Beim Versuch, Störungen zu benennen, die womöglich nach solcher Veränderung der Regeln rufen, stoßen wir zugleich auf eine Reihe von Theorieansätzen, die das ›Problem der Predigt‹ in jeweils unterschiedlicher - und darin durchaus einseitiger - Weise an einzelnen Mitspielern bzw. Spielelementen festmachen.

1. Das Problem der Predigt als Problem des Hörers

Leben heißt, Spannungen auszuhalten und zu verarbeiten. »Ohne Spannungen kognitiver, emotionaler, ja selbst körperlicher Art ist kein Leben vorstellbar.«[9] Freilich: Menschen können nur ein bestimmtes Maß an solchen Spannungen ertragen. Spannungen können so unerträglich werden, daß das körperliche und seelische Gleichgewicht darüber zerbricht. In solchen Situationen ist Ent-Spannung - im buchstäblichen und übertragenen Sinne - notwendig für das Überleben: Wir suchen nach Botschaften, die das verlorene Gleichgewicht wiederherstellen; wir begeben uns in Situationen, von denen wir uns die Bestätigung unserer grundlegenden Überzeugungen und Einstellungen und darin eine Kräftigung unserer gefährdeten kognitiven und emotionalen Balance erhoffen.

Solche Ent-Spannung suchen und finden Menschen auch im Gottesdienst der Kirche. Dieses Bedürfnis kollidiert dort womöglich mit spannungserzeugenden Elementen der überlieferten Botschaft, der sich insbesondere der Prediger verpflichtet weiß. Hieraus können Störungen resultieren, die die Verständigung über diese Botschaft beeinträchtigen.

Wir versetzen uns in die Lage einer überforderten Ehefrau und Mutter, die nach Tagen strapaziöser Weihnachtsvorbereitungen nun an dem geschilderten Gottesdienst teilnimmt. Der damit bezeichnete physische Spannungszustand wird - so nehmen wir an - durch Spannungen emotionaler und kognitiver Art vertieft: Die heranwachsenden Kinder haben es abgelehnt, mit der Mutter zusammen am Gottesdienst teilzunehmen. Dem gingen Diskussionen voraus, in denen die in der Familie übliche Weise, das Fest zu feiern, heftig kritisiert wurde. Durch all dies ist die Mutter in ihren eigenen Einstellungen und Gewohnheiten tief verunsichert. Wie wird sie - wenn sie aus physischen Gründen überhaupt dazu in der Lage ist - die Predigt hören?

Auf den ersten Blick scheint es, daß der Prediger - indem er sich an die in der vorgegebenen gottesdienstlichen Situation gültigen Regeln hält - den Bedürfnissen der Frau in hohem Maße entgegenkommt: Sie wird sich in ihrer Weise, das Fest zu verstehen und zu gestalten, bestätigt fühlen. Vielleicht ist sie nach dem Gottesdienst tatsächlich ausgeglichener, entspannter und - nach dem Willen des Predigers -

---

[9] K.-W. Dahm, Beruf: Pfarrer. Empirische Aspekte. München 1971, 237.

›dankbarer‹ als zuvor. Auf den zweiten Blick freilich zeigt sich, daß die Predigt auch neue Spannungen in ihr Leben einträgt bzw. bestehende Spannungen vertieft: Die emotionale Stabilisierung wird erkauft um den Preis abwertender Abgrenzung von ihren Familienangehörigen, die ja zu denen gehören, die ›nichts gesehen haben‹. Zudem erhält die Mutter durch die Predigt keinerlei Hilfen kognitiver Art für die Auseinandersetzung mit ihren Kindern.

Dies zeigt, daß die Befolgung der für die Predigt gültigen Spielregeln durch den Prediger zwar für den Augenblick dessen Verständigung mit einem Teil seiner Hörer sicherzustellen vermag, jedoch auf weitere Sicht deren wirkliche Bedürfnisse - und darin schließlich auch den Sinn der heilsamen Botschaft - geradezu verfehlen kann.

Wie soll sich der Prediger angesichts dieses Dilemmas verhalten? Ist eine Predigt denkbar, die dem Hörer hilft, Spannungen auszuhalten und zu verarbeiten, ohne sie vorschnell auf dem Wege emotionaler Stabilisierung zu entschärfen? Wie kann eine solche, kurzfristig Spannungen erzeugende Predigt dennoch die Verständigung mit dem Hörer erreichen?

Die Problematik wird dadurch verschärft, daß entsprechende Konflikte bereits im Vorfeld des Gottesdienstes auftreten können: Wo ein Besucher befürchtet, durch den Gottesdienst, insbesondere durch die Predigt, in seinen grundlegenden Überzeugungen und Empfindungen verunsichert zu werden, wird er zögern, sich überhaupt auf dieses gefährliche Spiel einzulassen. Tut er es dennoch, erlebt er zunächst das Ritual des Gottesdienstes in seiner oft erwiesenen, vergewissernden und stabilisierenden Kraft. Der Prediger, der dem entgegen predigt, handelt nach der Auffassung des Besuchers regelwidrig: Er verdirbt das Spiel.

Freilich: Nicht jede provozierende Äußerung wirkt gleich spielzerstörend. Der Besucher hat die Möglichkeit - und er macht reichlich davon Gebrauch -, solche Äußerungen zu überhören oder umzudeuten: »So hat er es nicht gemeint!« Wenn es ihm jedoch nicht mehr gelingt, aus der Predigt das herauszuhören, was ihn in seinen Überzeugungen bestätigt, bricht er die Kommunikation ab. Noch immer hat er freilich die Möglichkeit, die provozierende Äußerung unschädlich zu machen: Er kann den Gegensatz zu seiner eigenen Überzeugung so weit übersteigern, daß die Gegenmeinung als unsinnig und damit als irrelevant für sein eigenes Verhalten erscheinen muß.[10]

Auf der Suche nach einer Lösung stoßen wir wieder auf die überforderte und verunsicherte Besucherin des Weihnachtsgottesdienstes. Vielleicht stellt sich heraus: Gerade weil sie in Konflikt geraten ist mit den Überzeugungen ihrer unmittelbaren Bezugsgruppe, ist sie eher in der Lage, auch überraschende, herausfordernde Äußerungen aufzunehmen, die zu ihren bisherigen eigenen Einstellungen in Widerspruch stehen. Vielleicht ist sie bereit, einem Prediger zuzuhören, der um Verständnis für diejenigen wirbt, die - wie ihre Kinder - ›draußen‹ bleiben. Vielleicht ist sie fähig, sich gemeinsam mit dem Prediger ein Stück weit aus der wärmenden Geborgenheit des Weihnachtsgottesdienstes herauszuwagen, um außerhalb dieses Schutzraumes neue, unerwartete Aspekte und Zielpunkte der weihnachtlichen Botschaft zu entdecken. Vielleicht wird sie dann in der Lage sein, heimgekehrt auch mit ihren Kindern über all dies zu sprechen.

---

[10] Ebd. 236.

Das ist freilich ein äußerst gefährdeter Prozeß: Bleibt die Besucherin mit dem Prediger in dieser Bewegung allein, kann es kaum zum Aufbau neuer, tragender Anschauungen und Einstellungen kommen. Die Besucherin muß wissen: Wenn ich mich auf diesen Prozeß einlasse, stehe ich nicht allein; da sind andere, die den gleichen Weg mit mir gehen; eine Gruppe, die alle Unsicherheiten mit mir teilt und die neuen Erfahrungen, die ich mache, mit eigenen Erfahrungen zu bestätigen vermag..

In dem theoretischen Ansatz, wie er sich hier andeutet, erscheint das Problem der Predigt vor allem als Problem des Hörers: Wie kann - angesichts des elementaren Bedürfnisses nach Wahrung des kognitiven und emotionalen Gleichgewichts, nach Bestätigung des lebensbestimmenden Orientierungssystems und angesichts all der Mechanismen der Informationsauswahl, in denen sich dieses Bedürfnis ausspricht - wie kann Predigt dennoch die in der überlieferten Botschaft und in der gegenwärtigen Wirklichkeit des Glaubens angelegten Impulse zur Geltung bringen, die auf Veränderung, Neuwerdung des Denkens und Verhaltens drängen?

Die Möglichkeiten, die sich im Rahmen dieses theoretischen Ansatzes anbieten, sind begrenzt: Wenn überhaupt, kann die gottesdienstliche Predigt nur sehr vorsichtig und schrittweise zu einer solchen »Umorganisation des Einstellungssystems«[11] beitragen; es bedarf hierzu unbedingt des Gesprächs in der kleinen Gruppe, die auch den sozialen Rahmen bereitstellt, in dem die neuen Erfahrungen und Einsichten Plausibilität gewinnen können.

2. Die Predigt als Problem des Predigers

Es gehört zum Stil mancher Predigtanalysen, daß die Hörer aufgefordert werden, zu schildern, was sie während der Predigt ›erlebt‹ haben - welche Empfindungen also durch die Predigt bei ihnen ausgelöst wurden.[12] Wo dies unter der Leitung eines ebenso einfühlsamen wie kritischen Gesprächsleiters gelingt, zeigt sich meist ein überraschendes Ergebnis: Das, was von den Hörern als problematisch an der Predigt empfunden wird, weist zurück auf ein Problem im Prediger selbst. Unverarbeitete Rollenkonflikte - Flucht aus der Rolle ebenso wie distanzlose Rollenumarmung -, uneingestandene Ängste, verdrängte Bedürfnisse, auch sehr persönliche Lebensprobleme schlagen so oder so auf die Predigt durch. Sie äußern sich etwa in verbalen Strategien der Konfliktvermeidung, im »Drang nach dem ›Gefüttertwerdenwollen‹ in Form von erbetener Anerkennung«,[13] in der Übertragung eigener Problematik auf die Hörer oder auf die Gestalten des Textes, auch in verbalen Aggressionen, die mit Vorliebe ihr Ziel jenseits der Kirchenmauern finden.

Hilfreich erscheint in diesem Zusammenhang der Versuch, solche Predigerprobleme auf dem Hintergrund der von Fritz Riemann aufgestellten Typologie von vier lebensbestimmenden, persönlichkeitsprägenden Grundimpulsen zu erklären, denen vier »Grundformen der Angst«[14] korrespondieren. So wird der depressive Prediger - be-

---

[11] Ebd. 243.
[12] H.-Chr. Piper, Predigtanalysen. Kommunikation und Kommunikationsstörungen in der Predigt. Göttingen 1976, 45ff.
[13] H.-J. Thilo, Psyche und Wort. Aspekte ihrer Beziehungen in Seelsorge, Unterricht und Predigt. Göttingen 1974, 115.
[14] F. Riemann, Grundformen der Angst. Eine tiefenpsychologische Studie. München 1961.

stimmt durch den Grundimpuls zur Selbsthingabe - in der Gefahr stehen, seine Grundangst vor Ungeborgenheit und Verlassenwerden auf die Hörer zu übertragen; womöglich wird er versuchen, seine Hörer so von sich abhängig zu machen, wie er selbst von ihnen abhängig ist. Entsprechendes gilt für den schizoiden Prediger (Grundimpuls Selbstwerdung) mit seiner Grundangst vor Selbstverlust und Abhängigkeit; für den zwanghaften Prediger (Grundimpuls Dauer) mit seiner Grundangst vor Vergänglichkeit und Veränderung; für den hysterischen Prediger (Grundimpuls Wandlung) mit seiner Grundangst vor dem Endgültigen, dem Festgelegten.

Daß womöglich auch in unserer Beispielpredigt persönliche Problematik des Predigers sich ausspricht, wurde bereits angedeutet. Will man die oben genannte Typologie auf das Beispiel anwenden, wird man den Prediger wohl dem depressiven Typ zuzurechnen haben: Die Identifikation mit den ›armen Hirten‹, die der Prediger für sich selber vollzieht und die er der Gemeinde anbietet, weist auf Einsamkeits- und Verlassenheitsängste hin. Die Furcht, von der Gemeinde nicht angenommen zu werden, spricht bereits aus dem ersten Satz der Predigt. Denkbar ist, daß auch die Furcht vor Konflikten in der Gemeinde eine Rolle spielt; die - an dieser Stelle etwas unmotivierte - Wendung von der ›sich selbst zerfleischenden Menschheit‹ könnte darauf verweisen. All dies geht - wie es durchaus zum Bild dieses Typus gehört - einher mit gedämpfter Aggressivität gegenüber den ›anderen‹, Außenstehenden, die dem Prediger die Anerkennung verweigern. Auch der abschließende Sprechakt des ›Wünschens‹ fügt sich in dieses Bild ein.

In dem hier gemeinten theoretischen Ansatz reduziert sich das Problem der Predigt auf das Problem des Predigers, genauer: auf das Problem der Beziehung zwischen Prediger und Hörer. Dies muß man zunächst zur Kenntnis nehmen, auch wenn es dem tradierten Rollenverständnis des Predigers widerspricht: »Das Eigentliche geschieht in der Beziehung zwischen Prediger und Gemeinde, der Inhalt der Worte hat seine Wichtigkeit nur in diesem Rahmen ... Denn die Beziehung, um die es im Gottesdienst geht, ist wichtiger als alles Gesagte«.[15]

Mit anderen Worten: Der Predigtinhalt ist eine Funktion der Prediger-Hörer-Beziehung; und diese Beziehung wiederum wird ganz wesentlich von der Gesamtpersönlichkeit des Predigers, von seiner Kommunikationsfähigkeit, aber auch von seinen Kommunikationsstörungen bestimmt. Was in der Predigt gesagt wird, hat Sinn und Bedeutung vor allem im Blick auf die Beziehung, die sich in ihr ausspricht, die darin zustande kommt oder verhindert wird: »Die Wahrheit ist nicht inhaltlich, sondern kommunikativ«.[16]

Das Eigentliche: Das ist in diesem Verständnis vor allem die Vermittlung von Geborgenheit, die Erneuerung des Urvertrauens, »die Erneuerung und Bestätigung des Grundgefühls des Lebens«.[17] Solche Erneuerung des Urvertrauens ist an die gelingende Beziehung zwischen Prediger und Hörer gebunden; sie hängt entscheidend davon ab, wie der Hörer den Prediger ›erlebt‹, wie der Prediger sich seinerseits in diese Beziehung hineingibt und fähig wird, Verantwortung für den Hörer zu übernehmen.

---

[15] H. van der Geest (s. Anm. 3) 78.
[16] Ebd. 79.
[17] Ebd. 87.

Natürlich weiß man auch im Rahmen dieses Ansatzes davon, daß die überlieferte Botschaft über alle stabilisierenden, bestätigenden, bergenden Elemente hinaus verunsichernde, auf Ablösung und Wandlung drängende Impulse enthält. Die Vorordnung der »Dimension der Geborgenheit« jedoch - wie sie hier offenbar auch in einem bestimmten Bild vom Menschen gründet - führt letztlich zu einer Rechtfertigung der Spielregeln, unter denen gottesdienstliche Predigt stattfindet: Das ihr zugeschriebene Unvermögen, auf wirksame Weise Einstellungs- und Verhaltensänderungen zu initiieren, wird von den Leistungen, die sie im Blick auf die Erneuerung des Urvertrauens zu erbringen vermag, weit überholt. Wo Geborgenheit vor Befreiung rangiert, sind Gottesdienst und Predigt gerade in ihrer stabilisierenden Funktion gerechtfertigt: Nicht die Veränderung der Spielregeln, sondern die Bewußtmachung ihres beziehungsstiftenden, auf gelingende Kommunikation gerichteten Sinns bestimmt hier das handlungsleitende Interesse.

3. Das Problem der Predigt als Problem des Spielfeldes

Bereits im Zusammenhang der Untersuchung des ›Spielfeldes‹ hat sich gezeigt: Predigt als integraler Teil des gottesdienstlichen Gesamtrituals kann selber »zu einem wortreichen, standardisierten Ritual eigener Prägung«[18] werden. Sie kann sogar im Erleben der Beteiligten die Funktion eines »Zentralrituals« erfüllen, durch das das gottesdienstliche Geschehen allererst begründet und ausgewiesen wird. In solcher Funktion hat Predigt selbstverständlich teil an den sinnvermittelnden und sinnvergewissernden Leistungen ritueller Kommunikation überhaupt: Rituale als konventionalisierte, wiederholbare Handlungsformen, die einen komplexen Sinn auf ebenso komplexe, ganzheitliche Weise darstellen und vermitteln, ohne ihn diskursiv aufzuschlüsseln; Handlungsformen, die insbesondere in der Gestalt von Initiations- und Partizipationsritualen, aber auch als symbolische Darstellungen der jeweiligen »Zentralthematik«[19] für die Konstituierung und Integration von Gruppen unentbehrlich sind.

Gerade die zuletzt genannte Funktion verweist auf den Sinn, den auch der Gottesdienst als Gesamtritual erfüllt: »Er stellt eine ritualisierte Form des Umgangs mit dem Gott dar, der nach dem Bekenntnis die Gemeinde konstituiert, ihr Zukunft gibt und sie durch gegenwärtiges Heilshandeln erneuert«.[20] Gottesdienst ist »Ritual der Bundeserneuerung«,[21] ein Geschehen, in dem die Zuwendung Gottes zur versammelten Gemeinde und die Hinwendung der Gemeinde zu dem Gott, der sie sucht und sich ihr schenkt, in rituellen Vollzügen dargestellt und immer wieder neu in Kraft gesetzt wird.

Versteht man das Gesamtritual des Gottesdienstes mit Karl-Fritz Daiber als »Prozeß des symbolischen Dialogs«, in dem das Kommen Gottes Ereignis wird, dann kommt auch der Predigt als einem Schritt in diesem Dialog ein ganz bestimmter Stellenwert zu: In Schriftlesungen und Predigt findet die Anrufung des kommenden Gottes durch die Gemeinde eine Antwort. Die Gemeinde wiederum nimmt diese Antwort auf, indem sie - in Dankopfer und Fürbitte - Verantwortung für die Welt übernimmt und sich in den Alltag senden läßt.

---

[18] W. Jetter, Symbol und Ritual. Anthropologische Elemente im Gottesdienst. Göttingen 1978, 160.
[19] K.-F. Daiber u. a. (s. Anm. 7) 18.
[20] K.-F. Daiber, Der Gottesdienst als Mitte der Gemeindearbeit. In: WPKG 69 (1980) 74-90, hier 79.
[21] Ebd. 80.

Unser Predigtbeispiel scheint sich nahtlos in diese rituelle Abfolge der Dialogschritte einzufügen: Das Kommen Gottes in die Welt der Hirten setzt sich fort im Kommen Gottes zur versammelten Gemeinde, die ihrerseits für ›die arme, geschlagene, sich selbst zerfleischende Menschheit‹ steht. Die der Predigt vorgelagerten rituellen Vollzüge, einschließlich der präverbalen Zeichen, werden als Hinweise auf dieses Kommen Gottes gedeutet; wie sonst könnte der ›Glanz der vielen hundert Kerzen‹ zu dem Glanz von Bethlehem in Beziehung gesetzt werden? Auf Dialogschritte, die noch vor der Predigt ihren Platz haben, wird ausdrücklich Bezug genommen (»Ihr seid hereingekommen, um ...«); ebenso auf die Schritte, die der Predigt folgen und in denen sich die Gemeinde in die Welt senden läßt (»... und nachher dankbar und fröhlich nach Hause geht«).

Nur: Von einer Verantwortung, die die Gemeinde in dieser Welt und für diese Welt wahrzunehmen hat, ist nicht die Rede. Die ›Erneuerung‹, die sich in diesem Gottesdienst vollzieht, beschränkt sich darauf, der Gemeinde eine bestimmte Grundbefindlichkeit (›Dankbarkeit‹, ›Fröhlichkeit‹) zu vermitteln bzw. solche Befindlichkeiten zu verstärken. Solche ›Erneuerung‹ steht ausdrücklich im Interesse einer Abgrenzung von der Welt der ›anderen‹; sie dient der Stabilisierung der versammelten gottesdienstlichen Gemeinde, nicht jedoch ihrer Befähigung zum Dienst in dieser Welt.

Gewiß: Hierbei kann es sich um eine spezifische Schwäche dieser einen Predigt handeln. Dennoch muß die Frage erlaubt sein, ob nicht damit zugleich Grenzen ritueller Kommunikation überhaupt sichtbar werden, an denen Predigt in dem Maße teilhat, als sie sich in das Gesamtritual des Gottesdienstes integrieren läßt und darin selber rituelle Funktionen übernimmt. Es scheint doch so, daß Gottesdienst als »Ritual der Bundeserneuerung« zwar in der Lage ist, Gemeinde beieinanderzuhalten, von anderen Gruppen abzugrenzen, ein bereits vorgegebenes Selbstverständnis immer wieder neu zu begründen und zu befestigen, nicht jedoch wirkliche ›Erneuerung‹ von Kirche, Welt und Menschen zu intendieren.

Die Bezüge zu dem im vorhergehenden Abschnitt dargestellten Ansatz (Predigt im Dienste der Erneuerung des Urvertrauens) liegen auf der Hand. Hier wie dort geht es im Grunde um die theologische Frage, welche Qualität eigentlich gemeint ist, wenn das ›Neue‹ Testament vom ›neuen‹ Bund, dem ›neuen‹ Menschen, der ›neuen‹ Schöpfung, dem ›neuen‹ Himmel und der ›neuen‹ Erde spricht: Geht es dabei - theologisch gesprochen - nur um die Wieder-Herstellung der alten, unverletzten Ordnung vor dem Fall? Um Rückkehr zu den ›Anfängen‹ des Gottesverhältnisses? Um Heimkehr in den bergenden Schoß des Vaters? Um die »Wiederkehr der Ursprünge«, die ständige Erneuerung der göttlichen Gründungstat?[22] Oder implizieren die oben genannten Wortverbindungen nicht gerade ein ›Mehr‹ der neuen Schöpfung, das alle ›Anfänge‹ und ›Ursprünge‹ auf unvergleichliche Weise überbietet? Konkret heißt das: Kann Predigt, eingebunden in den rituellen gottesdienstlichen Dialog, wirklich auf ›Erneuerung‹ in diesem theologischen Sinne zielen? Wird sich die ›Erneuerung‹ des Gottesbezuges, wie sie hier angeboten wird, nicht doch letztlich auf die Bestätigung des Hergebrachten, Gewohnten, Selbstverständlichen beschränken?

---

[22] Vgl. R. Schaeffler, Kultisches Handeln. Die Frage nach Proben seiner Bewährung und nach Kriterien seiner Legitimation. In: R. Schaeffler/P. Hünermann, Ankunft Gottes und Handeln des Menschen. These4n über Kult und Sakrament. Freiburg/Br. 1977 (QD 77), 9-50.

Das Problem der Predigt verdichtet sich hier zum Problem des ›Spielfeldes‹, auf dem Predigt geschieht. Rituale sind - darauf hat Werner Jetter hingewiesen - »gefährliche Unentbehrlichkeiten«.[23] Sie können zum Ersatz verantwortlichen Handelns werden[24] und dann der »Durchdringung des Lebens« mit den Kräften des Glaubens, die sie doch darzustellen vorgeben, geradezu im Wege stehen.[25] Sie können zum Selbstzweck werden und ihren verweisenden Charakter einbüßen. Wo sie vornehmlich im Interesse der Abgrenzung und Ausgrenzung stehen, wo sie nur noch Bestehendes bestätigen und stabilisieren, wo sie zum Instrument frommer Selbstsicherung werden, fordern sie die theologische Kritik heraus. Die Frage bleibt freilich: Kann die Predigt - selbst ein Schritt im rituellen Dialog des Gottesdienstes - das Ritual zugleich überschreiten, in Frage stellen, aufbrechen, womöglich gar erneuern? Kann Predigt beides zugleich sein: Ritual und Anti-Ritual? Spiel und Gegen-Spiel?

---

[23] W. Jetter (s. Anm. 18) 112.
[24] K.-F. Daiber, Die Trauung als Ritual. In: EvTh 33 (1973) 578-597, hier 590.
[25] W. Jetter (s. Anm. 18) 102.

III. GEGENSPIELE

Zum »Aufstand der Praxis« ruft Walter Jens[26] die Prediger angesichts des Dilemmas der Predigt auf. Da ist auf der einen Seite der unerhörte Anspruch, mit dem eine Theologie des Wortes die Predigt ausstattet: selber welt- und menschenveränderndes, rettendes, neuschöpfendes ›Wort Gottes‹ zu sein. Da ist auf der anderen Seite die Erfahrung, daß Predigt unter den gegebenen Bedingungen allenfalls stabilisierende, verstärkende Wirkungen zu erzielen vermag. Walter Jens hat eine Vision: »Brecht auf der Kanzel - ein Mann, der Geschichten erzählt, deren Schluß die Gemeinde in kontroversem Nachgespräch dazuerfinden mag: So sähe in meinen Augen der ideale, zum Dialog auffordernde Prediger aus«.[27] Das heißt doch wohl: Der aufständische Prediger bietet keine fertigen Lösungen. Er hält keineswegs Antwort auf alle Fragen bereit. Er verwickelt vielmehr seine Hörer in Geschichten, die einen offenen Ausgang haben. Er lockt sie, in diese Geschichten einzusteigen, mitzuspielen, Partei zu ergreifen. Und er entläßt seine Hörer ins Gespräch: Wie soll es weitergehen? Mit dieser Geschichte? Mit dieser Welt? Mit uns?

Aufforderung zum Dialog: Das ist zugleich die Aufforderung, Wirklichkeit neu zu formulieren. Sich nicht damit zu begnügen, immer wieder die Ursprünge zu beschwören, Urvertrauen zu erneuern, Geborgenheit im Ur-Alten zu vermitteln. Aufforderung zum Dialog: Das heißt auch, auf das Noch-nie-Dagewesene zu setzen. Unerhörte, unglaubliche Veränderungen zu erwarten - wirkliche Neu-Schöpfungen im persönlichen, gesellschaftlichen, menschheitlichen Bereich. Solche Neu-Schöpfungen zugleich anzudenken, anzusprechen, anzuspielen im Dialog der Meinungen, Bilder und Träume. Nicht im Stil eines Diskussionsleiters fordert der aufständische Prediger zum Dialog auf: Er beginnt vielmehr ein Spiel, das nach anderen Regeln als die üblichen Predigtspiele verläuft. Ein Spiel, das Phantasie freisetzt, statt sie in ständiger Regression zu verbrauchen.

Freilich: Wer einen Aufstand beginnt, muß zuvor seine Chancen überschlagen. Selbst wenn das Dilemma groß ist und die Vision eines anderen, nichtregressiven Predigtspiels verlockend vor Augen steht, müssen doch zunächst einige Fragen gestellt werden: Aufstand - in wessen Interesse? Auf welche Weise? Und mit welchem Ziel?

1. Aufstand - in wessen Interesse?

Eine doppelte Antwort erscheint möglich: Der »Aufstand der Praxis« erfolgt im Interesse der Hörer. Und er erfolgt im Interesse der Sache, um die es in der Predigt geht.

Wir setzen den Fall, daß die Hörer unserer Weihnachtspredigt tatsächlich unter einem Leidensdruck stehen. Vielleicht leiden einige von ihnen - so wie das der Prediger voraussetzt - unter der Minderheitensituation, in der sie sich als Christen befinden. Vielleicht leiden sie darunter, daß sich andere an die Stirn tippen, wenn sie aus der Kirche kommen. Vielleicht leiden sie auch unter der Zerrissenheit dieser Welt, unter der Zerrissenheit ihres eigenen Lebens ...

---

[26] W. Jens, Die christliche Predigt. Manipulation oder Verkündigung? In: ders., Reden. Leipzig/Weimar 1989 (Gustav Kiepenheuer Bücherei 89), 70-92, hier 86ff.
[27] Ebd. 89.

Der Prediger nimmt sie nun an die Hand, führt sie zum Stall, läßt sie vor der Krippe niederknien, zeigt ihnen die Lichter in der Kirche, singt ihnen die alten Lieder vor und spricht von Dankbarkeit und Freude: Rückkehr in den Mutterschoß, Vermittlung von Wärme und Geborgenheit vollziehen sich so auf eindrückliche Weise.

Doch dann werden die Hörer aus dem bergenden Stall entlassen, werden auf den Weg geschickt, kehren zurück in die kalte, dunkle Welt. Vielleicht summen sie tatsächlich noch ein wenig die alten Lieder vor sich hin; vielleicht werden sie noch ein Stück weit von dem weihnachtlichen Glanz begleitet. Doch die leidvolle Wirklichkeit erweist sich auf die Dauer als stärker: Es bleibt die Erfahrung von Einsamkeit, Bedrückung, Zerrissenheit. Es bleiben die Konflikte - mit den Nachbarn, den Familienangehörigen, den eigenen Bedürfnissen und Hoffnungen. Vielleicht wächst jetzt untergründig gar eine Enttäuschung an dieser Predigt, die Grenzen nur gezeigt und bekräftigt, aber nicht überwunden hat. Eine Enttäuschung an diesem Gottesdienst, der das Leid für kurze Zeit zu verklären vermochte, aber nicht in der Lage war, wirksame Impulse zur Veränderung unhaltbarer Zustände zu vermitteln.

Bei genauerem Hinsehen und Hinhören zeigt sich, daß das Bild vom Hörer, der im Gottesdienst ausschließlich Ent-Spannung, Bestätigung seiner Grundüberzeugungen, emotionale Stabilisierung sucht, einer Korrektur bedarf: »Im Gottesdienst erwartet man nicht nur ein Zurückfallen in den bergenden Schoß des lieben Gottes. Man will auch hören, daß es demnächst Veränderungen gibt, daß es nicht beim alten bleibt ... Diese Welt selbst, dieses Leben soll neu, besser, heil werden«.[28] Immer wieder stößt der Prediger auch auf diese verborgene, durch allerhand andere Bedürfnisse zugedeckte, fast verzweifelte Hoffnung: Daß da einer auftritt, der etwas wirklich Neues anzusagen hat. Der nicht nur bestätigt, was wir insgeheim schon wissen, wünschen oder befürchten. Einer, der uns aus der Bahn wirft und uns gerade so überraschende Aus-Wege zeigt.

Der Aufstand im Interesse der Hörer ist zugleich ein Aufstand im Interesse der Sache, die hier zur Verhandlung steht. Gewiß: In der Geschichte Jesu geht es um die Wiederherstellung des Vertrauens zwischen Gott und den Menschen. Nicht umsonst verdichten sich wesentliche Züge dieser Geschichte in jener Vatergestalt, die den heimkehrenden Sohn ohne alles Fragen und Rechnen in die Arme schließt. Rückkehr ins Vaterhaus - »in den bergenden Schoß des lieben Gottes« - vollzieht sich in der Tat überall dort, wo die Geschichte Jesu erzählt, angenommen, nachgelebt wird.

Doch diese Geschichte erschöpft sich nicht in der Ermöglichung solcher Rückkehr. Sie fordert und bietet mehr: Zum Beispiel den Aufbruch des älteren Sohnes zum Fest (Lk 15, 11-32). Ein Aufbruch, der - schmerzlich genug - die Preisgabe von grundlegenden Überzeugungen und Sicherungen einschließt. Im Fest, zu dem der Vater lädt, wird ja nicht einfach die gute, alte Ordnung wiederhergestellt. Hier wird vielmehr ein neues Verhältnis zwischen dem Vater und seinen beiden Söhnen begründet und gefeiert. Der aufständische Prediger, der diese Geschichte erzählt und dazu anstiftet, in dieser Geschichte mitzuspielen, ermutigt damit auch zum Aufbruch aus Ordnungen, in denen Menschen sich binden und bergen. Daß solcher Aufbruch zugleich aus Trennungen herausführt, Einsamkeit bleibend aufhebt, Grenzen im Leben und Sterben überwindet, ist eines der großen Geheimnisse dieser Geschichte: Gleichnis für den Aufbruch, zu dem Jesus selber angesichts der Gottesherrschaft, die mit ihm anbricht, einlädt.

---

[28] H. van der Geest (s. Anm. 3) 92.

2. Aufstand - auf welche Weise?

Gottesdienstliche Predigt ist - so hatten wir gesagt - eingebunden in Vollzüge ritueller Kommunikation, ist selber in gewisser Weise Glied eines rituellen Dialogs. Das bedeutet: Der »Aufstand der Praxis«, der dieser rituellen Beschränkung des Predigtspiels gilt, kann doch wiederum nur in diesem Medium erfolgen. Aber - ist damit nicht schon der Aufstand für gescheitert erklärt? Wie ist dies denkbar: mit rituellen Mitteln gegen die Übermacht des Ritus selbst aufzustehen?

In der kommunikativen Therapie gibt es ein Verfahren, das für unser Problem erhellend ist: Krankmachenden ›Spielen‹ in Ehen, Familien und Gruppen wird mit ›Gegenspielen‹ begegnet, die das einengende, krankmachende Spiel besser als alle verbale Aufklärung aufzulösen vermögen.[29] Dem hierfür sensibilisierten Leser fällt auf, daß auch in der Geschichte Jesu solche ›Gegenspiele‹ eine bedeutsame Rolle spielen. So begegnet Jesus dem Spiel der Jünger um die Vorrangstellung im Reiche Gottes nicht nur mit Worten (vgl. Mt 20, 20-28; Mk 10, 35-45), sondern auch mit Gegenspielen: Er stellt ein Kind in ihre Mitte und führt so das Spiel der Jünger ad absurdum (Mt 18, 1-5; Mk 9, 33-37; Luk 9, 46-48); oder er legt gar sein Obergewand ab und beginnt, seinen Jüngern die Füße zu waschen (Joh 13, 1-17).[30]

Und weiter: Den Gesellschaftsspielen seiner Zeit, mit denen religiös und sozial bedeutsame Trennungslinien aufgerichtet und festgeschrieben werden, begegnet er mit einem ebenso provozierenden wie wirksamen Gegenspiel - er ißt und trinkt mit den Zöllnern und Sündern. Womöglich muß man auch jenes Geschehen, das heute im Zentrum der symbolischen Kommunikation des christlichen Glaubens steht, als ein solches Gegenspiel begreifen: das Abendmahl, in dem sich die Gemeinschaft der Ungleichen auf ebenso sinnenfällige wie sozial wirksame Weise darstellt und durchsetzt.

Von unmittelbarer Bedeutung für die Predigt ist es ferner, daß auch zahlreiche Gleichnisse und Beispielerzählungen Jesu den Charakter von Gegenspielen besitzen: Sie zeichnen sich dadurch aus, daß mitten im gewohnten Spiel, das den Hörern vertraut ist und in dem sie sich wiederfinden, mit einem Male die Spielregeln geändert werden (vgl. z. B. Mt 20, 1-16!). Die Hörer, die sich auf das Spiel eingelassen haben, werden so in ein Gegenspiel verwickelt und zu Entscheidungen herausgefordert, die ihr eigenes Denken und Verhalten betreffen.

---

[29] E. Berne, Spiele der Erwachsenen. Hamburg 1970 (Games People Play. New York 1964); ders., Was sagen Sie, nachdem Sie ›Guten Tag‹ gesagt haben? München 1975; P. Watzlawick, Die Möglichkeit des Andersseins. Zur Technik der therapeutischen Kommunikation. Bern 1977, 124.

[30] Auch die Geschichte von der Ehebrecherin (Joh 8, 3-11) schildert ein solches Gegenspiel: Ihre Spannung bezieht die Erzählung daraus, daß sie Jesus vor eine zunächst unlösbare (»paradoxe«) Situation stellt, in der er sich - wie auch immer - nur falsch entscheiden kann. In dieser Lage reagiert Jesus zunächst mit Kommunikationsverweigerung; er läßt sich nicht auf die »Illusion der Alternativen« (P. Watzlawick [s. Anm. 29] 82) ein, die seine Gegner ihm vorgaukeln. Sein Schreiben in den Sand hat keinen anderen Sinn, als solche Kommunikationsverweigerung auszudrücken. Mit der Antwort, die er schließlich gibt, beendet er die Verweigerung nicht, sondern setzt sie auf einer anderen Ebene fort. Was er sagt, ist eine paradoxe Antwort auf eine paradoxe Situation: Er fordert die Ankläger auf, die Steinigung zu vollziehen. Er bestätigt ihr Urteil. Aber er tut dies so, daß er es ihnen zugleich unmöglich macht, dieser Aufforderung nachzukommen. Jetzt stehen die anderen vor einer unlösbaren Situation. Sie entziehen sich ihr, indem sie sich schweigend davonmachen.

»Aufstand der Praxis« könnte also bedeuten: Im Rahmen des Bedingungsfeldes von Gottesdienst und Predigt - und mit den Mitteln, die auf diesem Feld zur Verfügung stehen - Gegenspiele zu beginnen, in denen die entbindende und verbindende Kraft der Geschichte Jesu zur Wirkung kommt. So wie es Rituale gibt, in denen die Ursprünge beschworen, Menschen im Altvertrauten eingewurzelt werden, so sind Begehungen denkbar, in denen neue Spielräume gewonnen und abgeschritten werden; Begehungen, in denen das, was unter der Chiffre der ›neuen Schöpfung‹ sich ankündigt, vorwegnehmend erfahren, erspielt und erprobt werden kann.

Oft sind es sogar die gleichen Vollzüge, die sich in dieser oder in jener Weise in Anspruch nehmen lassen: Man kann das Abendmahl so feiern, daß sich darin überkommene - vielleicht gar überholte - gesellschaftliche Strukturen abbilden und rechtfertigen. Und man kann das Mahl so begehen, daß darin etwas von der alle Schranken sprengenden Gemeinschaft des ›Neuen Bundes‹ erfahrbar wird. Man kann die Geschichte von Pharisäer und Zöllner (Luk 18, 9-14) so erzählen, daß schließlich ein sich selbst rechtfertigender Zöllner (»Ich danke dir, Gott, daß ich nicht bin wie dieser Pharisäer dort«) das immerwährende Spiel der Hörer um Leistung und Prestige bestätigt. Und man kann diese Geschichte so erzählen, daß sie sich allen diesen Spielen sperrt und die Hörer in das Gegenspiel verwickelt, das mit dem Kind in der Krippe beginnt und mit Kreuz und Auferstehung keineswegs am Ende ist.

Der Prediger in unserem Beispiel spielt das alte Spiel: Grenzen werden gezogen. Vorurteile werden aufgebaut. Abwehrmechanismen werden in Gang gesetzt. Feindbilder werden installiert. Sind Gegenspiele denkbar? Deutlich ist: Mögliche Gegenspiele können nicht allein bei der Predigt ansetzen. Sie müssen den Gottesdienst im ganzen einbeziehen. Was geschieht, wenn ›die da draußen‹ mit einem Male fordernd, protestierend, vielleicht auch auf Verständnis hoffend, in den Gottesdienst eindringen? Werden sie mit Regenschirmen und Spazierstöcken zurückgeschlagen? Oder entschließen sich Prediger und Gemeinde, ihr Spiel zu ändern? Daß dies keineswegs ein völlig abwegiges Beispiel ist, zeigt die jüngere Gottesdienstgeschichte.

Deutlich wird dabei: Man kann auch das stimmungsvolle Ritual eines Heiligabendgottesdienstes auf sehr verschiedene Weise in Anspruch nehmen. Man kann mit Lichtern, Liedern und Geschichten recht unterschiedliche Spiele eröffnen. »Es ist Mitternacht und wir feiern in der kleinen Kirche von Solentiname die Weihnachtsmesse. Am Vortag wurde Managua durch ein Erdbeben zerstört ...«: So beginnt der Bericht über einen Weihnachtsgottesdienst, in dem ›die da draußen‹ von Anfang bis Ende gegenwärtig sind; ein Gottesdienst, in dem Leid und Bedrückung nicht verklärt, nicht emotional zugedeckt, sondern ausgesprochen, angeklagt, in solidarischem Verhalten anfänglich überwunden werden. »Zum Schluß sprechen alle davon, für Managua zu sammeln. Die einen wollen Mais geben, die anderen Reis oder Bohnen«.[31]

---

[31] E. Cardenal, Das Evangelium der Bauern von Solentiname. Wuppertal 1977.

3. Aufstand - mit welchem Ziel?

»Die Predigt ist Gottes Wort, gesprochen von ihm selbst ...«:[32] Vor allem gegen die hinter solchen Definitionen vermutete Gleichsetzung von Predigtwort und Gotteswort richtet sich der »Aufstand der Praxis«, zu dem Walter Jens den Prediger anstiften möchte. Sein Ziel: Eine neue Predigtsprache, die - darauf verzichtend, das göttliche Subjekt unmittelbar für ihre Sätze in Anspruch zu nehmen - »Gott *indirekt* benennt«.[33] Ein Prediger, der allenfalls in der Frageform von Gott spricht und seinen Namen in Anführungszeichen setzt, wenn er ihn gebraucht.[34]

Der so zum Aufstand aufgerufene Prediger zweifelt: Ist die damit anempfohlene »vermittelte Diktion« wirklich geeignet, ein neues Spiel zu eröffnen? Ein Spiel, dessen Verlauf und Ausgang nicht festliegen, sondern das für Überraschungen gut ist und das allen Beteiligten neue Möglichkeiten zeigt, neue Wirklichkeiten aufschließt? Ein Spiel, das gerade in seiner Offenheit dem Raum gibt, was in dogmatischer Sprache als ›Kommen des Geistes‹ chiffriert wird?

Mit dieser Chiffre ist zugleich das Ziel benannt, um das es bei all dem geht: Nicht um die interpretierende Bestätigung vorgegebener Wirklichkeit auf dem Hintergrund christlicher Symbole. Nicht um die »ewige Wiederkehr des gleichen Mythos« - auch nicht in verchristlichter Gestalt.[35] Sondern um die Verwandlung von Wirklichkeit in der Kraft des Geistes Gottes. Ist dies nicht auch - so möchten wir Walter Jens entgegenhalten - der eigentliche Sinn jener theologischen Chiffre, die vom Wirksamwerden des ›Wortes Gottes‹ in der Predigt spricht?

Wenn der Jesus der Evangelien das Spiel um Macht und Prestige, das seine Jünger beschäftigt, mit einem Gegenspiel zerstört, indem er ein Kind in ihre Mitte stellt, vollzieht er keineswegs einen Akt der Interpretation nach dem Muster: Seht her - so ist Wirklichkeit ›eigentlich‹ beschaffen; die Kleinsten sind die Größten, die Schwächsten verfügen über die wahre Macht. Nein: Wenn er ein Kind auf den Thron im Reiche Gottes setzt, rekapituliert er nicht den zeitlosen - seinem Wesen nach regressiven - Mythos vom Kind-König. Er proklamiert vielmehr eine neue Wirklichkeit, überraschend, verwandelnd, in ihren Folgen noch gar nicht abzusehen. Ähnliches gilt für die Proklamationen, die die Bergpredigt eröffnen (Mt 5, 3-10). Auch hier wird Wirklichkeit nicht interpretiert, sondern verändert, umgeschrieben, neu verfaßt - ein im eigentlichen Sinn ›phantastischer‹ Vorgang, der an die Einbildungskraft der Beteiligten erhebliche Anforderungen stellt.

Vielleicht verweist dies auf Chancen, die auch der Weihnachtsprediger in unserem Beispiel wahrnehmen kann: Den Mythos vom Kind in der Krippe, vom Kommen Gottes zu den Armen und Ausgestoßenen wieder rückzuverwandeln in eine Geschichte (Geschichte!) mit durchaus ungewissem, offenem Ausgang. In eine Geschichte, die noch im Gange ist und die womöglich allerhand unerwartete Entwicklungen für den

---

[32] K. Barth, Homiletik. Wesen und Vorbereitung der Predigt [Neubearbeitung der Nachschrift des homiletischen Seminars ›Übungen in der Predigtvorbereitung‹ vom WS 1932/33 in Bonn]. Zürich 1966, 30.
[33] W. Jens (s. Anm. 26) 87.
[34] Ebd. 89.
[35] H. Braunschweiger, Auf dem Weg zu einer poetischen Homiletik. In: EvTh 39 (1979) 127-143, hier 130.

bereithält, der sich auf sie einläßt. In eine Geschichte, die Dankbarkeit, Freude und andere Empfindungsqualitäten nicht an-redet, sondern - indem sie neue Erfahrungen vorbereitet und begleitet - erleben und entdecken läßt.

Vielleicht gewinnt hier auch das, was Walter Jens über die »vermittelte Diktion« solcher Predigt sagt, seinen konkreten Sinn: Es ist denkbar, daß die unmittelbare Inanspruchnahme Gottes für die Aussage der Predigt (»weil Gott sich nicht zu schade ist, sich um uns zu kümmern ...«) die Geschichte gerade nicht offenhält, sondern abschließt, endgültig macht, ihr die Spannung nimmt - und dies nicht nur in einem vordergründigen Sinne. Ja: Der Prediger sollte getrost seine Hörer an die Hand nehmen und sie in den Stall führen, in dem ein Kind (*ein* Kind!) geboren wird. Doch damit beginnt die Geschichte ja erst, fangen die Entdeckungen an, auch die Zweifel, ob hier wirklich etwas Neues sich zeigt. Ein Geschehen, in seinen Konsequenzen wahrhaftig nicht ›auszudenken‹! Doch der Prediger tut so, als sei die Geschichte damit zu Ende: Er läßt seine Hörer niederknien und schickt sie nach Hause.

Verwandlung von Wirklichkeit im Gegenspiel der Predigt, das die Gegenspiele Jesu aufnimmt, fortsetzt, auch in veränderten Situationen offenhält? Vielleicht eine wenig realistische Vorstellung angesichts der Bedingungen, auf die uns die Theorien dieses Spiels so nachdrücklich verweisen. Dennoch: »Der Veränderung der Wirklichkeit geht eine imaginative Veränderung, eine ›Umkehr der Einbildungskraft‹ voraus«.[36]

Das heißt doch: Das Gegenspiel der Predigt hat subversiven Charakter. Es unterläuft die Sprachspiele, in denen Menschen einander die vertraute Sicht der Dinge bestätigen. Es unterwandert auch alle Verkündigungsrituale, die den Bestand an vorfindlicher Wirklichkeit rechtfertigen und absichern sollen. Es sät Mißtrauen gegen allzu Selbstverständliches, Fragloses. Es stiftet an zu einem Verdacht: Muß wirklich alles so sein, wie es ist? Es weckt begründete »Hoffnung auf eine konkret sich durchsetzende Wende«.[37]

Als in diesem Sinne subversives Geschehen zeigt sich das Gegenspiel der Predigt auch wenig beeindruckt von Theorien, die es in seiner Wirksamkeit beschränken, in seinem Spielraum einengen wollen: Es gehört zu seinem Wesen, daß es sich mit Festlegungen darüber, was möglich und was unmöglich sei, nicht abfindet. Als Gegenspiel in der Gegenwart der Jesus-Geschichte wird es ja gerade immer neu eröffnet, um das Unmögliche als möglich zu erweisen. Es hat darin teil an der Offenheit, der Nichtabgeschlossenheit dieser Geschichte selbst, in deren Verlauf sich erst erweisen wird, was möglich - und darin wirklich - ist. »Siehe, ich mache alles neu« (Offb 21,5): Warum sollte das nicht auch für das Spiel von Gottesdienst und Predigt und für die Bedingungen gelten, unter denen dieses Spiel stattfindet?

---

[36] Ebd. 135.
[37] K.-F. Daiber (s. Anm. 6) 51.

Predigt-Kunst?
Poesie als Predigt-Hilfe

I. Die gewöhnliche Predigt

»Liebe Gemeinde! Ich vermute, es ist heute überall so voll wie hier: die Kirchen sind voll, sogar überfüllt am Heiligen Abend. Warum kommen so viele heute zum Gottesdienst? Warum sind Sie so zahlreich gekommen? Viele sagen: ›Das ist nur die Macht der Gewohnheit, etwas, was eben dazugehört.‹ Ich finde diese Antwort unbefriedigend. Ich frage mich, ob nicht viele von Ihnen heute hier sind, weil sie etwas suchen, etwas, was man eben nicht kaufen kann. Daß es da bei vielen so etwas gibt wie die Sehnsucht nach der Freundlichkeit Gottes, daß da der Wunsch ist, daß es in dieser Zeit wenigstens einen gibt, der nicht fordert, sondern schenkt, sich verschenkt.«[1]

Der gewöhnliche Anfang einer gewöhnlichen Predigt - zu Papier gebracht, abgedruckt in einer führenden homiletischen Zeitschrift, auf solche Weise ein Stück zeitgenössischer Predigt-Literatur. Damit auch ›literarisch‹ im hier verhandelten, ambitionierten Sinne? Womöglich gar ein Predigt-Kunstwerk, ein Stück Predigt-Poesie? Um das zu entscheiden, bedarf es zuvor der Erörterung des Regelwerks, das die Produktion und Rezeption der gewöhnlichen Predigt bestimmt:

1. Die gewöhnliche Predigt hat ein Rollengefüge zur Voraussetzung, das sozial sehr viel stärker determiniert ist als etwa die Autor-Leser-Beziehung, aber doch in anderen Künsten gewisse Entsprechungen besitzt: Der *Prediger* fungiert in der Regel zugleich als Liturg und Gemeindeleiter, verfügt also nicht nur über rhetorisch-homiletische, sondern auch über rituelle, seelsorgerliche, administrative Kompetenz. Komplementär dazu sind entsprechende Bestimmungen in der Rolle des *Hörers* festgeschrieben: Indem er sich auf das Predigtspiel einläßt, setzt er sich dem kultisch-rituellen Kontext aus, in dem dieses Spiel stattfindet, und läßt sich auf seine Beziehung zu der Institution hin ansprechen, die es veranstaltet: »Liebe Gemeinde!« Damit ist die gewöhnliche Predigt an einen konkreten sozialen Ort, an ein *Spielfeld* gewiesen, das über ihre Möglichkeiten und Unmöglichkeiten wesentlich mit verfügt. In unserem Beispiel wird dieses Spielfeld gleich im ersten Satz benannt: »Die Kirchen sind voll, sogar überfüllt am Heiligen Abend.« Im weiteren wird deutlich, wie der gottesdienstliche Kontext Gehalt und Gestalt der Predigt bestimmt: Er schreibt dem Prediger nicht nur Redestrategie, Redestil und Wortwahl vor, sondern drängt sich ihm auch als Thema auf: »Warum sind Sie so zahlreich gekommen?«

2. Die gewöhnliche Predigt unterscheidet sich durch eine weitere, in gewissem Sinne ebenfalls institutionelle Vorgabe von den allgemeinen Bedingungen literarischer Produktion: Prediger wie Hörer gehen davon aus, daß sie noch einen dritten Mitspieler haben - wie sie dessen Rolle im Spiel auch immer theologisch und rhetorisch bestimmen mögen. »Daß es da bei vielen so etwas gibt wie die Sehnsucht nach der Freundlichkeit Gottes, daß da der Wunsch ist, daß es in dieser Zeit wenigstens einen gibt, der nicht fordert, sondern schenkt, sich verschenkt«, heißt es in unserem Predigt-Beispiel. Der Prediger kommt nicht umhin, seine Rolle auch im Blick auf diesen dritten Mit-

---
[1] ZGDP 2 (1984) H. 6, 37-39, hier 37.

spieler zu definieren: Er kann sich als Sprachrohr, als Werkzeug verstehen und versuchen, sich selber möglichst aus dem Spiel zu nehmen. Er kann sich aber auch ganz persönlich und subjektiv einbringen, in der Überzeugung, nur so dem *Dritten* Raum schaffen, ihm das Spiel öffnen zu können. Und wenn er meint, ganz ohne den *Dritten* auskommen zu können, wird gewiß der Hörer intervenieren und ihn in seiner Auslegung des Spiels zum Zuge kommen lassen; denn er schreibt ja an dem Stück mit.

3. Die gewöhnliche Predigt hat es im allgemeinen noch mit einer weiteren Größe zu tun, wobei nicht ganz klar ist, ob es sich dabei um einen vierten Mitspieler oder eine Art *Spielgegenstand* handelt. Manche Prediger ziehen ihn wie eine Handspielpuppe aus der Tasche, lassen ihn auf der Kanzelbrüstung tanzen und zur Gemeinde reden: »Der Text sagt ...« Die durch Herkommen und Kirchenordnung begründete Regel, sich auf einen biblischen Text zu beziehen, eröffnet dem Predigtspiel an sich interessante Möglichkeiten, auch hinsichtlich literarischer Gestaltung im engeren Sinne; Predigt-Kunst könnte geradezu definiert werden als die Kunst, einen alten Text in einen neuen zu verwandeln, Texte mit Texten ins Spiel zu bringen, ja, mit Texten zu spielen. Doch im Kontext der anderen Spielvorgaben gerät diese faszinierende Möglichkeit häufig zu einem Maskenspiel: Um mit Autorität reden zu können, hält mancher Prediger sich den Text vor das eigene, unsichere Antlitz oder baut ihn hinter sich als drohende Gestalt auf. »Der Text sagt«: Wer da wirklich redet, steht allemal dahin. In unserem Predigt-Beispiel kommt er gleichsam in Nach-Sätzen zum Zuge - beglaubigend, beruhigend, vertraute Bilder und Vorstellungen evozierend. »Ich will Sie ermutigen«, sagt der Prediger, »Ihre Suche nach Gott nicht aufzugeben, ja, ich will mit Ihnen suchen heute, nach Gott. Eigentlich tun wir damit ja dasselbe, was die Hirten taten.« Und später dann: »Deswegen sagt Gott Ihnen wie den Hirten damals, wo Sie suchen sollen: Damals war es die Krippe, jetzt sind es die Menschen, vielleicht Ihre Banknachbarn, und wenn die nicht, dann andere.« Hirten und Krippe stehen hier für den alten Text; der Kunst-Griff dieser Predigt besteht, so will mir scheinen, vor allem darin, daß die alte Weihnachts-Geschichte herhalten muß, um die aktuelle Weihnachts-Forderung zu legitimieren: Gebt die Suche nach Gott nicht auf! Und: Kümmert euch umeinander!

4. Der aufmerksame Beobachter spürt diesen Sätzen eine weitere Regel ab: In der gewöhnlichen Predigt kommt allemal auch zur Sprache, wie der Prediger seine *Beziehung* zu den Hörern sieht und bestimmt, und zwar über die konventionalisierten Rollenerwartungen und Rollenvorschriften hinaus. Meist sind es schon die ersten Sätze der Predigt, die Auskunft über solche Beziehungsdefinitionen geben. »Daß es da bei vielen so etwas gibt wie die Sehnsucht nach der Freundlichkeit Gottes, daß da der Wunsch ist, daß es in dieser Zeit wenigstens einen gibt, der nicht fordert, sondern schenkt, sich verschenkt«: Man tut dem Prediger gewiß nicht Unrecht, wenn man daraus schließt, daß er selber - unter mangelnder Zuwendung und Freundlichkeit leidend - sich nach freundlichen Menschen sehnt, nach Predigthörern, die ihn nicht mit Forderungen bedrängen, sondern ihm das eine oder andere schenken, sich ihm schenken. »Damals war es die Krippe, jetzt sind es die Menschen, vielleicht Ihre Banknachbarn, und wenn die nicht, dann andere«: Warum, so fragt man sich, sagt der Prediger nicht einfach: Kümmert euch umeinander! Oder: Verschenkt euch aneinander, so wie ich mich an euch verschenke!? Welche Funktion erfüllt hier das große, vieldeutige Wort Gott? »... daß es in dieser Zeit wenigstens einen gibt, der nicht fordert, sondern schenkt«: Gott als Versteck-Wort, hinter dem der Prediger eigene Sehnsüchte, Forderungen, auch Verletzungen verbirgt? Oder als Brücken-Wort, mit dem Lebenserfahrungen überschritten, Lebensmöglichkeiten eröffnet, Lebensräume erweitert

werden? Ich vermute, daß diese Frage nicht ganz ohne Belang ist, wenn über die literarische - besser: künstlerische - Qualität des Predigt-Spiels entschieden werden soll: Predigt als die Kunst, Gott in menschlicher Sprache Raum zu schaffen; nicht nur Texte, sondern auch Wörter und Wort-Bilder so miteinander ins Spiel zu bringen, daß sich ein Überschuß an Sinn, ein Überschuß an Erfahrung ergibt, in dem Gott zu Worte kommt.

5. Wie jede Rede folgt auch die gewöhnliche Predigt einer bestimmten Strategie, die die *Spielzüge* vorgibt, mit denen der Prediger dem Hörer auf den Leib rückt. Spielzug 1 in unserem Beispiel: Anknüpfung an eine Situation, die jeder erfährt, die alle betrifft. »Ich vermute, es ist heute überall so voll wie hier.« Spielzug 2: Umwandlung dieser Situation in eine Frage, ein Problem. »Warum kommen heute so viele zum Gottesdienst? Warum sind Sie so zahlreich gekommen?« Spielzug 3: Formulierung einer ersten - natürlich falschen - Antwort. »Viele sagen: ›Das ist nur die Macht der Gewohnheit...‹« Spielzug 4: Vorläufige Problemlösung, noch als Frage, Vermutung verkleidet, eine Lösung, die noch der Erprobung, Bestätigung, Konkretisierung bedarf: »...Daß es da bei vielen so etwas gibt wie die Sehnsucht nach der Freundlichkeit Gottes...« Man sieht: Der Prediger folgt - bewußt oder unbewußt - jenen Schritten, in denen sich nach einer gewissen lernpsychologischen Theorie[2] sämtliches Lernen vollzieht: Eine als problematisch empfundene Situation wird zu einer Frage verdichtet, für die dann - nach dem Muster von Versuch und Irrtum - Lösungen gesucht werden, die sich an und in der Ausgangssituation zu bewähren haben. Gewiß: Andere Predigten folgen anderen Strategien. Dies hängt nicht nur vom Prediger ab, seinem Rollenverständnis, seinen Beziehungsdefinitionen, sondern auch von den in einer bestimmten Zeit herrschenden Predigt-Konventionen. Der Effekt bleibt jedoch meist gleich: Das Spiel, so kunstvoll angelegt und eingeleitet, versandet schon nach den ersten Zügen in Langeweile. Der Hörer weiß, wie es weitergeht und endet, und fühlt sich - je nach Einstellung und Erwartung - beglückt oder betrogen. Auch dies hat, so denke ich, etwas mit der literarischen Qualität der gewöhnlichen Predigt, ihren Chancen als Kunst-Werk zu tun: Je strenger sie sich an zeitgenössische rhetorische Konventionen hält, um so überflüssiger macht sie sich selbst. Die eigentliche Predigt-Kunst könnte nämlich darin bestehen, die Konventionen selbst in das Spiel mit einzubeziehen, gleichsam bei währendem Spiel die Regeln zu verändern.

6. Die gewöhnliche Predigt lebt zu einem guten Teil von Wort-Bildern, von *Metaphern*, die ebenfalls weitgehend zeittypischen Charakter tragen und oft in einer Weise konventionalisiert sind, daß sie als solche gar nicht mehr erkannt werden. »Ich wünsche Ihnen von ganzem Herzen«, sagt und schreibt unser Prediger, »daß Sie in diesem Gottesdienst ein Stück von Gott finden, etwas von seinem Glanz und seiner Nähe mitnehmen und froh und erfüllt nach Hause gehen ... Und wenn Sie Gott nicht finden in diesem Gottesdienst, wenn Sie nicht angerührt werden, sondern leer wieder weggehen? Ich bitte Sie: Geben Sie dann Ihre Suche nicht auf, strecken Sie weiter Ihre Hände nach Gott aus!« Glanz und Nähe, suchen und finden und die Hände ausstrecken, mitnehmen und weggehen, erfüllt oder leer oder angerührt sein - Wort-Bilder, die hier das Symbolwort Gott einhüllen, aber - genaugenommen - nichts zu denken geben[3],

---

[2] Vgl. W. Correll, Lernpsychologie. Donauwörth 1961; H. Arens, Predigt als Lernprozeß. München 1972; P. Düsterfeld/H. B. Kaufmann (Hg.), Didaktik der Predigt. Materialien zur homiletischen Ausbildung und Fortbildung. Münster 1975.
[3] So bestimmt Paul Ricoeur, Hermeneutik und Psychoanalyse. Der Konflikt der Interpretationen. Bd. 2. München 1974, 162-216 das Wesen des ›Symbols‹.

sondern allenfalls Emotionen aufrufen und abrufen, die durch die gottesdienstliche Situation - Lichter, Lieder, Gerüche und Klänge am Heiligen Abend - bereits präformiert sind. Zeittypischen Charakter mag dabei der Jargon der Nähe besitzen, in den sich die anderen hier verwendeten Wort-Bilder mehr oder weniger einfügen - ob es sich nun um Vokabeln der Berührung oder der Bewegung handelt. Solcher Sprachgebrauch scheint einerseits der auf Nähe und Zuwendung bedachten, leicht depressiven Grundstimmung[4] unseres Predigers, andererseits auch zeitgenössischer Normal-Theologie zu entsprechen. In manchen Predigten - man muß unser Beispiel ausdrücklich davon ausnehmen - weisen die verwendeten Wort-Bilder nicht einmal mehr diese emotionale Expressivität auf; sie sind zu bloßen Wort-Signalen erstarrt, zu gleichsam post-verbalen Zeichen, die den rituellen Predigtvollzug als solchen ausweisen und klappernd in Gang halten. Ein anderes Beispiel: »Daß doch Sein Friede unser Friede werde und durch die Stille Nacht der Lobgesang der Kinder, Hirten und Engel auch uns erreiche!«[5] Nein, an Wort-Bildern mangelt es der gewöhnlichen Predigt in der Regel nicht; eher ist es schon das Übermaß an standardisierten, konventionalisierten Metaphern, das den Eindruck ›Typisch Predigt!‹ erzeugt. Aber vielleicht gilt auch hier: Je ›künstlicher‹ sich ein Werk gebärdet, das heißt, je einverständiger, ungebrochener es mit bereits standardisierten, als ›kunstvoll‹ anerkannten Formen und Formeln arbeitet, desto eher gerät es zum Kitsch[6].

Das Regelwerk der gewöhnlichen Predigt ist mit all dem noch keineswegs umfassend beschrieben. Dennoch läßt sich ein *Zwischenergebnis* formulieren: Daß die gewöhnliche Predigt an ein rituelles Spielfeld mit seinen Regeln und Rollen gewiesen ist, daß zu diesen Regeln die Vorgabe eines Textes gehört, daß sie von konventionalisierten Redestrategien und Vorräten an Wort-Bildern Gebrauch macht, daß sie schließlich einem theologischen Anspruch folgen und mit dem Brücken-Wort Gott umgehen muß - all das hat sie mit anderen gottesdienstfähigen und gottesdienstnötigen Künsten gemein; es brauchte ihre Chance, sich als ›Kunst‹ - auch als ›Literatur‹ - eigener Art präsentieren zu können, nicht zu mindern. Daß es so seltsam klingt, von Predigt-Kunst zu reden, muß andere Gründe haben. Es hat, so vermute ich, etwas zu tun mit einer zu raschen Ineinssetzung von theologischer und homiletischer Tätigkeit: Als Theologe - ich rede hier nur von mir und gebe keine allgemeinen Definitionen - bin ich damit befaßt, überlieferte Lebens- und Glaubenserfahrungen auf den Begriff zu bringen, in Glaubenswissen zu verwandeln. Dabei folge ich den Grundsätzen der Eindeutigkeit und der Geschlossenheit: Ich formuliere mein Glaubenswissen in Begriffen, die einander ausschließen, sich wechselseitig bestimmen und begrenzen. Schöpfer und Geschöpf, Gott und Mensch, Heil und Unheil, Gesetz und Evangelium verhalten sich zueinander wie Ja und Nein, Schwarz und Weiß; der Platz, der von dem einen Begriff gehalten wird, kann nicht zugleich von seinem Gegen-Wort eingenommen oder auch nur belagert werden. So gewinnt meine theologische Welt Eindeutigkeit - wenn sie sich damit zugleich auch von der meist graugetönten Wirklichkeit entfernt.

Als zweites binde ich dann die Begriffe, in die ich mein Glaubenswissen gefaßt habe, in ein System ein, so daß sie zueinander stimmen, sich nahtlos zusammenschlie-

---

[4] Vgl. F. Riemann, Die Persönlichkeit des Predigers aus tiefenpsychologischer Sicht. In: R. Rieß (Hg.), Perspektiven der Pastoralpsychologie. Göttingen 1974, 152ff; A. Denecke, Persönlich predigen. Gütersloh 1979.

[5] ZGDP 4 (1986) H. 6, 37.

[6] Vgl. U. Eco, Semiotik. Entwurf einer Theorie der Zeichen. München 1987 (A Theory of Semiotics. Bloomington 1976), 363.

ßen; was sich nicht einfügt, wird ausgeschlossen, bleibt vor der Tür. So gewinnt meine theologische Welt Geschlossenheit - auch wenn es mir dabei nur gelingt, einen kleinen Ausschnitt erfahrbarer und erfahrener Wirklichkeit zu bändigen. Predigt hat - so scheint es - dann nur die Aufgabe, das so auf den Begriff gebrachte und ins System gefaßte Glaubenswissen zu veranschaulichen und anzuwenden. Doch es ist gerade diese Unterwerfung unter theologische Verfahren, die der Predigt so schlecht bekommt: Wo das Prinzip der Eindeutigkeit regiert, müssen alle Wort-Bilder zu bloßen Signalen, zu Begriffshülsen oder Reizworten verkümmern. Sie verlieren ihren Sinnüberschuß, ihren »symbolischen Mehrwert«[7]; sie nageln Gott, dem sie doch Sprachraum schaffen sollten, am Holz begrifflicher Unterscheidungen fest oder liefern ihn emotionaler Willkür aus. Und wo Geschlossenheit verlangt, Ausgrenzung praktiziert wird, besteht kaum Gelegenheit, die Regeln noch im Spiel selbst zu verändern und so eine neue Situation für das Spiel von Predigt, Glauben und Leben heraufzuführen. Theologische Systeme degenerieren dann zu rhetorischen Konventionen, und während homiletische Strategien in immer neuen Lernschritten gegen die Mauern des Unglaubens anrennen, hat Gott längst irgendwo ein neues Sprach-Spiel begonnen.

Ist das denkbar: Predigt als die Kunst, Lebens- und Glaubensgeschichten weiterzuerzählen, voranzubringen, statt Glaubenswissen fest- und vorzuschreiben? So daß dann nicht die Predigt der Theologie, sondern die Theologie der Predigt nachzeichnend, aufspürend zu folgen hätte? Der theologische Satz, daß Predigt Glauben schaffe, ja, daß Gott selber in der Predigt - sich offenbarend - zu Wort und Wirkung komme, kann eigentlich nur diesen Sinn haben: Dadurch, daß hier Sprachgewohnheiten zerbrochen, neue Sprachspiele eröffnet werden, geraten zugleich Gott und Welt, Gott und Mensch, Mensch und Mensch neu aneinander, finden sich in veränderten, veränderbaren Konstellationen vor. Nicht eindeutig und geschlossen, sondern offen und mehrstimmig müßte dann, so läßt sich folgern, eine solche Predigt sein: Nur so kann Sinn je und je neu geschenkt und gewonnen, Welt und Leben gegen die Eindeutigkeit und Abgeschlossenheit des Todes offengehalten werden.

II. ZEUGENVERNEHMUNG

1. Kurt Marti

Kurt Marti - Dichter und Prediger zugleich und somit der geborene Experte für unser Thema - ist freilich eher zurückhaltend, was die Nähe von Predigt und Literatur, Predigt und Poesie und damit die Möglichkeiten einer poetischen Predigt betrifft. In einem schon etwas älteren Essay spielt er das Problem durch, indem er die Tätigkeit des Predigers mit der des Lyrikers vergleicht, und kommt - kurzgefaßt - zu folgenden Ergebnissen:[8]

(a) Der Prediger meldet sich im Auftrag der Kirche zu Wort und folgt dabei der Verpflichtung, »Gottes Wort nach dem Zeugnis der Bibel zu verkünden«. Damit ist ihm nicht nur ein Text, sondern auch das generelle Thema seiner Predigt - nämlich »die großen Taten Gottes« - vorgegeben. Dem Lyriker geht dies alles ab: Er hat weder einen

---

[7] W. Jetter, Symbol und Ritual. Anthropologische Elemente im Gottesdienst. Göttingen 1978, 116 u. ö.
[8] K. Marti, Wie entsteht eine Predigt? Wie entsteht ein Gedicht? In: ders., Grenzverkehr. Ein Christ im Umgang mit Kultur, Literatur und Kunst. Neukirchen-Vluyn 1976, 54-73; zitiert nach: K. Marti, zart und genau. Reflexionen, Geschichten, Gedichte, Predigten. Berlin 1985, 53-72.

Auftrag zu erfüllen, noch sind ihm Thema und Text vorgegeben. Auch fehlt ihm der institutionelle Rahmen, in den der Prediger eingebunden ist: Der hat seine Öffentlichkeit, seine Gemeinde; deren prinzipielles Einverständnis mit dem Predigtvorgang ist ihm sicher. Der Lyriker muß sich seine Leser-Gemeinde erst suchen und um ihr Einverständnis ringen.

(b) Der Prediger hört auf das Wort Gottes, das er in seiner Predigt zur Sprache bringen will; es begegnet ihm im Medium des biblischen Textes. Deshalb spielen in der Vorbereitung der Predigt Auslegung und Meditation des Textes eine entscheidende Rolle. Der Lyriker dagegen »sucht sein eigenes Wort«; Medium seines Hörens ist nicht ein Text, sondern »sein eigenes Selbst« bzw. - wie Marti sagt - seine »Erlebniswelt«, die Welt, »wie sie vom Lyriker mittels seiner Subjektivität erlebt wird«. Er vermittelt demzufolge im Gedicht nicht »Gottesoffenbarung, sondern Welterfahrung«. Wenn er von Gott redet, handelt es sich um ein »Element seines subjektiven Welterlebens«.

(c) Prediger wie Lyriker arbeiten mit dem Mittel der Sprache. Dabei zielt das lyrische Werk »primär nicht auf Verständlichkeit, weil Verständlichkeit ja immer Anpassung an die konventionelle Sprache der Gesellschaft bedeutet«. Der Prediger dagegen »muß auf Verständlichkeit aus sein«, selbst um den Preis, »daß seine Predigt nur noch sprachliche Reproduktion der Gesellschaft ist, womit die Predigt ihre verändernde Kraft einbüßt«.

(d) Im Unterschied zu einem Gedicht wird eine Predigt nie ›fertig‹, weil sie ihrem Wesen nach »mündliche Rede« ist, auf den lebendigen Dialog mit dem Hörer zielt und von diesem im aktuellen Vorgang mitgestaltet wird.

Ob die Beschreibung der Bedingungen und des Vorgangs lyrischer Produktion, die Marti hier gibt, zutrifft, kann ich nicht beurteilen. Vielleicht ist es nur der Unverstand des Laien, der mir Zweifel an der so exklusiv behaupteten Subjektivität lyrischer Hervorbringungen einflößt: Auch Gedichte haben, scheint mir, gelegentlich ihre Texte, die sie auslegen und an denen sie weiterschreiben; und der unkonventionelle, subjektiv-kritische Umgang mit konventioneller Sprache hat doch eben diese Konventionen zum Hintergrund, würde ohne sie keinen Sinn machen. Auch könnte ich mir einen Lyriker denken, der sein Opus durchaus als Gesprächseröffnung versteht und der darum weiß, ja, darauf hofft, daß der Leser an seinen Versen mit- und weiterschreibt; steht auch der Wortlaut fest, wird doch über den Sinn immer wieder neu entschieden. Mir scheint, daß es Bindungen an eine erlernte - wenn man so will, abgeschlossene, an kontradiktorischen Begriffspaaren orientierte, auf Eindeutigkeit bedachte - Theologie sind, die den Lyriker und Prediger Marti in Widersprüche verwickeln, die freilich von ihm selbst erkannt und benannt werden:

(a) Ein Widerspruch ergibt sich aus dem Postulat unbedingter Verständlichkeit von Predigt. Wenn solche Verständlichkeit die totale Anpassung an die sprachlichen Konventionen einer Gesellschaft meint, schließt sie zugleich ein veränderndes, neuschaffendes Handeln Gottes durch die Predigt aus, das vom Theologen doch so nachdrücklich behauptet wird.

(b) Ein anderer Widerspruch betrifft die Rolle der Subjektivität in Predigt und Dichtung. Nicht nur, daß es für den Prediger faktisch keine Möglichkeiten gibt, ihr zu entkommen; Marti weiß, daß auch eine Predigt nur als subjektive Mitteilung »echt« sein kann, und er begründet das christologisch: Gottes Wort in Christus ergeht »nicht göttlich-rollenhaft, es bricht sich in der menschlichen Subjektivität Jesu von Nazareth und gewinnt erst in dieser Brechung Leuchtkraft«. So kann der Prediger eben doch

»vom Lyriker lernen, daß sein Wort erst dann glaubhaft und wirksam werden wird, wenn in ihm die lebendige Subjektivität des Zeugen mitenthalten ist«.

(c) So fordert auch Marti schließlich »eine Predigt, die ungeschützt offen ist (sowohl formal wie im Sinne subjektiver Aufrichtigkeit sich selber und dem Hörer gegenüber)«, und die gerade so mithelfen kann, »Gesellschaft zu verändern«. Vermag solche Offenheit auch die so kontradiktorisch formulierte Opposition Gottesoffenbarung versus Welterfahrung zu relativieren? In der Tat: »Gott ist auf oft unvorhersehbare Weise in der Welt gegenwärtig, was ein ängstlicher Dogmatismus oft übersieht«, schreibt Marti; und so könnte ein Lyriker, wenn er aufmerksam in sich selbst und in die Welt hineinhört, »sehr wohl etwas von Gott zu hören bekommen, was dem Prediger entgeht«. Schließlich - das füge ich hinzu - versenkt sich auch der Prediger, der seinen Text meditiert, zunächst in nichts anderes als ein Stück Welt; ein Stück Welt freilich, von dem er glaubt und hofft, daß in ihm Gott redend und handelnd zu Wort gekommen ist und noch kommt. Vor der Gefahr, dabei auf die falschen Stimmen zu hören, sind weder er noch der Lyriker gefeit.

Vielleicht läßt sich die Frage, die im Grunde auch Marti bewegt, so zuspitzen: Wie kann mit einem an sich mehrstimmigen, vieldeutigen Stück Text-Welt so umgegangen, wie können auf seiner Basis neue Texte erzeugt werden, ohne daß dabei die ursprüngliche Offenheit und Mehrsinnigkeit verlorengeht und doch das eindeutige, endgültige Ja Gottes in Jesus Christus zur Sprache kommt? Was bedeutet die Bindung an konkrete Texte bzw. an ein Generalthema, das sich doch an konkreten Texten bewähren muß, für die Predigt? Dogmatisch: Was heißt es, daß die Schrift norma normans nicht nur aller Theologie, sondern auch aller christlichen Predigt ist, wenn damit gerade nicht Begriffe, Systeme, konventionalisierte Sprach-, Rede- und Denkmuster festgeschrieben werden sollen? Ich möchte dieser Frage an einem Beispiel weiter nachgehen, das ich mir ebenfalls von Kurt Marti borge. Doch zuvor will ich noch weitere Zeugen zu unserem Thema aufrufen:

2. Weitere Zeugen

(a) *Rudolf Bohren* - selber nicht nur Theologe, sondern Gelegenheitslyriker[9] - schreibt seine Predigtlehre[10] als »Homiletik im Kontext moderner Literatur«[11] und bezieht dabei eine Position, die in mancher Hinsicht an Marti erinnert: Prediger wie Schriftsteller arbeiten mit dem gleichen Material, mit Sprache; so ist der Prediger zugleich Literat, wenn auch seine Tätigkeit nicht auf die Niederschrift, sondern die mündliche Rede zielt. Aber er partizipiert am kritischen Verhältnis zur Sprache, wie es den Schriftsteller auszeichnet: »Der Prediger kann heute ebenso wenig unreflektiert und unkritisch mit der Sprache umgehen, wie der Schriftsteller, es sei denn, er verunehre seine Botschaft, seine Hörer und sich selbst durch christliche Trivialität.«[12] So entnimmt Bohren gerade auch dem die Konventionen verletzenden, von gesellschaftlichen Nor-

---

[9] Vgl. R. Bohren, Texte zum Weiterbeten. Neukirchen-Vluyn 1976; ders., heimatkunst. texte aus den jahren 1968-1987. München 1987. Vgl. auch: R. Bohren, Daß Gott schön werde. München 1975; ders., Prophetie und Seelsorge. Neukirchen-Vluyn 1982; ders., Vom Heiligen Geist. München 1981; ders., Geist und Gericht. Neukirchen-Vluyn 1979.
[10] R. Bohren, Predigtlehre. München ³1974.
[11] Ebd. 59.
[12] Ebd. 61.

men abweichenden literarischen Sprachgebrauch handlungsleitende Impulse für eine Predigt, »die wie gute moderne Literatur unpopulär und schwierig erscheint, weil sie die Sprache erweitert.«[13] Er nennt auch einen theologischen Grund: »Das Geläufige, allzu Landläufige paßt schlecht zum Novum des Evangeliums. Das Neue will neu gesagt werden, auf die Gefahr hin, daß es zunächst unverständlich wirkt.«[14] Er plädiert für eine »Sprachreduktion der Predigt«, wie er sie in zeitgenössischer konkreter Poesie zu entdecken glaubt, die auf ihre Weise dem Wort zu »neuer Mächtigkeit« verhilft.[15] Zwar ist der Prediger nicht an Dichtung, sondern an die Schrift als Quelle und Norm seines Redens gewiesen.[16] Doch macht Dichtung den »Horizont der Welt« sichtbar, der die Predigt gilt; der »Weltverlust«, von dem die zeitgenössische Predigtsprache betroffen ist, kann nur in diesem Horizont und damit im Kontext von Dichtung überwunden werden.[17] Mehr noch: Es ist der Geist Gottes selber, der in der modernen Kunst dem Prediger »Gaben der Freiheit« darreicht, die »Spracherweiterung und damit neue Erfahrung gewähren«[18]. Also doch: Poetische Predigt gegen gewöhnliche Predigt - wo und wann der Geist es will?

(b) Ein zweiter Zeuge: *Gert Otto* - in mancher Weise eine Antipode Rudolf Bohrens - propagiert und praktiziert seit langem das Programm einer poetischen Predigt, genauer: einer poetischen Dimension der Predigt.[19] Poesie ist ihm dabei »ein spezifischer Umgang mit Sprache, der Wirklichkeit neu erschließt - oder: der neue Wirklichkeit erschließt«[20]. Auch hier begegnet also die Hoffnung, daß mit Hilfe poetisch-homiletischen Sprachgebrauchs »die Muster und Denkschablonen des Vorhandenen, des Gegebenen ... durchkreuzt, durchbrochen, zerbrochen, überstiegen« werden könnten.[21] Dabei scheint es vor allem die Bildhaftigkeit - und damit der Sinnüberschuß - poetischer Sprache zu sein, was ihn fasziniert: »Wir brauchen Bilder, um unsere Erfahrungen und Hoffnungen mitteilbar zu machen«, schreibt er.[22] Auch wenn in diesem Zusammenhang das Wort selbst nicht auftaucht: Poesie ist für ihn der Weg, die durch das Symbolwort Gott gemeinte Wahrheit in die Wirklichkeit der Predigt und der Predigthörer einzuspielen. Sie ist - so hat es *Ottmar Fuchs* kommentiert - sozusagen die »Art und Weise, wie das Wort Gott ... in das Sprechen hineingebannt«[23], »die Andersartigkeit und Unverfügbarkeit Gottes im sprachlichen Prozeß gerettet wird«[24]. Was nun das

---

[13] Ebd. 341f.
[14] Ebd. 341.
[15] Ebd. 98f.
[16] Ebd. 59.
[17] Ebd. 60.
[18] Ebd. 340.
[19] G. Otto, Thesen zur Problematik der Predigt in der Gegenwart. In: P. Cornehl/H.-E. Bahr (Hg.), Gottesdienst und Öffentlichkeit. Hamburg 1970, 34ff; ders., Predigt als Rede. Über die Wechselwirkungen von Homiletik und Rhetorik. Stuttgart 1976; ders., Rhetorisch predigen. Wahrheit als Mitteilung: Beispiele zur Predigtpraxis. Gütersloh 1981; ders., Wie entsteht eine Predigt? Ein Kapitel praktischer Rhetorik. München 1982; ders., Die Predigt als Rede- und Kommunikationsprozeß in der Gemeinde, in: HPTh(G) 3 (1983) 135ff. Vgl. auch U. Baltz, Theologie und Poesie. Frankfurt/M. 1983; A. Grözinger, Noch einmal: Homiletik und Rhetorik. In: DtPfrBl 87 (1987) 8-11.
[20] G. Otto, Rhetorisch predigen (s. Anm. 19) 13.
[21] Ebd. 13.
[22] Ebd. 14.
[23] O. Fuchs, Zu Gert Ottos Predigtverständnis. In: G. Otto, Rhetorisch predigen (s. Anm. 19) 107-140, hier 130f.
[24] Ebd. 135.

Verhältnis zum biblischen Text betrifft, so gilt: Nicht die »Rekonstruktion einer Textaussage für heutige Hörer«[25] ist das Ziel solcher Predigt, sondern die produktive, schöpferische Entfaltung des überlieferten Text-»Materials«, wobei - mit Goethe - nur der den Text-Gehalt wirklich zu treffen vermag, »der etwas dazuzutun hat«[26].

(c) Als dritten Zeugen für die poetische Predigt rufe ich *Gerhard Marcel Martin* auf[27], der die Rezeptionsästhetik *Umberto Ecos* bemüht[28], um der gewöhnlichen Predigt aufzuhelfen: Ein Kunstwerk, das diesen Namen verdient, ist - so will es Eco - prinzipiell offen und mehrdeutig; es läßt mehrere Lesarten zu, ja, fordert sie geradezu heraus. Solche Mehrdeutigkeit ist freilich nicht mit Beliebigkeit zu verwechseln: In das Werk selbst hat der Autor in der Regel einen oder mehrere ›Schlüssel‹ hineingeschrieben, die die Rezeption lenken und das Feld möglicher Deutungen strukturieren. Dieses Modell des »offenen Kunstwerks«, auf Predigtproduktion und -rezeption angewandt, entlastet Prediger wie Hörer gleich auf mehrere Weise: Einmal erleichtert es den aktiven, produktiven Umgang mit biblischen Texten; der Prediger darf die ›Schlüssel‹, die ihm der Text anbietet, auf vielfältige Weise ausprobieren; nichts zwingt ihn dazu, das Text-Werk auf eine eindeutige Aussage zurechtzustutzen; viele, auch vielsinnige Aufführungen des gleichen ›Stücks‹ sind möglich. Aber auch der Hörer der Predigt ist von solchem Zwang befreit: Er kann - so lange er sich nur in dem Feld möglicher und sinnvoller Bedeutungen bewegt, das durch die Predigt ausgelöst und zusammengehalten wird - durchaus die von seiner eigenen Situation geleitete Lesart dazu beisteuern, ohne das Kommunikationsziel zu verfehlen. Schließlich - so meint jedenfalls Martin - entspricht solche Offenheit und Mehrdeutigkeit der Sinnrichtung des Evangeliums selbst: Es überbietet ja - als Evangelium - »die Strenge, die Eindeutigkeit und die bisweilen tödliche Logik des Gesetzes«; es »setzt frei, läßt leben im Bereich der Liebe, die wesensmäßig inkonsequent ist.«[29]

Wir brechen die Vernehmung der Zeugen hier ab, verzichten auch darauf, sie ins Kreuzverhör zu nehmen oder gar noch andere, neuere beizuziehen - was durchaus denkbar wäre. Wir halten jedoch fest: Es besteht offenbar ein weit verbreitetes Interesse daran, der gewöhnlichen Predigt durch Anleihen bei der Poesie aufzuhelfen - nicht nur so, daß in der Predigt zitiert, literarische Bezüge hergestellt werden, sondern so, daß die Predigtsprache selber verändert, aufgebrochen, erweitert wird. Übereinstimmend begreift man solchen Aufbruch nicht als Methode, nicht als neue homiletisch-rhetorische Strategie, sondern begründet ihn theologisch: Weil Sprache nicht nur Erfahrungen festhält, sondern auch lenkt und leitet, bedarf die neue Botschaft auch einer neuen

---

[25] G. Otto, Rhetorisch predigen (s. Anm. 19) 17.

[26] Ebd. 17.

[27] G. M. Martin, Predigt als »offenes Kunstwerk«? Zum Dialog zwischen Homiletik und Rezeptionsästhetik. In: EvTh 44 (1984) 46-58. Vgl. auch H. Schröer, Umberto Eco als Predighelfer? Fragen an Gerhard Marcel Martin. In: EvTh 44 (1984) 58-63; K.-H. Bieritz, Gottesdienst als ›offenes Kunstwerk‹? In: PTh 75 (1986) 358-373 (in diesem Band S. 112-125).

[28] U. Eco, Das offene Kunstwerk. Frankfurt/M. 1973 (Opera aperta. Mailand 1962, 1967); ders., Einführung in die Semiotik. München 1972 (La struttura assente. Mailand 1968), 145-167; ders. (s. Anm. 6) 347-368; ders., Semiotik und Philosophie der Sprache. München 1985 (Semiotica e filosofia linguaggio. Turin 1984), 133ff, 193ff.

[29] G. M. Martin (s. Anm. 27) 51. Als weitere ›Zeugen‹ könnte u. a. verwiesen werden auf H. Braunschweiger, Auf dem Weg zu einer poetischen Homiletik. In: EvTh 34 (1979) 127-143; H. Wernicke, Dichterische Wirklichkeit und christliche Verkündigung. Versuch einer Verhältnisbestimmung. In: ThPr 5 (1970) 13-32.

Sprache, um neue Erfahrungen zu ermöglichen; einer Sprache, die so offen ist, daß sie dem überraschenden, freien Reden und Handeln Gottes Raum läßt. Damit wird es schwieriger, die Predigt am eindeutigen, exegetisch feststellbaren Ursprungs- und Autorsinn ihres Textes zu messen; ist man erst einmal zu der Überzeugung gelangt, Glaubens- und Predigtsprache lebe geradezu von dem Überschuß an Sinn, den sie freizusetzen vermag, ist es kaum mehr möglich, die Predigten der Apostel, Propheten und biblischen Poeten hiervon auszunehmen. Doch was sind dann die Kriterien, die Predigt und Text zusammenhalten? Kann man lernen, jene ›Schlüssel‹ zu entdecken und zu gebrauchen, die - in den Text hineingeschrieben - seine zahlreichen Türen zu öffnen vermögen?

III. Eine ungewöhnliche Predigt

weihnacht

damals

als gott
im schrei der geburt
die gottesbilder zerschlug

und

zwischen marias schenkeln
runzelig rot
das kind lag

Ein Gedicht von *Kurt Marti*.[30] Ich behaupte: zugleich eine Predigt. Vielleicht die kürzeste Weihnachtspredigt, die je aufgeschrieben wurde. Und wenn mir der Autor selbst widerspräche: Es ist eine Predigt. Sie hat einen Text und ein Thema. Sie hat eine Einleitung und zwei Hauptteile. Sie hat keinen Schluß. Aber auch das hat sie mit anderen Predigten gemein. Und: Sie hat eine Botschaft, ein Evangelium.

Wie bei der gewöhnlichen Predigt frage ich auch hier nach dem Regelwerk, das sich aus ihr erschließen läßt. Dabei interessieren mich nicht so sehr die poetischen, als vielmehr die homiletischen Regeln, denen sie folgt. Kann ich daraus etwas für meine eigene gewöhnliche Predigt lernen?

1. Zunächst: Ich werde nicht angeredet. Kein »Liebe Gemeinde!« Kein »Lieber Freund!« Kein Du und kein Ihr und kein Sie; auch kein Ich und kein Wir. Prediger und Hörer treten in der Predigt selbst nicht in Erscheinung; das Rollengefüge, in dem die Predigt sich abspielt, wird hier nicht sichtbar. Das macht mich unsicher: Doch keine Predigt? Immerhin: Ich bin angesprochen. Werde in eine Beziehung hineingenommen, die ich noch nicht genau definieren kann. Wer redet hier? Was sagt er über sich selbst?

---

[30] K. Marti, geduld und revolte - die gedichte am rand. Stuttgart 1984; zitiert nach: ders., zart und genau (s. Am. 8) 147.

Wie sieht er mich? Was will er von mir? Die Fragen sind nicht müßig. Sie sind da, auch wenn ich sie nicht formuliere, und verlangen nach einer Antwort. Nur: Die finde ich diesmal nicht so schnell wie in anderen, gewöhnlicheren Fällen. Sie wird sich allenfalls im Verlauf und im Ergebnis meiner Interpretation dieses Predigt-Werkes einstellen; sie liegt ihr nicht schon - wie oft im gewöhnlichen Fall - voraus. Das hält die Interpretation selbst in bemerkenswerter Weise offen. Es ändert aber nichts an der Tatsache, daß hier ein Spiel eröffnet wird, in das ich - als Hörer, Leser - mitspielend verwickelt werde.

2. Anders das Spielfeld: Der rituelle Kontext - wenn schon nicht der Gottesdienst selbst - wird deutlich benannt. Es ist nicht nur die Überschrift, die auf *weihnacht* verweist. Zwar heißt es nicht: »...die Kirchen sind voll, sogar überfüllt am Heiligen Abend«. Aber es tauchen andere Signale, Wortzeichen auf, die mich die vertraute liturgische Situation assoziieren lassen: *geburt; maria; das kind*. Vielleicht ist das überhaupt das erste, was ich höre und sehe und durch meine Worte, meine Bilder ergänze: Maria, Josef, das Kind, die Krippe, der Stall, die Hirten...Wenige Signale genügen, und vor meinen Augen, in meinem Gemüt entsteht das komplette Krippen-Bild, wie ich es aus zahllosen Weihnachts-Feiern, Weihnachts-Kirchen, Weihnachts-Predigten kenne. Vier Worte nur: *weihnacht - geburt - maria - das kind*. Aber jedes von ihnen ist von einem solchen Hof von Mit-Bedeutungen umgeben, von Erinnerungen, von Erwartungen, daß sie gemeinsam ausreichen, die ganze liebe Weihnachtswelt zu evozieren. Und sie stimmen zusammen, formen eine Melodie, die man wiedererkennt, mitsummt: »O du fröhliche...« - zunächst. Die Predigt hält noch Überraschungen bereit. Aber daß diese Melodie angestimmt, dieses Bild ausgelöst wird, ist wichtig; es bildet die Folie, an die sich alles weitere heftet. Es ist - und damit greife ich auf früher Gesagtes zurück - die Konvention, die erst einmal da sein muß, bevor man sie stören, verändern, umformulieren kann. *weihnacht*: Vermutlich könnte man das Krippen-Bild auch ohne diese Überschrift erkennen. Aber gerade in ihrer hehren Kürze verstärkt sie noch die genannten Bezüge, die vertraute Melodie.

3. Etwas läßt sich freilich jetzt schon über die Rolle, das Rollenverständnis des Predigers sagen: Er erzählt eine Geschichte. Das mag überraschen: Besteht das ganze Werk doch nur aus zwanzig Wörtern. Aber hier wiegt wirklich jedes Wort. Zum Beispiel: »damals«. Das ist das Wort, mit dem Geschichten beginnen: Es war einmal. In illo tempore. »Es begab sich aber zu der Zeit, daß ein Gebot von dem Kaiser Augustus ausging...« Damit ist zugleich der Text ins Spiel gebracht, auf den der Prediger sich bezieht. Man braucht ihn nicht eigens mehr aufzurufen, anzurufen: Der Text sagt... Sondern einfach: »damals«. Wie wird erzählt? Auch das ist erhellend: Dem Text wird etwas zwischen die Zeilen geschrieben, was so nicht dasteht, aber dastehen könnte. *schrei der geburt, marias schenkel, runzelig rot das kind*: »Und sie gebar ihren ersten Sohn, wickelte ihn in Windeln und legte ihn in eine Krippe; denn sie hatten sonst keinen Raum in der Herberge.« Man muß beides nicht nacheinander, sondern ineinander hören, um zu begreifen, was hier geschieht: Da wird keine Geschichte aufgefüllt und ausgeschmückt, sondern - wieder landen wir bei einem musikalischen Bild - kontrapunktiert. Man kann auch sagen: Es wird die Gegen-Geschichte erzählt, die der Text eben auch enthält. Gottes- und Kindergeschrei unterbrechen gleichsam die allzu vertraute Melodie, klingen gegen sie an, gestalten sich zu einer eigenen Weise, ergeben - verschlungen mit den alten Tönen - einen neuen Sinn. So kann man sich offenbar sehr streng an einen Text halten und trotzdem eine neue Geschichte erzählen, einen neuen Sinn ihr entdecken.

4. Die Botschaft, die der Prediger überbringt, hängt nun auch an dem, was er da dem Text zwischen die Zeilen schreibt. Anderes wäre denkbar: »Alles schläft einsam wacht holder Knabe im lockigen Haar...« Oder auch wieder ganz anders: »Daß du Mensch geboren bist von einer Jungfrau das ist wahr...« Zwischen die Zeilen geschrieben wird immer. Manche dieser Zwischentexte sind uns so vertraut, daß wir meinen, das stände wirklich so und nicht anders da, im 2. Kapitel des Lukas, Verse 1 bis 20. Jedenfalls hören wir sie mit, wenn der Text gelesen, gespielt, gemalt, in Worte, Ton und Bild gesetzt wird: »Jauchzet frohlocket ihr himmlischen Chöre...« Nun kommt ein Prediger und schreibt einen neuen Text zwischen die Zeilen des alten. Was ist eigentlich so neu an seiner Gegen-Melodie, an seiner Gegen-Geschichte? Und nach welchen Kriterien soll entschieden werden, welche Zwischenzeile besser paßt und klingt: »Holder Knabe im lockigen Haar« oder »runzelig rot das kind«? Ja: Ist überhaupt eine solche Frage zulässig? Kann nicht jeder hineinschreiben, was ihm wohlgefällt? Womit wir wieder beim Problem der Textbindung und Texttreue wären: Liefert der Text selbst - offenbar doch ein sehr »offenes Kunstwerk«, wenn man so vieles zwischen seine Zeilen schreiben kann - liefert der Text selbst einen Schlüssel zu dem Universum von Bedeutungen, das sich mit ihm verbinden läßt?

5. Nun spielt auch Gott in dieser ungewöhnlichen Predigt mit - und zwar ausdrücklich und namhaft: »als gott im schrei der geburt die gottesbilder zerschlug«. Er ist Figur in der Geschichte, die hier erzählt, Akteur in dem Stück, das aufgeführt wird. Keine Rede *über* Gott, keine - negativen oder positiven - Gottesdefinitionen, sondern dramatisches Geschehen: Man sieht ihn vor sich, wie er im Zorn seine eigenen Bilder zerschlägt; man fühlt, wie das Glas splittert, der Rahmen zerbricht; man hört seinen Schrei. Seinen Schrei? Der Schrei eines neugeborenen Kindes, das ins Leben dringt? Der Schrei des Alten, des Zornigen, der endlich genug hat? Wie auch immer: Das Wort-Bild selbst fällt hier in sich zusammen, wird unstimmig bis zur Lächerlichkeit, bricht völlig auseinander. Und es gibt keine Möglichkeit, den zornig zuschlagenden Gott zu neuem Leben zu erwecken, denn: »zwischen marias schenkeln runzelig rot das kind«. Vielleicht begreifen wir jetzt: Der Prediger selber betätigt sich hier als Bilderstürmer. Das, was da erzählt wird - wie Gott die Bilder zertrümmert -, das geschieht im Sprachereignis der Predigt selbst. Das Gericht über die Bilder wird nicht behauptet, nicht angedroht, sondern vollzogen, indem die Wort-Bilder der Predigt aneinander und auseinander geraten und einfach - nichts mehr stimmt. Die Folge? Gott ist wieder frei. Er hat unsere Gottesvorstellungen, die wie lästige Kleider an ihm hingen, abgestreift und geht nun wieder seine Wege. Aufgeschreckt folgen wir ihm: Ein Mitspieler, der wieder für Überraschungen gut ist. »runzelig rot das kind«: Was wird das noch werden?! Vielleicht findet sich auch dies als Kriterium für Texttreue: So predigen, daß Gott frei werde.

6. Solche Gottesbefreiung hängt demnach mit den Wort-Bildern zusammen, die hier Verwendung finden. Wir erinnern uns: Auch die gewöhnliche Predigt hat in der Regel an Wort-Bildern keinen Mangel. Glanz und Nähe, suchen und finden und die Hände ausstrecken ... all das und manches andere kennen wir zur Genüge. Was ist hier anders? Zunächst fällt auf: Was da als Wort-Bild erscheint, ist gar nicht das, was - wenn schon nicht allgemein, so doch in der gewöhnlichen Homiletik - unter einem Bildwort verstanden wird: anrühren ... erfüllt werden ... leer sein ... mitnehmen ... Oder gar: »...daß durch die Stille Nacht der Lobgesang der Kinder, Hirten und Engel auch uns erreiche«! Worte also, die ursprünglich durchaus konkrete, anschauliche Bedeutungen mit sich führten, jetzt aber in einem - wie man sagt - ›übertragenen‹ Sinne ge-

braucht werden. Nein: Bei Marti werden Details der Geschichte in einer bis zur Unerträglichkeit vorangetriebenen Konkretion hingestellt, und sie gewinnen gerade in solcher Konkretion einen gleichnishaften, über sich selbst hinausweisenden Sinn. Ein winziges Detail der Geschichte steht hier für das Ganze, und für mehr als das Ganze: »runzelig rot«. Unabschließbar wie die Sinnwelt des Textes selbst sind die Bedeutungen, die sich an ein solches Detail heften können, wenn es das Ganze vertritt, wenn sich das Ganze an ihm greifen läßt - so wie Gott sich im Kinde gibt. Mag sein, daß ein anderer das Wort-Bild aufnimmt, weiterreicht, in Umlauf setzt, bis es zur Predigt-Konvention erstarrt oder zu Predigt-Kitsch verkommt. Das ist möglich, wenn nicht gar wahrscheinlich. Aber noch ist es frisch. Noch macht es Sinn, führt einen »Überschuß an Inhalt« mit sich.[31] Noch läßt es frei.

7. Aber nicht nur solcher Überschuß an Sinn, an Inhalt macht diese Predigt so ungewöhnlich. Es ist zugleich die Art und Weise, wie hier verschiedene Ebenen aufeinander bezogen sind, einem gleichen Plan folgen, einander entsprechen, besser noch: miteinander die gleiche Sprache sprechen. Wir haben im wesentlichen nur die Inhaltsebene, die Ebene der Worte und Wort-Bilder, erörtert; ausgeklammert blieb die Ebene der Laute, der Klänge, der Rhythmen; ausgeklammert blieb weitgehend auch die Ebene der syntaktischen Gliederung, der rhetorischen Strategie und Struktur, die im Schriftbild des Gedichts durch das Zeilenmaß und größere bzw. geringere Zwischenräume zwischen den Zeilen, auch durch Konjunktionen, ausgedrückt wird. Auch solche Struktur redet, spricht ein lautloses Wort: Sie folgt - so scheint es hier - der Bewegung Gottes selbst, seiner Mensch- und Kindwerdung, wiederholt also auf ihre Weise das, was wir bereits an den Wort-Bildern erfahren haben; sie läßt den Text selbst aus Zorn und Schlag hilflos in Marias Schoß fallen. Vielleicht auch dies ein Hinweis auf den Schlüssel, der einen Text öffnet, ohne ihn der Beliebigkeit preiszugeben: Wenn es ihn gibt, muß er auf allen Ebenen passen.

IV. LERNWEGE

»Als er dann so vor ihr lag, in der Nacht, in der Futterkrippe ... Gott in diesem Kind. Wer begreift das? Nicht anders als alle neugeborenen Kinder, ganz angewiesen auf die Eltern, schutzlos. Schon ein kalter Nachtwind hätte das Kind erfrieren lassen können. Armes Fleisch und Blut ... Ganz ausgeliefert dem Tod, der den Menschen bei jedem Atemzug überraschen, nach jedem Schritt überwältigen kann ...«[32]

Eine Predigt ist kein Gedicht. Und wir gewöhnlichen Prediger wären völlig überfordert, müßten wir uns an Kurt Marti und seiner ungewöhnlichen Weihnachtspredigt messen. Und doch kann, so denke ich, die gewöhnliche Predigt von dieser poetischen Weise, einen Text auszulegen, ihm einen neuen Text zwischen die Zeilen zu schreiben, profitieren. Das ist der Sinn dieses Spiels um Predigt und Literatur, Predigt und Poesie. Ich selber stelle mir folgendes vor:
    1. Ich suche nach einem *Schlüssel*, der auf den Bibeltext paßt und der mir zugleich hilft, meiner Predigt Gestalt und Struktur zu geben. Manchmal ist es ein Wortfeld, ein Motiv, ein Sinnfaden im Text selbst: Das Motivfeld um Schwangerschaft und Geburt

---

[31] U. Eco (s. Anm. 6) 359.
[32] ZGDP 4 (1986) H. 6, 29-31, hier 30.

zum Beispiel. Oder das um Aufbruch, Wanderschaft und Flucht. Vielleicht nehme ich auch eine bestimmte Perspektive zum Schlüssel: den Blick Marias auf das Kind. »Als er dann so vor ihr lag, in der Nacht, in der Futterkrippe...«, heißt es in dem Predigtausschnitt, den ich zuerst zitiert habe. Ich kann mir aber auch einen Text zum Schlüssel nehmen, den bereits ein anderer dem Bibeltext zwischen die Zeilen geschrieben hat: Ein Lied zum Beispiel. Oder ein Gedicht. Oder auch etwas, das beides zugleich ist: »In unser armes Fleisch und Blut verkleidet sich das ewig Gut«. Ich schreibe - wie in dem eben zitierten Predigtausschnitt - die Zeilen dieses Weihnachtsliedes in die Zeilen der Weihnachtsgeschichte hinein und überrasche mich und meine Hörer mit den Klängen, die das ergibt.

2. Damit ist die *Schlüsselfrage* natürlich noch nicht entschieden. Ich fürchte, sie wird sich auch gar nicht mit Hilfe eines einzigen, verläßlichen und eindeutigen Kriteriums lösen lassen. Wenn es viele Schlüssel zu einer Tür gibt, hilft nur eines: Man muß sie ausprobieren; mag ja sein, daß gleich mehrere passen. Welcher Schlüssel öffnet und welcher im Schloß stecken bleibt, gar zerbricht, zeigt sich erst beim Versuch. Da unternimmt ein Prediger - auf Anforderung des Herausgebers unserer Predigt-Zeitschrift - den Versuch, Weihnachten mit Hilfe des Liedes »O du fröhliche« aufzuschließen.[33] Liest man die Predigt, hört man förmlich, wie der Schlüssel sich im Schloß bewegt, ohne es öffnen zu können: »Es stimmt überhaupt nicht. Heute. Sing das Lied doch mal nach der Tagesschau. Oder auf dem Bahnhofsklo...«. Und weiter: »Was ist es mit diesem selig-unseligen Lied? Warum stimmt es nicht mehr? Hat es je gestimmt?« Wir spüren: Selbst wenn der Schlüssel nicht paßt, wenn er am Text zerbricht, vermag er ihn doch - so oder so - ins Spiel zu bringen. Vielleicht geschieht es dann sogar, daß in solchem Streit der unpassende Schlüsseltext selbst einen neuen Sinn gewinnt: »Ich glaube, ich werde auch an diesem Weihnachtsabend singen können: O du fröhliche«, sagt der Prediger am Schluß, und er hat seine Gründe dafür.

3. Was mir recht ist, ist dem, der meine Predigt hört oder liest, billig: Auch er wird an den von mir verfaßten und vorgetragenen Text mit seinen eigenen Schlüsseln herangehen, die er seiner Situation, seinen Erfahrungen und Erwartungen, seinem ganz persönlichen Wörterbuch entnimmt. Er wird dabei in meinem Text einen Sinn, vielleicht auch nur ein Sinnsegment entdecken, von dem ich selber gar nicht weiß, daß ich es hineingeschrieben habe. Ich kann und will ihn daran nicht hindern. Im Gegenteil: Ich will meine Predigt offenhalten für solch konstruktives Hören und Lesen. Wie das geht, lerne ich bei den Poeten - denen von damals und denen von heute. Also nicht nur und immer wieder in eintöniger, eindeutiger Monotonie: Gott versus Mensch. Sondern zum Beispiel auch: *gott - runzelig rot.*

4. Vielleicht gelingt es mir so auch, meine *Beziehung* zu den Hörern offener zu gestalten, als das jetzt - für gewöhnlich - der Fall ist. Wenn meine Predigt selber offener, mehrsinniger wird, wenn sie mehr zu denken gibt als was sie sagt, fixiert sie die Hörer vielleicht auch nicht mehr so stark auf meine Grundängste und Grundimpulse, um mit *Fritz Riemann* zu reden.[34] Natürlich bleibe ich der depressive - oder depressiv-hysterische - Prediger, der ich bin. Aber das Spiel ohne Ende um Anerkennung, Zuwendung, Nähe, das so leicht in Haß und Trauer endet, öffnet sich vielleicht, wenn die Predigt selbst offener wird und auch anderen Spielen Raum gibt.

---

[33] ZGDP 5 (1987) H. 6, 27f.
[34] Vgl. F. Riemann, Grundformen der Angst. München ⁹1975.

5. Ich mache mir Mut, selber offener zu werden für ungewöhnliche Sprach- und Denkspiele. Denn auch das habe ich bei den Poeten gelernt: Wo Worte, Bilder, Vorstellungen aufeinander bezogen, miteinander verheiratet werden, die nach dem Wörterbuch unserer Normal-Sprache eigentlich nichts miteinander zu schaffen haben, kann es zu einem überraschenden Sinngewinn, einer unerwarteten Erkenntnis- und Horizonterweiterung kommen. Ich muß hier Abbitte tun bei dem Prediger, den ich zu Beginn so ausführlich zitiert und malträtiert habe: Er erzählt in seiner gewöhnlichen Predigt die ziemlich ungewöhnliche Geschichte[35] von einem Bettler, der am Heiligen Abend in den Dom kommt, ihn gott-voll findet, etwas von dem so reichlich hier vorhandenen Gott abhaben möchte, vom diensthabenden Priester aber mit einem Fünf-Lire-Schein abgespeist und weggeschickt wird. Im gleichen Augenblick macht sich aber auch Gott auf die Beine, und der Priester muß nun seinerseits von Haus zu Haus ziehen und um »etwas Gott« betteln ... Der Überraschungseffekt wie der Erkenntnisgewinn, den diese Geschichte vermittelt, beruht wohl darauf, daß hier der Vorstellung ›Gott‹ semantische Merkmale zugeschrieben werden, die in unseren Wörterbüchern und Enzyklopädien - die Theologische Realenzyklopädie eingeschlossen - fehlen.

6. Ich lerne weiter, daß auch abgegriffene, leere, zu Signalen verkommene Wörter und Wort-Bilder zu neuer Lebendigkeit erweckt werden können, wenn sie in einen anderen, ungewöhnlichen Kontext gestellt werden. Das Marti-Gedicht ist selber das beste Beispiel dafür: Das Krippenbild gerät zum Bildersturm - dadurch, daß sich zu Geburt und Krippe das Greisenantlitz des Neugeborenen gesellt. Der Mut zu solch ungewöhnlicher Zusammenstellung gewöhnlichsten Lebens setzt freilich den Mut zum Detail voraus: Warum nicht einmal »O du fröhliche« auch auf dem Bahnhofsklo singen...

7. Ich lerne schließlich, daß für die Struktur, das syntaktische und rhetorische Gefüge meiner Predigt - Aufbau, Gliederung, Strategie - der gleiche Schlüssel gilt wie für Sprache und Inhalt. Wähle ich aus den möglichen Motiven der Weihnachtsgeschichte das Wanderschafts-Motiv aus, muß meine Predigt auch in ihrem Aufbau den Hörer mit auf die Wanderschaft nehmen. Nehme ich mir die Perspektive der Maria zum Schlüssel, gibt mir ihre Blickrichtung zugleich die Gliederung der Predigt vor. Auch von einer gewöhnlichen Predigt wird man verlangen dürfen, daß ihre verschiedenen Ebenen dem gleichen Plan folgen, die gleiche Sprache sprechen.

---

[35] Es handelt sich um einen Text von Dino Buzzati (s. Anm. 1).

Lebensstile

Ein Haus in der Zeit
Kirchenjahr und weltliches Jahr

So, wie die Christenheit in ihrer zweitausendjährigen Geschichte Häuser in die Landschaft gesetzt hat - Kirchen, Kathedralen, Klöster -, so hat sie auch ein Haus in die Zeit gebaut: das Kirchenjahr. Häufig genug ist es mit einem Dom verglichen worden: Da gibt es Pforten, Vorhallen, Säulen, Haupt- und Seitenschiffe, Stufen, die zum Allerheiligsten führen ... Den Grundriß des Baus hat die Kirche nicht selber entworfen, auch das Fundament hat sie nicht selber gelegt; sie hat es im großen und ganzen schon so vorgefunden. Und auch das Material, aus dem die Mauern und Pfeiler errichtet sind, stammt nur zum Teil aus ihrer eigenen Werkstatt. Dennoch ist ein Bau ganz eigener Art entstanden: Viele Generationen richteten sich wohnlich darin ein, bauten weiter an dem großen Haus, gestalteten es nach ihren Bedürfnissen, ihrem Geschmack. Doch nun, so scheint es, geht seine Zeit zu Ende; Risse zeigen sich im Gewölbe, der Putz bröckelt von den Wänden; immer mehr Menschen verlassen das Haus, schauen nur noch gelegentlich hinein; viele Räume werden nicht mehr genutzt, stehen leer ... Schon dient es als Steinbruch, als Materialressource für andere Gebäude; ganze Teile werden abgerissen, irgendwo anders eingefügt ...

I. DER BAUGRUND: KOSMISCHE UND KULTURELLE RHYTHMEN

Ein Haus, in die Zeit gebaut: So wie beim Bauen in der Landschaft der Baugrund und die Geländebedingungen berücksichtigt werden müssen, wird auch jegliche Architektur in der Zeit von bestimmten Vorgaben determiniert. Da ist zum einen der Wechsel von Tag und Nacht, Hell und Dunkel, Wachsein und Schlaf - wohl die ursprünglichste und grundlegendste Erfahrung, in der sich Zeit dem menschlichen Bewußtsein vermittelt. Da ist zum zweiten der Wechsel der Jahre und Jahreszeiten - der Rhythmus von Sommer und Winter, von Hitze und Frost, von Dürre und Regen, auch von Saat und Ernte -, in dem sich der Lauf der Erde um ihr Zentralgestirn, die Sonne, abbildet und auswirkt; 365,2422 Tage hat man errechnet. Und da ist drittens der Lauf des Mondes um die Erde - rund 29 1/2 Tage braucht er für eine Umrundung -, ablesbar an den wechselnden Phasen des Mondes. Auf diesen grundlegenden kosmisch-vegetativen Zyklen baut alle menschliche Architektur der Zeit auf.

Doch bemüht sie sich zugleich, das Gelände zu kultivieren, es bewohnbar zu machen für Bedeutung, für Sinn: So gliedert sie den Tag in Stunden, setzt seinen Beginn fest und sein Ende, bemächtigt sich sogar der Un-Zeit, der Nacht, teilt sie in Vigilien, in Nachtwachen, ein. Und so zählt sie die Tage und hält den Lauf der Erde um die Sonne - mit dem Beginn der Jahreszeiten, den Tag-und-Nacht-Gleichen, den Sonnenwenden - in solaren Kalendern, Sonnenkalendern, fest. Oder sie schafft sich lunare Kalender, die vom Mondzyklus regiert werden, rechnet etwa von Neulicht zu Neulicht, Neumond zu Neumond, addiert sodann die Monate zu Mondjahren zusammen; hin und wieder fügt sie einen zusätzlichen Monat ein, um in lunisolaren Kalendern den Lauf des Mondes mit dem Sonnenjahr in Einklang zu bringen. Und sie setzt den Beginn des Jahres fest - zum Neumond im Frühjahr oder zum Herbst, zum 1. Januar oder zum 1. März oder zum 1. September. Und sie gibt schließlich den Jahren Namen und Zahlen, rechnet sie nach der Thronbesteigung des Herrschers, nach der Gründung der Stadt oder des Reiches, nach Christi Geburt, nach dem Tag der Großen Revolution.

Nicht genug damit: in Gestalt der Woche - drei, sechs, sieben, acht, zehn Tage in verschiedenen Kulturen, jeweils mit einem hervorgehobenen Tag als Anfangs- oder Endpunkt - schafft sie sich noch ein eigenes, kaum aus den Mondquartalen abzuleitendes, sondern eher aus sozioökonomischen Notwendigkeiten geborenes Zeitmaß.

II. ZEITKREISE, ZEITEBENEN, ZEITZEICHEN

1. Zeitkreise

Ein Haus, in die Zeit gebaut: Auch das Gebäude des Kirchenjahres erhebt sich auf dem so strukturierten und kultivierten Gelände, spiegelt zugleich dessen Unebenheiten wider. Unterschiedliche Zeitkreise, den konkurrierenden Kalendern und ihren Zyklen verpflichtet, überlagern sich, schneiden einander, ergeben in der Summe ein höchst komplexes Gefüge von Daten, Begehungen, Festen und Festzeiten - ein verwirrend-kunstvoll geschichtetes architektonisches Gebilde:

1. Einen ersten, alles übergreifenden Kreis bilden die Sonntage - die im Rhythmus der Siebentagewoche wiederkehrenden Gedächtnisfeiern des Leidens, des Todes und der Auferstehung Jesu. Sie liefern dem christlichen Jahr die Grundbausteine und bestimmen seine Grundgestalt. Da sie sich weder in den solaren noch in den lunaren Zyklus fügen - sie sprengen den Jahreskreis, schreiten zielgerichtet über die Wende der Jahre fort -, tragen sie ein nicht-zyklisches, lineares Moment in das Jahr ein.

2. Der zweite Kreis geht von Ostern aus, dem ältesten christlichen Jahresfest: Der Osterfestkreis reicht von der vorösterlichen Bußzeit bis Pfingsten und darüber hinaus; nach dem evangelischen Kalender hängen auch Zahl und Datum der Trinitatissonntage bis hin zum Ewigkeitssonntag vom Osterdatum ab. Das jüdische Passa - in der Vollmondnacht des Frühlingsmonats Nisan begangen - wie das christliche Osterfest orientieren sich am lunaren Zyklus; doch gliedern die Christen ihr Fest zugleich in die Kette der Sonntage ein; gefeiert wird Ostern - endgültig seit dem Konzil von Nizäa 325 - immer am Sonntag *nach* dem ersten Vollmond im Frühling.

3. Einen dritten Kreis bilden Weihnachten (25. 12.) und Epiphanie (6. 1.) mit ihren Vorbereitungs- und Folgezeiten; durch ihre Bindung an den solaren Kalender mit seinen festen Daten sprengen sie den Wochenrhythmus und kollidieren immer wieder mit dem Osterfestkreis: Liegt Ostern früh, verkürzt sich die Zeit ›nach Epiphanias‹, wie es im evangelischen Sprachgebrauch heißt.[1]

4. Um diesen Schwierigkeiten zu entgehen, hat der neue römische Kalender den Zyklus der ›Sonntage im Jahreskreis‹ geschaffen, der die Sonntage nach Epiphanie und nach Pfingsten - also die außerhalb des Weihnachts- und Osterkreises - gleichsam zu einem eigenen Kreis verbindet.

5. Einem weiteren Kreis vergleichbar, überlagert das ›Jahr der Heiligen‹ die anderen Kreise, dabei ebenfalls an feste Daten und den solaren Kalender gebunden. Kollisionen - mit der Kette der Sonntage, mit der Osterfeier zum Beispiel - sind auch hier programmiert: Meßbücher und Agenden sehen komplizierte Regelungen für solche Fälle vor.

---

[1] ›Epiphanias‹ ist Genitiv von lat. *epiphania* (griech. *epiphaneia*), ›Erscheinung‹.

6. Ansätze eines sechsten Kreises lassen sich in jenen Tagen und Zeiten erkennen, die in einem unmittelbaren Bezug zu den kosmisch-vegetativen Zyklen stehen: so die Erntebitt- und -danktage, wie sie von katholischen und evangelischen Christen begangen werden; auch die Quatembertage im römischen Kalender (die eine gewisse Parallele an den evangelischen Buß- und Bettagen haben). Doch kann solche Bindung an das Naturjahr auch heilsgeschichtlichen Festen und Festzeiten von ihrem Ursprung her bleibend anhaften - das jüdische Passa-Mazzot-Fest geht schließlich in seinem Kern auf alte Hirten- und Erntefeste zurück - und dann je und je aktualisiert werden.

2. Zeitebenen und Zeitzeichen

Ein Haus in die Zeit gebaut: Will man die Architektur des Kirchenjahres komplett erfassen, muß man auch - neben den Zeitkreisen - die Zeitebenen berücksichtigen, auf denen es errichtet ist. Da ist nämlich nicht nur die Ebene des Jahres mit seinen fünf oder sechs sich überlagernden Kreisen; da ist auch die Ebene der Woche, traditionell ausgebaut zu einem ›kleinen Kirchenjahr‹, mit spezifisch heilsgeschichtlich-liturgischer Prägung der einzelnen Wochentage und dem Sonntag als österlich-endzeitlichem Ausgangs- und Zielpunkt; und da ist die Ebene des Tages, liturgisch durchgestaltet im Gebet der Tagzeiten (Stundengebet) und hier ebenfalls mit deutlich heilsgeschichtlichen Akzenten versehen. Als vierte Zeitebene spielt der Monat demgegenüber traditionell nur eine geringe Rolle; doch zeichnen sich auch hier neuerdings - etwa in der Festlegung von Abendmahls-, Tauf- und Familiensonntagen - kirchenjahresrelevante Strukturierungen ab.

Ein Haus in die Zeit gebaut: Häuser haben nicht nur eine Funktion; sie haben häufig auch - über diese Funktion hinaus - eine Bedeutung, weisen als Zeichen auf anderes hin. Das Haus, in dem ich wohne, signalisiert mir zugleich - je nach Situation - Geborgenheit oder Streit, Heimat oder Elend und noch andere Bedeutungen mehr. Das Kirchen-Haus, in die Landschaft gebaut, ist nicht nur Versammlungsort; allen theologischen Zeigefingern zum Trotz redet es zugleich unaufhörlich von dem Glauben, der es errichtet hat, von dem Evangelium, das in ihm verkündet und gefeiert wird, von der Gemeinde, für die es steht, von dem Gott, der in ihm angerufen wird. Und je nach der Landschaft, in die man es gesetzt hat, vermag es durchaus auch von Schuld zu reden, vom Versagen der Kirche, von ihrer Anmaßung, ihrer Eitelkeit, ihrem Eigennutz und der in ihr herrschenden Zwietracht.

Mit dem Kirchen-Haus, in die Zeit gebaut, verhält es sich nicht anders. Es erfüllt nicht nur die Funktion, die Christen zu festen Zeit-Punkten zum Gottesdienst zu rufen, den umfänglichen biblischen Stoff auf die Zeitstrecke eines Jahres zu verteilen und so dafür Sorge zu tragen, daß das Evangelium in möglichst allen seinen Aspekten zur Sprache kommt. Nein, es wirkt selber - ob man das nun theologisch wahrhaben will oder nicht - als eine Gestalt des Evangeliums, als »Wahrnehmungsgestalt der ›großen Taten Gottes‹«[2] - wie das geschriebene und gepredigte Wort, wie das Abendmahl, die Taufe, der Gottesdienst, wie die ganze Welt der sinnenfälligen, hörbaren, sichtbaren, greifbaren Zeichen des Heils. Die besondere Schwierigkeit liegt freilich darin, daß uns das Medium der Zeit als ein recht flüchtiger Stoff erscheint, weniger greifbar, weniger vorstellbar als all die akustischen, visuellen, gegenständlichen Medien, denen wir sonst

---

[2] K.-P. Jörns/K.-H.Bieritz, Art. Kirchenjahr. In: TRE 18 (1989) 575-599, hier 592.

die Botschaft anvertrauen: Vom Kreuz Christi reden, singen, es malen, in Stein oder Holz hauen - nun gut; aber ihm eine Gestalt in der Zeit zu geben - wie geht das? Geht das überhaupt?

III. Wandlungen und Konflikte

Mitte Dezember liegt der neue Terminkalender auf meinem Geburtstagstisch. Zwischen Weihnachten und Neujahr fange ich an, die leeren Seiten zu füllen: Semesterbeginn und Semesterende, Schulferien, freie Tage, Vorlesungen und Vorträge, Praktika, Prüfungen, Sitzungen, Reisen, Geburtstage, Jubiläen, Liefertermine für Manuskripte, der Urlaub, soweit er sich schon planen läßt ... Wie ein Geflecht wuchert das über die vorgegebenen, vorgedruckten Strukturen hinweg - über die Folge der Sonntage, der Wochen, der Gedenktage, Feste und Festzeiten.

Die Architektur des Kirchenjahres, die mein Kalender - ein zünftiger kirchlicher Amtskalender - sorgfältig bis in die feinsten Verästelungen kodifiziert, ist zugedeckt, zugebaut von allerhand anderen, wichtigeren, unausweichlicheren Zeit-Zyklen und Zeit-Punkten; nur mit Mühe kann ich darunter noch das kunstvolle Kirchen-Haus, in die Zeit gebaut, erkennen. Da geht es mir nicht anders als meinen Zeitgenossen, die nicht mehr von Sonntag zu Sonntag, sondern von Wochenende zu Wochenende (und das ist in der Tat etwas anderes!) leben; für die, so sie Kinder haben, der Zyklus der Schulferien bedeutsamer ist als die Folge kirchlicher Feste und Festzeiten; und für die das Jahr dort seine Höhepunkte hat, wo es Freizeit bietet, freie Tage, Urlaub, Reisen ... Ganz zu schweigen von jenen Zeitgenossen, denen berufliche Verpflichtungen noch ganz andere, die Tages- und Jahreszeiten einebnende Rhythmen von Arbeit und Freizeit auferlegen.

Risse im Gewölbe, bröckelnder Putz, leerstehende Räume, abgetragene Mauern: Was ist das nun? Fortschreitende Verweltlichung? Verfall kirchlicher Sitte, kirchlichen Brauchtums? Verlust an geistlicher Zucht, an Frömmigkeit, an Glauben? Bequemlichkeit? Genügt es, wenn ich mich und die anderen einfach zur Ordnung rufe, zu einem kompromißlosen, uneingeschränkten Leben mit dem Jahr der Kirche? Ich versuche, einigen Ursachen für unsere Probleme mit dem Kirchen-Haus in der Zeit auf die Spur zu kommen:

1. Kirchenjahr und ›ganzes Haus‹

Ich erfahre den Konflikt als den Zusammenstoß, die Überlagerung zweier Kulturen. Das Kirchenjahr in seiner elaborierten Hochform, wie sie die Agende und der Amtskalender bieten, kommt zu uns aus einer vorindustriellen Epoche, aus einer Zeit, die die Trennung von Arbeits- und Wohnwelt, von Produktions- und Konsumtionssphäre - und damit auch von Arbeit und Freizeit - nicht in der uns vertrauten Weise kennt. Ort der Produktion wie der Reproduktion ist in der Regel das ›ganze Haus‹[3] - in Gestalt des bäuerlichen Hauses, des städtischen Handwerker- und Handelshauses, auch des Pfarrhauses. Die Glieder des ›ganzen Hauses‹ bilden zugleich - unter der geistlichen Leitung der Hauseltern - die Hausgemeinde: »Zum Leben einer christlichen Gemeinde gehört es, daß sich die Familie täglich zur Hausandacht (Hausgottesdienst) sammelt«, heißt es

---

[3] K.-H. Bieritz/Chr. Kähler, Art. Haus III. In: TRE 14 (1985) 478-492.

noch in der »Ordnung des kirchlichen Lebens« aus dem Jahre 1955. »Die Verantwortung für das gottesdienstliche Leben der Hausgemeinde tragen Hausvater und Hausmutter.«[4]

So hat auch das Kirchenjahr - auf allen Zeitebenen! - hier seinen Sitz im Leben. Wenn die Glocken den täglichen Feierabend einläuten, kommt die Hausgemeinde zum Gebet und zum abendlichen Mahl zusammen. Und wenn am Samstagabend die Glocken die alte Woche ausläuten, stimmen sie die Hausgemeinde zugleich auf den sonntäglichen Kirchgang ein. Tag und Woche haben noch ein religiöses, ein liturgisches Fundament; Arbeitszeit wie arbeitsfreie Zeit gründen in Gottesdienst und Gebet, empfangen von daher Recht und Würde. Urlaub, Freizeit in unserem Sinne ist unbekannt; neben dem täglichen Feierabend und dem Sonntag dienen allerhand (teil-)arbeitsfreie Fest- und Heiligentage der Reproduktion der Arbeitskraft. Zumal im bäuerlichen Leben sorgen die Jahreszeiten gleichsam von selbst für einen Rhythmus der Erholung, und der wiederum ist deutlich mit dem Rhythmus des Kirchenjahres verbunden. Es erfüllt so nicht nur eine religiöse, sondern eine eminent soziale Funktion.

2. Neue Teilnahmerhythmen

Mit Trennung von Wohnung und Arbeitsstätte in der industriellen Kultur und der Herauslösung anderer Funktionen aus dem ›ganzen Haus‹ zerbricht mit diesem auch die Basis der Hausgemeinde. Auch wenn Kirchen- und Lebensordnungen immer neu den Versuch unternehmen, sie unter den veränderten Bedingungen zu restituieren, ist doch deutlich: Eine wirkliche Chance hat sie nur in sozialen Räumen - Pfarrhäusern, Kommunitäten -, in denen die Strukturen des ›ganzen Hauses‹ wenigstens noch in Relikten fortexistieren. Damit verliert aber auch die religiös-liturgische Durchdringung der Zeitebenen von Tag und Woche ihre soziale Grundlage. Die beiden Ebenen stehen mit einem Male - im Bilde gesprochen - leer.

Davon sind dann natürlich auch die Ebenen des Monats und des Jahres betroffen: Wer heutzutage am kirchlichen Leben partizipiert, tut dies in der Regel auf anderer Grundlage als der Bewohner des ›ganzen Hauses‹, der wirklich noch von Glockengeläut zu Glockengeläut und damit von Sonntag zu Sonntag lebte. Vielleicht findet er auf der Zeitebene des Monats jetzt einen neuen Rhythmus für seinen Gottesdienstbesuch, erscheint also Quasimodogeniti, erscheint zu Rogate und dann wieder am 2. Sonntag nach Trinitatis. Für ihn gewinnt natürlich das Kirchenjahr ein völlig anderes Gesicht; die meisten Räume des großen Hauses nimmt er - wieder im Bilde gesprochen - überhaupt nicht wahr; und was er bei seinen monatlichen Besuchen kennenlernt, muß sich für ihn zu einem ganz eigenen Bilde mit eigenen Bedeutungen zusammenfügen. Im Grunde erbaut er sich ein eigenes Haus, das nur noch wenig mit dem Gebäude zu tun hat, dessen Grundriß mein Amtskalender festhält.

3. Zeitebenen und Sozialebenen

Entschließt er sich gar, seinen Teilnahmerhythmus an die Zeitebene des Jahres zu binden, entsteht wiederum eine neue Situation: Er wird dann nur noch an für ihn bedeut-

---

[4] Ordnung des kirchlichen Lebens der VELKD. Zusammendruck der Fassung von 1955 mit Revisionsvorschlägen von 1972 und 1973. Hamburg 1974, 17.

samen Fest-Punkten des Jahres das Kirchen-Haus aufsuchen - am Heiligen Abend etwa, vielleicht noch zu Erntedank, am Totensonntag, zu Silvester, seltener noch an Karfreitag oder zu Ostern. Das heißt: Er lernt nur noch gewisse, der Öffentlichkeit besonders zugängliche, in der Regel festlich ausgebaute und eingerichtete Räume kennen; daß sie jeweils Teil einer Zimmerflucht, eines architektonischen Komplexes sind, spielt für das Bild, das er sich vom Hause macht, kaum eine Rolle.

In diesem Zusammenhang sind sozialpsychologische Modelle von Bedeutung, die den Versuch unternehmen, die verschiedenen Zeitebenen in ein Verhältnis zu unterschiedlichen Sozialebenen bzw. sozialen Aktivitäten zu setzen. Der Tageszyklus, das weiß ich, gehört im wesentlichen mir und meiner Arbeit; er ist der ›Individualebene‹ zugeordnet. Aktivitäten auf der Ebene der Familie spielen sich weitgehend am Wochenende ab - das wenigstens, so sagen es auch andere, soll noch der Familie, den Kindern gehören. Anderen Gruppen-Verpflichtungen - in Vereinen, Sportklubs, Gemeindekreisen - kann ich allenfalls monatszyklisch nachkommen; wöchentlich wiederkehrende Aktivitäten bilden hier eher die Ausnahme.

Bleibt die Ebene des Jahres, die - so sagen die Soziologen - der ›Kulturebene‹ im weitesten Sinne korrespondiert; Aktivitäten, die ich hier wahrnehme, sind wichtig für mein Selbstverständnis und meine Befindlichkeit, wenn auch vergleichsweise unverbindlich. Das bestätigt mir, was die Soziologen weiter sagen: Werden Verhaltensformen von einer Zeitebene auf eine höhere verlagert, verändert sich zugleich ihr soziales Gewicht; die Dichte der sozialen Beziehungen, die sie vermitteln, nimmt ab; der persönliche Freiraum wächst. Und das heißt: Wer wochenzyklisch am Kirchenjahr partizipiert, kann Kirche als Familie erleben; wer dies monatszyklisch tut, sieht sie als Verein; wer sich nur noch jahreszyklisch darauf einläßt, sucht dort keine sozialen Bindungen mehr, kein Nest, keine Nische, sondern Erfahrungen, die ihm bestätigen, daß er selbst und die Welt noch in Ordnung sind ...

IV. Das weltliche Jahr

So ist das weltliche Jahr nicht die Erfindung kirchenfeindlicher Ideologen, sondern ein Produkt des sozialen Wandels. Und es ist auch kein in sich geschlossenes Zeit-System, das konkurrierend neben das Kirchenjahr tritt, um es schließlich abzulösen; sondern es wächst im Schoße des christlichen Jahres selbst heran, verwandelt es sozusagen von innen heraus. Das macht es so schwer, die tiefgreifenden Veränderungen im einzelnen zu erkennen.

1. Eines der wichtigsten Merkmale des weltlichen Jahres ist der wöchentliche Feierabend und Kurzurlaub, das freie Wochenende: Es knüpft an die Siebentagewoche und die Kette der Sonntage an und zerstört sie zugleich. Daß der Sonntag jüdisch-christlich als ›erster Tag der Woche‹ gilt, ist keinem mehr begreiflich zu machen. Wie der genannte Zeitraum tatsächlich erlebt und begangen wird, zeigt deutlich das Fernsehprogramm: Es setzt ›festliche‹ Akzente Freitagabend und Samstagnacht und schaltet Sonntagabend schon wieder auf ›Woche‹. So erhält der Sonntag insgesamt - als letzter Tag des kurzen Urlaubs - einen veränderten, eher etwas melancholischen Wert.

2. Ein weiteres Merkmal des weltlichen Jahres ist die sozioökonomische Institution des Urlaubs - sei es als Jahresurlaub im Sommer, verbunden mit den Schul-, Universitäts- und Betriebsferien, oder in Gestalt von Kurzurlauben, die mit anderen Fixpunkten des Jahres in Zusammenhang stehen. Diese Urlaubszeiten sind die eigentlichen ›Festzeiten‹ des weltlichen Jahres; auf sie bereitet man sich vor wie früher auf das

Karfreitagsabendmahl oder das Halleluja am Ostermorgen. Rituelles Verhalten im Umkreis der neuen ›Festzeiten‹ ist deutlich zu beobachten; was sich dabei zum Beispiel auf den Straßen ereignet, läßt sich anders kaum mehr erklären.

3. Solchen Entwicklungen zum Trotz, so scheint es, behaupten einige christliche Feste und Festzeiten ihren Platz im Kalender wie im gesellschaftlichen Bewußtsein, gewinnen womöglich noch an kulturellem Gewicht; hervorragendes Beispiel hierfür ist Weihnachten. Aber bei näherem Zusehen zeichnen sich auch hier erhebliche strukturelle Wandlungen und Bedeutungsverschiebungen ab: Da ist die ›Überdehnung‹ der Weihnachtszeit in eine immer mehr nach vorne verlängerte, für den Handelsumsatz unentbehrliche Adventszeit und in eine ›Nachfeier‹ hinein, die für das Freizeitverhalten - siehe die oben erwähnten Kurzurlaube! - immer wichtiger wird.

In einem tiefgreifenden Bedeutungswandel werden dabei zugleich überlieferte christliche Inhalte transformiert, ihrer biblischen und heilsgeschichtlichen Bezüge zumindest partiell entkleidet bzw. um neue Gehalte erweitert. Es sind dann oft die kosmisch-vegetativen Gehalte, die erneut an die Oberfläche drängen und sich mit neuen, gesellschaftlich bedeutsamen Sinnzuweisungen verbinden: Weihnachten als Fest des Lichtes, der Familie, des Friedens, des ›deutschen Heims‹ schlechthin ...

4. Wie Brauchtum, das ursprünglich durchaus auf das Kirchenjahr bezogen ist, sich in eigenen Festkreisen verselbständigen kann, zeigt das Beispiel von Karneval bzw. Fasching: Jedes Kind - selbst im kühlen Norden - weiß inzwischen, daß am 11. 11. (Martini - eine wichtige Schaltstelle im Kirchenjahr!) die ›Saison‹ beginnt und im ›heiligen Triduum‹ von Rosenmontag, Fastnacht und Aschermittwoch ihren Höhepunkt und ihr Ende erreicht - wobei der damit verbundene Beginn der österlichen Bußzeit immer weniger im öffentlichen Bewußtsein präsent ist.

5. Bei anderen Fixpunkten und ›Festzeiten‹ des weltlichen Jahres ist ein solcher Bezug zum Kirchenjahr kaum mehr auszumachen, wenn auch im Einzelfall nicht ganz auszuschließen; zu denken ist etwa an jahreszyklisch wiederkehrende Anlässe aus den Bereichen Kultur, Wirtschaft, Wissenschaft (Filmfestspiele, Messen, Ausstellungen, Kongresse u.ä.) oder an die für viele Menschen so überaus wichtige Fußballsaison. Bei alledem spielen die Medien eine kaum zu überschätzende, das rituelle Verhalten steuernde und stabilisierende Rolle; sie liefern gleichsam die Meßformulare und Agenden, die das weltliche Jahr strukturieren und dem einzelnen wie der Gesellschaft bestimmte Abläufe und Begehungen vorschreiben.

6. Auch das weltliche Jahr kennt eine Art Heiligenkalender: Da sind zum Beispiel die unvermeidlichen Gedenktage historischer Persönlichkeiten - all der Dichter, Denker, Künstler, Politiker, Erfinder, denen immer neue Kalenderblätter gewidmet werden; da sind die staatlichen Feiertage, durchaus unterschiedlich in ihrem Rang, ihrer Popularität und dem Grade ihrer Entsakralisierung (die fortschreitende Verweltlichung auch des weltlichen Jahres ist ein eigenes, bisher kaum erkanntes Thema); da sind jene Tage, an denen ganze Gruppen von Heiligen kollektiv gefeiert (Muttertag!) oder betrauert werden (so die Opfer von Krieg und Gewalt am Volkstrauertag); und da sind die Tage, die bestimmte Berufsstände oder Bevölkerungsgruppen für sich reklamieren.

7. Den christlichen Ideenfesten vergleichbar, kennt das weltliche Jahr auch Tage und Begehungen ausgesprochen programmatischen Charakters (Woche der Brüderlichkeit, des ausländischen Mitbürgers u. a.); manchmal steht dabei auch ein Tag gegen einen anderen, kämpfen mit dem Frauentag am 8. März und dem Muttertag im Mai zwei Frauen- und Gesellschaftsbilder gegeneinander.

V. Zeiterscheinungen

Nun stehen Kirchenjahr und weltliches Jahr nicht nur gegeneinander; sie stehen auch gemeinsam vor einem Problem, das das Leben in der Zeit insgesamt berührt: Als Folge der Industrialisierung verändert sich ja nicht nur das soziale Fundament des Kirchenjahres und sein kultureller Kontext; es zeichnet sich zugleich eine weitreichende Nivellierung der Zeiterfahrung überhaupt ab - zugunsten eines quantifizierbaren, gleichförmigen Zeitflusses, der zwar noch Maßeinheiten, aber keine wirklichen Höhepunkte und Hoch-Zeiten mehr kennt. Weil mit technischen Mitteln die Nacht zum Tage gemacht werden kann - und unter den Bedingungen der industriellen Produktion auch gemacht werden muß -, verliert der grundlegende Wechsel von Hell und Dunkel an Gewicht, an lebensleitendem Sinn.

Zugleich wird der Rhythmus von Arbeit und Muße, dem in der vorindustriellen Kultur noch die Würde einer Schöpfungsordnung zukam (Gen 2,2f.), technisch-ökonomischem Kalkül unterworfen: Schichtarbeit, gleitende Arbeits- und Freizeitspannen werden unter Gesichtspunkten der Nützlichkeit organisiert. Dabei werden kosmische Zyklen, biologische Rhythmen, aber auch kulturell überlieferte Gliederungen und Abläufe überspielt: Neben dem Wechsel von Hell und Dunkel verliert auch der Wechsel der Jahreszeiten an Bedeutung; Erfahrungen und Erlebnismöglichkeiten, die ursprünglich an bestimmte, zyklisch wiederkehrende Punkte und Zeiten im Jahreslauf gebunden waren, sind nun prizipiell jederzeit verfügbar und stehen auf Abruf bereit.

Mit der Einsicht in Notwendigkeit und Möglichkeit zeitweiligen Verzichts auf solche Erfahrungen - ›Fasten‹ als freiwilliges, bedeutungsvolles ›Loslassen‹ von Nahrung, Schlaf u. a. - schwindet auch das Bedürfnis, die Wiederkehr bzw. den Wiedergewinn solcher Möglichkeiten ausdrücklich (›festlich‹) zu begehen. Zeit wird zur Ware, zum Tauschobjekt innerhalb des ökonomischen Systems; davon ist auch die Freizeit betroffen, die ohne qualifizierende, sinngebende Festpunkte leicht zur ›Leerzeit‹ wird und gleichfalls Warencharakter gewinnt.

VI. Neue Festpunkte

Der Amtskalender meines Freundes - Pfarrer in der Provinz - trägt den genannten Entwicklungen längst Rechnung. Rot markiert er die Tage und Zeiten, die besonders intensiver Aufmerksamkeit und Vorbereitung bedürfen: Den Familien-Sonntag am 1. Advent, mit dem die Gemeinde das Kirchenjahr eröffnet. Den 24. Dezember mit dem Krippenspiel zur Vesper und den festlichen Klängen zur Mitternacht. Den ökumenischen Gottesdienst im Januar, die Konfirmandenrüstzeit im Februar, die Gemeindefeiern zum Fasching (»Besonders wichtig die mit dem Kirchenchor«, sagt er, »und mit der Jugend«). Die Osternacht zusammen mit der Nachbargemeinde, die Konfirmation, den Gemeindeausflug im Mai, das große Gemeindefest Ende Juni, am Rande des Sommers.

Das nächste rote Zeichen dann erst wieder im September, nach vielen weißen Blättern: Schulanfängergottesdienst. Dann Kirchweih (»Entdecken wir jetzt ganz neu«, sagt er, »mit dem Bürgermeister, der Feuerwehr, dem ganzen Dorf ...«). Erntedank wieder als Familien-Tag, Ewigkeitssonntag als großes Totengedenken (»Da kommen die Gäste aus aller Welt in unsere Kirche und auf unseren Friedhof«, sagt er).

»Am liebsten«, sagt er, »würde ich freilich vor Ostern eine Familienrüstzeit machen, um die ganze Karwoche so richtig intensiv feiern zu können. Schritt für Schritt ... Ferien sind da ja wieder. Aber ich brauchte einen, der mich hier zu Karfreitag vertritt.« Nächstes Jahr aber - so verrät er mir - fährt er für eine Woche nach Maria Laach, um mit den Mönchen gemeinsam den Tageslauf zu begehen; und manchmal, so spüre ich, wäre er selber gerne ein Mönch, um mit anderen zusammen die heiligen Zeiten so richtig feiern (»auskosten«, sagt er) zu können ...

Dies alles ist gewiß kein Programm. Und es ist gewiß nicht vollständig, was die roten Markierungen im Amtskalender betrifft. Aber es zeigt, wie Kirche, Pfarrer und Gemeinden auf das reagieren, was ›Krise des Kirchenjahres‹ heißt. Man hat nicht den Eindruck, als würde hier ein neues Haus in die Zeit gebaut. Eher so: Man packt ein paar Sachen zusammen, zieht um in das neue Haus, belegt ein Zimmer, das einigermaßen passend erscheint, und richtet sich wohnlich darin ein ... träumt dann von der Kathedrale, die man verlassen mußte, hofft, daß irgendwo noch eine Kapelle steht, in die man je und je zurückkehren kann ...

VII. Das Jahr der Gemeinde

Was aus all dem wird, ist ganz und gar offen: Ein neues Kirchenhaus in der Zeit? Oder - das wäre ja auch schon etwas - eine christliche Wohnung im großen Zeithaus der Welt? Ich versuche, ein wenig zu reflektieren, was in der Gemeinde meines Freundes - und in vielen anderen Gemeinden auch, denke ich - im Blick auf das Kirchenjahr geschieht.

1. Schon der Begriff ›Gemeinde‹ führt in die Irre. Da begegnen nämlich Gruppen mit höchst unterschiedlichen Wohn-Bedürfnissen und Wohn-Gewohnheiten: die treuen Kirchengänger, die wochen- oder monatszyklisch am Gottesdienst partizipieren; andere wieder, die nur einmal im Jahr kommen, zu einem der großen traditionellen Feiertage; und wieder andere, denen die Feiertage egal sind, die sich aber zu einem Jahresschlußgottesdienst, einem Gemeindefest, einem Familiensonntag einladen lassen; und noch andere, die keineswegs zu den regelmäßigen Partizipianten gehören, aber begeistert eine liturgisch geprägte Rüstzeit mitmachen (»Das nächste Jahr wieder!«); manche, die aus lebenszyklischen Anlässen - Taufe, Konfirmation, Bestattung - erscheinen; nicht zu vergessen die verschiedenen Kreise und Gruppen in der Gemeinde, die durchaus ein unterschiedliches Verhältnis zum Gottesdienst und zum Kirchenjahr haben.

Das Kirchenjahr als ein Haus in der Zeit zu begreifen, hilft vielleicht auch hier weiter: Es muß nicht jeder alle Räume zugleich bewohnen; für jeden findet sich ein eigenes Zimmer, auch für den gelegentlichen Gast ...

2. Das gleiche gilt für den Begriff ›Gottesdienst‹. »Den Gottesdienst gibt es eigentlich gar nicht«, schreibt Peter Cornehl.[5] »Es gibt vielmehr eine ganze Reihe sehr unterschiedlicher Arten und Anlässe für Gottesdienst und Feier mit teilweise recht charakteristischen Unterschieden in der Beteiligung.« Auch hier hat sich mein Freund längst vor der Vorstellung gelöst, es gäbe nur die eine, agendarisch festgeschriebene Weise, dem Evangelium und den Menschen ein Haus in der Zeit zu bauen: Neben dem, was an ›gewöhnlichen Sonntagen‹ geschieht, steht zum Beispiel die festliche Feier in der Nacht, die Rüstzeit, die Reise (auch die Wallfahrt zum ›heiligen Ort‹), der Tag, den man gemeinsam verbringt, ja, auch die Fête und anderes mehr.

---

[5] P. Cornehl, Gottesdienst als Integration. In: HPTh(G) 3 (1983) 59-78, hier 61.

Die Zimmer im Zeithaus, so lernen wir, können durchaus unterschiedlich gestaltet sein, können unterschiedliche Funktionen erfüllen - unter dem einen Dach, das alle schützt, und auf dem einen Fundament, das das Haus trägt.

3. Mit seinen roten Markierungen im Amtskalender entwirft mein Freund das, was Peter Cornehl einen »Spielplan« nennt, einen gemeindeeigenen Festkalender: »Offenbar kann und will keine Gemeinde auf so etwas wie einen Festkalender verzichten. Das Bedürfnis, den Lauf des Jahres durch Feste zu gliedern und diese auch gottesdienstlich zu feiern, ist ungebrochen. Doch hat das Kirchenjahr als ganzes keine absolut bindende Autorität mehr. Es wird zu einem Angebot, aus dem man etwas auswählt und anderes hinzufügt, so daß etwa ein Kranz von fünf oder sechs Jahresfesten entsteht, deren Gottesdienste man intensiv vorbereitet und mit viel Phantasie gestaltet. Dieser gemeindeeigene Festkalender knüpft an das Kirchenjahr an, wo die Popularität eines Festes noch selbstverständlich gegeben ist (Advent und Weihnachten) oder wo ein aktuelles Interesse einen vorgegebenen Feiertag neu entdecken läßt. Dessen Thematik wird dann erweitert und neu akzentuiert«.[6]

4. Bei der Gestaltung des gemeindeeigenen Festkalenders spielen die Gliederungen des weltlichen Jahres - Cornehl spricht von »gesellschaftlichen Rahmenbedingungen« - eine wesentliche Rolle: »Die Gemeinde muß auf Schulferien und Freizeitgewohnheiten Rücksicht nehmen, und hier hat sich die ursprüngliche Situation paradoxerweise nahezu umgekehrt. Was einst (auch) zum Schutz des Gottesdienstes und zur Förderung des Kirchenjahres eingerichtet worden war ..., ist inzwischen eher zu einer Gefährdung der kirchlichen Feier geworden. Während der Schulferien ruht das Gemeindeleben. Für die gesetzlich geschützten Feiertage oder die verlängerten Festwochenenden gilt: Selbst wenn sie nicht für den Kurzurlaub, die Fahrt ins Grüne oder den Besuch bei Freunden und Verwandten genutzt werden, blockiert die Ferien- und Freizeitmentalität mit ihrer Privatisierungstendenz viele Planungen der Gemeinden«.[7]

Das gilt im übrigen auch für die oben von Cornehl erwähnten ›populären‹ Feste und Festzeiten, in denen scheinbar die Tradition des Kirchenjahres ungebrochen fortlebt; näheres Zusehen zeigt, wie sehr hier die Kirche genötigt ist, sich auf die ›weltliche‹ Begehung dieser Zeiten, die neuen Riten und Gewohnheiten und die darin beschlossenen Bedeutungen einzulassen.

5. Liefert mein Freund das Kirchenjahr dem weltlichen Jahr und damit das Evangelium der Welt aus? Was sich gegenwärtig im Nebeneinander, Ineinander und Gegeneinander von Kirchenjahr und weltlichem Jahr ereignet, hat einen gewissen Inhalt an Vorgängen in der alten Kirche, die schließlich zum Ausbau des christlichen Festjahres führten: Der antike Kalender mit seinen Festen und Festzeiten wurde nicht einfach negiert und verworfen, sondern in wesentlichen Punkten aufgenommen, allerdings auf der Bedeutungsebene - durchaus unter Verwendung vorgegebener semantischer Bezüge - umkodiert, mit neuen Inhalten gefüllt; so spricht einiges dafür, daß zum Beispiel das Geburtsfest Christi bewußt an die Stelle der Geburtsfeier des *Sol invictus*, des unbesiegbaren Sonnengottes, gesetzt wurde: Christus ist die Sonne!

---

[6] Ebd. 62.
[7] Ebd.

Diese Aufgabe wird freilich heute dadurch erschwert, daß solche Umkodierungsvorgänge vorwiegend in umgekehrter Richtung verlaufen und damit bei Kirchen und Christen ein defensives Bewußtsein erzeugen, das einem neuerlichen Zugriff auf den Kalender im Wege steht. Dennoch ist es bedenkenswert, wenn Klaus Peter Jörns[8] vorschlägt, die neuen ›Namen Gottes‹ (Freiheit, Frieden, Gerechtigkeit, Sicherheit, Freizeit u. a.) sowie die symbolischen Vollzüge und kalendarischen Konventionen, in denen sie sich darstellen, von Christus her zu »prädizieren«: Die Freiheit ist Christus! Wo dies nicht nur verkündet, sondern festlich begangen, gespielt, rituell vollzogen und erzählt wird, kann das Evangelium in der Tat Raum gewinnen im weltlichen Jahr, kann Räume, Worte, Hoffnungen besetzen im Zeithaus der Welt.

6. Dazu gehört offenbar, daß wenigstens partiell der »Lebensbezug«[9] der Feste und Festzeiten erfahrbar wird. Ein wirkliches Fest ist ja weit mehr als eine bloße Feier, mehr als ein ritueller Vollzug oder eine verbale Deklaration; je nach seinem Sinn gehören Wachen und Beten dazu, Fasten und Trauern, dann wieder Essen und Trinken, Tanz und Musik, Gespräch und Gesang. Wo die Nacht wirklich durchwacht wird bis zum Morgen, wo man gar eine ganze Woche miteinander feiert und lebt, wird solche Ganzheit unmittelbar erfahren, gewinnt das Fest wieder Boden unter den Füßen; und Menschen, die vielleicht sonst nichts mit Kirche und Kirchenjahr im Sinn haben, sagen: Nächstes Jahr wieder!

Ich kann verstehen, warum mein Freund gelegentlich die klösterliche Gemeinschaft sucht; dahinter steht nicht nur Heimweh nach der alten Kathedrale, sondern auch die Sehnsucht nach einem ganzen Dasein: Unser Leben sei ein Fest ...

7. So geht es bei der praktisch-theologischen Weiterarbeit am Haus in der Zeit keineswegs nur um kirchliche Besitzstandswahrung. Wenn es denn stimmt, daß die Mißachtung der kosmisch-vegetativen Zyklen an die biologischen Grundlagen unserer Lebens-Rhythmen rührt, und wenn es wahr ist, daß zwischen der neuzeitlichen Nivellierung der Zeiterfahrung und der Mißachtung zyklischer Prozesse in der Natur ursächliche Zusammenhänge bestehen, dann steht hier die *condito humana* selber auf dem Spiel; dann gilt es, Feste wie Festungen dem gleichgültigen Fortschreiten zum Abgrund in den Weg zu stellen.

---

[8] (s. Anm. 1) 591.
[9] K.-P. Jörns, Der Lebensbezug des Gottesdienstes. Studien zu seinem kirchlichen und kulturellen Kontext. München 1988.

Gottesdienst als Institution und Prozeß

I. GOTTESDIENST UND ÖFFENTLICHKEIT

Pfingstsonnabend, 15.00 Uhr: Motettengottesdienst in der Thomaskirche zu Leipzig. Die Kirche ist überfüllt. Selbst die Stuhlreihen im Altarraum - zu beiden Seiten der Grabplatte, die den Namen Johann Sebastian Bachs trägt - sind voll besetzt. Ich werfe einen Blick ins Schiff: Hier und da ein bekanntes Gesicht - kirchliche Prominenz, ein paar Theologen, Leute, die man aus den Gewandhauskonzerten kennt. In der Mehrzahl jedoch ein Publikum, das sich sonst kaum in eine Kirche verirrt: Viele darunter, die schon durch das Abzeichen, das sie am Rockaufschlag tragen, ihre Distanz zur Kirche öffentlich bekunden. Überraschend viele Jugendliche. Aber auch alte Leipziger, für die der allwöchentliche Besuch der ›Motette‹ zu einem festen Ritual geworden ist. Altes und neues Bildungsbürgertum. Ausländische Besuchergruppen mit ihren Reiseführern.

Die Thomaner singen die Motette für achtstimmigen Chor (Bachwerkeverzeichnis 226) »Der Geist hilft unsrer Schwachheit auf«, und die Leute lesen den Text im Programmheft mit: »... denn wir wissen nicht, was wir beten sollen, wie sich's gebühret«. Dann steigt ein Mann im schwarzen Talar auf die Kanzel und rückt sich das Mikrophon zurecht; die radförmige weiße Halskrause, die er trägt, trennt in eigenartiger Weise seinen Kopf vom übrigen Körper. Er liest einen Abschnitt aus der Bibel vor, sagt ein paar Worte dazu - mit Bezug auf Bach und sein Schaffen -, betet das Vaterunser und spendet den Segen. Dann sind wieder die Thomaner an der Reihe; sie singen die Kantate auf den 1. Pfingsttag (Bachwerkeverzeichnis 74): »Wer mich liebet, der wird mein Wort halten«, und die Leute hören und lesen, was der Tenor ihnen in seiner Arie verkündet:

> »Kommt, eilet, stimmet Sait und Lieder
> In muntern und erfreuten Ton.
> Geht er gleich weg, so kömmt er wieder,
> Der hochgelobte Gottessohn.«

Ich habe den Mann im Talar nicht gefragt, was ihn bewegt, auf die Kanzel zu steigen, um dort mit seinen gewiß unzulänglichen Mitteln dem Thomaskantor, seinem Chor und seinen Solisten Konkurrenz zu machen. Vermutlich würde er antworten: Der Kirche bietet sich hier die Chance, das, was sie zu sagen hat, öffentlich werden zu lassen - sich selbst und das Evangelium einer Öffentlichkeit zu präsentieren, die diesen Namen verdient. Ich nehme diese Chance wahr: Wo wird denn Kirche sonst noch in vergleichbarer Weise bei uns öffentlich gegenwärtig?

Das ist richtig: Kirche stellt sich hier öffentlich dar. Menschen, die sonst kaum noch mit ihr in Berührung kommen, begegnen hier Kirche - symbolisch vermittelt durch den Raum und seine Einrichtung, durch den Amtsträger in seiner besonderen, auffälligen Kleidung, durch bestimmte liturgische Vollzüge - Lesung, Gebet, Segen -, schließlich auch durch diese Art von Musik, die hier zur Aufführung kommt. In einer Situation, in der die Kirchen einem gesamtgesellschaftlichen Funktionsverlust ausgesetzt sind, in der sie nur noch eine Minderheit der Bevölkerung repräsentieren, in der sie kein Ritenmonopol mehr besitzen und demzufolge auch ihre Kasualpraxis immer weniger in der Lage ist, Kirche im öffentlichen Bewußtsein präsent zu halten und ihr Sinn- und Orientierungssystem gesellschaftlich zu vermitteln - in einer solchen Situation stellt der Auftritt des Pfarrers vor dem Motettenpublikum in der Thomaskirche in der Tat eine jener selten gewordenen Gelegenheiten dar, bei denen Kirche noch öffentlich in Erscheinung tritt. Gleichsam als Gegenstück zum Erlebnis in der Thomaskirche möchte ich darum eine Geschichte weitergeben, die mir ein Pfarrer in W. erzählte:

Dieser Pfarrer erhält von seinem Superintendenten den Auftrag, am Karfreitag in einer seit langem vakanten Dorfgemeinde am Rande W.s einen Abendmahlsgottesdienst zu halten. Als er im Dorf eintrifft, hat er zunächst Mühe, jemanden zu finden, der ihm die Kirche aufschließt und ihm einen Besen borgt, damit er den Altar und einige Bänke notdürftig vom Schmutz befreien kann. In der Sakristei findet er die Abendmahlsgeräte vor; als er jedoch die Hostiendose öffnet, schlägt ihm ein solcher Modergeruch entgegen, daß er sie schnell wieder wegstellt - zusammen mit dem Kelch, auf dessen Boden er noch vertrocknete Weinreste vom letzten Gebrauch entdeckt. Zum Glück hat er eigene Geräte mitgebracht. So richtet er nun alles für den Gottesdienst her, wirft sich in seinen Talar und tritt vor die versammelte Gemeinde: zwei ältere Damen und ein Herr in schwarzem Gehrock. Nach der Ordnung der Agende nimmt nun das gottesdienstliche Geschehen seinen Lauf: Der Pfarrer betet und liest und predigt und singt; gelegentlich fallen die drei älteren Herrschaften mit ihren brüchigen Stimmen in seinen Gesang ein. Dann lädt er zum Abendmahl ein: Als erster erhebt sich der Herr im Gehrock, schreitet zur linken Seite des Altars, kniet nieder, läßt sich die Hostie reichen, umrundet dann den Altar auf der Rückseite, kniet rechts nieder, empfängt den Wein und geht zurück auf seinen Platz. Der Pfarrer will schon das Dankgebet sprechen, da erheben sich auch noch die beiden Damen: Sie haben selbstverständlich - nach altem Brauch - gewartet, bis der männliche Besucher kommuniziert hat; erst jetzt dürfen sie zum Altar treten, um dort in gleicher Weise wie er das Brot und den Wein zu empfangen.

Ich habe auch hier nicht nachgefragt, was den Superintendenten dazu bewegt, auf solche Weise die ›Versorgung‹ der vakanten Gemeinde aufrechtzuerhalten. Vielleicht würde er antworten: Solange noch ein oder zwei Menschen dort unseren Dienst verlangen, müssen wir hingehen, um ihnen das Wort zu verkündigen und die Sakramente zu reichen. Oder so: Solange dort noch eine Kirche steht, soll in ihr das Lob Gottes nicht verstummen. Oder so: Auch wenn keiner mehr zum Gottesdienst kommt - die Menschen im Dorf leben doch irgendwie davon, daß es da eine Kirche gibt, daß da ein Pfarrer kommt, daß da noch ein Ort ist, an dem gebetet und gesungen wird.

Als ich neulich einem Theologen aus der Bundesrepublik, der mich besuchte, diese Geschichte erzählte, war er sichtlich gerührt. Er fühlte sich an Erlebnisse auf seiner letzten Griechenlandreise erinnert: alte Ikonen in halbverfallenen Kirchen, Ostergottesdienste nach ehrwürdigem byzantinischen Ritus, gehalten von einem alten Priester vor drei, vier betagten Bäuerinnen. »Woher wollen Sie wissen«, sagte er zu mir, »daß das die letzten sind, die noch kommen? Warum sollten das nicht die ersten sein - die ersten in einer neuen Gemeinde, die ersten in einem neuen Volk, das sich Gott hier sammeln will?« Und er fügte hinzu: »Vielleicht ist das in der Tat die Aufgabe, die die Kirche in einer solchen Situation zu erfüllen hat: Angesichts um sich greifender kultureller und spiritueller Versteppung die Gotteswirklichkeit in den überlieferten Gefäßen des Gottesdienstes, der Liturgie, in dieser Welt gegenwärtig zu halten! Gleichsam Ikonen zu malen, aufzustellen, zu feiern, die auf diese Wirklichkeit verweisen und so verhindern, daß diese Welt in ihrer Eindimensionalität verkommt!«

Damit ist, so denke ich, zugleich das Thema angegeben, das beide Beispiele - Motettengottesdienst in der Thomaskirche zu Leipzig und Karfreitagsgottesdienst auf einem Dorfe bei W. - miteinander verbindet: Wie kann Kirche in dieser Situation gegenwärtig werden und gegenwärtig bleiben? Oder so: Wie kann die Geschichte Jesu Christi mit dem Angebot eines letzten, heilsamen und rettenden ›Sinns‹, den sie erschließt, zu solcher Gegenwart und Wirksamkeit gelangen?

II. Gottesdienst als Institution

Beide Beispiele verkörpern gewiß nicht den Normalfall christlichen Gottesdienstes in den Kirchen unseres Landes. In gewisser Hinsicht markieren sie sogar die einander entgegengesetzten Endpunkte auf einer Skala: Zwischen der ›Öffentlichkeit‹ des Motettengottesdienstes in der Thomaskirche und der ›Öffentlichkeit‹, wie man sie dem geschilderten Dorfgottesdienst vielleicht noch zuzubilligen vermag, liegt eine ganze Bandbreite abgestufter Möglichkeiten. Dennoch haben beide Gottesdienste mehr miteinander gemein, als es auf den ersten Blick scheint.

In beiden Fällen wird Gottesdienst nämlich *veranstaltet*: Die Institution Kirche, jeweils vertreten durch den Pfarrer, bietet gottesdienstliche Gelegenheiten an, bei denen der einzelne dem Heilsangebot des Evangeliums im Medium symbolischer Kommunikation begegnen kann. Dabei ist das gesamte Handlungsgefüge der jeweiligen Situation vorgegeben und wird nicht erst in ihr und aus ihr entwickelt. Das gilt für die liturgischen Stereotypen, von denen der Pfarrer in der Thomaskirche Gebrauch macht, in gleicher Weise wie für die Liturgie, die sein Kollege in der Dorfkirche bei W. reproduziert: Beidemale erscheint Gottesdienst selber als eine *Institution*, eine Einrichtung, in der sich die Institutionalität der Kirche darstellt und verwirklicht.

Gottesdienst als Institution: Damit ist freilich nicht nur - und nicht einmal in erster Linie - die rituelle Gestalt gemeint, in der dieses Angebot ergeht. Auch wenn der Pfarrer die agendarische Ordnung verließe und im Vollzug des Gottesdienstes neue, vielleicht angemessenere Formen entwickelte, würde doch die Veranstaltung insgesamt ihren institutionellen Charakter behalten: Sie bleibt - mit Ort, Raum, Zeit, Rollengefüge - allem Handeln der Beteiligten vorgegeben. Die drei Gemeindeglieder, von denen oben die Rede war, müssen ›ihren‹ Gottesdienst nicht erst konstituieren: Sie begeben sich in ihn hinein, nehmen ihn auf sich, so wie er ihnen als Veranstaltung angeboten und vorgegeben wird. Von der Notwendigkeit, ihn - sozusagen als Frucht gemeinsamen Bemühens - erst hervorbringen zu müssen, sind sie entlastet.

Das ist etwas, das durchaus für den derart veranstalteten Gottesdienst spricht. Aber es macht zugleich seine Schwäche aus: Verliert der Konsens, der seine Institutionaliät ursprünglich begründet, an Plausibilität und Geltung, gleicht dieser Gottesdienst einem leerstehenden Haus, das niemand mehr beziehen will. Institutionen verlieren ihre Funktionalität, wenn der Glaube an sie schwindet, wenn der sie tragende Konsens zerbricht.

III. Gottesdienst als Rückverweis

In beiden Fällen vollzieht sich Gottesdienst nun nicht nur ganz selbstverständlich im Medium überlieferter kultureller Elemente, sondern enthält auch ausdrückliche Verweise auf vergangene kulturelle und gesellschaftliche Konstellationen.

Beim geschilderten Karfreitagsgottesdienst ist das ohne Mühe erkennbar: Die Art und Weise des Abendmahlsempfangs weist zurück auf eine ständisch gegliederte Gesellschaft, die sich ihrerseits im kirchlichen Gottesdienst darstellt und bestätigt. Ich sehe dabei ein Bild vor mir (gemalt von Carl Bantzer),[1] das den Abendmahlsgottesdienst in einer hessischen Dorfgemeinde darstellt: Im Hintergrund der Altar, davor eine lange Reihe von Männern in schwarzen, feierlichen Röcken; mit ernsten Gesichtern treten sie einzeln vor den Pfarrer, um aus seiner Hand das Brot zu empfangen, in strenger Ordnung zuerst die Alten, dann die Jüngeren. In den Bänken im Schiff sitzen die Frauen in ihren Trachten, die Unverheirateten kenntlich an ihrer besonderen Kopfbedeckung, von den Verheirateten und Witwen erkennbar geschieden.

Kein Zweifel: Was in dem Karfreitagsgottesdienst bei W. geschieht, erinnert selbst noch in seiner rudimentären Gestalt deutlich an diesen überlieferten Brauch; es hält zugleich ein Stück jener vergangenen gesellschaftlichen Ordnung lebendig, die sich in diesem Brauch ausdrückt. Dieser Gottesdienst ist *Rückverweis* auf eine Welt, in der der einzelne zuallererst Glied eines bestimmten ›Standes‹ ist – Mann oder Frau, Alter oder Junger, Verheirateter oder Unverheirateter, Herr oder Knecht –, und erst in zweiter Linie seine Individualiät, auch seine je besonderen familiären Bindungen, geltend machen darf.

Aber auch der Motettengottesdienst in der Thomaskirche enthält solche *Rückverweise*. Besser vielleicht: Er wird mit Sicherheit von einem Großteil der Beteiligten als ein solcher *Rückverweis* gelesen. Der Besucher begegnet hier einem Ensemble überlieferter kultureller Elemente, das keineswegs im historischen Sinne in sich ›stimmig‹ ist – so widerspricht eigentlich die barocke Musik dem im gotischen Stil restaurierten Kirchenraum –, das aber in seiner komplexen Ganzheit in überaus dichter Weise Ausdrucksformen vergangener kultureller Konstellationen darbietet und vergegenwärtigt. Natürlich stellen solche überlieferten Elemente, sobald sie in gegenwärtig ablaufende Kommunikationsvorgänge und Zeichenprozesse einbezogen werden, zugleich immer auch Elemente unserer gegenwärtigen Kultur dar; sie erfüllen in ihr jedoch, wie noch zu zeigen sein wird, eine spezifische Funktion:

Jene direkte Repräsentanz von Kirche, wie sie sich in der Person des Pfarrers, in seiner Kleidung, in seinem Reden und Tun vermittelt, wird hier offensichtlich in den Gesamtzusammenhang solcher Begegnung mit überlieferter Kultur eingebettet und damit zugleich eingeebnet und entschärft. Das heißt: Kirche, wie sie sich hier darstellt, wird als ein Elementenbündel überlieferter Kultur neben anderen solchen Elementen wahrgenommen und interpretiert; sie kann – in diesem Zusammenhang – deshalb auch von denen geduldet, ja, angenommen werden, die sich in anderen Zusammenhängen strikt von der Kirche und jeder Form christlichen Bewußtseins distanzieren. Auch für sie kann im Zusammenhang des Motettengottesdienstes solche Repräsentanz von Kirche einen durchaus positiven Sinn gewinnen: Talar und Halskrause des Pfarrers, Gebet und

---

[1] Abgebildet u. a. bei K. Goldammer, Kultsymbolik des Protestantismus. Tafelband zu Band VII des Textwerkes. Stuttgart 1967 (SyR 15), 23.

liturgische Formel enthalten ja in gleicher Weise wie Raum und Musik einen Verweis auf überlieferte kulturelle Werte mit den ihnen eigenen, immanenten Sinnverwirklichungen. Sie werden von den Besuchern darum in ähnlicher Weise ›gelesen‹ wie Musik und Text Bachscher Motetten und Kantaten. Und womöglich gleiten sie zusammen mit den barocken Arientexten – verläßt der Besucher die Kirche – in ihre Vergangenheit zurück.

IV. Sinngewinn aus überlieferter Kultur

Mit all dem ist freilich noch nicht entschieden, wie solche Rückverweise auf überlieferte kulturelle und gesellschaftliche Konstellationen bewertet werden sollen. Soviel ist deutlich: Mit dem Hinweis auf bestimmte kulturelle Bedürfnisse, die hier ihre Befriedigung finden, ist noch wenig oder nichts erklärt. Gewiß ist es schwer, wenn nicht unmöglich, in einigermaßen zuverlässiger Weise Aufschluß darüber zu gewinnen, welcher Art die Motive sind, die Menschen dazu bringen, die Motettengottesdienste in der Thomaskirche zu besuchen und sich der damit verbundenen Begegnung mit ›Kirche‹ auszusetzen. Hier spielen mit Sicherheit sehr viele unterschiedliche Momente zusammen; der Wunsch, am Glanz des weltberühmten Chores teilzuhaben, ist dabei gewiß genauso wirksam wie das Bedürfnis, sich seines eigenen kulturellen Standards immer erneut zu versichern. Wer jedoch selber eintaucht in die Atmosphäre solcher Veranstaltungen, spürt deutlich, wie hier etwas erfahren und gefeiert wird, das sich mit dem Schlagwort vom ›Kulturkonsum‹ kaum zureichend erfassen und beschreiben läßt.

Vielleicht darf man das Phänomen so deuten: In der Begegnung mit diesem komplexen Ensemble überlieferter kultureller Elemente vermittelt sich dem Besucher das Gefühl, in einen überzeitlich gültigen und darum verläßlichen Ordnungs- und Sinnzusammenhang hineingenommen zu sein. Dabei ist es gerade die Distanz zur Alltagswelt, die in solcher Begegnung sinnstiftende, orientierende Potenzen freisetzt: In der Architektur des Raumes, in der Musik Bachs, in den barocken Texten, in den liturgischen Stereotypen begegnet der Besucher einer in bestimmter Weise strukturierten, im syntaktischen Sinne geordneten und darum als ›sinnvoll‹ erfahrenen Wirklichkeit. Solche Wirklichkeit kann als Flucht- und Bezugspunkt in einer als verwirrend und brüchig erlebten Alltagswelt dienen: Ein gotisches Gewölbe, eine liturgische Formel, eine Bachsche Fuge zeigen die Möglichkeit von ›Sinn‹ angesichts der desorientierenden Widersprüchlichkeit alltäglicher Welterfahrung an.

Die *Rückverweise* auf vergangene kulturelle und gesellschaftliche Konstellationen, wie sie in dem geschilderten Karfreitagsgottesdienst begegnen, könnten grundsätzlich eine durchaus vergleichbare Funktion erfüllen: Ein Brauch wird reproduziert, dem zwar keine gesellschaftliche Wirklichkeit mehr entspricht, der aber zumindest die Erinnerung an eine einst sinnvoll geordnete, in sich stimmige, durchschaubare soziale Welt wachhält und damit so etwas wie die Möglichkeit von ›Sinn‹ in diesem Wirklichkeitsbereich verbürgt.

Daß dieses Sinn- und Orientierungsangebot kaum noch in Anspruch genommen wird – übrigens in bemerkenswertem Gegensatz zu der Inanspruchnahme, die die Motettengottesdienste in der Thomaskirche erfahren –, stimmt freilich skeptisch. Dennoch gibt es Zusammenhänge. Darauf macht Dietrich Mendt aufmerksam, wenn er in seinem Buch »Umfrage wegen eines Pastors«[2] einen gar nicht so unwahrscheinlichen

---

[2] D. Mendt, Umfrage wegen eines Pastors. Berlin 1977, 121.

Kirchgänger zu Wort kommen läßt: »Ich brauchte alles, was zu dieser Kirche gehört,« sagt dieser Mann mittleren Alters, »nicht nur den Talar, auch das Gesangbuch, die Liturgie, den feierlichen Raum, die etwas gehobene und weltferne Predigt ..., die Kirchenmusik, die Stille.« Und er fährt dann erklärend fort: »Sie denken vielleicht, ich sei ein ganz regelmäßiger sonntäglicher Gottesdienstbesucher gewesen! Ganz und gar nicht. Ich ging ab und zu, so alle sechs bis acht Wochen. Ich ging, wenn ich's sozusagen satt hatte, wenn ich mal alles vergessen wollte. Ich ging in die Kirche wie in's Schwitzbad, um den Alltag herauszuschwitzen, mal ein ganz anderer zu sein oder wieder zu werden. Wenn zufällig an solchem Sonntag irgendwo ein Kirchenkonzert war, Orgelmusik vielleicht oder ein Oratorium von Bach oder Händel (nichts Modernes!), oder wenn gar die Thomaner oder Kruzianer gastierten, dann ging ich dorthin statt in den Gottesdienst. Man kann sich da - so meinte ich - eigentlich noch mehr vergessen als bei der Liturgie. Es ist alles vollkommener, nicht so rostig oder so falsch gesungen wie bei manchen Pastoren.«

V. Ambivalenter Umgang mit Überlieferung

Es liegt nun nahe, vor allem auf die kompensatorische Leistung solcher oder ähnlicher Vorgänge hinzuweisen: Die Begegnung mit Elementen überlieferter Kultur, mit vergangenen gesellschaftlichen und kulturellen Konstellationen, wie sie sich in beiden geschilderten Gottesdiensten vollzieht, kann dem einzelnen Besucher höchst notwendige und entlastende Erfahrungen vermitteln. Von der Sinnerfahrung, die ihm hier zuteil wird, können für ihn stabilisierende, integrierende, identitätsbildende und identitätssichernde Wirkungen ausgehen.

Freilich werden zugleich Fragen wach, besonders wenn man das von Dietrich Mendt gegebene Beispiel noch im Ohr hat: Vermag eine solche Begegnung auch eine Veränderung der Alltagswirklichkeit selbst zu bewirken? Setzt das, was hier erlebt und erfahren wird, auch eine neue Praxis frei? Läßt sich die Sinnerfahrung, die die Begegnung mit gotischer Architektur, Bachscher Musik und liturgischen Vollzügen vermittelt, wirklich ohne weiteres in die sinnverwirrende, als widersprüchlich und diskontinuierlich erlebte Alltagswirklichkeit übersetzen? Bleibt sie nicht Fluchtpunkt außerhalb dieser Wirklichkeit, außerstande, selber organisierend, strukturierend und damit verändernd in ihr wirksam zu werden?

Die Erfahrung, daß ein überlieferter kultureller Zusammenhang - ich denke dabei etwa an die ›ständisch‹ gegliederte Abendmahlsgemeinde - so etwas wie ›Sinn‹ darzustellen und zu vergegenwärtigen vermag, bedeutet ja keineswegs, daß sich nun auch meine Alltagserfahrungen in Familie, Beruf und Gesellschaft mit solchem ›Sinn‹ füllen, zu einem wirklich ›sinnvollen‹ Ganzen ordnen könnten und müßten. Ich kann mich zwar immer wieder aus den Kontingenzerfahrungen meines Lebens auf solchen verbürgten und überlieferten ›Sinn‹ zurückziehen; aber die Syntax einer Bachschen Fuge, die Ordnung eines liturgischen Zeremoniells, die ich dann als Frucht solchen Rückzugs in meinen Alltag einbringe, bewirken keineswegs von selbst, daß sich nun auch dieser Alltag fügt und ordnet.

Doch das ist offenbar nur *eine* Möglichkeit, wie die geschilderten Vorgänge gelesen und interpretiert werden können. Immerhin hatten wir oben schon festgestellt: Die genannten Erfahrungen verweisen auf so etwas wie die Möglichkeit von sinnvoller Wirklichkeitserfahrung und -gestaltung überhaupt und könnten so zumindest mittelbar zu sinngerichtetem sozialen Handeln auch in alltäglicher Praxis ermutigen und befreien.

Doch es geht hier um mehr: »Wer sagt Ihnen denn,« so hatte mein Besucher aus der Bundesrepublik eingewandt, »daß diese drei Leute, die da zum Karfreitagsgottesdienst gekommen sind, wirklich die letzten sind? Könnten es nicht genausogut die ersten einer neuen Gemeinschaft, eines neuen Volkes sein, das sich Gott hier sammeln will?«

Vielleicht darf man das ausdehnen auch auf das, *was* in diesem Gottesdienst geschieht: Wer sagt mir denn, daß in jenem seltsamen Brauch, das Abendmahl zu empfangen, lediglich ein Relikt längst überholter gesellschaftlicher Ordnung begegnet? Könnte es nicht sein, daß dieses Abbild einer vergangenen kulturellen und sozialen Konstellation derart irritierend in die Erfahrung gegenwärtiger sozialer Wirklichkeiten hineinredet, daß es hier destabilisierend wirkt und Veränderungsimpulse freisetzt?

Gewiß: Ich gebe zu, daß ein solcher Effekt im Blick auf die konkrete Situation, die wir hier im Auge haben, mehr als unwahrscheinlich ist. Zudem kann ich mich kaum für irgendwelche sozialen Wandlungen begeistern, die auch nur in der Tendenz auf eine Wiederherstellung jener - im überlieferten Brauch noch gegenwärtigen - ›ständischen‹ Gesellschaftsverhältnisse hinausliefen. Aber darum geht es ja auch gar nicht: Allein bedeutsam scheint mir die Erkenntnis, daß die Teilhabe an solchen überlieferten Elementen offenbar nicht nur eine kompensatorische, sondern auch ein antizipatorische Funktion zu erfüllen vermag. In ihr wird nicht nur Vergangenheit gegenwärtig. In ihr wird auch Zukunft möglich.

Immerhin macht dieser merkwürdige Brauch, der als fossiles Relikt einer vergangenen Ordnung in unsere Gegenwart hineinragt, eines unübersehbar deutlich: Es muß nicht alles so sein, wie es jetzt ist. Gemeinschaft kann auch anders geordnet werden. Ein Brauch also, der zum Spielen und Träumen einladen könnte: Wir spielen, ›wie es früher war‹. Wir erfahren uns dabei in fremden, ungewohnten Positionen und Rollen. Und wir entdecken - wenn es gut geht -, daß es viele, auch unerwartete Möglichkeiten gibt, wie wir unser Zusammenleben ordnen, unsere Beziehungen gestalten können. Vielleicht gewinnen wir bei solchem Spiel Einsicht in die Begrenztheit *aller* unserer Verwirklichungen. Vielleicht entdecken wir aber auch die Chance, die solcher Vorläufigkeit innewohnt: Wir gewinnen Zukunft. Besser: Gott öffnet unsere Welt auf seine Zukunft hin.

VI. Erinnerung als Rückschritt und Vorgriff

Aus der Begegnung mit überlieferten kulturellen Elementen und Konstellationen können demnach sowohl kompensatorische als auch antizipatorische Wirkungen erwachsen. Anders gesagt: Man kann das Fenster zur Vergangenheit öffnen, um der unwirtlichen Gegenwart zu entkommen. Man kann das Fenster zur Vergangenheit aber auch offenhalten, um Zukunft zu erblicken.

Auch am Beispiel des Motettengottesdienstes läßt sich diese Ambivalenz im Umgang mit Überlieferung verdeutlichen: Ich kann mich beim Hören einer Bachmotette in die (soziale, kulturelle, individuelle) Vergangenheit versetzen lassen. Ich kann aber auch von der Zukunft träumen - vielleicht gar von der Zukunft Gottes, vom Reich des Friedens und der Freiheit, von einer neuen Ordnung, voller Gerechtigkeit und Wahrheit. Von einem Leben ohne Tod. Oft genug tue ich beides zugleich: erinnern und träumen. In beidem öffnet sich die Gegenwart, in der ich lebe. In beidem überschreite ich die Grenzen, die diese Gegenwart setzt. In beidem stelle ich diese Gegenwart zugleich in Frage.

Dies kann freilich auf eine jeweils verschiedene Weise geschehen: Erinnerung als Rück-Schritt in die Vergangenheit kann regressive Züge tragen. Sie gleicht dann dem Versuch, in den Schoß der Mutter zurückzukehren und dort Sinn, Heil, Ordnung und Geborgenheit zu finden. Erinnerung kann aber auch zum Vorgriff auf Zukunft werden: Die Bachtrompeten blasen dann dem Zeitgeist ins Gesicht. Sie blasen gegen alles, was selbstverständlich gilt. Sie klingen fremd in dieser Welt, aber es ist nicht nur die Fremdheit des Vergangenen, sondern erst recht die Fremdheit des Kommenden, des Verheißenen, die sich in ihnen ausspricht. Sie wecken mich und andere auf.

Wir hatten vorhin im Blick auf die Motettengottesdienste in der Thomaskirche die Vermutung geäußert, daß Kirche auch von denen, die sie ablehnen, dort geduldet wird, wo sie sich als ein Element neben anderen in den Gesamtzusammenhang überlieferter Kultur einordnet und so an den kompensatorischen Funktionen dieses Zusammenhangs teilhat. Kirche könnte - so scheint es - in solcher Funktion auch in einer nichtchristlichen Gesellschaft noch eine ganze Weile überleben und womöglich gar mittels gesellschaftlicher Stützung am Leben erhalten werden.

Doch nachdem wir nun auf den ambivalenten Charakter des Umgangs mit Überlieferung aufmerksam geworden sind, erscheint auch dieser Sachverhalt in einem neuen Licht: Könnte es nicht in der Tat zur Aufgabe der Kirche gehören, ›Ikonen‹ auch deshalb zu malen, aufzustellen, zu pflegen und zu feiern, um gerade auf diese Weise die kulturelle und religiöse Überlieferung in ihrer irritierenden, antizipatorischen, alles Vorfindliche immer auch überschreitenden Potenz gegenwärtig zu halten?

VII. PROBLEMFELDER

Neue Konzeptionen werden dort nötig, wo bisherige Lösungen versagen und eine für alle Beteiligten letztlich unhaltbare Situation entsteht. Vermutlich wird es nicht viel Sinn haben, mit dem Pfarrer der Thomaskirchengemeinde über eine neue Konzeption für seinen Auftritt im Motettengottesdienst zu sprechen; er wird auf den unbestreitbaren Erfolg dieser Veranstaltung verweisen und mißtrauisch auf Versuche reagieren, ihn zu konzeptionellen Änderungen zu veranlassen. Ganz anders der Pfarrer in W.: Für ihn ist in der Tat die Lage unhaltbar geworden, und er sucht dringend nach einer tragfähigen, handlungsleitenden Konzeption für sein weiteres Verhalten. Soll er die bisherige Praxis perpetuieren, bis das gottesdienstliche Leben vor Ort gänzlich erlischt oder sich ein unerwarteter Aufbruch ereignet? Oder soll er nach Möglichkeiten einer neuen, veränderten Praxis suchen?

Vermutlich wird es ihm wenig imponieren, wenn ihn Besucher aus der Bundesrepublik auf die Parallelität der von ihm erfahrenen und erlittenen Situation mit der gottesdienstlichen Praxis auf griechischen Inseln verweisen und zu ihm von der Faszination sprechen, die sich für sie mit dem Erlebnis solcher ebenso urtümlicher wie kümmerlicher Kultformen verbindet. Gewiß: Er kennt - das darf man voraussetzen - die gottesdienstliche Praxis orthodoxer Kirchen in osteuropäischen Ländern aus eigener Anschauung. Er weiß, daß hier dem Vollzug der Liturgie ein solcher Selbst-Wert und Eigen-Sinn zukommt, daß die Frage nach der Attraktivität dieser Veranstaltungen, nach ihren Wirkungen auf den einzelnen und die Gesellschaft, nach ihrem kulturellen und sozialen Stellenwert fast gegenstandslos wird. Vielleicht blickt er mit Neid auf diese Kirchen, die nach dem Maß ihrer Möglichkeiten institutionalisiertes gottesdienstliches Handeln - und oft nichts weiter als solches Handeln - den Menschen in ihrem Bereich anbieten, unbekümmert darum, in welchem Umfang, aus welchen Motiven, mit welchen

Folgen dieses Angebot wahrgenommen wird. Er spürt, wie ein solches Verhalten nicht nur verpflichtende, sondern auch entlastende Komponenten enthält; wie es vor allem von der Notwendigkeit entlastet, ständig den Sinn oder Unsinn des eigenen gottesdienstlichen Tuns reflektieren zu müssen.

Und doch ist ihm zugleich klar: Ein solches Verhalten - und das darin zum Ausdruck kommende Verhältnis zum institutionalisierten Gottesdienst - läßt sich nicht ohne weiteres auf evangelische Gottesdienstlehre und -praxis übertragen. In dieser Lehre und in dieser Praxis sind Impulse wirksam, die ein solch ungebrochenes, gar unreflexives Verhältnis verhindern. Wir müssen darauf verzichten, dies im einzelnen hier zu entfalten.

Hinzu kommt ein zweites: Vermutlich ist solch ein selbstverständliches, unreflexives Verhältnis zur institutionalisierten gottesdienstlichen Praxis auch nur dort möglich, wo diese Praxis - und sei es noch so reduziert - von den Resten eines gesellschaftlichen Konsenses darüber, was Kirche sei und was sie zu tun habe, beglaubigt und getragen wird. Vielleicht darf man sogar sagen: Bei noch so kümmerlicher Gottesdienstpraxis auf den griechischen Inseln und in anderen Gebieten mit ostkirchlicher Tradition ist der institutionalisierte kirchliche Gottesdienst hier doch in ganz anderer Weise noch im Bewußtsein des Volkes und damit auch im gesellschaftlichen Bewußtsein ›verwurzelt‹ als in den Gegenden, denen wir unsere Aufmerksamkeit zuwenden müssen.

Der Pfarrer in W. erlebt jedenfalls das Schwinden der letzten Reste eines gesellschaftlichen Konsenses hinsichtlich Kirche und Gottesdienst als das eigentliche Problem; für ihn gerät damit der Gottesdienst als Institution schlechthin - als ein veranstaltetes, vorgefertigtes und vorgegebenes Handlungsgefüge - in die Krise. Das bedeutet, daß auch gutgemeinte Ratschläge, die ihm nahelegen, doch die Attraktivität seiner gottesdienstlichen Angebote zu verbessern, keine wirkliche Hilfe in seiner Situation darstellen: Käme er mit einer neuen, modernisierten Liturgie auf seine Dörfer, würde er womöglich die letzten Besucher auch noch verscheuchen, ohne neue hinzuzugewinnen.

Eine Konzeption, die hier Handlungshilfen vermitteln will, muß deshalb tiefer ansetzen. Ich möchte einige vorbereitende Gesichtspunkte für eine solche Konzeption, die mir wichtig erscheinen, nennen; ich vermute, daß dabei auch einiges für die Motettengottesdienste in der Thomaskirche abfällt.

VIII. Die Basis des Gottesdienstes

Aus mancherlei Gründen (Minorisierung, Bedeutungsverlust der Kasualpraxis im Gefolge eines Verlustes des Ritenmonopols, gesamtgesellschaftlicher Funktionsverlust) kann man im Blick auf die Kirchen in der DDR kaum noch von ›Volkskirchen‹ sprechen.[3] An zwei Punkten erweisen sich diese Kirchen jedoch sehr deutlich als Erbinnen der Volkskirche: Sie kontinuieren das Programm einer flächendeckenden pastoralen und gottesdienstlichen Versorgung; und sie versuchen nach wie vor, dieses Programm durch eine möglichst breite ›Streuung‹ hauptamtlicher kirchlicher Mitarbeiter - in der Regel also Pastoren - zu verwirklichen.

---

[3] Vgl. dazu K.-H. Bieritz, Der Öffentlichkeitsanspruch des Gottesdienstes in einer ›Nicht-mehr-Volkskirche‹. In: ThPr 17 (1982) 103-116.

Daß Kirche in unserem Lande - allen gegenteiligen theologischen und kirchenamtlichen Beteuerungen zum Trotz - nach wie vor Pastorenkirche ist, machen die beiden geschilderten Beispiele mehr als deutlich: In beiden Fällen ist es der Pastor, der die Kirche in den Ort beziehungsweise auf die Kanzel bringt; die symbolische Repräsentanz von Kirche wird beidemale über seine Person vermittelt; er ist das Medium, in dem Kirche so oder so gegenwärtig wird. Dabei ist offenbar seine Rolle eng mit dem institutionalisierten gottesdienstlichen Handeln verbunden: Wo er nicht gegenwärtig sein kann, hört im allgemeinen auch der Gottesdienst auf, als Institution zu existieren. Umgekehrt vermag ihn kaum etwas so sehr in seiner Rolle zu verunsichern, als wenn das institutionelle Angebot, dessen Träger er ist, nicht mehr wahrgenommen wird.

Flächendeckende pastorale und gottesdienstliche Versorgung: Unter den Bedingungen einer ›Nicht-mehr-Volkskirche‹ gleicht dieses Programm dem Versuch, ein schadhaft und brüchig gewordenes Netz möglichst an allen Stellen zugleich - unter Wahrung seiner ursprünglichen Struktur - zu flicken und auftretende Belastungen gleichmäßig über die ganze Fläche zu verteilen. Die Gefahr, daß ein solches Netz dann eines Tages auch an allen Stellen zugleich birst, ist groß; noch gefährlicher scheint es, daß bei solchen Flickversuchen die zur Verfügung stehenden hauptamtlichen Mitarbeiter in unverantwortlicher Weise gleichsam im Einzelkampf auf verlorenem Posten verschlissen werden.

Das Bild vom Netz läßt jedoch noch eine andere Lösung zu: Unter Preisgabe des Programms der Flächendeckung werden an wichtigen Stellen gleichsam Knotenpunkte geschaffen oder verstärkt, die untereinander durch einige wenige, aber kräftige Stränge verbunden sind. Damit kann freilich nicht nur die Konzentration vorhandener kirchlicher Kräfte, Mittel und Angebote auf bestimmte Zentren - etwa die größeren Städte - gemeint sein, obwohl sich in dem hier beobachteten Bereich auf Dauer tatsächlich so etwas wie eine ›Reurbanisierung‹ des Christentums zu vollziehen scheint. Ich meine vielmehr folgendes: Christen kommen zusammen - nicht nur, um sich kurzzeitig in einen vorgefertigten, veranstalteten Gottesdienst hineinzubegeben, sondern um wenigstens ein Stück weit, soviel dies unter den äußeren Umständen eben möglich ist, gemeinsam ihren Glauben zu leben und zu feiern. Orte solcher Begegnung könnten ein leerstehendes Pfarrhaus oder auch nur eine Wohnstube auf dem Dorf sein, ein Hauskreis in einem Neubaugebiet, ein neuerrichtetes Gemeindezentrum oder eine entsprechend ausgebaute Kirche.

Man kann das, was hier gemeint ist, mit vertrauten Etiketten versehen - man kann von kommunitären Lebensformen sprechen oder aus anderen geographischen Breiten den Begriff der ›Basisgemeinde‹ entlehnen. Beides klingt recht anspruchsvoll im Blick auf die sehr bescheidenen Ansätze neuer gemeindlicher Organisationsformen, die ich hier im Auge habe: sehr bunte, sehr verschiedenartige und sicher auch sehr vorläufige und gefährdete Formen gemeinsamen Lebens und Feierns, die zu Knotenpunkten in einem neuen Netz kirchlicher Gemeinschaft werden könnten.

Wer Sinn für historische Parallelen hat, mag dabei an die Missionsstrategie iroschottischer Mönche denken oder gar an die Art und Weise, wie die Jesusbewegung sich ursprünglich ausbreitete; es wäre freilich gefährlich, wollte man solche Parallelen überstrapazieren. Ich muß gestehen, daß ich solchen Formen bei uns allererst in Ansätzen begegne; wenn ich davon rede, entwickele ich zu einem guten Teil auch so etwas wie eine Utopie. Ich bin aber davon überzeugt, daß sich hier - und vielleicht nur hier - Möglichkeiten einer Lösung für die von uns verhandelten Probleme von Gottesdienst und Kirche andeuten. Zwei Dinge nämlich vermögen diese neuen Gemeinschaftsformen zu leisten: Sie können den hauptamtlichen kirchlichen Mitarbeiter, insbesondere den Pastor, aus seiner Einzelkämpferposition befreien. Und: Sie können die Institution Gottesdienst wieder rückverwandeln in einen *Prozeß*, der dem gemeinsamen christlichen Leben und Feiern entspringt und nicht wie eine Glocke diesem Leben übergestülpt wird.

IX. GOTTESDIENST ALS PROZESS

Wohnung einer Krankenschwester in einer der alten Straßen Leipzigs. Was dort geschieht, ist sehr alltäglich: Grüße werden ausgetauscht, Briefe werden vorgelesen, Erlebnisse erzählt. Ein Abendessen wird gemeinsam vorbereitet und eingenommen. Aktionen werden besprochen, Besuche vereinbart, Reisen geplant: Der Kreis kümmert sich in besonderer Weise um Behinderte und stellt selber eine Gemeinschaft von Behinderten und Nichtbehinderten dar. Zugleich geschieht sehr viel, was durchaus gottesdienstliche Züge trägt: Ein Bibeltext wird betrachtet und besprochen, Lieder werden gesungen, Kerzen werden angezündet, Fürbitte wird gehalten, manchmal wird auch das Abendmahl am Tisch miteinander gefeiert.

Dem Besucher fällt auf, daß diese gottesdienstlichen Elemente in starkem Maße von der konkreten Situation bestimmt sind, in der sich der Kreis vorfindet: So schlägt das ›Thema‹ - der geplante Ausflug mit Rollstuhlfahrern - auch im Bibelgespräch und in den Gebeten immer wieder durch. Und weiter: Was hier gottesdienstlich geschieht, wird keineswegs von einem in der Gruppe für die anderen ›veranstaltet‹; es wird vielmehr gemeinsam besprochen, festgelegt und dann auch gestaltet, wobei natürlich stets auch bestimmte Rollen verteilt werden müssen. Dennoch ist das, was da gottesdienstlich geschieht, keineswegs gänzlich formlos: Dem Besucher fallen durchaus bestimmte Strukturen, auch feste Texte, Bräuche und Riten ins Auge, die die Gruppe entwickelt oder von anderen übernommen hat und an die sie sich nun hält.

Ich möchte nicht mißverstanden werden: Es geht mir hier keineswegs darum, in der Schilderung dieses Hauskreises so etwas wie den ›Gottesdienst der Zukunft‹ vor Augen zu führen. Ich wollte lediglich an einem konkreten Beispiel zeigen, wie sich die Rückverwandlung der *Institution Gottesdienst* in einen *Prozeß* gestalten kann. *Gottesdienst als Prozeß*: Das heißt, daß es auf der hier vorgestellten Ebene gemeinsamer Praxis auch zur Ausbildung von Formen gottesdienstlicher Kommunikation kommt, die der jeweiligen Gruppe nicht ›von außen‹ angetragen oder vorgegeben, sondern von ihr selber entwickelt, gestaltet und korrigiert werden.

Das ist freilich, wenn man so will, ein dialektischer Prozeß, in dem es selbstverständlich auch immer wieder zu Ritualisierungen und damit zur Institutionalisierung bestimmter Bräuche, Sätze und Abfolgen, auch zur Institutionalisierung bestimmter Orte und Zeiten kommt. Dennoch sorgt die Nähe zur gemeinsamen Praxis, wie sie hier vorgegeben ist, stets von neuem dafür, daß Raum für Korrekturen, für neue Worte und Formen bleibt und der *Prozeß Gottesdienst* so in Gang gehalten wird. Vielleicht darf man es auch so sagen: Was hier gottesdienstlich institutionalisiert wird, ruht wieder auf einem gemeinsam formulierten, in der gemeinsamen Praxis gewonnenen Konsens auf.

Zweierlei ist noch wichtig. Das eine: Selbstverständlich gehen in diesen Prozeß - und zwar in allen seinen Stadien - auch überlieferte gottesdienstliche Kommunikationsmuster mit ein beziehungsweise werden in ihn eingetragen. Was hier gottesdienstlich geschieht, hat durchaus teil an den Elementen religiöser und kultureller Überlieferung, wie sie etwa auch in der Thomaskirche oder in dem geschilderten Karfreitagsgottesdienst begegnen. Auf jeden Fall wird der Besucher in Wort, Gebet, Lied, Gestus und Ritus einer Fülle überlieferter Elemente begegnen. Freilich scheint ein gewisser Unterschied in der Art und Weise zu bestehen, wie mit diesen Elementen umgegangen wird und wie sie jeweils auf gegenwärtige Erfahrung bezogen werden.

Das zweite: Die Gruppe veranstaltet diesen Gottesdienst nicht für andere. Sie gestaltet ihn für sich. Damit sind alle Fragen einer möglichen Wirkung ›nach außen‹ zunächst ausgeblendet. Solche Selbstgenügsamkeit wirkt zunächst entlastend: Es werden keinerlei ›Wirkungen‹ erwartet und angestrebt, die jenseits dessen liegen, was hier im Vollzug selber für jeden erfahrbar wird. Wo der Gottesdienst als Veranstaltung fällt, schwindet womöglich auch der auf dem Veranstalter lastende Druck, das Angebot möglichst perfektioniert und wirksam ›leisten‹ zu müssen. Wenn etwas gelingt, wenn etwas scheitert, ist die Gruppe selbst und jeder einzelne in ihr betroffen.

Gottesdienst nicht als Veranstaltung für andere, sondern als ein Geschehen, das seinen Sinn und seinen Wert gleichsam in sich selber trägt: Vielleicht verbindet diese Einstellung das, was hier geschieht, in gewisser Weise mit der oben vermuteten ostkirchlichen Mentalität. Es macht natürlich zugleich auf Gefahren aufmerksam: Auch ein Gottesdienst, der nicht für andere gemacht wird, muß dennoch für andere offen bleiben.

X. Antizipatorischer Umgang mit Überlieferung

Im Johannesevangelium findet sich der berühmte, theologisch immer wieder strapazierte Satz: »Das Wort ward Fleisch und wohnte unter uns.« Das heißt aber doch zugleich: *Das Wort ward Zeit.* Das ewige Wort Gottes, das in einem konkreten Menschen eine leibhafte Gestalt gewinnt, verbindet sich damit auch unlöslich mit einem bestimmten Augenblick menschlicher Geschichte. Das heißt weiter: Es verbindet sich mit einer ganz bestimmten Gestalt menschlicher Kultur. Das ist gewiß keine neue Einsicht: Daß ein Zugang zur Geschichte Jesu nur über das Verständnis der kulturellen und sozialen Muster gewonnen werden kann, in die sie eingebettet ist, ist Gemeingut historisch-kritischer Exegese. Und die Probleme, die solche Einbettung aufwirft, sind mindestens seit der Kontroverse zwischen Paulus und den Jerusalemern bekannt: Muß man sich erst beschneiden lassen, um Christ sein zu können? Muß man diese kulturellen und sozialen Muster übernehmen, um an der Geschichte Jesu teilhaben zu dürfen?

Die Antwort darauf, so scheint mir, muß zwei Aspekte berücksichtigen: Zum einen können *Rückverweise* auf diesen ursprünglichen kulturellen Ort, die in den christlichen Glaubensvollzug und seine gottesdienstliche Praxis eingebaut sind, als Merkzeichen der Geschichtlichkeit, Einmaligkeit, Unwiederholbarkeit des Christusereignisses gelesen werden. Ich denke - um nur ein Beispiel zu nennen - an den Gebrauch von Brot und Wein beim Christusmahl: Die Verwendung dieser Zeichen auch unter veränderten kulturellen Bedingungen mit ihren womöglich ganz anderen Eß- und Speisegewohnheiten kann als ein solcher *Rückverweis* auf den ursprünglichen kulturellen und damit auch geschichtlichen Ort des Christusereignisses verstanden und legitimiert werden.

Zum anderen gilt jedoch: Nur indem diese Geschichte ihren ursprünglichen kulturellen und sozialen Kontext auch je und je in Frage stellt, aufsprengt, im Vorgriff auf Zukunft überschreitet, können ihr Menschen, die in anderen kulturellen und sozialen Kontexten leben, gleichzeitig werden und Anteil an ihr gewinnen. So scheint es, daß das, was wir an anderer Stelle »antizipatorischen Umgang mit Überlieferung« genannt haben, in dieser Geschichte selbst vorgebildet ist und mit ihr zusammen immer neu im Glauben und Feiern der Christen ergriffen und vergegenwärtigt werden will.

Antizipatorischer Umgang mit Überlieferung: An einer Seitenempore der Thomaskirche - Ort des geschilderten Motettengottesdienstes - hing eine Zeitlang, vermutlich als Überbleibsel aus einem Jugendgottesdienst, ein großes Plakat mit dem Bilde des Gekreuzigten und der Aufschrift: »Angeklagt der Anstiftung zum Frieden«. Ich könnte mir denken, daß manche Besucher dies als einen irritierenden, vielleicht gar ärgerlichen Fremdkörper im sonst scheinbar so ›stimmigen‹ Ensemble überlieferter Elemente empfunden haben: Assoziationen werden provoziert, die einen Rückzug in die Überzeitlichkeit ästhetischer Sinnverwirklichung erschweren. Assoziationen, die sich dann womöglich auch an die übrigen Elemente heften und dazu führen können, daß eine Bachkantate, eine liturgische Formel, ein gotischer Raum neu und anders gehört, gelesen, interpretiert werden: Nicht nur als Verweise auf eine sinnvolle Wirklichkeit jenseits, oberhalb und damit letztlich außerhalb gegenwärtiger Welterfahrung, sondern als Widerspruch beispielsweise gegen den Un-Sinn jeglicher Gewalt, gegen die Sinnlosigkeit von Krieg und Kriegsdrohung. Und nicht nur als Widerspruch, sondern auch als sinn(en)fälliges, sinnvermittelndes Zeichen der Hoffnung im Vorgriff auf das in der Christusgeschichte zugesagte Reich des Friedens.

Gewiß gilt: Ein solcher antizipatorischer Umgang mit Überlieferung läßt sich nicht programmieren. Ein solcher Umgang bleibt ambivalent: Wer will entscheiden, wann und auf welche Weise Erinnerung über bloßen Rück-Schritt hinaus zum Vorgriff auf Zukunft wird? Immerhin macht das Beispiel deutlich: Un-Stimmigkeiten im Ensemble der begegnenden Zeichen könnten zu einem antizipatorischen Umgang mit Überlieferung anregen. Wo Fremdes unerwartet in den vertrauten Zusammenhang hineinredet, besteht möglicherweis eine Chance, daß überlieferte Elemente neu zur Sprache kommen und ihren antizipierenden Sinn offenbaren.

Deshalb scheint es wichtig, daß christlicher Gottesdienst ein Ort interkultureller Begegnung ist und bleibt. Ich denke dabei sowohl an die Begegnung überlieferter und zeitgenössischer kultureller Elemente als auch an das Zusammenspiel von Elementen aus verschiedenen Bereichen gegenwärtiger Kultur. Nur ein Gottesdienst, der selber in diesem Sinne mehrdimensional ist, wird auch imstande sein, eine als eindimensional erfahrene und erlittene Wirklichkeit aufzubrechen und ihr Vergangenheit und Zukunft zurückzugeben.

Wieder sieht es so aus, als böte sich hier den Basisgemeinschaften, in denen sich Gottesdienst in der beschriebenen Weise als *Prozeß* gestaltet, eine besondere Chance: Un-Stimmigkeiten im Ensemble der begegnenden Zeichen treten hier nicht nur gelegentlich, sondern geradezu mit Notwendigkeit auf. Mit der alltäglichen Lebenswelt zugleich, in die hier Gottesdienst eingebettet ist, sind ja auch gegenwärtige soziale und kulturelle Muster, Gewohnheiten, Vorgaben in aller Massivität präsent und fordern die Überlieferungselemente auf, sich dem Gespräch zu stellen und ihren Sinn preiszugeben.

Zweierlei kann dabei geschehen: Neue Bilder, Texte, Lieder, Rituale können geboren werden. Und: Überliefertes kann neu zur Sprache kommen. Ein Beispiel: Ich erlebe immer wieder, wie Gruppen bestimmte überlieferte Elemente, die sie sich aus dem Gottesdienst der Kirche geborgt hatten, in diesen Gottesdienst (etwa bei Jugendtreffen, Kirchentagen usw.) nun als *ihre* Feier- und Ausdrucksformen zurückbringen. Und ich erlebe, wie diese Formen in der Tat in neuer Weise zu sprechen beginnen - so, als seien sie bei ihrem Umweg über jene ›Basis‹ christlichen Lebens, Glaubens und

Feierns, durch ihre Teilnahme am *Prozeß Gottesdienst*, neu mit Leben und Sinn erfüllt worden.

XI. Gottesdienst als konziliarer Prozess

Ich fasse zusammen: *Gottesdienst als Prozeß*, als antizipatorischer Umgang mit Überlieferung auf der Basis gemeinschaftlicher, kommunitärer Praxis - das kann natürlich nur *eine* mögliche Antwort auf die Frage sein, denen sich die Gottesdienstpraxis einer Nicht-mehr-Volkskirche gegenübersieht. Das Bild, in dem Kirche als ein Netz solcher Gemeinschaften erscheint, weist schon darauf hin: Die ›communitas‹ vor Ort - gleich, welche Dichte und Gestalt sie gewinnen mag - ist auf die konziliare Gemeinschaft mit anderen Kommunitäten und ihrer gottesdienstlichen Praxis angewiesen.

Das heißt: Die Verbindungsstränge zwischen den einzelnen Knotenpunkten des Netzes müssen ausgebaut werden. Man wird sich gegenseitig besuchen; man wird so die Erfahrungen der anderen suchen und Anteil an den eigenen Erfahrungen gewähren. Man wird voneinander lernen und einander beraten, auch und gerade in Fragen des Gottesdienstes. Man wird auf diese Weise dafür Sorge tragen, daß der Gottesdienst, den man nicht ›für andere‹ macht, dennoch ›für andere‹ zu jeder Zeit und in jeder Weise offen bleibt. Man wird solche konziliare Gemeinschaft immer wieder auch öffentlich darstellen und vollziehen: bei zentralen Begegnungen etwa, wo gerade den Formen symbolischer, gottesdienstlicher Kommunikation eine unverzichtbare Bedeutung zukommt.

Daß daneben auch weiterhin Gottesdienste in Gestalt institutionalisierter Angebote ihr Recht und ihren Platz behalten müssen, wird damit nicht bestritten. Nur erscheint es fraglich, ob solche Angebote auf die Dauer ihren Sinn erfüllen können, wenn sie nicht untergründig an solch kommunitärer und konziliarer Praxis teilhaben. Dann ist denkbar, daß auch solche Angebote je und je im antizipatorischen Umgang mit Überlieferung die Geschichte Jesu Christi und den in ihr uns gegebenen ›Sinn‹ zu vergegenwärtigen vermögen.

XII. Umgang mit gottesdienstlicher Überlieferung: Thesen

Einige Thesen zum Umgang mit gottesdienstlicher Überlieferung sollen diese Überlegungen beschließen:[4]

1. In einer weithin entkirchlichten Gesellschaft, die durch einen tiefreichenden Traditionsabbruch hinsichtlich religiöser Überlieferungen und Praktiken gekennzeichnet ist - das ist die Situation, auf die sich die vorstehenden Überlegungen beziehen -, muß die christliche Gemeinde ihr alternatives Sinn- und Praxisangebot auch kulturell markieren. Christliche Identität kann hier nur auf der Basis kultureller - genauer: gegenkultureller - Identität gewonnen und erhalten werden, die einen Zeichen- und Kommunikationsraum bereitstellt, in dem der Glaube Gestalt gewinnt und zur Wirklichkeit kommt. Gottesdienstliches Handeln - wo und wie auch immer - ist im Vorgang der Vermittlung und Darstellung solcher religiös-kulturellen Identität von zentraler Bedeutung.

---

[4] Entnommen aus: K.-H. Bieritz, Lutherischer Gottesdienst als Überlieferungs- und Zeichenprozeß. In: LJ 34 (1984) 3-20, hier 18-20.

2. Überlieferte kulturelle Kodes beziehungsweise Zeichenzusammenhänge bieten sich nun in der Tat an, solche kulturelle Identität darzustellen und zu vermitteln. Daß diese Kodes zu gewissen Teilen zugleich noch Bestandteil der allgemeinen kulturellen Überlieferung - und damit ein Stück gegenwärtiger Kultur - sind, bringt Chancen und Schwierigkeiten mit sich. Chancen: Solange diese Elemente - zu denken ist etwa an die überlieferte geistliche Musikkultur - noch irgendwie Teil des gesamtgesellschaftlichen ›kulturellen Erbes‹ sind, bleibt in gewisser Weise die Kommunikationsfähigkeit der Christengemeinde und ihres kulturellen Systems erhalten. Schwierigkeiten: Solche Elemente werden auch da, wo sie noch Teil gegenwärtiger Kultur sind, im allgemeinen doch - in der oben beschriebenen Weise - als *Rückverweise* auf Vergangenes gelesen. Sie erfüllen auch so eine wichtige, durchaus aktuelle Funktion: Sie vermitteln etwa dem Besucher eines Kirchenkonzertes das Gefühl, in einen überzeitlich gültigen und darum verläßlichen Ordnungs- und Sinnzusammenhang hineingenommen zu sein. Solche aktuellen Leistungen sind jedoch vor allem, wenn nicht ausschließlich, kompensatorischer Natur: Von der Sinnerfahrung, die hier vermittelt wird, können entlastende, stabilisierende Wirkungen ausgehen. Impulse für eine alternative Lebenspraxis wird sie jedoch im allgemeinen kaum vermitteln.

3. Denkbar ist jedoch auch ein antizipatorischer Umgang mit überlieferten kulturellen Zeichenzusammenhängen beziehungsweise - darauf kommt es hier ja an - mit überlieferten gottesdienstlichen Gesamttexten, Zeichenfolgen und Zeichenelementen: *Rückverweise* auf vergangene soziale und kulturelle Konstellationen können unter Umständen derart irritierend in die Erfahrung gegenwärtiger Wirklichkeiten hineinreden, daß sie hier destabilisierend wirken und Veränderungsimpulse freisetzen. In ihnen wird dann nicht nur Vergangenheit gegenwärtig, sondern auch Zukunft möglich. Freilich setzt dies einen bestimmten Umgang mit Überlieferung voraus, der Stil- und Kulturbrüchen nicht aus dem Wege geht, sondern sie in Kauf nimmt und womöglich gar provoziert. Man kann sich dabei durchaus von den Stilbrüchen bestätigt fühlen, wie sie die Reformatoren offenbar bedenkenlos in ihre Gottesdienste hineinkodiert haben.

4. Ein solcher antizipatorischer Umgang mit gottesdienstlicher Überlieferung ist freilich nur dort möglich, wo der rituelle Ablauf nicht als starres Programm, sondern als offener (Zeichen-)*Prozeß* verstanden und gestaltet wird. Dies wiederum setzt die Möglichkeit eines ständigen Austausches zwischen »gruppengemeinschaftlicher« und »großkirchlicher«[5] Gottesdienstpraxis voraus: Nicht primär der Kirchenraum, sondern der Lebens- und Feierraum der kleinen Gruppen, der ›Basisgemeinschaften‹, wie man sie auch nennen könnte, ist der Ort, wo sich im Gegeneinander und Miteinander der verschiedenen Zeichenwelten neue Bedeutungen ereignen und so der *Prozeß Gottesdienst* in Gang gesetzt wird, der dann auch den kirchlich veranstalteten Gottesdienst zu ergreifen vermag. Daß es dabei insgesamt auch zu einer Verschiebung auf der Achse des ›kommunikativen Verhaltens‹ und womöglich zu einer erneuten Umstrukturierung gottesdienstlicher Zeichen- und Kommunikationssysteme kommen wird,[6] ist immerhin denkbar.

---

[5] W. Jetter, Symbol und Ritual. Anthropologische Elemente im Gottesdienst. Göttingen 1978, 225ff.
[6] Vgl. dazu in diesem Band den Beitrag: Daß das Wort im Schwang gehe. Lutherischer Gottesdienst als Überlieferungs- und Zeichenprozeß (S. 83-111, besonders 109f).

Gegengifte
Kirchliche Kasualpraxis in der Risikogesellschaft[1]

I. Ritenkonkurrenz statt Ritenmonopol: Die Vermarktung lebenszyklischer Bedürfnisse

»›Es ist ein Festtag für die ganze Familie‹, freut sich Nicole Dittmeier aus Köpenick«: Ich erfahre von solcher Freude aus dem Wochenblatt, das ich jeden Sonnabend in meinem Briefkasten finde. Ich erfahre auch, worauf sich Nicole aus Köpenick freut: »Sie gehört«, so lese ich, »zu den 52 Teilnehmern, die als erste in diesem Jahr und unter veränderten Bedingungen ihre Jugendweihe in Köpenick erhalten. Insgesamt haben sich 7000 der 13- und 14jährigen Ost-Berliner für diese rituelle Aufnahme in den Kreis der Erwachsenen entschieden.«[2] Und der Geschäftsführer der neu gegründeten Interessengemeinschaft Jugendweihe e.V. erklärt: »Wir haben ein neues Konzept entwickelt ... Wir wollen mit unseren Angeboten den Übergang vom Kind zum Jugendlichen erleichtern und verstehen uns in diesem Sinne als Dienstleistung.«[3]

Das Dienstleistungsunternehmen Jugendweihe, so lese ich ergänzend im SPIEGEL vom 11. März 1991, soll künftig unter »marktwirtschaftlichen Gesichtspunkten« geführt werden; und es findet seinen Markt, wie das führende deutsche Nachrichten-Magazin zu berichten weiß: »85 000 Eltern haben ihre Jungen und Mädchen für die Feierlichkeiten in den nächsten Wochen angemeldet - zum Entsetzen westdeutscher Konservativer.«[4]

Jugendweihe - attraktiv und preiswert im Angebot: Werden Rituale dieser Art, ganze rituelle Programme künftig auf dem Markt gehandelt? Erweist sich das Bedürfnis nach ritueller Gestaltung und Begleitung »an den Wendepunkten des familiären Lebenszyklus«, wie das Theologen auszudrücken pflegen,[5] als ein stabiler Faktor für die Bonität und das Wachstum der Branche? Oder ist das Dienstleistungsunternehmen Jugendweihe nur eine jener - hoffentlich vergänglichen - giftigen Blüten im postsozialistischen Wirtschaftssumpf?

Ein Bericht des führenden deutschen Nachrichten-Magazins vom 8. April 1991 läßt keinen Zweifel daran, daß die Branche auch auf anderen Märkten expandiert und ihre Angebotspalette ständig vergrößert: »Mit einer kecken Werbekampagne«, so lese ich, »und neuen Dienstleistungen will die Begräbnisbranche ihren Markt erweitern.«[6] Im Angebot ist ein »›Rundum-Service‹ für die Bestattung«; dazu gehört, so liest man, die »Sterbebegleitung für Todkranke und deren Angehörige«, aber auch die »Nachsorge für Trauernde«, denen man »in Gruppen- oder Einzelgesprächen jeweils etwa ein Jahr zur

---

[1] Der Beitrag stellt eine erheblich erweiterte, umgearbeitete und veränderte »Fortschreibung« meines Aufsatzes in der Festschrift für Rainer Volp zum 60. Geburtstag am 11. 10. 1991 dar: K.-H. Bieritz, Gesellschaftsspiele. Volkskirchliche Kasualpraxis in der Risikogesellschaft. In: I. Möller (Hg.), Anstöße. Theologie im Schnittpunkt von Kunst, Kultur und Kommunikation. Darmstadt 1991, 138-145.
[2] Hallo Berlin. Wochenblatt 2 (1991) Nr. 13 vom 4. 4. 1991, 1.
[3] Ebd. 1, 11.
[4] Wie halb Afrika. In: Der Spiegel 45 (1991) Nr. 11 vom 11. 3. 1991, 119-122, hier 122.
[5] P. Cornehl, Frömmigkeit - Alltagswelt - Lebenszyklus. Propädeutische Notizen. In: WPKG 64 (1975) 388-401, hier 388.
[6] Flirt mit dem Tod. In: Der Spiegel 45 (1991) Nr. 15 vom 8. 4. 1991, 255-256.

Seite stehen und ihnen bei der ›Neuorientierung‹ helfen« will. Man lädt sie zum »Gesprächskreis für Hinterbliebene« ein, wo sie - alles Zitat! - die »›Wärme der Erfüllung‹ wiederfinden« können; und man bietet ihnen als »Einzeltherapie« - auf Wunsch auch im Trauerhaus - »Entspannungstherapien, Heilbehandlungen oder Musikkassetten mit sanften Einschlafmelodien« an.

Selbstverständlich gehört auch die Gestaltung des rituellen Rahmens zur Leistungspalette der Branche; wenn »Aufbewahrungsräume und Feierhallen mit luxuriöser Ausstattung« angeboten werden, »die den ›Tod bewußt und den Abschied erlebbar‹ machen sollen«, so ist von da nur ein kleiner Schritt bis zur marktgerechten, effizienten Gestaltung des Ritus am Sarge und am Grabe selbst. »Da kommt Trauer rüber!« kommentiert eine Werbefachfrau dieses Programm, und auch der Praktische Theologe muß zugestehen, daß hier »eine regelrechte Versorgungslücke« entdeckt wurde, die unternehmerische Aktivitäten geradezu provoziert.

Die Fähigkeit und die Nötigung zu rituellem Verhalten, so haben wir gelernt, gehören zu den Bedingungen des Menschseins. Anläßlich entscheidender Wendepunkte und Schlüsselereignisse des Lebenslaufes wird dies in besonderer Weise evident: *Übergangsriten* bieten in solch ambivalenten, häufig kritischen Situationen Schutz, Begleitung und Deutung; sie markieren die Übergänge von einem Status in den anderen und sichern sie sozial wie emotional ab; sie stellen dauerhafte, verläßliche Strukturen und Handlungsmuster bereit; sie überwinden Sprachlosigkeit mit den Mitteln symbolischer Kommunikation, schaffen Sinn.

Voraussetzung ist freilich, daß sie »sozio-kulturell abgestützt sind«, wie Religionssoziologen das ausdrücken,[7] daß sie also von der Gesellschaft bzw. gesellschaftlich relevanten Gruppen getragen werden; ohne solche überindividuelle Geltung vermögen sie die von ihnen erwarteten Leistungen kaum zu erbringen.

Unter Bedingungen, wie sie ebenso allgemein wie vage als ›volkskirchlich‹ umschrieben werden, richten sich die genannten Erwartungen vornehmlich auf das rituelle Handeln der Kirchen. Diese besitzen in gewisser Weise das gesellschaftliche »Ritenmonopol«;[8] gerade durch ihre »rituelle Praxis in den lebenszyklischen Krisensituationen«[9] ziehen sie die »religiösen Konventionen der großen Mehrheiten der Bevölkerung«[10] auf sich und erfüllen so eine gesamtgesellschaftlich bedeutsame Funktion. »Für die Mehrheit der Christen in diesem Lande«, schreibt Peter Cornehl, »hat Religion einen vorgesehenen Ort in ihrer Biografie an den Wendepunkten des familiären *Lebenszyklus*. Daraus ergibt sich ein weitmaschiges Netz kasueller Kontakte zur Kirche in großen zeitlichen Abständen.«[11]

Müssen wir nun umlernen? Tritt an die Stelle des kirchlichen Ritenmonopols - womöglich mit verursacht und verstärkt durch das religiös-institutionelle Vakuum in den

---

[7] J. Matthes, Volkskirchliche Amtshandlungen, Lebenszyklus und Lebensgeschichte. Überlegungen zur Struktur volkskirchlichen Teilnahmeverhaltens. In: Ders. (Hg.), Erneuerung der Kirche - Stabilität als Chance. Gelnhausen 1975, 83-112, hier 110.
[8] Zum Begriff vgl. K. Richter, Feiern mit politischer Zielsetzung. Anmerkungen zur Ritenbildung im gesellschaftlichen System der DDR. In: ThPr 13 (1978) 181-192.
[9] K.-F. Daiber, Der Gottesdienst als Mitte der Gemeindearbeit. In: WPKG 69 (1980) 74-90, hier 78.
[10] O. Wölber im 9. Rundbrief an die Pröpste, Pastorinnen und Pastoren, Emeriten, Hilfsprediger und Vikare im Sprengel Hamburg vom 7. 3. 1980, 3. Vgl. zum Zusammenhang K.-H. Bieritz, Der Öffentlichkeitsanspruch des Gottesdienstes in einer ›Nicht-mehr-Volkskirche‹. In: ThPr 17 (1981) 103-116.
[11] P. Cornehl (s. Anm. 5) 388.

neuen Ländern - jetzt eine Ritenkonkurrenz? Werden jene traditionalen, mancherorts noch fest im gesellschaftlichen Bewußtsein von ›falsch‹ und ›richtig‹ verankerten religiösen Bindungen, die als soziokulturelle Stützen für die kirchliche Kasualpraxis fungieren, nunmehr abgelöst durch die Selbstverständlichkeiten des Marktes, seine Wahlmöglichkeiten und Wahlzwänge?

Anders, provozierender: Vermag ein Ritual, das vom Versandhaus bezogen wird, die gleichen Leistungen für den einzelnen und die Gesellschaft zu erbringen, wie sie den - vom Glanz und Staub der Jahrhunderte gezeichneten - christlichen Liturgien zu den Lebenswendepunkten nachgesagt werden? Ist es vorstellbar, daß auch auf dem Felde rituellen, orientierenden und stabilisierenden Handelns an den Übergängen im menschlichen Leben Produkt- und Verkaufsstrategien künftig jene - für solche Art gesellschaftlicher Kommunikation unentbehrlichen - Plausibilitäten zu erzeugen imstande sind, wie sie den kirchlichen Handlungen aufgrund ihres Herkommens eigneten? Nimmt auch hier die Außenleitung endgültig den Platz von Traditionsleitung ein?[12]

Zur Zeit wird freilich vielerorts ein anderes Szenarium entworfen und erwartet: Den Kirchen in der DDR, so schrieben es die Verfasser einer lutherischen Volkskirchenstudie aus dem Jahre 1977, werde es »durch äußeren politischen Druck erschwert, Volkskirche zu sein.«[13] Nun ist dieser Druck gefallen, und die Volkskirche gilt vielen wieder als »Kirche der Zukunft« - auch hierzulande. Die Voraussetzungen, gerade auf dem Gebiet rituellen Handelns verlorenes Terrain zurückzugewinnen, scheinen günstig; blieb doch das System flächendeckender parochialer Versorgung erhalten, auch dort, wo die Christen samt ihrer Kirche deutlich in die Minderheit gerieten. Das ist ein erheblicher Vorteil gegenüber anderen Anbietern auf dem religiös-rituellen Markt, die ein funktionierendes Vertriebssystem allererst aufbauen müssen.

Hinzu kommt, daß bestimmte Gehalte und Vorstellungskomplexe, die eng mit dem Kasualhandeln der Kirchen verbunden waren, dort auch zu ihrer ›Sprache‹ kamen, ziemlich bruchlos auf die neuen, säkularen Ersatzriten übergegangen sind. Muß man nicht erwarten, daß sich nun ebenso bruchlos ihre Heimholung ereignen wird?

Was ich meine, möchte ich an zwei Erlebnissen verdeutlichen, die ich während meiner pfarramtlichen Tätigkeit auf der Insel Rügen hatte. Erstes Erlebnis: Eine Frau steht in einem Geschäft vor dem Ladentisch und räumt die gekauften Lebensmittel in die Tasche; dabei gibt sie lauthals ihren Unmut kund: »Diese Jugendweihe! Was das wieder für Geld kostet! Aber das sag' ich euch: Das ist die letzte Jugendweihe, die ich mache! Mögen die anderen Gören, die danach kommen, dann ruhig als Heiden herumlaufen!« Zweites Erlebnis: Eine Mutter kommt mit zwei Töchtern - 16 und 18 Jahre alt - zum Karfreitagsgottesdienst; alle drei nehmen auch am Abendmahl teil, die beiden Töchter nicht konfirmiert, wie ich danach erfahre. Darauf angesprochen, reagiert die Mutter empört: »Mien Döchter?! Mien Döchter nich insäänt (eingesegnet)?! Mien Döchter sinn doch von de Partei insäänt!«

Beide Anekdoten machen deutlich, wie transportabel offenbar gewisse Vorstellungen und sprachliche Symbolisierungen sind, die sich mit dem rituellen Handeln an den Lebenswendepunkten verbinden. Werden sich nunmehr - auch davon habe ich gehört

---

[12] Vgl. die Unterscheidungen bei D. Riesman, Die einsame Masse. Eine Untersuchung der Wandlungen des amerikanischen Charakters. Hamburg 1958.
[13] W. Lohff/L. Mohaupt (Hg.), Volkskirche - Kirche der Zukunft? Leitlinien der Augsburgischen Konfession für das Kirchenverständnis heute. Hamburg 1977 (= zur sache - Kirchliche Aspekte heute 12/13), 21.

– in den Pfarrämtern die Anträge von Lehrern und Elternvertretungen häufen, die Kirche möge doch nun wieder die Jugendweihe (die Jugendweihe!) in ihre Regie übernehmen?

Anders, grundsätzlicher: Wird die Kirche in den neuen Ländern erneut in die gesellschaftliche Rolle eintreten, die ihr geschichtlich und kulturell zukommt? Wird sie künftig wieder als »religiöse Institution für die Gesellschaft im ganzen«[14] fungieren, die für eine Mehrheit der Bevölkerung – ob nun in engerer Bedeutung kirchlich oder nicht – die Verläßlichkeit und Kontinuität grundlegender sozialer wie kultureller Werte und Normen verbürgt? Werden sich die mit dem Lebenszyklus verbundenen Bedürfnisse von neuem am Handeln der Kirche orientieren? Wird Kirche in *diesem* Sinne als Volkskirche eine Zukunft haben? Oder wird sie sich – das war die erste Variante, die wir durchgespielt haben – immer weniger auf solch traditionsgeleitetes, durch überlieferte Bindungen und Gewohnheiten gestütztes Verhalten verlassen können? Wird sie sich in Zukunft auf dem Markt der Sinnangebote, der therapeutischen wie rituellen Heils-Praktiken, neben einer wachsenden Zahl anderer Anbieter behaupten müssen, und zwar auf *beiden* Seiten der ehemaligen Ideologiegrenze?

Es soll nicht verschwiegen werden, daß von manchen noch eine weitere Variante für möglich gehalten wird: Danach steht zu erwarten, daß sich das hier als selbstverständlich vorausgesetzte Bedürfnis, entscheidende Lebenswendepunkte und Lebensübergänge rituell zu gestalten, darin symbolisch zu verarbeiten und abzusichern, zunehmend verflüchtigen bzw. sich auf diffuse Weise anderen, heute noch gar nicht erkennbaren lebensgeschichtlichen Einschnitten anlagern wird.

Beispiel *Kindertaufe*: In ihrem unmittelbaren Zusammenhang mit der Geburt – als Säuglingstaufe vollzogen – bezeichnete und bewirkte sie zugleich den Eintritt eines Menschen in die Menschenwelt, in die Gesellschaft, verhalf ihm mit seinem Namen zugleich zu seiner Identität. Heute gilt: Nur noch wenige Kinder werden, wie früher allgemein üblich, unmittelbar nach ihrer Geburt getauft; zwischen Geburt und Taufe liegen in der Regel mehrere Wochen, Monate, gar Jahre. Der Zeitpunkt, zu dem die Taufe vollzogen wird, fächert sich auf, wird zu einem Zeitraum, der von der frühen Kindheit bis zum Konfirmandenalter – und darüber hinaus – reicht.

Damit verschiebt sich ihr sozialer Sinn und ihr emotionaler Gehalt auf eine zunächst schwer bestimmbare Weise; deutlich ist nur, daß sie nun nicht mehr als Passageritus an der Schwelle zum sozialen Sein bzw. an der Schwelle zu einem neuen familiären Status begriffen werden kann. Es ist in diesem Zusammenhang bezeichnend, daß auch den Versuchen, sozialistische Ersatzriten im Umfeld der Geburt zu installieren, kein nennenswerter Erfolg beschieden war. Mögliche Gründe hierfür werden uns im nächsten Abschnitt beschäftigen müssen.

Ähnliches läßt sich auch bei der *kirchlichen Trauung* beobachten: Sie wird, wenn überhaupt, in wachsendem Maße von jungen Paaren begehrt, die häufig schon längere Zeit, unter Umständen mehrere Jahre zusammenleben, meist auch standesamtlich getraut sind, also bereits im sozialen wie rechtlichen Sinne eine Ehe führen. Sieht man von den Fällen ab, bei denen mit der kirchlichen Trauung lediglich bestimmten kirchlichen oder familiären Forderungen entsprochen werden soll, ist deutlich: Die Handlung

---

[14] D. Rössler, Die Institutionalisierung der Religion. In: W. Lohff/L. Mohaupt (s. Anm. 13) 41-69, hier 55.

kann keinesfalls mehr als »Schwellenritual« bestimmt und verstanden werden. Was aber ist sie dann?

Wie beim Fall der Taufe legt sich auch hier die Vermutung nahe, daß sich damit eine neue, nicht mehr an die klassischen lebenszyklischen Wendepunkte gebundene, dennoch biographiebestimmte Gestalt rituellen Verhaltens entwickelt: Vielleicht drückt sich darin das Bedürfnis aus, sozusagen in der ›Mitte‹ einer Lebensphase - gleichsam auf dem Weg durch die ›Ebene‹ - innezuhalten, um sich auf Richtung und Ziel der Wanderung zu besinnen. Es würde sich dann nicht mehr um *rites de passage* im bisherigen Sinne handeln, sondern um eine Art neuer Orientierungs- und Erneuerungsrituale, für die es durchaus Analogien in der kirchlichen Kasualpraxis - man denke etwa an das Bußsakrament - gibt.

II. REVIDIERBARE LEBENSENTSCHEIDUNGEN: DAS WERTGEFÜGE DER RISIKOGESELLSCHAFT

Marketingkirche statt Volkskirche? Ritenkonkurrenz statt Ritenmonopol? Hans Christoph Stoodt, Pfarrer in Frankfurt am Main, hat in einem Aufsatz in der Zeitschrift »Pastoraltheologie«[15] einen Vorschlag unterbreitet, der genau auf diese Entwicklungsvariante zugeschnitten ist und es eigentlich verdiente, auch vom führenden deutschen Nachrichten-Magazin beachtet zu werden.

Er entwirft als künftiges pastorales Berufsbild das des freischaffenden, niedergelassenen Pfarrers, der - vergleichbar dem niedergelassenen Arzt oder Rechtsanwalt - dort, wo er mit Bedarf rechnen kann, eine Praxis eröffnet und betreibt. »Schaffung der Möglichkeit, sich als PfarrerIn oder MitarbeiterIn entweder allein oder als Team frei niederlassen zu können«, schlägt er vor, » - unter Umständen erreichbar durch eine gemischte Finanzierung: bei Deckung der Existenzgrundlage durch ein niedriges Gehalt und gleichzeitiger Berechtigung, in einem abgesprochenen Rahmen Gebühren für erbrachte Dienstleistungen erheben zu können. Die Maßnahme der Einrichtung solcher freien Pastoralzentren könnte als Hebel dafür dienen, bisher nicht zur Kenntnis genommene Problemfelder aufzuspüren und neue, der gesellschaftlichen Situation adäquate Formen kirchlicher Arbeit herauszufinden und zu entwickeln.«[16]

Um diese gesellschaftliche Situation zu erfassen, greift Stoodt auf eine Beschreibung zurück, die Analyse und Prognose zugleich ist, nämlich auf das 1986 erschienene Buch des Bamberger Soziologen Ulrich Beck: »Risikogesellschaft. Auf dem Weg in eine andere Moderne«.[17] Dies ist nun in der Tat ein Erklärungsmodell, das für den von uns erörterten Zusammenhang von höchster Bedeutung ist, vor allem dort, wo es die neuartigen Risiken aufschlüsselt, die die Lebensplanung des einzelnen betreffen und bedrohen. Um das Ergebnis in einem wesentlichen Punkte vorwegzunehmen: Es finden sich Hinweise darauf, daß die überkommenen lebenszyklischen Muster, die doch das

---

[15] H. Chr. Stoodt, Formen kirchlicher Arbeit an der Schwelle von der Industrie- zur Risikogesellschaft. In: PTh 80 (1991) 116-132.
[16] Ebd. 131.
[17] U. Beck, Risikogesellschaft. Auf dem Weg in eine andere Moderne. Frankfurt/M. 1986. Frühe Hinweise auf Beck - wie auch den Begriff des »Biographiehavaristen« - verdanke ich E. Neubert, Eine Woche der Margot Triebler. Zur Soziologie des »schönen und produktiven Dorfes«. In: außer der reihe 4. April 1988 (Theol. Studienabteilung beim Bund der Evang. Kirchen in der DDR), 24-27. Vgl. auch K.-H. Bieritz, Gewinner und Verlierer. Seelsorge in der Risikogesellschaft. In: VuF 35 (1990) H. 2, 4-35.

Gerüst einer auf sie bezogenen Kasualpraxis und Kasualfrömmigkeit bilden, in einem tiefgreifenden Transformationsprozeß begriffen sind, der sie teils auflöst, teils mit neuen Bedeutungen ausstattet, die durch das überlieferte rituelle Handeln der Kirchen kaum mehr erreicht und erfaßt werden. So könnte es geschehen, daß die Kirchen gerade durch ihre Kasualpraxis »zu Konservatoren einer sozialen Wirklichkeit (werden), die es immer weniger gibt«[18]. Das würde dann freilich auf die Dauer auch alle Bemühungen, auf dem Felde einer »am Lebenszyklus orientierten Kasualfrömmigkeit«[19] verlorenes volkskirchliches Terrain zurückzugewinnen, unterlaufen. Im einzelnen stellt sich die Entwicklung nach Beck so dar:

1. In den entwickelten (post-)industriellen Gesellschaften verlieren die überlieferten sozialen Bezüge von Klasse, Schicht, Familie und Geschlecht zunehmend an Wert und Wirklichkeit. Der einzelne wird »aus traditionalen Klassenbindungen und Versorgungsbezügen der Familie«[20] samt den darin verbürgten »traditionalen Sicherheiten«[21] herausgelöst und erfährt sich in einer »neue(n) Unmittelbarkeit«[22] zur Gesellschaft. Beck begreift das als einen »Individualisierungsschub von bislang unerkannter Reichweite und Dynamik«,[23] durch den der einzelne einerseits freigesetzt, anderseits neuen Zwängen - genauer: dem Zwang, sich auf dem Markt behaupten zu müssen - unterworfen wird. Dieser Zwang zur sozialen und ökonomischen Selbstbehauptung, Selbstverwirklichung und Selbstreproduktion wirft den einzelnen gleichsam auf sich selber zurück, bürdet ihm - ihm allein - die Verantwortung für sein Arbeitsmarktschicksal auf und relativiert damit zugleich jegliche Bindung an die *societates minores*, die ›Stände‹, die dem einzelnen in früheren Zeiten in gewissem Maße Schutz und Halt gewährten: die Bindung an eine soziale Schicht mit ihrer spezifischen Kultur, an eine Familie, an den einmal gewählten Beruf, an eine Nachbarschaft, an eine regionale Kultur, ja, selbst die Einbindung in eine bestimmte Geschlechtslage als Mann oder Frau.

2. Damit wird die individuelle Planung und Gestaltung des Lebenslaufes zu einem riskanten Wagnis, zu einem Spiel um Gewinn und Verlust: Vorgeformte, überlieferte, durch Schicht, Milieu und Familie abgesicherte und vielfach erprobte Biographiemuster tragen nicht länger; mehr und mehr muß der einzelne seine Biographie - unter Verwendung freilich hochgradig standardisierter »Bausätze biographischer Kombinationsmöglichkeiten«[24] - selber zusammenbauen, muß er selber »zum Akteur (seiner) marktvermittelten Existenzsicherung und der darauf bezogenen Biographieplanung und -organisation«[25] werden.

Mehr und mehr wird ihm dabei die Verantwortung für die Folgen falscher, häufiger noch: für die Folgen versäumter Entscheidungen höchst persönlich angelastet; oft genügt ein falscher Griff - im Bereich etwa von Wohnsitzwahl, Berufswahl, Arbeitsplatzwahl, Partnerwahl oder Familienplanung -, und der ungeschickte Biographiebastler

---

[18] U. Beck (s. Anm. 17) 158.
[19] D. Rössler (s. Anm. 14) 68.
[20] U. Beck (s. Anm. 17) 116.
[21] Ebd. 206.
[22] Ebd. 118.
[23] Ebd. 116.
[24] Ebd. 217.
[25] Ebd. 119.

gerät ins Aus, wird zum »Biographiehavaristen«, ohne daß ihn noch die solidarischen Netze eines Standes, einer Schicht, einer Klasse bzw. irgendwelche »ständisch geprägte(n), klassenkulturelle(n) oder familiale(n) Lebenslaufrhythmen«[26] auffangen könnten.

Bei solchem Spiel gibt es Gewinner und Verlierer, und es entsteht eine neue Form gesellschaftlicher Randständigkeit, Asozialität, die nichts mehr mit Klassen- oder anderen Kollektivschicksalen zu tun hat und der auch die »Abschirmmöglichkeiten und Umgangsformen einer Kultur ..., die mit Armut zu leben weiß«,[27] zur Gänze abgehen.

3. Unser Zusammenhang wird in besonderer Weise dadurch berührt, daß die genannten Entwicklungen auch die Familie erreichen und damit unmittelbar in die mit ihr aufs engste verbundenen lebenszyklischen Abläufe und Muster eingreifen. »In dem zu Ende gedachten Marktmodell der Moderne«, schreibt Beck, »wird die familien- und ehe*lose* Gesellschaft unterstellt. Jeder muß selbständig, frei für die Erfordernisse des Marktes sein, um seine ökonomische Existenz zu sichern. Das Marktsubjekt ist in letzter Konsequenz das alleinstehende, nicht partnerschafts-, ehe- oder familien›behinderte‹ Individuum. Entsprechend ist die durchgesetzte Marktgesellschaft auch eine *kinderlose* Gesellschaft - es sei denn, die Kinder wachsen bei mobilen, alleinerziehenden Vätern und Müttern auf.«[28]

So erscheint am Horizont der Entwicklung die »›Spagatfamilie‹ (mit Kinderabteil im Reiseexpreß)«[29], wenn nicht gar die »vollmobile Single-Gesellschaft«[30], deren Grundfigur die »Existenzform des Alleinstehenden«[31] ist. Bis dahin müssen wir uns freilich - wiederum nach Beck - noch mit der »Verhandlungsfamilie auf Zeit« behelfen, »in der sich verselbständigende Individuallagen ein widerspruchsvolles Zweckbündnis zum geregelten Emotionalitätsaustausch auf Widerruf eingehen.«[32]

4. Auf Widerruf: Die prinzipielle Revidierbarkeit von Lebensentscheidungen, die dieses Gesellschaftsmodell nicht nur impliziert, sondern geradezu fordert, steht natürlich in einem eklatanten Gegensatz zur Vorstellung eines an einen festen Zyklus gebundenen Lebenslaufes, dessen einzelne Phasen und Wendepunkte keineswegs beliebig durchschritten und wiederholt werden können. Die Irreversibilität der einmal vollzogenen Übergänge und Statusverwandlungen darzustellen und festzuhalten, ist ja gerade der Sinn der sie begleitenden Riten; sie entlasten den einzelnen damit zugleich von der Notwendigkeit, den jeweils erreichten ›Stand‹ ständig neu vor sich selbst und vor den anderen legitimieren zu müssen.

Das jedoch wirkt unter den Bedingungen der Risikogesellschaft geradezu kontraproduktiv; sie nötigt ja den einzelnen dazu, seine Biographie selbst zu entwerfen und zu begründen: Warum so und nicht anders? Auch im Bereich von Ehe, Elternschaft und Familie - durch die *rites de passage* in besonderer Weise geschützt - offenbaren sich die neuen Wahlmöglichkeiten zugleich als Wahlzwänge: »Es ist nicht mehr klar,« schreibt Beck, »ob man heiratet, wann man heiratet, ob man zusammenlebt und nicht heiratet,

---

[26] Ebd. 211.
[27] Ebd. 148.
[28] Ebd. 191.
[29] Ebd. 127.
[30] Ebd. 199.
[31] Ebd. 200.
[32] Ebd. 118.

heiratet und nicht zusammenlebt, ob man das Kind innerhalb oder außerhalb der Familie empfängt oder aufzieht, mit dem, mit dem man zusammenlebt, oder mit dem, den man liebt, der aber mit einer anderen zusammenlebt, vor oder nach der Karriere oder mitten drin.«[33]

5. Daß solche, die das aus guten Gründen kritisch sehen - einschließlich der Kirchen -, wiederum den einzelnen für das entstandene Chaos haftbar machen, liegt durchaus in der Tendenz jener Individualisierungsprozesse, die die Auflösung überkommener Standesbindungen bewirken: Ihr Wesen besteht ja gerade darin, daß sie gesellschaftliche Krisen in individuelle Krisen verwandeln, »Außenursachen in Eigenschuld, Systemprobleme in persönliches Versagen«[34]; sie individualisieren auf solche Weise die sozialen Risiken, setzen sie »unmittelbar um in psychische Dispositionen: in persönliches Ungenügen, Schuldgefühle, Ängste, Konflikte und Neurosen.«[35]

Damit etabliert sich ein neues System gesellschaftlicher Werte und Normen, das in mancher Hinsicht als Gegenbild des überlieferten christlichen Wertgefüges erscheint: »Dieses Wertsystem der Individualisierung«, schreibt Beck, »enthält zugleich auch Ansätze einer neuen Ethik, die auf dem Prizip der ›Pflichten gegenüber sich selbst‹ beruht.«[36]

Es bilden sich - für Seelsorge höchst bedeutsam - neue Formen des Schuldbewußtseins und der »Schuldzuweisung«[37]: Schuld - als individuelles Gefühl wie als soziale Realität - erwächst nicht länger aus triebgeleiteten Verstößen gegen kulturelle Über-Ich-Normen, auch nicht aus Pflichtverletzungen gegenüber dem gesellschaftlichen Ganzen, sondern - im Gegenteil! - aus Defiziten lebensgeschichtlicher Selbstverwirklichung; nicht so sehr das, was einer tut, läßt ihn schuldig werden, sondern das, was er - an sich selber, für sich selber - zu tun versäumt.

Ein »ichzentriertes Weltbild« wird so geradezu zur Voraussetzung und zum Maßstab sozialen Verhaltens, ein Weltbild, das sich überführen läßt in »ein aktives Handlungsmodell des Alltags, das das Ich zum Zentrum hat, ihm Handlungschancen zuweist und eröffnet und es auf diese Weise erlaubt, die aufbrechenden Gestaltungs- und Entscheidungsmöglichkeiten in bezug auf den eigenen Lebenslauf sinnvoll kleinzuarbeiten.«[38]

6. Steht damit nun auch das eingangs erwähnte anthropologische Phänomen - die Fähigkeit und die Nötigung zu rituellem Verhalten - auf dem Spiel? Löst sich das Bedürfnis nach ritueller Begleitung und Gestaltung entscheidender Lebenswendepunkte gänzlich auf, wie manche vermuten? Fallen somit alle Voraussetzungen einer am Lebenszyklus orientierten volkskirchlichen Kasualpraxis und Kasualfrömmigkeit dahin?

Der damit angesprochene Problemzusammenhang ist komplex und bedarf differenzierter Überlegungen:

(a) Der auf sich selbst gestellte Biographiebastler arbeitet keineswegs ohne Vorgaben und Modelle; er bleibt, wie schon gesagt, in allen Lebensbereichen - Bildung,

---

[33] Ebd. 163f.
[34] Ebd. 118.
[35] Ebd. 158.
[36] Ebd. 157.
[37] Ebd. 218.
[38] Ebd. 217.

Beruf, Familie, Freizeit usw. - auf institutionell vorgefertigte »Bausätze biographischer Kombinationsmöglichkeiten« angewiesen. Das hat in mancher Hinsicht neue »Ritualisierungen« des Lebenslaufes zur Folge - man denke etwa an quasirituelle Bildungsabläufe, an rituelles Freizeit-, Urlaubs- und Konsumverhalten, an die Rituale von Sport, Mode, Therapie und Politik.

Der Begriff wird dabei nicht nur in einem erweiterten, uneigentlichen Sinne verwendet; wie sich leicht beobachten läßt, begegnen auf all den genannten Feldern Handlungen und Verhaltensweisen, die die Bestimmungen eines Rituals voll erfüllen: daß es nämlich in seiner unmittelbaren Funktion nicht aufgeht, sondern einen Überschuß an Sinn mit sich führt; daß es nur als Ganzheit begriffen werden kann; daß es als »Bürge für Ordnung und Sinn«[39] in Anspruch genommen wird; daß es in seiner Wiederholbarkeit Strukturen in die Wirrnisse des Lebens einträgt, die Komplexität der Welt reduziert.

(b) Eine wachsende Bedeutung gewinnen dabei die Rituale, die von Therapeuten und Seelenheilern unterschiedlichster Provenienz zelebriert werden; Beck sieht in der »gegenwärtigen ›Psychowelle‹« geradezu eine Antwort auf die Individualisierung gesellschaftlicher Risiken und die dadurch ausgelösten Schuldgefühle und Versagensängste.[40]

(c) Eine besondere Rolle bei der »Ritualisierung von Lebensläufen«[41] spielen jedoch die Massenmedien, insbesondere das Fernsehen. Das gilt zunächst in einem äußeren Sinne: Mittels der ihnen eigenen Abläufe strukturieren sie - beim einen mehr, beim anderen weniger - den Tageslauf, vor allem die Freizeit, und nehmen Einfluß auf den Rhythmus unseres Lebens. Bedeutsamer sind jedoch ihre Einwirkungen auf unser ›Wissen‹ von Welt und Wirklichkeit und damit auf unsere Lebensentwürfe. Die Bilder und Klänge, die sie uns elektronisch vermitteln, reproduzieren ja nicht schlechtweg die Realität, sondern erschaffen eine Wirklichkeit eigener Art, konstruieren ein Universum, das nur in ihnen und durch sie in unserer Wahrnehmung existiert. Da sind - zum Beispiel nur - die neuen Götter von Dallas und Denver, unerreichbar für uns in ihrem Olymp, und doch - genau wie die alten - in Spiele verwickelt, die uns ein Bild des Lebens vorgeben, an das wir unsere Ängste und Hoffnungen, unseren Haß und unsere Liebe heften können. Da sind - eine Stufe tiefer, aber für die meisten ebenso unerreichbar - die Heroen der Schwarzwaldklinik oder, schon ganz unserm Alltag nahe, die Typen, wie sie die Lindenstraße bevölkern:

Allemal geht es dabei - in, mit und unter dem Medium der Unterhaltung - um Lebensmöglichkeiten, Lebenslinien, Weisungen für das Leben, von deren ritueller Wiederholung orientierende und legitimierende, womöglich auch reinigende, lösende Wirkungen ausgehen. Dies alles in der Weise des Bildes, »das sich unmittelbar an die eigene Bilderwelt richtet und diese wiederum mit neuen Bildern reproduzierend besetzt«:[42] Von manchen wird das als Genese einer neuen »mythologischen Kunstsprache« begriffen, unentbehrlich, »um Ordnung und Bestand in die Vielfalt alltäglicher

---

[39] W. Jetter, Symbol und Ritual. Anthropologische Elemente im Gottesdienst. Göttingen 1978, 97.
[40] U. Beck (s. Anm. 17) 159.
[41] Vgl. J. Meyrowitz, Die Fernsehgesellschaft. Wirklichkeit und Identität im Medienzeitalter. Weinheim/Basel 1987; C. D. Rath, Rituale der Massenkommunikation. Berlin 1983.
[42] W.-R. Schmidt, Opium des Volkes? Über Medienreligion und strukturelle Entzauberung des Alltags. In: H. N. Janowski (Hg.), Die kanalisierte Botschaft. Religion in den Medien - Medienreligion. Gütersloh 1987, 94-110, hier 108.

Vorhandenheit zu bringen«.[43] Vorstellbar ist, daß die Bildschirmmythen gerade im Blick auf die offenen, wiederholbaren Lebensläufe in der Risikogesellschaft eine rechtfertigende, segnende Funktion - vergleichbar den Leistungen der *rites de passage* - erfüllen.

(d) Freilich ist auch mit der Möglichkeit zu rechnen, daß unter dem Druck immer neuer Individualisierungsschübe das Bedürfnis nach ritueller Begleitung des Lebenszyklus wie auch die Fähigkeit zu ritueller Kommunikation zunehmend schwindet, wenn nicht gar erlischt; ich erinnere an die von uns eingangs bereits bedachte ›dritte Variante‹. Die englische Kulturanthropologin Mary Douglas hat hierzu eine interessante These beigesteuert; sie meint festgestellt zu haben, daß zwischen der »Aufnahmefähigkeit für verdichtete Symbole«[44] und damit der Ritualfähigkeit auf der einen Seite sowie der Geschlossenheit sozialer Gruppen, dem in ihnen herrschenden Konformitätsdruck und der Dichte solidarischer Gruppenbindungen auf der anderen eine positive Korrelation besteht. Wenn dem so ist, muß mit einem Rückgang ritueller Bedürfnisse und rituellen Verhaltens in entsprechend mobilen und permissiven Gesellschaften gerechnet werden, in denen »personale« statt »positionaler« Sozialisationsmuster dominieren, die einen flexiblen Umgang auch mit zugewiesenen oder selbst gewählten gesellschaftlichen Rollen ermöglichen.

Zu fragen bleibt, ob nicht in Wahrheit hier eine bislang kaum erkannte Transformation rituellen Verhaltens stattfindet, eine Verlagerung etwa in den Bereich von Karriere, Konsum, Unterhaltung, Therapie: Wo, so muß man fragen, begegnen hier Handlungen und Verhaltensweisen, die über ihren funktionellen Zweck hinaus auch noch einen symbolischen, orientierenden, legitimierenden Sinn erfüllen?

Die Frage ist auch im Blick auf die von uns vermuteten neuartigen Bedürfnisse nach Orientierungs- bzw. Erneuerungsritualen in den ›Ebenen‹ des Lebenslaufes zu bedenken: Hier geht es ja nicht um Übergänge in einen neuen Status, auch nicht um die Übernahmen neuer gesellschaftlicher Rollen, sondern um eine Vergewisserung im laufenden Rollen-Spiel. Es scheint, daß dies für die Teilnehmer an den von Beck beschriebenen Gesellschafts-Spielen eine wachsende Bedeutung gewinnt, womöglich gar - aus Gründen, die etwas mit den Spielregeln zu tun haben - die ursprünglichen, mit den Lebenswendepunkten verbundenen Bedürfnisse überlagert.

III. DIE RELATIVIERUNG RELATIVIEREN: RAUM FÜR NEUE LEBENSFORMEN UND ENTLASTENDE GEGENDEUTUNGEN

Wir haben gelernt: Im Prozeß der gesellschaftlichen Differenzierung - genauer: »der Ausdifferenzierung aller gesellschaftlich bedeutsamen Funktionen (wie Politik, Recht, Wirtschaft, Bildung) zu autonomen Teilsystemen«[45] - werden auch Religion und Kirche zu einem Teilsystem neben anderen, verlieren ihre alles bestimmende und durchdringende Bedeutung. Dennoch leisten sie - wie die anderen Teilsysteme auch - weiterhin einen spezifischen Dienst am gesellschaftlichen Ganzen, und zwar einmal im

---

[43] Ebd. 108.
[44] M. Douglas, Ritual, Tabu und Körpersymbolik. Sozialanthropologische Studien in Industriegesellschaft und Stammeskultur. Frankfurt/M. 1986, 20 u. ö.
[45] N. Mette, Kirchlich distanzierte Christlichkeit. Eine Herausforderung für die praktische Kirchentheorie. München 1982, 57.

»Funktionsbereich der Darstellung und Vermittlung von grundlegenden Werten«,[46] zum anderen im »Funktionsbereich der helfenden, vor allem emotionalen Begleitung in Krisensituationen und an den Knotenpunkten des Lebens«.[47]

Grundlage und Kriterium für das funktionale Handeln der Kirchen, so lernen wir daraus, sind die in der Gesellschaft wie beim einzelnen manifest oder latent vorhandenen Bedürfnisse nach Darstellung und Legitimierung eines »hintergründig«[48] wirksamen Wertgefüges wie nach Begleitung in kritischen Lebenssituationen. Die Kirchen, so lernen wir weiter, müssen die Rolle, die ihnen hier zuwächst, in ihr eigenes Selbstverständnis integrieren. Das heißt vor allem: Sie müssen das sich immer stärker differenzierende Teilnahmeverhalten der überwiegenden Mehrzahl ihrer Glieder, das sich genau auf diese Rolle richtet, akzeptieren und dürfen es nicht durch »ihre Erwartungen an ein bestimmtes Mitgliedschaftsverhalten«[49] - also etwa durch die Erwartung regelmäßiger Beteiligung am gemeindlich-gottesdienstlichen Leben - konterkarieren.

Was aber heißt das angesichts der gesellschaftlichen Entwicklungen, wie Ulrich Beck sie analysiert und prognostiziert? Was bedeutet es für jene Landeskirchen, die antreten, sich als Volkskirchen zu restituieren, bzw. denen eine solche Restitution von ihren potenten Partnern nahegelegt wird? Wenn die Analyse Becks auch nur annähernd und partiell die soziale Wirklichkeit trifft, dann läuft dieses Experiment unter den Bedingungen eines kulturellen Wandels, neben dem alles, was wir in den letzten Jahren durchlebt haben, eher wie der bekannte Sturm im Wasserglas anmutet. Es ist zu befürchten, daß auch hier die Vorstellung, man könne schlicht zum *status quo ante* zurückkehren, die Realitätswahrnehmung verzerrt.

Im Grunde entsteht für die Kirche, die antritt, sich als Volkskirche im oben genannten Sinne zu restituieren, eine paradoxe Situation: Sie muß, will sie diesem Selbstanspruch genügen, ihre Kasualpraxis im Blick auf gesamtgesellschaftlich wirksame Bedürfnisse entwerfen. Sie muß zugleich die Erfahrung machen, daß sie gerade auf diesem Wege - indem sie ihren volkskirchlichen Dienstleistungsauftrag wahrnimmt - die Grundlage der ihr überkommenen Kasualpraxis zerstört.

Wenn es denn zutrifft, daß die Lebenslaufmuster und die sie regierenden Werte in jenem tiefgreifenden Wandel begriffen sind, den Beck schildert, bleiben der Kirche im Grunde nur zwei gleichermaßen unmögliche Möglichkeiten:

Sie kann einmal versuchen, den neuartigen Bedürfnissen nach »Kompensation destabilisierender Kontingenzerfahrungen«[50] in prinzipiell offenen, reversiblen, individualisierten Lebensläufen dadurch zu entsprechen, daß sie den Bewegungen des einzelnen folgt, seine jeweils auf Widerruf zu treffenden Lebens-Entscheidungen - auch deren Aufkündigung - rituell und seelsorgerlich begleitet, ihn in seinem Versagen auffängt, ihn von den Sünden gegen das eigene Ich absolviert und ihn zu immer neuen Wiederholungen seiner Versuche, das Leben zu gewinnen, ermutigt. Damit würde sie

---

[46] K. W. Dahm, Beruf: Pfarrer. München 1971, 117; vgl. M. Herbst, Missionarischer Gemeindeaufbau in der Volkskirche. Stuttgart 1987, 204.
[47] K. W. Dahm (s. Anm. 46) 117.
[48] Vgl. zum Begriff der »Hintergrundserfüllung« K. W. Dahm (s. Anm. 46) 113-115; M. Herbst (s. Anm. 46) 203f.
[49] D. Rössler, Grundriß der Praktischen Theologie. Berlin/New York 1986, 204.
[50] H. Przybylski, Strukturwandel der »Volkskirche«. Eine Bestandsaufnahme. In: VuF 32 (1987) H. 2, 62-83, hier 79.

sich aber gänzlich auf die therapeutische Spielwiese begeben und wäre in ihrer Praxis von den hier miteinander konkurrierenden Instanzen und Modellen kaum mehr zu unterscheiden.

Sie kann zum anderen - das wäre die zweite unmögliche Möglichkeit - sich mit all jenen Institutionen verbünden, die die alten, einst verbindlichen Lebenslaufmuster konservieren und die dann »die Welt nicht mehr verstehen«, wenn diese sich nicht in ihre politischen, rechtlichen, sittlichen, kulturellen Raster fügt.[51] Genausowenig wie jene Institutionen würde sie damit freilich auf Dauer den von ihr übernommenen Funktionen des lebenszyklischen Krisenmanagements und der Bürgschaft für allgemeine gesellschaftlich-kulturelle Werte gerecht. So, wie sie auf dem einen Wege in der therapeutischen Subkultur enden würde, verkäme sie auf dem anderen zu einer Institution der Folklorepflege.

Was ist zu tun? Aufgabe des Praktischen Theologen kann es wohl nicht sein, hier rasche Lösungen zu konstruieren und anzubieten. Er tut gut daran, angesichts der rasanten, in vieler Hinsicht besinnungslosen Entwicklungen, deren Zeuge er ist, einige Bedenklichkeiten - im Sinne von Denknotwendigem, Denkwürdigem - geltend zu machen.

1. Nötig erscheint es zunächst, den mit den geschilderten Entwicklungen verbundenen Wertewandel theologisch zu bearbeiten. Das kann hier nicht geschehen. In aller Vorläufigkeit lassen sich aber die folgenden Punkte benennen:

(a) Ein Individualisierungsprozeß, der den einzelnen aus der Bindung an überlieferte Lebenslaufmuster und ihre fraglosen Selbstverständlichkeiten freisetzt und ihn in bisher kaum gekannter Weise für die Gestaltung seiner Biographie selber verantwortlich sein läßt, muß nicht unbedingt dem biblischen Menschenbild widersprechen. Die Relativierung ›ständischer‹ Bindungen im weitesten Sinne - »hier ist nicht Jude noch Grieche, hier ist nicht Sklave noch Freier, hier ist nicht Mann noch Frau« (Gal 3,28) - ist nach dem Zeugnis des Paulus eine Wirkung des Evangeliums von Jesus Christus.

(b) Zu prüfen ist, ob sich nicht auch im biblischen Sinne alles schuldhafte Handeln gegen das eigene Ich, gegen die »Pflichten gegenüber sich selbst« richtet, *das* angreift und zerstört, was in religiöser Sprache *Seele* heißt. Statt vorschnell das hier angezeigte Wertgefüge zu verwerfen, sollte versucht werden, seinen positiven Sinn zu erheben: Kann nicht auch christlich davon gesprochen werden, daß es schuldhaft versäumtes Leben, schuldhaften Verzicht auf Möglichkeiten der Lebensgestaltung, der Selbstverwirklichung gibt?

(c) Freilich beschreibt die Bibel gelingendes Leben gerade nicht in den Kategorien eines immer vollkommeneren, vollständigeren Individualisierungsprozesses, sondern als eine Existenzweise, die das Zentrum außerhalb ihrer selbst findet, »in Christus« ihr Wesen und ihren Bestand hat, wobei das bei Paulus durchaus als ein Wechselverhältnis erscheint: Christus in mir (Gal 2,29), ich in ihm (2 Kor 5,17). Im Bild von der Gemeinde als dem »Leib Christi« (Röm 12,5; 1 Kor 12,27) gewinnt diese exzentrische Lebensart noch stärker überindividuelle Züge; von *einem* Geist bewegt, werden die einzelnen Lebenslaufmuster gleichsam füreinander durchlässig und verbinden sich zu einem gemeinsamen Geschick.

---

[51] U. Beck (s. Anm. 17) 158.

Wo tendenziell die vollendete Single-Gesellschaft am Horizont erscheint, müssen von einem solchen Leitbild - wenn es denn weiter tradiert, weiter gepredigt, weiter gelebt wird - notwendig gegenkulturelle, gegengesellschaftliche Impulse ausgehen.

2. Nötig erscheint weiter ein Bedenken der zentralen christlichen Initiations- und Partizipationsrituale, das ihre *soziale* Funktion im Zusammenhang ihres *theologischen* Sinns begreift. Auch hierzu müssen einige Andeutungen genügen:

(a) Die genannten Rituale und der Handlungsrahmen, in den sie eingebettet sind - sei es der altkirchliche Katechumenat, sei es die Bußpraxis, der Ordo der Dienstämter, die liturgische Zeit -, stehen zunächst keineswegs im Dienste der Heiligung des ›natürlichen‹ Lebenszyklus, sondern markieren die Stationen eines geistlichen Lebenslaufes, einer Biographie des Glaubens, die in einem deutlichen Gegensatz zu den gesellschaftlich und kulturell plausiblen Lebenslaufmustern steht.

Beispiel *Taufe:* Nicht die Geburt, sondern die Wiedergeburt zu einem neuen Leben und damit der soziokulturell höchst bedeutsame Überschritt aus der einen Welt in die andere wird hier wirksam bezeichnet und vollzogen. In einer Kultur, die sich nach Ursprung und Wesen als eine christliche begreift, verliert das seinen unmittelbaren sozialen Sinn und kann im Grunde nur noch in einer übertragenen, spirituellen Bedeutung weiter tradiert werden; Eintritt ins Leben und Eintritt in die Christenheit fallen ja jetzt zusammen. Lockert sich dieser Zusammenhang, kann auch der ursprüngliche soziale Sinn der Handlung reaktiviert werden.

(b) Nun wird im Neuen Testament die Biographie des Glaubens weithin in Entsprechung zu den Phasen und Stationen des Lebenslaufes beschrieben: Von Geburt ist da die Rede, von Reifung, von Kindschaft und Vaterschaft, auch von einer geistlichen Brautschaft, vom Sterben, das der Wiedergeburt, der *Palingenese* (Tit 3,5), vorausgeht. Das ist keineswegs nur Metaphorik, sondern muß als ein zusätzlicher Hinweis darauf gelesen werden, daß auch der Glaube in einem sozialen Zusammenhang - genauer: im Beziehungsgefüge des »Leibes Christi«, der eben auch eine soziale Wirklichkeit ist - gelebt wird. Damit ist ein Verhältnis wechselseitiger Auslegung zwischen Glaubensbiographie und - stets kulturell überformtem - Lebenszyklus vorgegeben, ein Verhältnis, das auch dort nicht aufgehoben ist, wo der Glaube *gegen* die kulturell dominierenden Lebenslaufmuster gelebt werden muß.

(c) Das heißt: Das rituelle Handeln der Kirche, das den Stationen des Glaubensweges folgt, muß damit nicht zugleich - wie es die funktionale Kirchentheorie will - die Stationen des Lebensweges absichern; aber es muß sich, in welchen kulturellen Kontexten auch immer, darauf beziehen. Es muß - auch und gerade dort, wo es gegen den kulturellen Konsens und die von ihm verordneten Normalbiographien steht - die »großen Lebensthemen als theologische Themen des christlichen Glaubens deutlich ... machen und von daher zu ihrer lebensmäßigen Bewältigung ... helfen«.[52] Es steht immer neu vor der Aufgabe, Lebensgeschichte und Glaubensgeschichte aufeinander zu beziehen, sie in einen Prozeß wechselseitiger Erschließung zu verwickeln.

Dabei vermag die biblische Überlieferung insbesondere jene Bilder, Geschichten und Symbole bereitzustellen, die für die biographische Verarbeitung lebenszyklischer Erfahrungen - auch solcher, die aus der risikogesellschaftlich bedingten grundsätzlichen Revidierbarkeit von Lebensentscheidungen herrühren - unentbehrlich sind. Praktisch-

---

[52] W. Jetter, Der Kasus und das Ritual. In: WPKG 65 (1976) 208-223, hier 214.

theologisches Handeln auf den genannten Feldern steht damit vor einer doppelten Aufgabe: Es muß zum einen ein Gespür für biographische Situationen entwickeln, das den tatsächlichen Lebens-Erfahrungen und Lebens-Nöten nicht hinterherhinkt, sondern sie auf den kritischen Punkt bringt; und es muß zum anderen die biblisch überlieferte Symbolwelt so vergegenwärtigen, daß sich darin alternative, wenn es sein muß, gegenkulturelle Lebens-Möglichkeiten für den einzelnen eröffnen.

3. Nötig erscheint es schließlich, Aufgabe und Ort kirchlicher Kasualpraxis im Zusammenhang der von Ulrich Beck festgestellten Trends der gesellschaftlich-kulturellen Entwicklung zu bedenken:

(a) Die Wahl zwischen den beiden zuvor genannten ›unmöglichen Möglichkeiten‹ - Kasualpraxis als therapeutische Subkultur oder als Folklorepflege - ist nicht zwingend. Die Kirche müßte sich freilich dazu verstehen, der neuen Gesellschaft »Gegengifte« zu injizieren - so nennt Beck sein zweites Buch, das er dem Phänomen der Risikogesellschaft widmet.[53] Sie kann, indem sie *die Relativierung der überkommenen Lebensordnungen wiederum relativiert,* Raum und Recht für die »Gestaltung und Erprobung neuer Lebensformen und Lebensstile«[54] schaffen. Zwar kann sie dann nicht unbedingt damit rechnen, für ihr funktionales Verhalten mit Terraingewinn belohnt zu werden. Aber sie vermag so den gesellschaftlich-kulturellen Entwicklungen zu folgen, ohne sich ihnen auszuliefern.

(b) Solche Widerständigkeit gegen den gesellschaftlich-kulturellen Trend heißt nun freilich nicht, »zukunftsunfähig gewordene Lebensformen«[55] rituell-seelsorgerlich zu rechtfertigen und zu verklären. Zuviel Kraft wird beispielsweise in Versuchen verbraucht, die auf die Eltern-Kind-Beziehung reduzierte Kleinfamilie, die ja ein Produkt der Industriegesellschaft und der mit ihr verbundenen Individualisierungsschübe ist, seelsorgerlich, homiletisch, rituell im Sinne einer überzeitlichen Ordnung zu stabilisieren, statt ihr die Chance zu geben, sich wiederum auf größere, generationenübergreifende soziale Zusammenhänge hin zu öffnen; das gilt auch für die rituelle Festschreibung historisch bedingter Rollenzuweisungen an Männer und Frauen.

(c) Kirche kann sich mit ihrem Handeln an den Stationen des Lebens- und Glaubensweges auch nicht an dem gesellschaftlichen Großversuch beteiligen, sozial bedingte, sozial gewirkte Risiken rituell, seelsorgerlich oder therapeutisch »wegzuindividualisieren«. Sie wird sich auch nicht auf Diakonie an den sozial und ökonomisch ›Schwachen‹ beschränken, sondern - zusammen mit den Versagern im Gesellschafts-Spiel - stützende, integrierende Mechanismen einer Verlierer-Kultur zu entwickeln versuchen, die mit der neuen Randständigkeit zu leben weiß. Gerade die Vergegenwärtigung der großen biblischen Lebens-Symbole an den entscheidenden Wegstationen kann hier jene »entlastenden Gegendeutungen«[56] liefern, die auch den Verlierern ein Leben in Würde ermöglichen.

(d) Die prinzipielle Reversibilität von Lebensentscheidungen und Lebensphasen, die zu den Merkmalen der Risikogesellschaft gehört, hat ohne Zweifel zunächst eine Einebnung lebenszyklischer Erfahrungen zur Folge, einen Verlust an Fest-Punkten, die rituell begangen werden können. Dagegen steht in gewisser Weise das von uns ver-

---

[53] U. Beck, Gegengifte. Die organisierte Unverantwortlichkeit. Frankfurt/M. 1988.
[54] U. Beck (s. Anm. 17) 152.
[55] Ebd. 203.
[56] Ebd. 144.

mutete Bedürfnis, sich gerade in den Lebens-Ebenen auch rituell auf Richtung und Ziel des eingeschlagenen Weges zu besinnen. Das wird von der kirchlichen Kasualpraxis - einschließlich ihrer agendarischen Ordnungen - bisher noch kaum wahrgenommen; das zeigt sich exemplarisch an der unsinnigen Übung, auch die erwähnten ›Spättrauungen‹, die ja rituell wie emotional einen ganz anderen Sinn erfüllen, nach der gültigen Trauagende zu vollziehen. Hier Ordnungen vorzuschlagen, die der beschriebenen Transformation rituellen Verhaltens entsprechen, könnte eine wichtige Aufgabe praktisch-theologischer Arbeit sein.

(e) Freilich erscheint es wenig sinnvoll, den Defiziten einer »ritenentleerten Kultur«[57] nun mit »leerer Ritualistik«[58], das heißt, mit der »formalen Forderung nach Ritual in einem Raum vollständiger Voraussetzungslosigkeit«[59], begegnen zu wollen; denn Rituale wirken nur dort, wo sie Werte kommunizieren,[60] wo sie in einen kulturellen Kontext eingebunden sind.

Die Folgerung liegt auch hier auf der Hand: Nur im Zusammenhang konkreter, in gewisser Hinsicht gegenkultureller Lebensformen und der in ihnen gestalteten Werte kann auch eine kirchliche Kasualpraxis der beschriebenen Nivellierung des Lebenszyklus entgegenwirken. Solche Lebensformen können sehr vielfältiger Art sein; es entspricht den risikogesellschaftlichen Bedingungen, daß sie auch gleichsam punktuell, ›auf Zeit‹ gelebt werden können. Ohne solche Versuche, mit anderen zusammen auf Zeit oder auf Dauer neue Lebens-Orte, Lebens-Stile zu gestalten, verliert die kirchliche Kasualpraxis in der Risikogesellschaft buchstäblich ihren ›Sitz im Leben‹.

---

[57] I. Rösing, Die Verbannung der Trauer (Llaki Wij'chuna). Nächtliche Heilungsrituale in den Hochlanden Boliviens. Nördlingen 1987 (Mundo Ankari I), 457.
[58] Ebd. 466.
[59] Ebd. 461.
[60] Ebd. 460: »Ohne Inhalte, Werte, Kontext sind Rituale leer, nicht minder leer als ihr Fehlen.«

Eucharistie und Lebensstil

I.

In den Märztagen 1990, so war seinerzeit auf dem Bildschirm zu sehen, wurde vor der Thomaskirche in Leipzig ein eigenartiges Denkmal errichtet: eine überdimensionale Coca-Cola-Dose, perspektivisch geschickt auf die Achse des Sakralbaus bezogen, unübersehbar für jeden, der sich der Kirche von Osten näherte. So plaziert, gewann das Monstrum selber eine gleichsam sakrale Qualität: Es signalisierte die Epiphanie einer fremden Gottheit, die machtvolle Ankunft eines neuen Kults. Um einen Gast in besonderer Weise zu ehren - so wird aus jenen Tagen berichtet -, stellten die Leipziger damals statt der sonst üblichen Getränke mit Vorliebe die kleinen Abbilder des großen Gottes-Bildes auf den Tisch; kostbare Gaben, teuer erkauft, mit den Konnotationen des Überflusses, aber auch des Opfers verbunden: Seht her, das seid ihr uns wert! Wir bringen euch etwas dar von dem, was uns heilig ist; und wenn wir mit euch aus diesem Kelche trinken, opfern wir alle zusammen dem neuen, bunten, glückverheißenden Gott.

Nun soll man gewiß den Kulturbruch, der sich in jenen Tagen in Leipzig und anderswo vollzog, nicht überbewerten: Auch vorher wurde dort schon eine Art *Cola* getrunken, und Nahrungsmittel, die entfernt an *Hamburger, Ketchup* und *Pommes frites* erinnerten, gab es auch schon zuvor. Dennoch eignete dem Monstrum vor der Thomaskirche ein eminent symbolischer Wert: Jedem, der die Zeichen der Zeit zu lesen verstand, zeigte es an, daß eine bestimmte Art von Kultur - samt dem in dieser Kultur beschlossenen Lebensstil - nunmehr definitiv die Macht übernommen hatte. Viele begriffen den Vorgang als den - lange ersehnten - Anschluß an die imperiale Welt-Kultur und feierten ihn mit Hekatomben des süßen, braunen Saftes. Manche freilich erlebten dies auch als Ausdruck einer kulturellen Okkupation, und sie behaupteten, dadurch ein entferntes Gespür für die Befindlichkeiten fremder Völker und Kulturen gewonnen zu haben, denen in ähnlicher Weise die Lebensformen und die kulturellen Symbole der nordamerikanisch-europäischen Zivilisation verordnet würden. Ein seltener Glücksfall - dürfte man ihnen glauben: Ist es doch sonst eines der schwersten Geschäfte überhaupt, ein Bewußtsein für die eigene Kultur und die sie bestimmenden symbolischen Formen zu gewinnen; dies kann, wenn überhaupt, ja nur in einem gewissen Abstand zu deren Selbstverständlichkeiten gelingen.

Ich stelle mir vor: Während draußen vor der Kirche das neue, freie Leben um die Coca-Cola-Dose pulsiert, feiern drin im Chorraum der Kirche, über dem Grab Johann Sebastian Bachs, einige Christen das lutherische Abendmahl, nehmen die Hostie, nehmen den Schluck Wein aus dem Kelch: Leib des Herrn. Kelch des Heils. Hat beides etwas miteinander zu tun? Ist es erlaubt, ist es geboten, die Liturgien aufeinander zu beziehen? Wird der *Sinn* dessen, was sich am Altar vollzieht, durch das beeinflußt, was sich vor der Kirche ereignet? Und umgekehrt: Ist das, was da über dem Grabe Bachs gesungen, gesagt, gehandelt wird, von irgendeinem Belang für das, was auf dem Markt, in den Häusern Gestalt gewinnt?[1]

---

[1] Der Beitrag führt Ansätze weiter, die ich erstmals in der *Zeitschrift für Mission* vorgetragen habe: Ein Abendmahl - viele Kulturen. In: ZMiss 16 (1990) 171-180.

II.

»Die Zusammensetzung der Nahrung«, so ist in einer Untersuchung über *Die Ernährung als psychosoziales Problem* zu lesen,[2] »die Technik ihrer Zubereitung und Konservierung sowie die Verzehrsformen sind seit der Zeit, da der Urmensch Beeren, Kräuter und Knollen sammelte sowie Tiere jagte und zu fischen anfing, zu einem verschachtelten Bedeutungssystem zusammengewachsen, das zwischenmenschliche Beziehungen ausdrückt und normiert. Dabei muß man ... feststellen, daß solche Bezeichnungssysteme auch zugleich innere Bedeutungssysteme enthalten ... Nahrungsverhalten wird deshalb zum Teil des gesamtgesellschaftlichen Kommunikationsprozesses, weil die einzelnen Elemente gleichsam den Charakter von verschlüsselten Verhaltensanweisungen annehmen.«

Das will sagen: Die Lebens-Mittel, die in einer Kultur dominieren, sind zugleich Medien der gesellschaftlichen Kommunikation, durch die sich diese Kultur konstituiert. Sie sind darin Sinnbilder des Lebensstils, den diese Kultur vorschreibt. Dieser Lebensstil findet seine Grundlage wie seinen Ausdruck in dem, *was* die Menschen jeweils zu sich nehmen und *wie* sie es zu sich nehmen. Beides hat neben einem materiellen auch einen kulturellen und sozialen Bezug: Es geht nicht nur um Fleisch und Früchte, um Getreide, Brot und Wein und die ihnen zugeschriebenen ›natürlichen‹ Signifikate; es geht zugleich um die Bedeutungen, die sich in der Produktion, vor allem aber in der Art und Weise der Konsumation der kulturtypischen Lebens-Mittel herstellen und ausdrücken.

So ereignet sich in der Herstellung menschlicher Nahrung, ihrer Präsentation, ihrer Verteilung, ihrem Verzehr so etwas wie »die Vergesellschaftung der Natur«: »Das Essen ist offensichtlich eine Tätigkeit, deren Bedeutung weit über die Funktion, Natur zur Reproduktion der physischen Natur anzueignen, hinausgeht. Das Essen als eine Form der Aneignung der Natur hat nicht nur eine materielle, sondern auch eine symbolische Bedeutung ... Das Essen ist mehr als ein bloßer Mechanismus der Befriedigung physiologischer Bedürfnisse. Das Essen repräsentiert auch eine kulturelle Form ... Das Essen ist - um es in einer Kurzformel zu fassen - eine elementare Form des Übergangs von der Natur zur Kultur.«[3] Trifft dies zu, dann sind - nach Manfred Josuttis - »von den Wandlungen in der Eßkultur alle lebensrelevanten Dimensionen des Menschseins betroffen, das Körperbild und seine Grenzen, die psychosoziale Problematik von Nähe/Distanz, die Machtverteilung in der Familie und in der Gesellschaft, die politische Zuweisung von Lebenschancen, die Ausgebeutete und Arbeitslose zum Hungern verurteilt und zugleich den eigenen Konsum von Luxusgütern steigert. Jeder Bissen, den einer zu sich nimmt, ist deshalb nicht nur durch den symbolischen Kosmos seiner

---

[2] H. J. Teuteberg, Die Ernährung als psychosoziales Phänomen. Überlegungen zu einem verhaltenstheoretischen Bezugsrahmen. In: Hamburger Jahrbuch für Wirtschafts- und Gesellschaftspolitik 24 (1979) 270; zitiert nach: M. Josuttis, Das Abendmahl als heiliges Essen. In: M. Josuttis/G. M. Martin (Hg.), Das heilige Essen. Kulturwissenschaftliche Beiträge zum Verständnis des Abendmahls. Stuttgart/Berlin 1980, 111-124, hier 112.

[3] K. Eder, Die Vergesellschaftung der Natur. Studien zur Sozialevolution der praktischen Vernunft. Frankfurt/M. 1988, 12; zitiert nach M. Josuttis, Der Weg in das Leben. Eine Einführung in den Gottesdienst auf verhaltenswissenschaftlicher Grundlage. München 1991, 253; vgl. dort auch 258: »Im Essen erfolgt die alltägliche Reproduktion des Lebens. Weil sich bei diesem Stoffwechsel die basale Vergesellschaftung der Natur vollzieht, ist die Nahrungsaufnahme beim Menschen nicht nur ein biologischer, sondern immer auch ein sozialer und symbolischer Akt.«

Kultur zubereitet, sondern auch von der sozialen Position geprägt, die der einzelne bei der Verteilung von Lebensmöglichkeiten in der Gesellschaft gewonnen hat.«[4]

Wandlungen in der Eßkultur als An-Zeichen eines tiefgreifenden sozialen und kulturellen Wandels, der alle Bereiche des individuellen wie gesellschaftlichen Lebens berührt: Unter diesem Aspekt gewinnt die monströse Cola-Dose vor der Thomas-Kirche zu Leipzig - gelesen im Ensemble der Zeichen, die sie umgeben und auf die sie verweist - in der Tat symbolischen Wert. Man hat einen Begriff, eine Chiffre geprägt, um den kulturellen Stil zu kennzeichnen, für den die Cola-Dose steht: *Fastfood-Kultur.* Das soll heißen: Statt des Pokals, statt des Glases eine Blechbüchse; statt des festlichen Weins gefärbtes Zuckerwasser; statt der Brotschale ein Stück Pappe, und darauf ein paar heiße, fettige Kartoffelstückchen und ein *Hamburger*, jene unvergleichliche, seligmachende Hostie des Fortschritts. *Fastfood-Kultur.* Das meint jedoch nicht nur die Vorliebe für hochgradig ›künstliche‹, industriell gefertigte, mehrfach ›veredelte‹, ihrem ›natürlichen‹ Ursprung bis zur Unkenntlichkeit entfremdete Produkte, sondern auch eine bestimmte Gestalt zwischenmenschlicher, kultureller Kommunikation (bzw. Nicht-Kommunikation, wobei man freilich spätestens seit Paul Watzlawick weiß, daß der Mensch nicht *nicht* kommunizieren kann[5]). *Fastfood-Kultur.* Der Begriff - als Chiffre, als Gleichnis gemeint und gebraucht - liest gewisse Erscheinungen des alltäglichen Lebens als Zeichen, als Sinnbilder eines die Kultur im ganzen prägenden Lebensstils. Er unterstellt das Vorhandensein einer übergreifenden Kommunikationsstruktur - und einer in dieser Struktur festgeschriebenen *Weltsicht* -, die sich eben auch darin ausdrückt, wie Menschen ihre Nahrungsaufnahme organisieren.

Jeder Versuch, Merkmale eines kulturellen Stils zu beschreiben, an dem man selber partizipiert, muß notwendig fragmentarisch bleiben. Unter diesem Vorbehalt läßt sich folgendes festhalten:

1. Unübersehbar ist zunächst die bereits erwähnte ›Künstlichkeit‹ der Nahrung, die Zerstörung ihrer ›natürlichen‹, ursprünglichen Gestalt. »Daß die Nahrungsmittel (wenigstens zum größten Teil) Naturprodukte sind, ist dem großstädtischen Esser einer alles umfassenden Industriegesellschaft gar nicht mehr bewußt und dem Schlemmer modernster Prägung nur genießerisches Stimulans oder Ideologie.«[6] Und daß die Speise, die man - zum Beispiel in Gestalt eines *Hamburgers* - zu sich nimmt, »etwas mit einem getöteten Tier zu tun hat«,[7] ist nicht mehr erkennbar. Solcher Entfremdung entgeht auch derjenige nicht, der sich auf die vielfältig propagierten Vollwert- und Naturkostprodukte kapriziert; ihre ›Künstlichkeit‹ offenbart sich sehr deutlich in der ideologischen Besessenheit, mit der er sein selbstgefertigtes *Müsli* herunterschlingt.

2. Ein weiteres Symptom ist die zunehmende Reduktion der Nahrungsaufnahme im Alltag auf den im Vorübergehen eingenommenen *Imbiß*, der sein häusliches Pendant in

---

[4] M. Josuttis (s. Anm. 3) 254.
[5] P. Watzlawick/J. H. Beavin/D. D. Jackson, Menschliche Kommunikation. Formen, Störungen, Paradoxien. Bern/Stuttgart/Wien [5]1980, 53.
[6] H. Heckmann, Zur Kulturgeschichte des Essens. In: M. Josuttis/G. M. Martin (s. Anm. 2) 59-68, hier 67.
[7] N. Elias, Über den Prozeß der Zivilisation. Soziogenetische und psychogenetische Untersuchungen. Bd. I. Frankfurt/M. [14]1989, 162: »Bei einem guten Teil unserer Fleischgerichte ist die tierische Form durch die Kunst der Zubereitung und der Zerlegung so verdeckt und verändert, daß man beim Essen kaum noch an diese Herkunft erinnert wird.« N. Elias sieht dies im Zusammenhang des Zivilisationsprozesses, in dessen Verlauf die Menschen »alles das zurückzudrängen suchen, was sie an sich selbst als ›tierische Charaktere‹ empfinden« (ebd.); vgl. auch M.Josuttis (s. Anm. 3) 253.

dem - jederzeit möglichen - *Griff in den Kühlschrank* findet. Hier sind Überlegungen zur »Vergemeinschaftung durchs Essen« bedeutsam, wie sie Karlheinz Messelken anstellt.[8] Er unterscheidet drei soziale Grundformen solcher Vergemeinschaftung: die »Ernährungssymbiose von Mutter und Kind«, »Vergemeinschaftungsschübe durch Festgelage« und - auf der für den Alltag überaus bedeutsamen Ebene dazwischen - »die Tischgemeinschaft im familialen Haushalt«.[9] Sie ist offenbar von den *Fastfood-Tendenzen* am stärksten betroffen; aber gerade von ihr gilt: »Sie bietet emotionale Hintergrunderfüllung, deren Abwesenheit neurotisiert.«[10] An dieser Stelle liegt es nahe, Linien auszuziehen zwischen *Fastfood-Kultur* und dem Bild einer ehe-, kinder- und familienlosen »vollmobilen Single-Gesellschaft«, wie es Ulrich Beck im Blick auf die Zukunft der (post-)modernen »Risikogesellschaft« entwirft.[11]

3. Nicht unbemerkt bleiben darf, daß die überaus ›künstlichen‹, industriell (gegebenenfalls auch ideologisch!) verfertigten Nahrungsmittel durch eine allgegenwärtige Werbung in hohem Maße mit Konnotationen, kulturell wirksamen Mit-Bedeutungen, ausgestattet werden, die weit über den Funktionsbereich physischer Sättigung hinausreichen und dem Konsumenten die Gewißheit vermitteln wollen, daß er sich mit dem Genuß des Produkts zugleich Leben, Freiheit, Schönheit, Glück einverleibt. Aller sakralen Bezüge entkleidet, in die er ursprünglich eingebettet war, wird der Vorgang der Nahrungsaufnahme hierdurch erneut (pseudo-)religiös aufgeladen, in gewisser Hinsicht re-sakralisiert, so daß Herbert Heckmann sagen kann: »An die Stelle des Gottes ist die Nahrungsmittelindustrie getreten mit ihrem Ritual des Angebots.«[12] Die Cola-Dose vor der Thomaskirche zu Leipzig spricht auch hier eine deutliche Sprache.

4. Freilich - und das wiegt vielleicht am schwersten: In allen ihren Bezügen ist *Fastfood-Kultur* ganz und gar der Gegenwart, dem Augenblick, dem raschen Verbrauch verhaftet; Vergangenheit und Zukunft, Gedächtnis und Hoffnung haben im Grunde keinen Platz in ihr. Ihrem Desinteresse an den Wurzeln - dem Desinteresse am Leben derer, von denen wir herkommen und die wir in uns tragen - korrespondiert ein Desinteresse am Geschick derer, die nach uns leben sollen, die aus uns hervorgehen, unser Leben in sich bewahren. Welt wird verbraucht - heute und hier, jetzt und sofort, vergeßlich im Blick auf die Quellen, die Ursprünge, die Lebens-Grundlagen, verantwortungslos gegenüber allem, was folgt. Im Dunstkreis der neuen, glückverheißenden Götterbilder ist weder Zeit noch Raum für ein *heiliges Essen*, ein Mahl, dessen Heiligkeit sich eben darin zeigt, daß es diese Welt und ihre Früchte mit denen teilt, die vor uns waren und die nach uns kommen werden. Denn davon redet die Cola-Dose vor der Thomaskirche auch: von unüberschaubaren Flächen getöteten, verbrannten Waldes; von riesigen Rinderherden, in die Schlachthöfe getrieben, zerstückelt, eingefrostet, per Schiff und Flugzeug versandt; von unsäglichen Massen von Müll, von verdorbenem, weggeworfenem Fleisch, von Hunger und Elend an vielen Orten der Welt.

Während draußen vor der Kirche das neue, freie Leben um die Cola-Dose pulsiert, feiern im Chorraum der Kirche einige Christen das Abendmahl. Sie formulieren damit einen Text, der neben die kulturellen Texte tritt, die die Szene im Umfeld der Kirche

---

[8] K. Messelken, Vergemeinschaftung durchs Essen. Religionssoziologische Untersuchungen zum Abendmahl. In: M. Josuttis/G. M. Martin (s. Anm. 2) 41-57.
[9] Ebd. 53.
[10] Ebd. 54.
[11] U. Beck, Risikogesellschaft. Auf dem Weg in eine andere Moderne. Frankfurt/M. 1986, 199.
[12] H. Heckmann (s. Anm. 6) 67.

beherrschen. Um diesen Text zu schreiben, stehen ihnen keine anderen Zeichen zur Verfügung als die, aus denen auch die anderen ihre Texte formen: Worte und Klänge, Bilder und Gesten, Farben und Formen, Essen und Trinken, Korn und Früchte, Brot und Wein. Was das Abendmahl bedeutet, was es zu sagen hat, was es wirkt, läßt sich darum gar nicht unter Absehung von den jeweiligen kulturellen Kontexten bestimmen.[13] Aber zugleich gilt: Die Feier über dem Grabe Bachs setzt dem Kult des raschen Verbrauchs, wie er vor der Kirche zelebriert wird, einen auch *kulturell* wirksamen Text entgegen. Dem wollen wir im folgenden nachgehen.

III.

Wie jedem Text eignet auch dem, den die Christen in ihrer Abendmahlsfeier formulieren, nicht nur *eine*, jederzeit verfügbare und bestimmbare Bedeutung. Die Fixierung der theologischen Aufmerksamkeit auf die ›Elemente‹, wie sie seit eh und je üblich ist,[14] trägt dazu bei, den Blick dafür zu verstellen. Noch vor allen theologischen Festlegungen erscheint das *heilige Essen* der Christen als eine kommunikative Handlung,[15] in der sich unterschiedliche Deutungsebenen überlagern, miteinander so etwas wie eine Sinn-Hierarchie konstituieren. Jede dieser Ebenen steht dabei in einem eigenen Verhältnis zur Kultur, zu den Kulturen:

1. Auf der ersten Ebene kommen nun in der Tat zunächst die ›Elemente‹ ins Spiel: Daß Menschen sich mit der Nahrung ein Stück Welt einverleiben - »Kosmos wird zu Mensch«[16] - und aus solcher Einverleibung Kraft, Leben und Zukunft gewinnen, gehört zu den kulturübergreifenden Bedingungen des Menschseins, die uns mit allem verbinden, was lebt. In diesem Sinne sind Brot und Wein bzw. ihre kulturellen Äquivalente tatsächlich ›natürliche‹ (besser vielleicht: universelle) Zeichen; sie zeigen an, daß wir von anderem, von anderen leben. Der Bissen, der Schluck als Lebens-Mittel: Das

---

[13] Vgl. zum hier angesprochenen Zusammenhang von *Fastfood-Kultur* und Abendmahl auch A. Kressmann, Brot der Welt - Brot des Herrn. In: ZMiss 16 (1990) 140-148: »Es ist nicht immer einfach sich vorzustellen, wie das Wirken Jesu in unserer westlichen Überflußgesellschaft noch im Abendmahl über das Symbol des Brotes aktualisiert werden kann, in einer Zeit, in der Entrecôte mit Pommes frites, Hamburger mit Ketchup, Schokolade mit Puffgetreide, alkoholische Getränke mit Crevetten- oder anderen Cocktails, tiefgekühlte ›280 Kalorien-Diät-Light-Menüs für Linienbewußte‹ usw. zum täglichen Brot gehören und das ›gewöhnliche‹ Brot oft beinahe verdrängt haben. Stellt sich hier nicht ebenso die Frage der Inkulturation des Abendmahls? Sind nicht Hamburger und Coca-Cola zu den universellsten Nahrungsmitteln aufgestiegen und müßten folglich Brot und Wein im Abendmahl ersetzen? Schließlich sagen sie, wenn nicht Sinnbild des Lebens, so doch wenigstens des Lebensstils, vielen Menschen mehr als Brot, das in der Masse anderer Nahrungsmittel untergeht und, einmal hart geworden, häufig im Mülleimer landet ...« (147f). Vgl. auch R. Bleistein, Kultur des Alltags. In: StZ 180 (1988) 471-481.
[14] Vgl. M. Josuttis, Zur Hermeneutik des Abendmahls. In: D. Zilleßen/St. Alkier/R. Koerrenz/H. Schroeter (Hg.), Praktisch-theologische Hermeneutik. Ansätze - Anregungen - Aufgaben. FS H. Schröer. Rheinbach-Merzbach 1991, 411-422; er spricht von einer doppelten »Isolierungstendenz«, die den Blick auf die Abendmahlswirklichkeit verstellt, und nennt neben der »Verabsolutierung der Texte« auch die Fixierung auf die »Abendmahlselemente« (414).
[15] So P. Hünermann, Sakrament - Figur des Lebens. In: R. Schaeffler/P. Hünermann, Ankunft Gottes und Handeln des Menschen. Thesen über Kult und Sakrament. Freiburg/Basel/Wien 1977 (QD 77), 51-87; zum Problemkreis ›Evangelium und Kultur‹ vgl. ders., Evangelisierung und Kultur. In: ThQ 166 (1986) 81-91.
[16] A. Kressmann (s. Anm. 13) 145.

versteht jeder, wo und wann er auch lebt. Doch selbst auf dieser Ebene bedarf es der Deutung - im Wissen, im Wort: Es gibt das Gift, die schädliche Nahrung, das Zuviel des Guten oder Schlechten, die zur Unzeit genommene Speise, die dem Leben keineswegs förderlich ist.

»Durch jeden Akt des Essens praktiziert das Individuum einen Austausch mit der sozialen und natürlichen Umgebung«, schreibt Manfred Josuttis, und er verweist auf die Bedeutung, die »frühe Akte der Einverleibung« - im Sinne von »Einung«, aber auch von »Vernichtung« - für die Entwicklung des Menschen haben; vermitteln sie doch dem Kind »erste Erfahrungen von Zuwendung, Liebe, Geborgenheit, aber auch von Ablehnung und Bedrohung« und wirken somit weit in den psychosozialen Erlebnisbereich hinein.[17]

2. Solch gleichsam ›natürlicher‹ Sinn, wie er auf der ersten Ebene begegnet, ist jedoch nie in reiner Gestalt präsent; immer wird er von kulturellen Zuschreibungen begleitet und überlagert. Was Menschen an Speise und Trank zu sich nehmen, ist in der Regel Erzeugnis ihrer Kultur, »Frucht der Erde und der menschlichen Arbeit«[18] zugleich: »Wenn der einzelne durch diesen Akt in den Stoffwechsel-Austausch mit der natürlichen Umwelt eintritt«, schreibt Josuttis, »dann ist diese Umwelt durch die Auswahl, die Zubereitung und die Präsentation der Speisen immer schon gesellschaftlich präfiguriert.«[19] Das heißt: In den Gaben, die zum Tisch des Herrn gebracht und von dort empfangen werden, ist jeder Handgriff, jeder Gedanke, jede Empfindung gegenwärtig, die an ihnen mitgewirkt, sie hervorgebracht haben. Gegenwärtig sind die sozioökonomischen Verhältnisse, unter denen die Gaben erzeugt, verkauft, erworben wurden; gegenwärtig sind Arbeit und Muße, Schinderei und die Freude des Festes, Mangel und Überfluß, Armut und Reichtum; gegenwärtig sind Selbstbestimmung und Entfremdung, Befreiung und Bedrückung, Hoffnung und Resignation ... Nichts ist hier eindeutig: Brot kann Tränen bedeuten, Unrecht, gar Tod. Wird es in das Abendmahl hineingenommen (und das ist der Sinn der Gabendarbringung, der Gabenbereitung!), so wird es in einen Prozeß verwickelt, der in einer Art gläubigen Trotzes seine gottgewollte Bedeutung bestimmt: »Wir bringen dieses Brot vor dein Angesicht, damit es uns das Brot des Lebens werde.«[20] Das ist zugleich Protest gegen das ungerechte, das mißbrauchte Brot, das Brot der Unfreiheit, der Lüge; ein Protest, der sich bereits bei Paulus findet, wenn er den Satten, den Selbstgefälligen in Korinth schreibt: »Wenn ihr nun zusammenkommt, so hält man da nicht das Abendmahl des Herrn. Denn jeder nimmt beim gemeinsamen Essen sein eigenes Mahl vorweg, und so ist der eine hungrig, der andere betrunken« (1 Kor 11,20f).

3. Das Abendmahl ist eine Handlung: Brot wird gebracht, gesegnet, gebrochen, genommen; ein Kelch wird gefüllt, gleichfalls gesegnet, gereicht. Auf dieser Handlungsebene verwirklicht sich ein eigener Sinn: Das *eine* Brot zu Beginn - so lernen wir -, über dem die *Berakah* gesprochen wird, das gebrochen wird, von dem dann jeder seinen Bissen erhält, begründet die Gemeinschaft des Mahles, fügt die Essenden zu einer leiblichen

---

[17] M. Josuttis (s. Anm. 3) 249f, 252.
[18] So in den Begleitgebeten zur Gabenbereitung im neuen deutschen Meßbuch der römisch-katholischen Kirche.
[19] M. Josuttis (s. Anm. 3) 253.
[20] So in den Begleitgebeten zur Gabenbereitung im deutschen Meßbuch (s. Anm. 18).

Gemeinschaft, einer Leib-Gemeinschaft zusammen.[21] Und es ist dieser Handlungssinn, an den Jesus anknüpft, wenn er sagt: »Das ist mein Leib.« Und der *Kelch der Segnung* am Schluß (1 Kor 10,16; 11,25) bekräftigt den Gottesbund, in dem sie alle miteinander stehen, läßt sie Hoffnung trinken, Gerechtigkeit und Leben.[22] Und es ist dieser Handlungssinn, der Jesus sagen läßt: »Dieser Kelch ist der neue Bund in meinem Blut.« Da treten die ›Elemente‹ zurück; bedeutungsträchtig, sinntragend ist die Handlung, ist das, was mit ihnen geschieht. Und diese Handlung ist Zeichen und Vollzug sozialer Relationen, ist ein Geschehen, in dem sich Gemeinschaft herstellt, ausdrückt und erneuert.

Manfred Josuttis spricht hier vom »Zusammenhang von Mahl und Gemeinschaft« und fragt: »Woher kommt diese Kraft zur Integration? Wieso enthält der biologisch bedingte Akt der Nahrungszufuhr diese soziale Potenz? Auf welchen Faktoren beruht seine integrative Wirkung? Und welche Dispositionen psychischer und gesellschaftlicher Art müssen gegeben sein, damit die gemeinschaftsbildende Kraft des Essens zum Zuge kommt?«[23]

Daß hier noch mehr als bei der Wahl der Elemente kulturelle Bedingungen zu bedenken sind, versteht sich von selbst: Wie muß das Mahl gestaltet sein, daß sich in ihm nicht nur Ein-Verleibung von Welt, sondern auch Ein-Leibung in eine Gemeinschaft von Menschen ereignet? Zweifellos sind die Gestalten solcher Ein-Leibung in einem hohen Maße kulturabhängig. Zugleich entscheidet sich auf dieser Handlungsebene, ob das Mahl überhaupt als Ein-Leibungs-Sakrament, als Kommunion- und Partizipationsritus verstanden und gefeiert wird, oder ob es als Ritus individueller Krisenbewältigung und Heilsvergewisserung fungiert, der im Prinzip auf die Mahlgestalt verzichten kann: Um eine hilfreiche Medizin - und sei es auch die »Medizin der Unsterblichkeit« - zu verabreichen, bedarf es nicht unbedingt eines gemeinsamen Mahles.

4. Jede Handlung freilich - und damit erreichen wir eine vierte Ebene - basiert auf einem Rollengefüge, das festlegt, was einer zu tun und zu lassen, zu sagen und zu (ver)schweigen hat. »Bei den liturgischen Feiern«, schreibt die Liturgiekonstitution des II. Vatikanischen Konzils, »soll jeder, sei er Liturg oder Gläubiger, in der Ausübung seiner Aufgabe nur das und all das tun, was ihm aus der Natur der Sache und gemäß den liturgischen Regeln zukommt.«[24] Auch ein solches Rollengefüge ist sinntragendes Zeichen, ist Sinnbild: Herrschaftsverhältnisse drücken sich in ihm aus, Macht und Ohnmacht, aber auch tätige Teilhabe, *participatio*, kommen in ihm zur Sprache.

Die Geschichte des christlichen Gottesdienstes ist voller Exempel dafür, wie gesellschaftliche und politische Strukturen auf die Gestalt der eucharistischen Feier Einfluß nehmen. Schon in den frühen Gemeinden mag man sich darum gestritten haben, wer den Vorsitz beim Mahl führen solle: der ortsansässige Hausvater, der als *pater*

---

[21] Vgl. u. a. J. Behm, Art. *klao*. In: ThWNT 2 (1935) 762-743; J. Gewieß, Art. Brotbrechen, biblisch. In: LThK² 2 (1958) 706f; K. Gamber, Liturgie übermorgen. Gedanken zur Geschichte und Zukunft des Gottesdienstes. Freiburg/Basel/Wien 1966, 24 (mit Hinweis auf die Vorschriften des Talmud, jer. Berakhot f. 10); F. Nikolasch, Brotbrechung, Mischung und Agnus Dei. In: Th. Maas-Ewerd/K. Richter (Hg.), Gemeinde im Herrenmahl. Zur Praxis der Meßfeier. FS E. J. Lengeling. Einsiedeln/Zürich und Freiburg/Wien 1976, 331-341, hier 332.
[22] Vgl. u. a. H. B. Meyer, Eucharistie. Geschichte, Theologie, Pastoral. Regensburg 1989 (GDK 4), 60, 66ff; K.Gamber (s. Anm. 21) 25f.
[23] M. Josuttis, Abendmahl und Kulturwissenschaften. In: M. Josuttis/G. M. Martin (s. Anm. 2) 11-27, hier 26.
[24] Art. 28.

familias über Frau, Kinder, Sklaven - kurzum: das »ganze Haus« - regierte, oder der haus- und besitzlose Wandercharismatiker, Urbild des ›Apostels‹.[25] Später dann wurde diese Frage zugunsten des Gemeindeaufsehers, des Bischofs, entschieden, der sein Amt in Analogie zu dem des Hausvaters verstand und führte (1 Tim 3,4f); und als er - nach der konstantinischen Wende - zu Würde und Stellung eines hohen kaiserlichen Beamten gelangte, nahm der eucharistische Gottesdienst partiell Züge eines Staatsaktes an.[26] Auch wo - wie weithin im Protestantismus - das liturgische Rollengefüge als Lehrer-Schüler-Beziehung festgeschrieben wurde (der Pastor als ›Lehrer‹ des Evangeliums und damit zugleich seiner Gemeinde), wurden natürlich ebenfalls Herrschaftsstrukturen fixiert, wurden gesellschaftliche Verhältnisse abgebildet und legitimiert.

So verwirklicht sich denn in der Gestalt des Abendmahls immer auch ein soziostruktureller Sinn. Und das heißt: Bei der Inkulturation des Abendmahls geht es wahrhaftig um mehr als um die Frage nach der Verwendung von Brot oder Süßkartoffeln, Reis oder Hirse, Maniok oder Mais oder anderen kulturspezifischen, sozial bedeutsamen Grundnahrungsmitteln.[27] Inkulturation des Abendmahls vollzieht sich auch und vor allem auf der Ebene gesellschaftlicher Relationen: Das Rollengefüge, das ihm auf der Handlungsebene zugrundeliegt, kann bestehende Strukturen abbilden und bestätigen, kann aber auch gegen sie formuliert, gegen sie in Kraft gesetzt werden.

Vielleicht ist es in solcher Hinsicht kein Zufall, wenn im Zusammenhang des johanneischen Abendmahlsberichtes Jesus vom Tisch aufsteht (den Vorsitz niederlegt, was der römische Ritus der Fußwaschung am Gründonnerstag noch deutlich zum Ausdruck bringt) und seinen Jüngern die Füße wäscht: »Denn ich habe euch ein Beispiel gegeben, damit ihr tut, was ich an euch getan habe« (Joh 13,15). - Manfred Josuttis stellt zwar gleichfalls die Frage nach dem »Zusammenhang von Mahl und Macht«, schränkt sie dann aber ein auf den »Aspekt der Einverleibung von Macht«, wie er beim Verzehr der »Lebenssubstanz« von Dingen, Tieren, Menschen, Göttern eine Rolle spielt; der von uns gemeinte Bezug kommt dabei nicht in den Blick.[28]

5. Auf einer nächsten Ebene - noch bevor wir die theologische bzw. christologische Bedeutung der Handlung erreichen - verbinden sich mit dem Mahl auch religiöse Sinnzuschreibungen, religiöse Lesarten.

Jede Kultur, ob sie sich nun selbst als religiös versteht oder nicht, muß mit mindestens drei Phänomenen fertigwerden, die sich sozialtechnologisch nur unzureichend bewältigen lassen: dem Zufall (dem glücklichen oder unglücklichen ›Geschick‹), der Schuld und dem Tod. Und darum wird sie Formeln und Mythen, Symbole und Riten entwickeln, die Zufall in Sinn verwandeln, Brücken über die Lebens-Brüche bauen, das Unbestimmbare bestimmen, dem Unverfügbaren einen Namen geben, das Endliche, Vergängliche im Unendlichen, Ewigen verankern. Faßt man den Begriff in solcher Weise, ist keine Kultur, wo und wann auch immer, gänzlich ohne Religion; und jeder Versuch, einen Glauben und seine Zeichen zu inkulturieren - von außen oder von innen -, stößt immer schon auf den dieser Kultur eigenen Kult, die ihr immanenten Sinnentwürfe und Mythologien.

---

[25] Vgl. K.-H. Bieritz/Chr. Kähler, Art. Haus III. In: TRE 14 (1985) 478-492.
[26] Vgl. Th. Klauser, Kleine Abendländische Liturgiegeschichte. Bonn 1965, 36ff.
[27] Vgl. S. Zöllner, Sakrale Mahlzeit und Abendmahl. In: ZMiss 16 (1990) 168-170; A. Kressmann (s. Anm. 13) 146.
[28] M. Josuttis (s. Anm. 23) 26.

So gelesen, ist die Installation eines solchen glückverheißenden Zeichens wie einer Cola-Dose vor der Thomaskirche zu Leipzig tatsächlich ein Vorgang von quasireligiöser Bedeutung, wie zuvor schon die Mythologien, Ikonen, Liturgien, Prozessionen und Weihefeiern des *ancien régime*. Daß das Glücks- und Freiheitszeichen nun wiederum aus dem Bereich von Speise und Trank stammt, ist gewiß kein Zufall; selbst in solch extrem säkularisierter Gestalt begegnet offenbar noch ein Rest überlieferten Wissens, das die Bewältigung von Versagen, Schuld, Tod und Trauer, den Gewinn von letztem Sinn, von beständiger Gemeinschaft, von unvergänglichem Leben an den Vollzug eines Mahles bindet: Leben, Freiheit, Frieden, Versöhnung und Glück werden herbeigegessen, herbeigetrunken. In gewisser Hinsicht schließt sich hier der Kreis: Auch auf dieser Ebene, so scheint es, begegnen universelle Strukturen, die allen Kulturen gemeinsam sind. Dazu gehört wohl auch das Wissen, daß ein Dasein in Gesellschaft, die Erschaffung und Bewahrung einer Kultur, Opfer fordert - Menschenopfer im buchstäblichen oder hiervon abgelösten, übertragenen Sinn. In der Rede von den »Opfern des Straßenverkehrs« ist sogar noch der ursprünglich blutige Sinn präsent, und »wirtschaftliche«, »soziale Opfer«, die Gliedern einer Gesellschaft abverlangt werden, können durchaus lebensbedrohliche Züge annehmen. Die Verbindung von Opfer und Mahl, wie sie in zahlreichen Kulturen begegnet, scheint jedoch in der nordamerikanisch-europäischen Weltkultur kaum mehr eine Rolle zu spielen - vielleicht ein Grund für die Unfähigkeit, der Weltzerstörung im Miteinander-Teilen (und was heißt das anderes als im Miteinander-Essen, Miteinander-Trinken, Miteinander-Feiern, Miteinander-Sein) zu begegnen. Opfer werden gebracht an Gut und Leben, blutige Opfer gar in bewußtloser Selbstverständlichkeit; doch sie werden *gegen* die Quellen des Lebens und *gegen* seine Zukunft zelebriert, im raschen Verbrauch dieser Erde und ihrer Ressourcen.

Manfred Josuttis spitzt dies zu auf die Frage nach dem »Zusammenhang von Mahl und Tod«; denn nur so läßt sich seiner Meinung nach verständlich machen, »warum der Mahlgegenstand, aber auch der Mahlvorgang als Opfer interpretiert wird.«[29] Auch ihm scheint es kein Zufall zu sein, »daß in den protestantischen Ländern, in denen die Opferhandlung aus dem Kultraum verbannt ist, der Opferakt als Selbstopfer auf dem nationalistischen, wirtschaftlichen und wissenschaftlichen Altar der Leistungsgesellschaft dargebracht wird.«[30] Er erkennt darin den »Ausdruck einer grundsätzlichen Unfä-

---

[29] Ebd. 26f. Mit R. Girard, Das Heilige und die Gewalt. Zürich 1987, 320f, sieht M. Josuttis (s. Anm. 3) 262f im »kollektive[n], kulturelle[n] Mechanismus des versöhnenden Opfers«, insbesondere im »Sündenbock-Ritual, das in den verschiedensten Kulturen vollzogen wird«, das Äquivalent für die »innerartliche Aggressionshemmung«, über die der Mensch - im Unterschied zu zahlreichen Tierarten - nicht mehr verfügt. Eine gleichsam neue Qualität wird dort erreicht, wo durch die Identifikation mit dem Opfertier - ablesbar an »identifikatorischen Gesten beim Opferverhalten« - das Opferhandeln Züge einer symbolischen »Selbstopferung« annimmt, die zugleich die »Inkorporation in das Heilige« (H. Gese, Die Sühne. In: Ders., Zur biblischen Theologie. Alttestamentliche Vorträge. München 1977 [BEvTh 78], 98) bewirkt. So gilt: »Man kann das Abendmahl nicht verstehen, wenn man den Tötungsakt im Opferverhalten nicht hinreichend beachtet«; M. Josuttis (s. Anm. 3) 266f.

[30] M. Josuttis (s. Anm. 23) 27. Auch K.-P. Jörns fragt nach den Folgen, die die Verdrängung des Opfergedankens aus dem protestantischen Gottesdienst hat: »Gleichwohl ist noch nie so viel Menschen- und Tierblut vergossen worden wie in der Gegenwart (militärisch- und industriell-maschinell und im Straßenverkehr). Macht es schon diese Tatsache problematisch, daß Opfer und (unser) Blutvergießen gottesdienstlich ausgeklammert werden, so mehr noch die andere, daß diese Tötungspraxis weitgehend (im Namen von Sicherheit, Wirtschaft, Freiheit, Humanität und Konsum) sanktioniert ist«; K.-P. Jörns/K.-H. Bieritz, Art. Kirchenjahr. In: TRE 18 (1989) 575-599, hier 594.

higkeit ..., die katastrophische Konsequenzen hat«: »Die Menschheit unter der Macht einer Ökonomie, die objektiv keine Opfer erlaubt, muß, weil sie nach ihrem eigenen Gesetz sinnvollerweise nicht mehr etwas abgeben kann, alles vernichten, die Religion, die Natur und schließlich sich selbst. Wenn die Balance zwischen Anlaß und Methode im aggressiven Verhalten gestört ist, dann droht die Selbstvernichtung des Lebens durch unsere Gattung in Totalität.«[31]

6. Damit ist die christologische Sinnebene des Abendmahls erreicht. Der Zusammenhang von Mahl und Gemeinschaft, von Mahl und Macht, von Mahl und Tod, auf den uns Manfred Josuttis aufmerksam macht, erscheint hier auf eine verwandelte, in das Geschick Jesu Christi verwobene Weise.

(a) *Mahl und Gemeinschaft*: Das Herrenmahl, so lernen wir, vermittelt die *communio*, die Lebens-Gemeinschaft mit Christus, gestaltet uns »dem Schicksal des gekreuzigten und auferstandenen Herrn« gleich, fügt uns so zur Lebens-Gemeinschaft der »eschatologische[n] Gemeinde Gottes auf der Erde« zusammen.[32] In Christus, dem neuen, eschatologischen Adam, sind zugleich alle gegenwärtig, die vor uns waren und nach uns sein werden; die Christus-Anamnese des Mahls schließt sie und ihr Geschick ein.[33] Damit steht dieses Mahl *gegen* die mörderische Vergeßlichkeit, die im raschen Verbrauch von Welt und Leben die Gemeinschaft mit den Vorfahren ebenso aufkündigt wie die Gemeinschaft mit den Nachkommen. Es steht *gegen* den Unwillen und die Unfähigkeit, das Leben und seine Güter mit anderen zu teilen.

(b) *Mahl und Macht*: Jesus Christus ist und bleibt der Herr dieses Mahles; alle menschliche Macht wird an diesem Tisch relativiert, dem Gesetz des *Dienens* (Mt 20,26; 23,11; Mk 9,35) unterworfen. Das findet seinen Ausdruck in der Rollenstruktur und in den Rollenzuweisungen, die in der Mahlhandlung wirksam werden: Der Vorsitz an diesem Tisch ist nicht Ausübung von Herrschaft, sondern Dienst. Es findet seinen Ausdruck auch in der Relativierung sozialer, kultureller, ethnischer Unterschiede in der Tischgemeinschaft selbst, für die gilt: »Hier ist nicht Jude noch Grieche, hier ist nicht Sklave noch Freier, hier ist nicht Mann noch Frau; denn ihr seid allesamt einer in Christus Jesus« (Gal 3,28).

(c) *Mahl und Tod*: Die Mahlgemeinschaft mit dem Herrn, der für uns und mit uns leidet, sich für uns und mit uns opfert, erweist sich als eine Lebens-Gemeinschaft, die - in seinem Sterben gestiftet - aus seinem geopferten Leib, seinem vergossenen Blut ihren Bestand, ihre Kraft, ihre Zukunft gewinnt. Sie ist gerade darin - und nur darin! - vorgreifende Verwirklichung zukünftiger, unzerstörbarer Lebens-Gemeinschaft mit Gott, in Gott. Mit anderen Worten: Sie klammert das Wissen darum nicht aus, daß der Mensch von Beginn an bis jetzt sein Leben dadurch fristet, »daß er sich an Fleisch und Blut seiner Mitgeschöpfe vergreift« - an menschlichen wie nicht-menschlichen Mit-

---

[31] M. Josuttis (s. Anm. 3) 269; er nimmt damit Bezug auf das Prinzip der »Veräusgabung«, wie es nach G. Bataille im kultischen Opfer - gegen die »Verdinglichung« des Lebens, den »utilaristischen Umgang des Menschen mit seiner Umwelt« - wirksam wird: Es droht »der gesellschaftliche Kollaps, wenn die Praxis der Verausgabung unter dem Diktat des Wachstumsgesetzes nicht mehr realisiert werden kann« (ebd. 264f).

[32] E. W. Stegemann, Das Abendmahl im Kontext antiker Mahlzeiten. In: ZMiss 16 (1990) 133-139, hier 139.

[33] Vgl. J. Mbiti, Eucharistie, Koinonia und Gemeinschaft in der afrikanischen Christenheit. In: ZMiss 16 (1990) 149-154, hier 153.

geschöpfen in gleicher Weise. »Weil die Trennung,« so lesen wir bei Josuttis, »die das Gemeinschaftsmahl überwindet, nicht in einer neutralen Distanz besteht, sondern die Zone der schuld- und todbesetzten Geschichte umfaßt, ist die neue Gemeinschaft der Menschen untereinander und mit ihrem Gott nur herstellbar durch Versöhnung ... Das Abendmahl in dieser Sicht ist Erfüllung und Überwindung des menschlichen Opferwesens zugleich ...«[34]

Der Herr dieses Mahles - und das ist vielleicht die umfassendste Aussage, die sich auf dieser Ebene treffen läßt - steht mit seinem Tod *für* das Leben, mit seinem Leben *gegen* den Tod. Damit verpflichtet er die Mahlgenossen zu einem »eucharistischen Lebensstil«, der solches Engagement für das *Leben* in sozialethische Haltungen und Handlungen umsetzt: »Durch einen eucharistischen Lebensstil geschieht es, daß wir Jesus Christus als das Leben der Welt feiern und bezeugen.«[35]

In der ökumenischen Diskussion wird die Frage eines »eucharistischen Lebensstils« schon seit längerem erörtert. Mit Bezug auf die Lima-Erklärung zu Taufe, Eucharistie und Amt formulierte die Vollversammlung des Ökumenischen Rates der Kirchen in Vancouver: »Ebenso spricht sich der Text über die Eucharistie ausdrücklich für eine Art eucharistischen Lebensstiles inmitten der Kämpfe um Gerechtigkeit, Frieden und Freiheit in der heutigen Welt aus.«[36] »Die eucharistische Feier«, so heißt es in Art. 20 der Lima-Erklärung über die Eucharistie, »ist eine ständige Herausforderung bei der Suche nach angemessenen Beziehungen im sozialen, wirtschaftlichen und politischen Leben (Mt 5,23f; 1 Kor 10,16f; 11,20-22; Gal 3,28). Alle Arten von Ungerechtigkeit, Rassismus, Trennung und Mangel an Freiheit werden radikal herausgefordert, wenn wir miteinander am Leib und Blut Christi teilhaben. Durch die Eucharistie durchdringt die alles erneuernde Gnade Gottes die menschliche Person und Würde und stellt sie wieder her ... Als Teilnehmer an der Eucharistie erweisen wir uns daher als unwürdig, wenn wir uns nicht aktiv an der ständigen Wiederherstellung der Situation der Welt und der menschlichen Lebensbedingungen beteiligen.«[37]

So viel scheint deutlich: Zieht man all die Sinnebenen, die der christologischen vorgelagert sind, von ihr ab, bleibt vom Herrenmahl nichts als ein abstrakter, mit allerhand theologischen, auch ideologischen, Bedeutungen überfrachteter und gerade darum lebloser - vom Leben gelöster, lebensleerer - Ritus. Die Bedeutungen, die die christologischen Sinnebene konstituieren, werden gleichsam aus dem Material geschlagen, das die anderen Sinnebenen bereitstellen; sie sind überhaupt nicht denkbar, nicht sagbar ohne die zu Geschichten, Bildern, Zeichen, Strukturen verdichteten Erfahrungen, die auf den anderen Ebenen begegnen: Wer wollte vom Christus-Mahl, der Christus-Gemeinschaft, der Christus-Herrschaft, dem Kreuz Christi reden, wenn er nicht zuvor schon etwas von Mahl, Gemeinschaft, Macht und Tod erfahren hätte? Aber auch umgekehrt gilt: Was

---

[34] M. Josuttis (s. Anm. 2) 121.
[35] Ph. Potter, zitiert nach G. Roth, Abendmahlsgebet und eucharistischer Lebensstil. In: W. Reich/J. Stalmann (Hg.), Gemeinde hält Gottesdienst. Anmerkungen zur Erneuerten Agende. Hannover 1991 (Leiturgia NF, I), 77-84, hier 77.
[36] Ebd. 77.
[37] H. Meyer/H. J. Urban/L. Vischer (Hg.), Dokumente wachsender Übereinstimmung. Sämtliche Berichte und Konsenstexte interkonfessioneller Gespräche auf Weltebene 1931-1982. Paderborn und Frankfurt/M. 1983, 563.

sich auf der christologischen Ebene an Sinn zeigt, läßt die anderen Ebenen nicht unberührt. Es greift die dort gegenwärtigen kulturellen, auch kultisch-religiösen Gehalte und Gestalten an, wandelt sie um, gewinnt selber - immer wieder von neuem - eine kulturelle Gestalt.

IV.

»Es gibt kein Christentum jenseits irgendwelcher Kultursynthesen«:[38] Das gilt natürlich auch für den Gottesdienst, also für jenes Handlungsfeld, auf dem sich dieses Christentum - samt dem, was es begründet und bewegt - im Medium symbolischer Kommunikation darstellt, bezeugt und vollzieht; und es gilt erst recht für das Abendmahl, den eucharistischen Gottesdienst, der in seiner Geschichte stets Ausdruck und Mittel fortwährender Inkulturation des Christenglaubens war.[39]

Zweifellos steht am Beginn dieses Glaubens so etwas wie ein Kulturbruch: Angesichts des in naher Zukunft erwarteten Endes verliert alle kulturelle Verwirklichung an Gewicht; der Ausgang dieses Äons ist auch das Ende seiner Kulturen. Doch selbst solch radikale Kulturkritik bedarf der kulturellen Gestalt, um sich aussprechen und vermitteln zu können: Wenn die junge Gemeinde das neue Jerusalem träumt, wenn sie sich zum eschatologischen Heilsmahl versammelt, das Brot bricht und den Kelch segnet, wenn sie in Zungen redet und neue Psalmen singt (Kol 3,16), greift sie auf überlieferte kulturelle »Hervorbringungen«[40] zurück, geht sie kulturelle Synthesen ein. Doch bleibt der eschatologische Bezug als »Einsicht in eine prinzipielle Relativität aller vorfindlichen kulturellen Wirklichkeit«[41] kirchen- wie liturgiegeschichtlich virulent; manifest wird er immer wieder dort, wo Bilderstürmer ausgetrocknete Kultursynthesen zerschlagen und - unter Beschwörung der ›Ursprünge‹ - ihrem Widerspruch (gegen)kulturellen Ausdruck verleihen. Dabei sind sie häufig - meist, ohne es selber zu wissen - Propheten und Protagonisten einer neuen kulturellen Synthese, die im Schoße der alten heranreift, sie innerlich aushöhlt, schließlich ihre Schale sprengt, sich an ihre Stelle setzt.[42] Doch es gibt auch das entgegengesetzte Phänomen: Eine überlieferte

---

[38] K. Tanner, Art. Kultur. In: WdC 700-702, hier 701; vgl. auch F.-W. Graf/K. Tanner, Art. Kultur II. In: TRE 19 (1990) 187-709.

[39] Die Frage der ›Inkulturation‹ des christlichen Gottesdienstes wird auf Kongressen und in der Literatur vielfach erörtert; vgl. u.a. die Beiträge zur Studientagung 1990 der *Arbeitsgemeinschaft Katholischer Liturgikdozenten* (AKL) in Erfurt, in: LJ 41 (1991) 1-48, sowie die Berichte und Beiträge zum 12. Internationalen Kongreß der *Societas Liturgica* 1989 in York, in: LJ 39 (1989) 253-264; StLi 20 (1990) 1-112.114-161. Unter den neueren Veröffentlichungen zur Thematik sind zu erwähnen: F. Furger, Inkulturation - eine Herausforderung an die Moraltheologie. In: NZMi 40 (1984) 177-193; K. Blaser, Kulturschock und Evangelium. In: ZMiss 11 (1985) 156-160; M. Plathow, Einheit des christlichen Glaubens und kulturelle Verschiedenheit. Zur Frage einer »Theologie der Kultur«. In: ThZ 45 (1989) 53-68; A. J. Chupungco, Liturgies of the Future. The Process and Methods of Inculturation. New York 1989. Mit Bezug auf das Werk Romano Guardinis erörtert das Thema A. Schilson, Kulturelle Dimensionen des christlichen Kults. In: LJ 42 (1992) 150-165. Eine Liturgik, die den »Gottesdienst als kulturellen Kosmos« begreift und beschreibt, hat jetzt R. Volp vorgelegt: Liturgik. Die Kunst, Gott zu feiern. Bd. 1: Einführung und Geschichte. Bd. 2: Theorien und Gestaltung. Gütersloh 1992, 1994.

[40] K. Tanner (s. Anm. 38) 700.

[41] Ebd. 701.

[42] Von R. Schaeffler, Kultur und Kult. In: LJ 41 (1991) 73-87 wird diese Dialektik - womöglich aufgrund eines zu engen, ideologisch fixierten Begriffs von Kultur - nicht ausreichend bedacht; er begreift zwar den Zusammenhang von Kult und Kultur als »spannungsreiches Wechselverhältnis« (75),

kulturelle Gestalt des Gottesdienstes, auch des Abendmahls, wird festgeschrieben, um sterbende soziokulturelle Verhältnisse am Leben zu erhalten, womöglich in ›bessere Zeiten‹ hinüberzuretten. Auch so kann das Abendmahl gegenkulturelle Züge gewinnen; und es ist nicht ausgeschlossen, daß die darin aufbewahrte Synthese unter besonderen geschichtlichen Umständen zum Ausgangspunkt und zum Steinbruch neuer Aufbrüche wird. Dabei wird deutlich: Es gibt nicht nur die Diffusion unterschiedlicher zeitgenössischer Kulturen, sondern auch gewisse ›Ungleichzeitigkeiten‹ innerhalb der betreffenden Kulturen selber, die zu immer neuen Synthesen nötigen. Beispiel Abendmahl: In manchen christlichen Kirchen wird das Mahl hier und da noch in einer Weise gefeiert, die dem kulturellen Stand einer traditional-ständischen Gesellschaft entspricht; Sprache, Rollenverteilung, Kommunikationsmodalitäten tragen erkennbar herrschaftliche Züge, verteilen liturgische (und darin auch kirchlich-gesellschaftliche) Macht auf einseitige Weise, verhindern Partizipation. Versuche, diese Synthese aufzubrechen - die *actuosa participatio* aller zu ermöglichen,[43] den Gemeinschaftsbezug zu betonen, die Mahlgestalt zu verdeutlichen -, zielen letztlich darauf ab, die überlieferte Handlung in gegenwärtige Kultur einzuwurzeln, in Gestalt einer neuen Synthese zu inkulturieren.

Inkulturation des Abendmahls, Einwurzelung des eucharistischen Handelns in kulturelle Kontexte: Das ist nicht nur eine Aufgabe, vor der christliche Gemeinden in Afrika, Asien, Lateinamerika stehen. Das ist ein fortwährender, unabschließbarer Prozeß, der sich überall, immer und unausweichlich dort vollzieht, wo Menschen unter den Zeichen eines Mahles das Gedächtnis Christi begehen (1 Kor 11,24f). Eine Frage, immer wieder gestellt, lautet: Wie kann das *heilige Essen* der Christen - derart in den fortwährenden Prozeß kulturbezogener Kommunikation des Evangeliums verwickelt - dennoch seine Identität als Herrenmahl, als *anamnesis* des *einen* Herrn Jesus Christus, der das *eine* Wort Gottes ist, bewahren? Eine andere Frage, nicht weniger wichtig, stand am Beginn unserer Überlegungen: Ist das, was da am *Tisch des Herrn* gehandelt wird, was da an Lebens-Möglichkeiten, an Lebens-Stil erfahrbar wird, von irgendeinem Belang für das, was auf dem Markt, in den Häusern geschieht? Die Antwort auf *beide* Fragen kann nicht nur theologisch formuliert werden; sie muß auch ihren kulturellen Ausdruck finden. Jesus Christus als derjenige, der alle Kultur, alle Kulturen sowohl bestätigt als richtet:[44] Nur in solcher Spannung kann sich auch die Inkulturation des Abendmahls vollziehen. Dem wollen wir abschließend in einigen Schritten nachgehen.

1. Der Jude Jesus von Nazareth, so bezeugt es die neutestamentliche Überlieferung, hat seinen Lebens-Sinn in eine jüdische Mahlzeit eingestiftet. Sein Ursprung bindet das Abendmahl nicht nur allgemein an die antike, sondern sehr konkret an die jüdisch-palästinensische Mahl-Kultur; und es kann wohl nur so lange Abendmahl bleiben, wie es - durch alle geschichtlichen Verwandlungen hindurch - diesen seinen Ursprung nicht verleugnet, sondern ihn auch als Mahl-Zeichen festhält.

---

ignoriert aber das Wechselspiel von Kultur und Gegenkultur, das sich darin - notwendig! - ausdrückt. Der von ihm konstatierte »Kultur-Überdruß« (79) weist in seiner Geschichtsverdrossenheit und -vergessenheit zwar gewisse Entsprechungen zu den von uns beschriebenen Phänomenen einer (als Gleichnis gemeinten!) *Fastfood-Kultur* auf, wird aber nicht als Versuch einer eigenen kulturellen (und, wie gezeigt, auch pseudo-kultischen) Verwirklichung verstanden.

[43] Das war das Anliegen der Liturgiereform des II. Vatikanischen Konzils; vgl. z. B. die Art. 11, 14, 19, 21, 26, 27, 28, 30, 48, 50 der Liturgiekonstitution.

[44] K. Blaser, Art. Kultur und Christentum. In: EKL³ II, 1513-1520, hier 1517, in Aufnahme von Nairobi 1975.

Dabei denken wir weniger an die Elemente - auch Brot und Wein können natürlich als Rückverweise solcher Art gelesen werden -, sondern eher an die Mahlgestalt als solche: Daß die Kirche als eine Mahlgemeinschaft in die Geschichte eintritt und sich in ihr immer wieder als Mahlgemeinschaft begründet, schuldet sie diesem ihren Ursprung. Dabei ist es insbesondere Gestalt und Gehalt des *Brotbrechens*, an dem sich der christologisch-ekklesiologische Sinn des Mahles - *koinonia* mit Christus in der *koinonia* seines Leibes (1 Kor 10,16f; Apg 2,42) - festmachen läßt; und es ist der überlieferte Becherritus, der die Mahlgenossen in den Opfertod Jesu ein-verleibt und ihnen so den Zugang zum neuen Gottesbund eröffnet. Für beides kulturelle Entsprechungen zu entdecken, scheint wichtiger, als endlos die Frage der Elemente zu traktieren. Kulturen, die das *heilige Essen* noch kennen,[45] finden womöglich leichter einen Zugang hierzu als die Kirchen, die sich in einer - von ihnen mitfabrizierten - *Fastfood-Zivilisation* etabliert haben.

2. Zugleich schreibt das Neue Testament - ich denke insbesondere an den von Paulus überlieferten Einsetzungsbericht - einen unüberhörbaren, unübersehbaren Widerspruch gegen alle Kultur in den Ursprungssinn des Abendmahls hinein: »Bis er kommt« (1 Kor 11,26) - also auf Widerruf, unter eschatologischem Vorbehalt - wird das Mahl gefeiert, und der unter den Zeichen des Mahles verkündigte, vergegenwärtigte Opfertod Jesu setzt aller Kultur dieser Weltzeit eine Grenze. Das Problem liegt darin, daß es wenig nützt, diesen Widerspruch theologisch festzuhalten, ohne ihn zugleich kulturell - also auf den verschiedenen Sinnebenen des Mahles und in den Zeichen, die ihnen entsprechen - zu markieren. Daß eine solche Kennzeichnung des Widerspruchs notwendig gegenkulturelle Züge gewinnen muß, ist deutlich.

Damit vertieft sich der oben aufgewiesene theologische Sinn jener Dialektik von Inkulturation und Konter-Kulturation in der Kommunikation des Evangeliums: Gefangenschaft wie Freiheit des Evangeliums finden ihren kulturellen Ausdruck auch unter den Zeichen des Mahles. Das Abendmahl kann so gehalten werden, daß es Christus zum Gefangenen einer bestimmten Kultur - manchmal auch nur einer spezifischen Kulturschicht oder Gruppenkultur - macht; andererseits kann es, wo es dem freien Wort, dem freien Handeln Christi und seinem Widerspruch Raum läßt, als Angebot einer (gegen-)kulturellen Alternative erfahren werden.

Die Evangelien sind voller Geschichten, in denen Jesus als Gegenspieler bestimmter kulturell-religiöser Festlegungen und Gewohnheiten seiner Umwelt erscheint; so setzt er den Gesellschaftsspielen seiner Zeit, mit denen kulturell, religiös und sozial bedeutsame Trennungslinien aufgerichtet und festgeschrieben werden, ebenso provozierende wie wirksame Gegenspiele entgegen - er läßt Frauen und Kinder bei sich zu, ißt und trinkt mit den Zöllnern und Sündern. Vielleicht darf auch die Mahlpraxis der frühen Kirche, in der sich die Gemeinschaft der Ungleichen (und Ungleichzeitigen!) auf ebenso sinnenfällige wie soziokulturell wirksame Weise darstellt und durchsetzt, als ein solches Gegenspiel begriffen werden. Gerade auf solchem Hintergrund gilt: »Unheilvoll ist die Verwurzelung des Evangeliums in einer Kultur dann, wenn sie zum Archaismus verkommt oder den konkreten Herausforderungen des armen Volkes ausweicht.«[46] Damit werden Kriterien benannt, die dem von uns festgehaltenen Lebens-Sinn des Mahles entsprechen.

---

[45] Vgl. H. Baltz, Heiliges Essen und Abendmahl bei den Bakossi. In: ZMiss 16 (1990) 155-161.
[46] K. Blaser (s. Anm. 44) 1517f im Anschluß an A. Karamaga.

3. Dieser Lebens-Sinn des Mahles, der sich uns beim Durchgang durch seine Sinnebenen zeigt, steht gegen jeden vergeßlichen, räuberischen Verbrauch von Welt und Leben. Wo es diesem Sinn folgend gefeiert wird, gerät es notwendig zur *Unterbrechung* jenes »Produktions- und Verbrauchsterrors«[47], wie er in den Erscheinungen einer *Fastfood-Kultur* seinen real-symbolischen, fast schon kultischen Ausdruck findet. Solche *Unterbrechung* muß sich zugleich - soll sie überhaupt (gegen-)kulturell wirksam werden - auf jene *Zeichen* beziehen, in denen sich das Wissens- und Wertesystem der *Fastfood-Kultur* ausdrückt und herstellt.

(a) Ist eines dieser Zeichen der im Vorübergehen eingenommene *Imbiß* bzw. der *Griff in den Kühlschrank*, so kann die Wiedergewinnung, die Verdeutlichung, die Entfaltung der Mahlgestalt der Eucharistie als ein erkennbares Gegenzeichen wirken. Hier bahnt sich eine liturgiegeschichtlich bedeutsame Umkehrung semantischer Achsen an: Konnte die Stilisierung der Mahlgestalt und der Mahlelemente, ihre Reduktion auf den einen - kaum noch als Brot erkennbaren - Bissen, den einen Schluck, seit den frühesten Zeiten eben auch die Differenz zwischen *profanem* und *heiligem Essen* markieren, so wird es in Zukunft wohl eher die entfaltete, festliche Mahlgestalt sein, mit der sich die Vorstellung wie die Erfahrung eines *heiligen Essens* verbinden läßt - eines Essens, das sich in Gestalt und Vollzug deutlich von den kulturell dominanten Formen der Nahrungsaufnahme in einer »vollmobilen Single-Gesellschaft« unterscheidet.[48]

(b) Ist ein weiteres Zeichen die bis zum Exzess getriebene *Künstlichkeit* der Nahrung, so kann wiederum die *Ursprünglichkeit*, die *Authentizität* nicht nur der Mahlelemente, sondern der Mahlgestalt im ganzen - der Worte, Gesten, Vollzüge, die sie konstituieren - als mögliches Gegenzeichen fungieren. Steht nämlich *Fastfood-Kultur* nicht nur für eine Verfremdung der Nahrungsmittel bis zur Unkenntlichkeit, sondern - darin - möglicherweise auch für eine Verfremdung, eine Verstümmelung der Beziehungen von Mensch zu Mensch, von Mensch zu Gott, von Mensch zu Welt, so wird das *heilige Essen* der Christen diese Beziehungen buchstäblich ›zeigen‹ und pflegen; zum Beispiel dadurch, daß Brot, Wein und andere Mahl-Elemente eben auch in ihrer kreatürlichen Qualität - als gottgegebene Lebens-Mittel und Mit-Geschöpfe des Menschen - zur Darstellung und zur Sprache kommen.

Gabendarbringung und Gabenbereitung erhalten von daher ein neues Gewicht. Eine Reduktion auf *elementare* Gestalten zwischenmenschlicher Kommunikation - auf das unverfälschte Element, das von allem Überflüssigen befreite Wort, auf die einfache, genaue Geste[49] - könnte zusätzlich dem »Kult des Konsumismus«[50] auf wirksame Weise widersprechen.

---

[47] G. M. Martin, Ausverkauf oder armes Theater. Unser Kultus im Kontext gegenwärtiger Kultur. In: ZGDP 8 (1990) H. 6, 31-35, hier 34.
[48] Solche ›Gegenzeichen‹ werden natürlich auch außerhalb von Kirche und Gemeinde überall dort gesetzt, wo eine authentische Mahlkultur im hier gemeinten Sinne erneuert, gepflegt und entwickelt wird; angesichts des z. B. von U. Beck (s. Anm. 11) beschriebenen gesamtgesellschaftlichen Trends eignet solchen Versuchen freilich fast schon ein subkultureller Charakter.
[49] Vgl. G. M. Martin (s. Anm. 47) 34; er verdeutlicht dies an dem von Jerzy Grotowski entwickelten Konzept des »Armen Theaters«.
[50] Ebd. 35.

(c) Wenn beim *heiligen Essen* der Christen im Mahlgebet der »verstorbenen Brüder und Schwestern«[51] gedacht und das Christusgedächtnis in Gemeinschaft mit der »Kirche auf der ganzen Erde«[52] begangen wird, so setzt dies ein Zeichen gegen die *Vergeßlichkeit*, wie sie dem Kult des raschen Verbrauchs eignet, ein Zeichen gegen das Desinteresse an den Wurzeln, am Geschick derer, die vor uns waren, ein Zeichen auch gegen die Gleichgültigkeit gegenüber den Mit-Lebenden, den Mit-Geschaffenen in der Nähe und in der Ferne. Eine ausdrückliche *intercessio pro futuris*[53] - die Einbeziehung der Kommenden, der Ungeborenen in das Christusgedächtnis und die Christusgemeinschaft des Mahls - könnte das Gegenzeichen, das hier gesetzt wird, ergänzen und verstärken.

(d) Um als Gegenzeichen eine »heilsame Unterbrechung des unendlichen und oberflächlichen Waren-, Wort- und Menschenaustausches«[54] anzeigen und bewirken zu können, darf sich das *heilige Essen* der Christen freilich nicht selber der »Logik des Marktes« ausliefern. Gerhard Marcel Martin verweist auf den »ungeheuren Textkonsum in Liturgie und Predigt«,[55] der dieser Logik Tribut zollt und die »messianische und apokalyptische Botschaft ... in ein ›Seid nett zueinander‹« nivelliert.[56] Und Manfred Josuttis warnt vor den Folgen einer angebots- und marktorientierten Herabsetzung der »Hemmschwellen zum Sakramentsempfang«: »Das Abendmahl soll zugänglicher werden. Das bedeutet aber zugleich: Es kann nun auch leichter konsumiert werden. Konsumiert in dem Sinn, daß beim heiligen Essen fehlt, was schon zu jedem guten profanen Essen dazugehört: Zeit zur Vorbereitung, Zeit zum Empfang, Zeit zur Verarbeitung.«[57]

Gewiß: Das *heilige Essen* der Christen, als Gegenzeichen[58] zu *Fastfood-Kultur* und *Fastfood-Kultus* formuliert, gestaltet und gelesen, kann ökonomische Strukturen und Zwänge nicht aufheben. Aber es kann sie *unterbrechen* und *überschreiten*. Es kann - inmitten einer korrumpierten, käuflichen, künstlichen, im »postbabylonischen Exil des Konsumismus« gefangenen Welt - die Erfahrung »einer Wirklichkeit letzter Güte und Klarheit«[59] vermitteln. Es kann und darf auf seine Weise dem Kult der neuen, schönen, bunten Heils- und Glücksgottheiten widerstehen.

---

[51] Drittes Hochgebet im deutschen Meßbuch (s. Anm. 18).
[52] Zweites Hochgebet im deutschen Meßbuch (s. Anm. 18).
[53] So Wilm Sanders auf dem 8. Internationalen Kongreß der *Societas Liturgica* 1981 in Paris.
[54] G. M. Martin (s. Anm. 47) 35.
[55] Ebd. 32.
[56] Ebd. 35.
[57] M. Josuttis (s. Anm. 2) 123.
[58] R. Schaeffler (s. Anm. 42) 87 weist der Kirche und ihrem Kultus die Aufgabe zu, »für die Kultur in einer Zeit, in der diese ihr angemessenes Verständnis erst finden oder wiederfinden muß, Modellfunktion zu erfüllen.« Daß dies nur über einen *gegenkulturellen* Entwurf gelingen kann, wird freilich - bedingt durch ein eindimensionales Verständnis von Kultur - verschwiegen. Auch wenn offen bleibt, wie jeweils »Kultverständnis« und »Kultvollzug« zu bestimmen sind, kann man dem Fazit, das Schaeffler zieht, jedoch zustimmen: »Die Gottesdienstgemeinde leistet der säkularen Gesellschaft diesen Orientierungsdienst um so wirksamer, je weniger sie sich ihr Kultverständnis und ihren Kultvollzug ›von außen‹ vorschreiben läßt, je konsequenter sie sich und ihren Gottesdienst vielmehr aus dessen innerer Eigengesetzlichkeit heraus versteht.«
[59] G. M. Martin (s. Anm. 47) 35.

Namenregister

Adam, A. 44-45
Albrecht, H. 99
Alkier, St. 222
Amon, K. 46-47, 49, 54-55
Antoninus Pius 46
Arens, H. 161
Augustinus, Aurelius 47-48, 52, 125
Averbeck, W. 23, 29

Bach, Johann Sebastian 188, 192-194, 218, 222
Bahr, H.-E. 41, 166
Baltz, H. 231
Baltz, U. 166
Bantzer, C. 191
Barth, H. M. 127, 129-131
Barth, K. 157
Barthes, R. 75
Bataille, G. 227
Bäumler, Chr. 89
Baumstark, A. 73
Beavin, J. H. 37, 69, 106, 220
Beck, U. 207-214, 216, 221, 232
Beckmann, J. 46, 69, 90
Behm, J. 224
Berger, P. L. 13, 41
Berger, R. 29, 31, 46-47, 49-51, 55, 73
Bergsma, J. 31, 61, 67
Berne, E. 155
Bizer, Chr. 25
Bizer, E. 94, 128
Blaser, K. 229-231
Bleistein, R. 222
Boës, A. 85, 88-89, 93
Bohren, R. 165-166
Bolz, N. 22, 24-25
Born, P. 39
Bornkamm, H. 131
Braunschweiger, H. 157-158, 167
Brecht, B. 153
Brecht, M. 124
Breymayer, R. 136
Brunner, P. 29
Buchwald, G. 123
Bugenhagen, Johann 88, 90, 93

Bultmann, R. 32
Burger, H. O. 97, 136

Burgert, H. 133
Büsse, H. 49
Buzzati, D. 173

Cardenal, E. 156
Christiansen, R. 105
Chupungco, A. J. 229
Cicero 133
Cornehl, P. 15-16, 30-31, 33-34, 39, 41, 76, 100, 102, 105, 166, 185-186, 203-204
Correll, W. 161

Dahm, K.-W. 146-148, 213
Daiber, K.-F. 15, 41, 102, 141, 150, 152, 158, 204
Dannowski, H. W. 15, 102, 140-141
Denecke, A. 162
Denis-Boulet, N.-M. 74, 77
Dockhorn, K. 97, 126-127, 130, 132, 134-136
Doerne, M. 129, 133
Douglas, M. 212
Drömann, H.-Chr. 82
Düsterfeld, P. 137, 140, 161

Ebeling, G. 83, 103, 124-125, 128, 131
Eccles, J. C. 11
Eco, U. 10, 14, 19, 25, 37, 43, 45, 63, 70, 72, 77, 81, 106, 108, 112-113, 118-119, 162, 167, 171
Eder. K. 219
Ehrensperger, A. 90
Eisenhofer, L. 68, 73
Elias, N. 16, 95, 220
Emminghaus, J. H. 44-45, 47-49, 56
Engemann, W. 24

Fendt, L. 86-87, 93, 98
Fisch, R. 41
Fischer, B. 21, 37, 40
Fischer, H. 11-12
Fleischer, R. 37, 83, 102
Freud, S. 18-19
Frick, R. 131
Friedrich Wilhelm III. 111
Fuchs, O. 166
Furger, F. 229

Gamber, K. 46, 51, 73, 224
Gassmann, G. 31
Geest van der, H. 139, 149, 154
Geißner, H. 42, 62
Gelasius I. 51, 53
Georg von Brandenburg (Markgraf) 88
Gese, H. 226
Gewieß, J. 224
Gilkey, L. 39
Girard, R. 226
Glinz, H. 80
Goertz, H. 82
Goethe, Johann Wolfgang von 9, 167
Goldammer, K. 191
Goltzen, H. 29
Graf, F.-W. 229
Gregor I. 53
Grotowski, J. 232
Grözinger, A. 166
Guardini, R. 39, 43-44, 66, 229

Haas, H. 37
Hahn, G. 94-95, 116, 128, 131, 136
Händel, Georg Friedrich 193
Hänggi, A. 39, 44
Harnoncourt, Ph. 37-39
Häußling, A. 61
Haustein, M. 124, 126-127
Heckmann, H. 220-221
Heimbrock, H.-G. 22
Heintze, G. 127, 131
Helle, H. J. 12, 34
Herbst, M. 213
Herbst, W. 85, 87
Herlyn, O. 15
Hertzsch, E. 17, 78
Hinrichs, E. 61
Hirsch, E. 124, 126, 130, 133-134
Hoffmann, H. 31
Hübner, K. 21
Hünermann, P. 34, 39, 151, 222

Isidor von Sevilla 68
Issendorf, B. von 103, 106

Jackson, D. D. 37, 69, 106, 220
Janowski, H. N. 211-212
Janssen, H. 36
Jens, W. 153-158

Jetter, W. 10, 35, 76, 99, 105, 132, 150, 152, 163, 202, 211, 215
Johann I. (Kurfürst) 129
Jones, Ch. 7
Jordahn, O. 29, 31, 61, 66, 72
Jörns, K.-P. 179, 187, 226
Jossua, J.-P. 31
Josuttis, M. 8-11, 16, 18, 21-22, 35, 38-39, 80, 95-96, 105, 219-228, 233
Junghans, H. 82, 124, 133, 136
Jungmann, J. A. 48-51, 53, 66, 68, 73-74, 77
Justin (Märtyrer) 46-47, 73-74

Kähler, Chr. 16, 180, 225
Kant, Immanuel 13
Kantz, Kaspar 87
Karamaga, A. 231
Karlstadt, Andreas Bodenstein 93, 98
Kasper, W. 38
Kaufmann, H. B. 137, 140, 161
Klaus, B. 99
Klauser, Th. 46, 49-51, 225
Kleemann, J. 29, 37, 45, 89, 137, 140
Kleinheyer, B. 47, 55-56
Klostermann, F. 30, 76
Koerrenz, R. 222
Kolde, Th. 85
Kopperschmidt, J. 96
Krause, G. 133
Krawinkel, W. 32
Kressmann, A. 222, 225
Kreuzer, F. 11
Kruse, M. 32
Kugler, G. 105, 119
Kühn, U. 32

Ladrière, J. 39
Lange, E. 15, 106
Lau, F. 126, 131
Lauterbach, Anton 123
Lechner, J. 68, 73
Leeuw, G. van der 22
Lengeling, E. J. 32, 37, 50, 54-55, 65, 67, 224
Lévy-Strauss, C. 66
Lewandowski, Th. 35
Lindner, H. 42, 62
Link, Wenzeslaus 87
Loewenich, W. von 124
Lohff, W. 205-206

Lohse, B. 136
Lorentz, P. 134
Lorenz, K. 11-13
Lorenzer, A. 9-10, 12, 18-22
Lukatis, W. 15, 102, 141
Luther, Martin 14, 18, 29, 32, 82-85, 87-88, 90-91, 93-100, 102-103, 111, 113-116, 123-136
Lyotard, J. F. 22

Maas-Ewerd, Th. 48-49, 51, 65, 224
Mahrenholz, Chr. 68, 77
Manigne, J.-P. 39
Marti, K. 163-165, 168, 171, 173
Martimort, A.-G. 47, 49, 51, 74
Martin, G. M. 11, 112, 167, 219-221, 224, 232-233
Matthes, J. 204
Maurer, W. 135
Mbiti, J. 227
Mead, G. H. 34
Meinhold, P. 128
Melanchthon, Philipp 89, 130, 135
Mendt, D. 192-193
Messelken, K. 221
Mette, N. 212
Meyer, H. 228
Meyer, H. B. 29, 40, 87-88, 92-93, 95, 97-98, 224
Meyer zu Uptrup, K. 78
Meyerbröker, K. 102
Meyrowitz, J. 211
Michel, H. 42, 62
Mohaupt, L. 205-206
Möller, I. 25, 203
Mowinckel, S. 33
Mozart, Wolfgang Amadeus 45
Muck, H. 42, 62
Mühlen, H. 35
Müller, H. M. 96, 103, 105, 132
Müller, K. F. 29
Müller, O. 29
Musculus, Wolfgang 85-90, 92, 98

Nembach, U. 126, 133-135
Neubert, E. 207
Niebergall, A. 82, 87, 90, 93, 95, 125, 128-131, 134
Nikolasch, F. 47, 55, 224
Nitschke, H. 32, 62, 64

Nöth, W. 62-63, 70, 79-80
Nussbaum, O. 73

Öffner, E. 99
Ohnesorg, P. 102
Osgood, Ch. E. 89, 91
Otto, E. 33-34
Otto, G. 99, 133, 166-167

Pahl, I. 82, 88
Peters, A. 128
Petsch, R. 133
Pfitzner, K. 42, 62
Piper, H.-Chr. 148
Plathow, M. 229
Plock, H. 48, 55, 65
Podhradsky, G. 77
Popper, K. R. 11-13, 15
Potter, Ph. 228
Power, D. 39-40
Preuß, H. 134
Przybylski, H. 213

Quintilian 130, 133, 135

Raiser, K. 34
Rath, C. D. 211
Reich, W. 228
Richter, K. 35, 40, 48-49, 51, 65, 204, 224
Ricoeur, P. 161
Riemann, F. 148-149, 162, 172
Riesman, D. 105, 205
Rieß, R. 162
Rilke, R. M. 23
Ristow, H. 133
Rörer, Georg 123-124, 131
Rösing, I. 217
Rössler, D. 105, 132, 206, 208, 213
Roth, G. 228
Ruppert, R. 41

Sanders, W. 233
Sandvik, B. 31, 61
Sauer, K. 61, 72
Saussure, F. de 63
Schaeffler, R. 21, 34, 151, 222, 229, 233
Schanze, H. 97, 126
Schilson, A. 229

Schiwy, G. 36, 42, 61-63, 66, 71, 74-75, 77, 81, 88
Schleiermacher, F. D. 30, 34
Schlink, E. 39
Schmidt, H. 32, 40
Schmidt, H. G. 34
Schmidt, M. 125, 127, 130, 134
Schmidt, W.-R. 211
Schmidt-Lauber, H.-Chr. 7, 11, 29
Schmitz, H. 8-10
Schnitzler, Th. 51-52, 56, 59
Schott, E. 129
Schröer, H. 112, 127, 167, 222
Schroeter, H. 222
Schultz, H. J. 133
Schulz, F. 31, 61, 65-67, 72-73, 76, 79, 82, 88, 91
Schulz, H.-J. 40
Schulze, G. 16, 20
Schupp, F. 40-41
Seemann, M. 29
Seidel, H. 127
Seils, M. 31
Seitz, M. 7-10, 23
Selby, P. S. M. 31
Simon, D. 18-19
Söhngen, O. 22
Sölle, D. 32
Spengler, O. 9
Spiegel, Y. 34, 37, 45, 140
Sporschill, G. 37
Stalmann, J. 32, 228
Stammerjohann, H. 36
Steffensky, F. 29, 37-38
Stegemann, E. W. 227
Steiner, J. 37
Steinlein, H. 124
Stierle, B. 102
Stock, A. 36
Stolt, B. 124-125, 128-129, 132-135
Stoodt, H. Chr. 207

Tanner, K. 12, 229
Teuteberg, H. J. 219
Thilo, H.-J. 148
Thomé, H. E. 24-25
Thuring, Balthasar 89
Trabant, J. 62-63, 79
Trautwein, D. 29, 78

Ulrich, L. 15, 141
Urban, H. J. 228
Vajta, V. 18, 31, 61, 130
Vischer, L. 228
Voigt, G. 126-127, 130, 133
Völker, A. 31-32, 61
Volp, R. 8, 22, 24-25, 32-33, 35-38, 42, 62, 78, 83, 93, 203, 229

Wagner, J. 42, 44-45, 47, 50, 54-55, 76
Wainwright, G. 7
Watzlawick, P. 37-38, 41, 69, 106, 155, 220
Weakland, J. H. 41
Weithase, I. 134
Wernicke, H. 167
Wingren, G. 130
Winkler, E. 124-127, 129-133, 135
Wladimir (Großfürst) 8, 23
Wölber, O. 204
Wolf, H. 133, 135-136
Wolle, St. 8
Wössner, J. 34

Yarnold, E. 7

Zerfaß, R. 30, 76
Zilleßen, D. 222
Zöllner, S. 225
Zulehner, P. M. 35
Zwinggi, A. 47

VERLAG FÜR GEISTES-, SOZIAL- UND WIRTSCHAFTSWISSENSCHAFTEN

Herbert Lindner
Kirche am Ort
Eine Gemeindetheorie
1994. 376 Seiten
Kart. DM 49,80
ISBN 3-17-012975-9
Praktische Theologie
heute, Band 16

In diesem Buch wird eine Gemeindetheorie vorgelegt, die die Grundelemente einer "Kirche am Ort" erkennen läßt. Ein Erklärungsmodell wird entworfen, mit dem sich konkrete Gemeindesituationen verstehen und verändern lassen. Die Dynamik wird gezeigt, die ein konziliares Denken freisetzen kann. Im Gespräch mit der Organisationssoziologie und mit Kommunikationstheorien ergeben sich die Bedingungen für ein klares Erscheinungsbild der Ortsgemeinde. Der Autor, langjährig als Gemeindeberater tätig, gibt fundierte Anregungen für eine veränderte Praxis: für Gemeindeleitung als Leitbildentwicklung am "rundenTisch"; für Mitarbeit als Zusammenspiel verschiedener Berufe und Berufungen; für die Förderung individueller Glaubensstile der Mitglieder; für spezifische Arbeitsformen aus dem Glaubensbereich, durch die der Ortsgemeinde eine neue Bedeutung für Glauben im Lebensraum zuwachsen kann.

Bitte fordern Sie unser Gesamtverzeichnis Theologie / Philosophie / Religionswissenschaft an.

MEDIEN+WISSEN Kohlhammer

W. Kohlhammer GmbH · 70549 Stuttgart · Tel. 0711/78 63 - 280

VERLAG FÜR GEISTES-, SOZIAL- UND WIRTSCHAFTSWISSENSCHAFTEN

Günter Breitenbach
Gemeinde leiten
1994. 368 Seiten.
Kart. DM 49,80
ISBN 3-17-012848-5

Wie organisiert sich ein Organismus wie „Gemeinde" und „Kirche"? Welchen Gesetzen folgen diese bei der Gestaltung ihrer Wirklichkeit und - vor allem - wie sieht ihre Kybernetik, die Struktur und Funktion ihrer Leitung aus? Sowohl innerhalb der kirchlichen Praxis, aber auch auf dem Gebiet der theologischen Theoriebildung ist ein ausgesprochenes Defizit an „kybernetischem" Wissen wie an „kybernetischer" Weisheit festzustellen.

Die Arbeit verbindet für dieses Aufgabenfeld Erfahrungen aus Gemeindepraxis, Aus- und Fortbildung wie auch aus der Gemeindeberatung mit Überlegungen zur praktisch-theologischen Kybernetik und macht sie füreinander fruchtbar. Dabei werden theologische, soziologische und psychologische Aspekte der Leitungsproblematik aufeinander bezogen. Konzeptioneller Hintergrund ist ein konziliares Verständnis von Gemeindeentwicklung und Volkskirche.

MEDIEN+WISSEN Kohlhammer

W. Kohlhammer GmbH · 70549 Stuttgart · Tel. 0711/78 63 - 280